国家社会科学基金项目

民国时期古籍出版研究

刘洪权 著

时代出版传媒股份有限公司
安徽教育出版社

图书在版编目（CIP）数据

民国时期古籍出版研究/刘洪权著. —合肥：安徽教育出版社，2021.12
ISBN 978-7-5336-9587-3

Ⅰ.①民… Ⅱ.①刘… Ⅲ.①古籍—出版工作—研究—中国—民国 Ⅳ.①G237.9

中国版本图书馆CIP数据核字（2021）第262977号

民国时期古籍出版研究

MINGUO SHIQI GUJI CHUBAN YANJIU

出 版 人：费世平
策划编辑：何　客
责任编辑：黄晓宇
装帧设计：王莉娟
美术编辑：张鑫坤
责任印制：陈善军

出版发行：时代出版传媒股份有限公司　安徽教育出版社
地　　址：合肥市经开区繁华大道西路398号　邮编：230601
网　　址：http://www.ahep.com.cn
营销电话：(0551)63683012，63683013
排　　版：安徽时代华印出版服务有限责任公司
印　　刷：安徽新华印刷股份有限公司

开　　本：710毫米×1010毫米　1/16
印　　张：34
字　　数：471千字
版　　次：2021年12月第1版　2021年12月第1次印刷
定　　价：98.00元

（如发现印装质量问题，影响阅读，请与本社营销部联系调换）

献给我的外公陶月胜老人

目 录

1	序　言	王余光

第一章　绪　论

- 1　第一节　古籍的涵义
- 6　第二节　民国时期古籍出版概况
- 8　第三节　民国时期古籍出版研究现状
- 28　第四节　民国时期古籍出版研究价值
- 40　第五节　民国时期古籍出版研究理论与方法
- 47　第六节　民国时期古籍出版研究内容

49　第二章　民国时期古籍出版的社会场域

- 50　第一节　民国时期的文化场域
- 55　第二节　民国时期的国内国际政治场域
- 65　第三节　晚清民国时期的新式教育与古籍出版

74	第四节	民国时期的新式教育与图书馆建设
81	第五节	晚清民国时期的新式交通与出版业

86	**第三章**	**民国时期古籍出版的历程**
89	第一节	民国时期古籍出版的初始阶段（*1912—1919年*）
95	第二节	民国时期古籍出版的繁盛阶段（*1920—1926年*）
100	第三节	民国时期古籍出版的中衰阶段（*1927—1933年*）
102	第四节	民国时期古籍出版的鼎盛阶段（*1934—1937年6月*）
108	第五节	民国时期古籍出版的衰落阶段（*1937年7月—1949年*）

112	**第四章**	**中国古代图书文化与民国时期古籍出版**
114	第一节	中国典籍的历史分期与数量
116	第二节	古代丛书的编纂与结集
123	第三节	古代图书的出版流程

131	**第五章**	**民国时期民营出版业的古籍出版**
134	第一节	民国时期民营出版业的崛起
150	第二节	商务印书馆的古籍出版
193	第三节	中华书局的古籍出版

197	第四节	世界书局等新书业的古籍出版
202	第五节	民国时期旧书业的古籍出版
208	第六节	民国时期古籍出版市场竞争的启示

212　第六章　民国时期图书馆的版片保护与古籍出版

213	第一节	晚清官刻与近代图书馆体系建设
221	第二节	民国时期图书馆的版片保护
244	第三节	民国时期图书馆的古籍出版

265　第七章　民国时期藏书家的古籍出版

266	第一节	民国时期新藏书家群体的崛起
267	第二节	民国时期藏书家古籍出版概述
274	第三节	民国时期藏书家刊刻古籍的原因

277　第八章　民国时期古籍出版的印刷技术

279	第一节	近代西方印刷术的传入
287	第二节	西方印刷术对近代出版业的影响
294	第三节	民国时期的雕版刻书

307　第九章　民国时期古籍出版的流程与形制

308	第一节	民国时期古籍出版的文献资源建设
311	第二节	民国时期古籍出版的选题特征
313	第三节	民国时期古籍出版的文本整理

324	第四节	民国时期古籍出版的装帧设计

333　第十章　　民国时期古籍出版物的数量与类别

334	第一节	民国时期古籍出版物的数量
339	第二节	民国时期古籍出版物的类别

359　第十一章　　民国时期古籍出版的市场与读者

360	第一节	晚清民国时期全国图书市场的形成与国际市场的开拓
366	第二节	民国时期古籍出版的图书市场
369	第三节	民国时期出版古籍的读者与市场构成

398　第十二章　　晚清民国时期图书发行体系的现代转型

399	第一节	晚清民国时期图书发行模式的现代转型
403	第二节	晚清民国时期图书发行组织的现代转型
407	第三节	晚清民国时期全国书店网络的形成
409	第四节	晚清民国时期图书发行体系现代转型的作用

412　第十三章　　民国时期古籍出版的营销宣传与发行方式

413	第一节	民国时期的大众传播媒介与图书营销
418	第二节	民国时期古籍出版的营销宣传
426	第三节	民国时期古籍出版的发行方式

433	第十四章	民国时期古籍出版与 20 世纪中国
435	第一节	民国时期古籍出版与中国文化传承
441	第二节	民国时期古籍出版与民族国家建设
445	第三节	民国时期古籍出版与美国旧金山华人书店
464	第四节	民国时期古籍出版与图书馆建设
473	第五节	民国时期古籍出版与中国现代学术
485	第六节	民国时期古籍出版与当代出版业

513	结　语
517	主要参考文献
528	后　记

序 言
王余光

　　我在武汉大学任教期间，曾给本科生开设"中国文化史"选修课。上个世纪90年代初，刘洪权在武大历史系读本科，他选学了这门选修课，我们由此而熟悉起来。1997年，他考取了武大图书情报学院的硕士生，我是他的指导教师，研究方向是民国出版业。他还没毕业，我调至北京大学信息管理系任教。2000年，刘洪权又考取了北京大学信息管理系攻读博士学位，我仍是他的指导教师，研究方向仍是民国出版业。他选择民国时期古籍出版研究为博士论文选题，并于2003年顺利毕业。2009年，他从安徽教育出版社调往安徽大学任教。2013年，他的《民国时期古籍出版研究》入选国家社科基金项目。现在，结项成果即将出版，这是一件令人高兴的事。

　　"思想与政治、社会、教育、出版、风俗、制度之间，是一种佛家所谓的互为因缘，或是用诺伯特·埃利亚斯（Norbert Elias）的话说，是一种'交互依存'（interdependence）关系。"[1] 近代西方文化的挑战致使中国传统文化产生了严重的危机。在这一历史情境下，民国时期

---

[1] 王汎森：《中国近代思想与学术的系谱》（增订版），上海三联书店，2018年，第7页。

的古籍出版就与中国传统文化的传承与延续联系起来，也关涉到现代民族国家及文化之创建，因而成为一个有重要学术价值和理论意义的研究问题。综观这部著作，我认为有下列数方面的学术价值。

首先，对民国古籍出版做了系统的梳理。民国时期刊印古籍不仅有以商务印书馆等为代表的民营出版业，还有浙江省立图书馆等社会机构，同时刘承幹等著名藏书家也致力于翻印珍稀古籍。三个系统构成民国时期古籍出版的内容生产者。论著从生产者的角度来详尽叙述了民营出版业、图书馆、藏书家的出版活动和各自特点。作者从现代印刷技术的输入与古籍出版、民国时期古籍出版的流程与形制、民国时期古籍出版物研究这三个方面阐释了民国古籍的生产技术和装帧形式、出版物数量与类别，勾勒了民国古籍出版物的内涵与特征。民国时期古籍出版以民营出版业为主体，论著中对古籍出版的读者与市场、图书发行模式的现代转型、古籍出版的营销宣传与发行方式的研究，从古籍市场与读者群体的角度来论述民国时期古籍出版业兴盛的深层原因。上述内容论述了民国时期古籍从生产到消费的完整流程，解剖了民国古籍出版业的产业结构，呈现了民国古籍出版业的运营机制，为研究民国出版业的知识生产机制提供了一个样本，对民国时期出版业的其他图书板块如新文学出版的研究也有借鉴的价值。

其次，阐述了民国古籍出版的文化贡献。近代新旧文化、中西文化交汇，社会动荡剧烈，在西方文化的冲击下，中国固有文化陷入了巨大的困境。甲午战争之后数年的1898年，张之洞所著《劝学篇》中就写道："尤可患者，今日无志之士本不悦学，离经哗道者尤不悦中学，因倡为中学繁难无用之说，设淫辞而助之攻，于是乐其便而和之者益众，殆欲立废中学而后快。"[1] 清末出现的文化认同危机延伸至民国，在五四新文化运动时期达到顶点。中国传统文化的价值受到社会大众的质疑，作为中国文化标志和象征的古籍也是命运坎坷，散佚与外流情况相

---

[1] 张之洞：《劝学篇》，上海书店出版社，2002年，第24—25页。

当严重。文化是立国的根基，建构现代民族国家需要国内民众的传统文化认同，而作为文化载体的古籍成为培育民众文化认同的主要媒介。因而，影印古籍传播流通，在中国文化传承及构建民族国家文化认同等方面具有重要的文化、政治功能。论著对民国时期文化、国家与社会转型过程中，古籍出版在文化、国家及社会转型的功能与作用做了重点研究，认为民国时期民营出版家、图书馆和藏书家等机构与个人，刊刻的大量古籍，使得传统文化在西化思潮的冲击下，得以流通延续，对20世纪中国文化的传承、民族国家的建构、华侨的文化认同与华人社区建设、图书馆与私人藏书建设、现代学术的进步以及当代出版业的发展起到了极为重要作用。上述论述关注了古籍出版与民国时期文化、政治、学术的互动关系，并将研究范围伸展至当代出版业。虽然古籍出版与20世纪中国文化关系的研究牵连的领域广泛，难度颇大，但作者宽广的研究视野，开拓了出版史研究的范围，所阐释的民国古籍出版对20世纪中国文化所作贡献的研究，是一种开创性的尝试。

再次，对新的研究方法的吸收与运用。近年来，出版史、书籍史、阅读史研究受到出版学、图书馆学、历史学、文学等诸多领域学者的关注，涌现出了一大批高质量的研究成果。出版史研究突飞猛进的原因之一，是众多学者越来越注重国外出版史研究理论和方法的引进与运用。如20世纪后半叶在欧美学术界逐渐兴起，20世纪末期引入中国的书籍史理论，已经成为出版史研究的重要方法之一。这一理论是半个多世纪以来西方学术界在突破传统文献研究樊篱的基础上兴起的一门交叉学科。"它以书籍为中心，研究书籍创作、生产、流通、接受和流传等书籍生命周期中的各个环节及其参与者，探讨书籍生产和传播形式的演变历史和规律，及其与所处社会文化环境之间的互相关系。它是统合关于书籍的各种研究——编辑史、印刷史、出版史、发行史、藏书史、阅读史——的全面的历史。书史不仅是这些局部或侧面的集合，更因为把它们结合为一个有机的整体而富有更深广的内涵。"[1] 书籍史理论启发作者不仅要研究民国时期古籍的编纂、生产、流通、接受和流传等各个环节及其参与者，并且要从更为宏大的社会视角如政治史、经济史与社会史来解释古籍出版。这样才能厘清古籍出版自身的历史，并以其来理解社会整体的历史。

又如现代化理论。论著所研究的民国时期古籍出版，处在中国由中华帝国向民族国家、传统向现代社会的转型之中，转型的基本趋向为重建现代的政治、经济、社会和文化结构，即现代化。民国时期中国社会的现代转型诸领域如民族国家的建构、教育的普及、经济领域市场机制的建立、现代交通的发展等，作为出版业生存的社会场域，决定了现代出版业的诞生与发展。古籍出版的诸多特征如机械印刷、图书市场、书籍品种、营销发行、传播接受等，为中国社会整体现代化的趋向所决定。

上述理论和方法的运用不仅体现了作者的理论自觉意识，更为作者考察民国时期古籍出版现象提供了有效的研究工具，书中对民国古籍出版与流通机制、古籍出版与20世纪中国文化走向等问题的探讨，就来自于相关理论与方法的合理使用。

最后，对民国古籍出版史料的发掘和利用。历史资料的收集、考证和整理，是史学的基础性工作。近代出版史为近代史领域的一个分支，自然也遵循史学研究的规律。前贤指出，"近代治学，注重材料与方法，而前者较后者尤为重要。徒有方法，无材料以供凭借，似令巧妇为无米之炊也。果有完备与珍贵之材料，纵其方法较劣，结果仍忠实可据"[2]。作者在蒐集史料上用力颇勤。民国古籍出版的直接史料，如商务印书馆、中华书局、世界书局等出版机构的营业书目，《四部丛刊》

---

[1] 戴维·芬克尔斯坦、阿利斯泰尔·麦克利里：《书史导论》，何朝晖译，商务印书馆，2012年，第6页。
[2] 周传儒：《甲骨文字与殷商制度》，开明书店，1934年，第1页，转引自严昌洪：《中国近代史史料学》（增订本），北京大学出版社，2018年第2版，第3页。

等古籍丛书的预约发行样本，民国出版的古籍实物等；民国出版人物的文集、日记、年谱，如《张元济全集》、《胡适全集》、《应修人日记》等文献资料，相关人物和出版机构的研究论文和著述，以及民国时期教育、交通等跨学科研究著述，作者均有长时期的搜求和积累。文献资料的齐备是研究水准与质量的基本保障。

民国时期古籍出版是一个难度很大的研究课题，它需要研究者具备深厚的中国传统学术修养，及现代中国文化建构、民族国家创立等现代性问题的理论沉淀。以此标准衡量，民国时期古籍出版研究仍然是一个空间广阔的开放性课题，我期待作者新的探索与发现。

2021年8月28日于京郊正黄旗

第一章
绪　论

第一节　古籍的涵义

　　古籍一词，《汉语大词典》解释为："古代典籍。泛指古书。南朝宋谢灵运《鞠歌行》：'览古籍，信伊人。'"[1]与古籍意思相近的是古书，黄永年以为，"'籍'在这里就是书，'古籍'是古书的雅称"。[2]先秦直至民国时期古书均比古籍运用频繁得多。在《四库全书》电子版的检索中，古籍检索结果为154卷，162个匹配，而古书的检索结果为3000多个匹配。[3]《汉语大词典》中古籍的释义较为含糊。学术界对古籍的界定论说不一，争论有年，但各家界定均未参考古书一词的含义。实际这一争论在民国时期即已发端。下文通过对晚清民国时期直至当代对古籍内涵的讨论，来为古籍的涵义做一个界定。

　　晚清民国时期，张之洞、俞樾、梁启超等众多学者在著述中使用了

---

[1] 汉语大词典编辑委员会、汉语大词典编纂处编纂：《汉语大词典》第三卷，汉语大词典出版社，1989年，第29页。
[2] 黄永年：《古籍整理概论》，上海书店出版社，2001年，第3页。
[3] 两词的检索由清华大学图书馆的王媛女士完成，特此致谢。

古籍或古书一词，各家所提及的古籍和古书内涵并不一致，而是各有界定。民国时期胡朴安即意识到了这一问题，1925年其《古书校读法》即说："今人恒言，辄曰古书。古书之范围，其界限若何，未能明言也。"他以为："古今之界限不能定，即古书之界限不能定也。"之后，他列举了三种古书的界限："（一）当以古书二字见于何时期，即以此时期为古今书之界限。……其可见者，见于《抱朴子》。《抱朴子》云：'古书虽多，未必尽善，要当为学者之山渊，使属笔者得采伐渔猎其中。'据此，当以魏、晋以前之书谓之古书。""（二）当以群籍中明言何时之书为古书，即以此时期为古今书之界限。……《南史江淹传》云：'开古冢，得玉镜及竹简古书，字不可识。淹以科斗字推之，则周宣王之简。'"据此，当以周宣王以前之书谓之古书。"（三）古书之界限，当以秦为断。书经秦火之后，载籍尽亡。……据此，当以秦火以前之书谓之古书。"最后他总结说，"以上三说既不足以定古书之界限，然则古书之界限当定于何时期。余尝本俞氏樾《古书疑义举例》以古书之限界，当以两汉为断。……则是今日所谓古书者，当以两汉为界限也。两汉以前之书谓之古书，两汉以后之书谓之非古书"。[1]

晚清民国时期对于古籍与古书的定义，根据知见的资料，主要有数种说法。第一种古籍与古书通用，古籍的年代下限为著者的存世时期，之前的典籍均为古籍。如1876年刊印、1931年补正的《书目答问补正》，古籍与古书两词皆见，该书"略例"列举善本，"凡无用者、空疏者、偏僻者、淆杂者不录，古书为今书所包括者不录，注释浅陋者、妄人删改者、编刻讹谬者不录，古人书已无传本、今人书尚未刊行者不录，旧椠旧钞偶一有之、无从购求者不录"。[2]卷二史部曰"右传记类止系一隅又非古籍者不录"。[3]《书目答问》中的古书与古籍指光绪之前所著图书。陈登原所著《古今典籍聚散考》1936年问世，其"第一章

---

[1] 胡朴安：《古书校读法》，江苏古籍出版社，1985年，第9—11页。
[2] 张之洞撰，范希曾补正：《书目答问补正》，上海古籍出版社，2001年，第3页。
[3] 张之洞撰，范希曾补正：《书目答问补正》，上海古籍出版社，2001年，第103页。

古籍之亡残伪误"下第一段即为"古书之散逸",所述典籍聚散直至近代。

第二种古籍的年代下限为战国。如郑鹤《中国古籍校读新论》说,"本目断自战国,秦一统后所著书不取"。[1]

第三种古籍年代界限为周、秦与两汉。这种说法发端于俞樾,其《古书疑义举例》序说:"执今人寻行数墨之文法,而以读周、秦、两汉之书,譬犹执山野之夫,而与言甘泉、建章之巨丽也。"其古书明确为"周、秦、两汉"之书。[2] 该书对后世学者影响极大,踵续之作沿用了俞樾的古籍定义,如孙德谦《古书读法略例》自序说:"近世俞荫甫太史撰有《古书疑义举例》,分别部居,固足自辟户牖而有轨辙之可循矣。……于是不揆寡陋,条分件系,名之曰《古书读法略例》。拟立题目,将二百通。"其中古书也为汉代及以前之书。[3] 1954年,杨树达为所著《古书句读释例》再版作序,追叙该书源流说:"余往任教于清华大学,曾以古书句读授中国文学系诸生,北京某书店取余讲义印为《古书之句读》一书。……一九三四年,余尝取此书增益例句,付商务印书馆印行,易其名为《古书句读释例》,迄今整二十年矣。"《古书句读释例》中列举的书,皆为周、秦、两汉典籍。[4]

第四种古籍的定义极为宽泛,年代从先秦至清代,类别包括经史子集,不分印刷和装订形式,只要内容记载中国传统文化的,均为古籍。如陈钟凡以为,"自先秦载籍,至于晚近四库所庋藏,私家所著录,统得名为古书"。[5] 胡怀琛认为,"中国旧有的人情、风俗、哲学思潮、文学思潮等,完全没有受西洋影响的,我们认为是中国古代的人情、风俗等等;凡记载或说明这种种的书籍,我们认为是古书不管他是木刻

---

[1] 郑鹤:《中国古籍校读新论》附录,《西汉所传春秋战国遗籍目略》,世界书局,1947年。
[2] 俞樾等著:《古书疑义举例五种》,中华书局,2005年2版。
[3] 孙德谦:《古书读法略例》自序,中国书店1984年根据商务印书馆1936年版影印。
[4] 杨树达:《古书句读释例》再版序,中华书局,1954年。
[5] 陈钟凡述:《古书读校法》,商务印书馆,1923年11月初版,第1页。

的、石印的、线装的、洋装的,我们通认为是古书"。[1] 张文治则认为,"古书之称,有广狭二义:狭义多指经传诸子;广义则凡属旧籍,均得称之。本书从广义"。[2]

1949年后,古书的概念渐渐淡出了文化界和学术界,古籍一词成为政府和学术文化界的标准术语,详略不同,内涵也有差异,大致分为两类。

第一类古籍定义中年代下限为1911年。1958年编订的《全国解放后出版的古籍目录(草稿)》的"说明"中,"本目录收入的古籍包括:1.辛亥革命以前的著作,2.辛亥革命以后对古籍整理加工的著作,3.今译、新注和选本。改编本和古典艺术都未收入"。[3] 1982年,《古籍整理出版规划(1982—1990)》的"说明"中,"古籍下限,断至辛亥革命(1911年)"。[4] 这个定义得到了学术界和图书馆界的认同。高等院校图书馆学系专业课教材《图书馆古籍编目》认为:古籍主要是指1911年以前历朝的刻本、写本、稿本、拓本等。从图书馆给古籍编目工作的实际情况看,1911年以后的影印、排印的线装古籍,如《四部丛刊》、《四部备要》等书也都属古籍。要从时间上截然划分是困难的。以1911年为下限,也只能说大致符合图书内容及形制的实际情况。

李一氓也持此说,"今天讲古籍,不能只包括明、元、宋、唐、隋、晋、汉、秦、周,还应该包括有清一代至一九一一年为止。因为汉人视秦、周著作为古籍,他们对此做过很好的工作。魏人、晋人、隋人视汉、秦、周著作为古籍,他们对此亦做过很好的工作。唐人视隋、晋、魏、汉、秦、周著作为古籍,他们也做过很好的工作。以此类推,我们今天要视清、明、元、宋、唐、隋、晋、魏、汉、秦、周著作为古籍,

---

[1] 胡怀琛编著:《古书今读法》,世界书局,1935年,第3—4页。
[2] 张文治编:《古书修辞例》例言,中华书局,1937年初版。
[3] 《全国解放后出版的古籍目录(草稿)》,1958年5月20日,第1页。
[4] 国务院古籍整理出版规划小组编制:《古籍整理出版规划(1982—1990)》,1982年,第2页。

加以整理是自明的道理。我们不是清人,不能把古籍限在明代以上"。[1]

第二类古籍定义的年代下限突破了1911年,延伸至1919年五四运动以前。黄永年认为,"春秋末战国时编定撰写的经、传、说、记、诸子书等是古籍的上限。下限则一般划到清代末年。这和史的分期有点不同。我国历史现在一般从有史以来到1840年鸦片战争之前算作古代史。鸦片战争以后,我国封建社会在外国资本主义侵略下,逐渐变成半殖民地、半封建社会,所以1840年以后的历史就划入近代史。但社会性质的变化,并不意味着学术文化马上统统起根本性的变化。从1840年到辛亥革命清朝统治结束的七十年间,新撰写的书籍中,绝大部分的内容或形式都和前此的古籍没有多少不同。因此,把清代末年作为古籍的下限要比1840年作为下限来得合适。当然,这个下限仍旧是粗线条的。即辛亥革命以后的著作如果在内容或形式上沿袭前此的古籍而并未完全另起炉灶,如对古籍所作的旧式校注或旧体诗文集之类,一般仍可划入古籍范围。采用新体裁对古籍所作的研究或注释,才不叫古籍,而算作对古籍的整理研究"。[2]

许逸民以为,"中国古籍"的定义包含两项基本条款:(1)1911年辛亥革命以前编撰(著作、编述、抄纂、注疏)出版(写、抄、刻、印)的各类图书,均属于"中国古籍"范畴。(2)1911年以后至1919年五四运动以前编撰出版的各类图书,凡内容涉及中国古代学术文化,采用传统著述方式,并具有古典装帧形式(一般称为线装)者,亦应属于"中国古籍"范畴。这两项基本条款凸显了"中国古籍"的本质特征,即成书和出版的时间大抵属于中国古代社会,而其图书内容、著述

---

[1] 李一氓:《论古籍和古籍整理》,载《存在集》,生活·读书·新知三联书店,1985年,第21—22页。
[2] 黄永年:《古籍整理概论》,上海书店出版社,2001年,第4—5页。

方式及装帧形式又大抵属于中国旧式学术传统。[1]

关于古籍的界定标准，总体而言目前以1911年为下限，得到多数学者的赞同。本书采用这个标准，即以1911年为统计下限，同时借鉴了《中国丛书综录》中关于古典文献的定义，不包括内容属于"新学"的1911年以前出版而在民国时期翻印的著作，如严复等人的著作。

第二节 民国时期古籍出版概况

中国文化的重要特征之一为文化的连续性，美国史学家斯塔夫里阿诺斯指出："与印度文明的松散和间断相比，中国文明的特点是聚合和连续。"[2] 古代中国保持文化的统一和连续有赖于印刷术的发明、文献典籍从国家到个人的刊印，钱存训认为，"中国和受中国文化影响的东亚其他国家，印刷术的使用在社会和思想上都没有引起太大的变化，反而促进了文字的统一性和普遍性，成为维护传统文化的一种重要工具"。[3]

晚清以来，中国遭受西方列强持续不断的侵略与凌辱，民族危机日益深重，面对这种危局，晚清重臣李鸿章曾发出了中国面临"数千年未有之变局"的惊叹。近代中国不仅社会矛盾错综复杂，而且社会变革急剧深刻，传统与近代之间的冲突融合、新与旧的杂然并存，进入了一个漫长的社会转型期。这种社会转型是一种社会质变，即社会生活的各个领域、各个层面发生整体性的变革，包括社会的政治结构、经济结构和文化的变迁。从传统向现代社会转型的过程中，鸦片战争以降，中国传统文化就不断受到西方文化的冲击和时人的批判，在国人心目中的地位

---

[1] 许逸民：《"中国古籍"、"古典文献"、"古籍整理"的界限说》，载《古籍整理释例》（增订本），中华书局，2014年，第262—263页。
[2] 斯塔夫里阿诺斯：《全球通史：从史前史到21世纪》（第7版修订版）（上册），吴象婴等译，北京大学出版社，2006年，第155页。
[3] 钱存训博士序，参见张秀民著，韩琦增订：《中国印刷史》上册，浙江古籍出版社，2006年，第3页。

每况愈下。有学者指出，1840—1900年的中国社会文化思潮可分为1840—1860年、1860—1895年、1895—1900年三个阶段，经历了"师夷长技"—"中体西用"—"变法维新"的变化轨迹。"这不仅反映了人们对西学认识由表及里的深化过程；而且也表明，在中西文化关系上，中国社会文化心理趋向呈现出单向演进的态势，即日趋激烈地批判中学，而追求西学。"[1]

西方对中国的挑战，在形式上是军事的、经济的、政治的侵略。实际上，则是西方文化与价值对中国文化与价值的挑战。在西方文化的冲击下，近代中国古籍散佚和外流的现象尤为严重。这不止是一民族兴亡的问题，也是一文化绝续的问题。基于此，晚清民国时期与文化传承休戚相关的古籍出版成为受到国人热切关注的文化现象，民国时期亦成为古籍存藏和传播的关键历史阶段。

民国时期古籍出版系统可分为民营出版机构如商务印书馆，公立社会机构如图书馆，私立社会机构如寺庙以及私人等系统。上述古籍出版者分别依托各自的文化和经济资源，出于商业、文化、宗教或混合商业与文化的动机，利用传统的或新式印刷技术，刊印了大量的古籍。其中民营出版机构如商务印书馆等多为产权明晰的股份有限公司模式，采用机械化的印刷技术、市场化的经营机制，为有需求的学校、图书馆或个人用户生产图书，主要从事文化性兼具商业性的古籍出版。

民国时期出版家利用新式印刷技术，翻印大量珍稀古籍，如《四部丛刊》、《百衲本二十四史》、《四库全书珍本初集》、《丛书集成初编》、《四部备要》、《古今图书集成》、《二十五史补编》等，皆为卷帙浩繁的皇皇巨制，使珍贵古籍化身千万，在当时就得到了世人的肯定与推崇。《四部丛刊》等古籍丛书的出版，在国家和民族危机日益严峻的民国时期，保存文献，嘉惠学术，塑造了国家和民族的共同文化记忆，为建设现代民族国家供应了思想文化资源，书写了民国出版史的辉煌篇章。

---

[1] 郑师渠：《晚清国粹派：文化思想研究》，北京师范大学出版社，1997年，第31页。

从数量上来看,民国时期的古籍出版也超越了前代。以丛书为例,贾鸿雁据上海图书馆编《中国丛书综录》、《中国近代现代丛书目录》及阳海清编《中国丛书综录补正》等丛书目录统计,民国时期出版的古籍丛书800余种,占到同期丛书出版总量的1/8。清代是古代丛书的全盛时期,纂辑丛书数量超过了全部古代丛书的一半,虽然区区800余种似乎无法与之相提并论,但如果考虑到清代历时268年,而民国只有短短38年,若以年代平均而计,清代平均每年有十数种,民国则超过20种,从这个意义上来说,民国的古籍丛书出版的相对数量胜过前代。[1]

第三节 民国时期古籍出版研究现状

民国时期古籍出版研究始自20世纪30年代。1934年,蒋介石发起新生活运动,重要举措之一是尊孔读经,将"四书五经"选编为中小学教科书的内容。读经运动在文化界、教育界、出版界反响强烈,引发了出版界竞相翻印古籍的风气。胡怀琛曾统计了商务一家1934年和1935年翻印古书和出版的一般读物(教科书除外)的册数,发现这两年翻印古书几乎是编译的一般读物册数的两倍。[2]这种现象引起当时学者的注意,李麦麦、郑振铎、鲁迅、胡怀琛等发表文章,对翻印古籍的利弊、原因都有所讨论。这是研究民国古籍出版的肇始。

1949年至今的中国出版史研究,大致可以分为三个阶段。1949—1981年,除了张静庐辑录的《中国近代现代出版史料》外,几乎是一个空白领域。1981—1995年为起步阶段,出版史的研究意义、分期、研究对象等理论问题有了初步的探讨,学者们开始在现代化理论和文化史的框架内探讨出版史,力图使出版史研究学术化,显示了与前期研究的迥然不同的学术趋向,并逐渐确立了出版史研究的学术规范,为出版史研究奠定理论基石。1995年至今为研究范式由出版史向书籍史转换的阶

---

[1] 贾鸿雁:《民国时期古籍丛书出版的成就与影响》,《图书馆杂志》,2003年第1期。
[2] 胡怀琛:《最近上海各书局翻印古书潮之考察》,《时事新报》,1936年12月23日。

段，1995年彭俊玲的《国外对印刷文字与书籍史的研究新动向》简要介绍了书籍史的概念，"有些学者把书籍和阅读视作一个新研究领域的重点。这一新领域称为书籍史。所研究的就是印刷品生产和发行的来龙去脉，探讨书籍对社会生活和文化的影响"。夏李南、张明辉发表《欧美学术界兴起书籍史研究热潮的背景、方向及最新进展》一文，介绍了欧美学术界兴起的书籍史研究热潮，探讨书籍对社会生活和文化的影响，较系统地概述了欧美学术界开展这一研究工作的背景、方向、存在的问题及所取得的最新进展。进入21世纪，随着孙卫国的《西方书籍史研究漫谈》，王余光、许欢的《西方阅读史研究述评与中国阅读史研究的新进展》，张仲民的《从书籍史到阅读史——关于晚清书籍史、阅读史研究的若干思考》，于文的《西方书籍史研究中的社会史转向》，张炜的《印刷媒介史研究新趋势：新材料、新视角、新观点》等论文的发表，以及《印刷书的诞生》、《作为变革动因的印刷机：早期近代欧洲的传播与文化变革》、《书史导论》等著作的译介，出版史研究范式发生了显著的变化。

作为出版史研究的一个专题领域，民国时期古籍出版的研究大致也遵循中国出版史研究的主流范式。从1978年至今，尤其是近年来，由于高等教育经费投入的增加、高校学术研究资助机制和评价机制的制度化和规范化，以及西方书籍史理论的译介和运用，中国出版史研究和民国时期古籍研究成果层出不穷，其理论自觉和研究水准不断提升，在出版史料、出版通史和区域史、出版机构、出版人物、古籍出版物、印刷技术史等方面均有可观的学术成果，下文分别予以介绍。

一、出版史料

晚清民国出版史料的整理始于张静庐，他历时20年收集、整理、辑注，于1953年至1959年推出了七部专题史料，分别为：《中国近代出版史料初编》、《中国近代出版史料二编》、《中国现代出版史料甲编》、《中国现代出版史料乙编》、《中国现代出版史料丙编》、《中国出版史料补编》、《中国现代出版史料丁编》。2003年与2011年上海书店出版社以《中国近现代出版史料》为总书名,两次重印了该套史料。这部开创性的大型综合性史料汇编,为研究民国时期的古籍出版提供了资料保障。

2001年,宋原放主编的《中国出版史料》陆续推出,总计15本。《中国出版史料》是多人分头合作的结果。署名辑注者有:王有朋(古代部分)、宋原放(古代部分)、汪家熔(近代部分)、陈江(中华人民共和国成立前的现代部分)、吴道弘(中华人民共和国成立前的现代部分)、方厚枢(中华人民共和国成立后的现代部分)。《中国出版史料·近代部分(补卷,上下册)》是该套史料的收官之作,2011年2月最终问世。整套史料前后用了10年时间,由山东教育出版社和湖北教育出版社联合推出。

2010年以来,随着出版史研究的进展,对出版史料范围的认知更为开阔,陆续有三套大型民国出版史料影印问世,分别为刘洪权编纂的《民国时期出版书目汇编》及吴永贵编纂的《民国时期出版史料汇编》、《民国时期出版史料续编》。

晚清民国时期出现的出版机构总数达到一万家,但目前受到关注的为数过少。2010年刘洪权编纂的《民国时期出版书目汇编》,收录公私出版书目82家147种,主要按照出书方向,结合经营性质,大致分为以下数类:一、综合类;二、新文学及西方社会科学类;三、自然科学类;四、国学类;五、机关团体出版目录;六、私家刻书目录;七、宗教类。[1]《汇编》收录书目的广博,不仅凸显出民国时期出版机构的鲜明个性,同时呈现了民国出版业的整体面貌,为构建民国出版机构的真实面目提供了最可靠、最原生态的素材,从而有力促进民国出版史研究。

吴永贵编纂的《民国时期出版史料汇编》"绍接前贤,辑收的史料,皆为当时出版的第一手原始材料。凡与出版史有关的图书、期刊、手

---

[1] 刘洪权编:《民国时期出版书目汇编·序》,国家图书馆出版社,2010年。

册、纪念册、简章、章程、报告书、通信录、一览表等类型文献，均在收罗之列。本书以文献为单元，整本影印出版，与《中国近现代出版史料》的单篇汇集形式，颇不相类"。全书22册，2013年10月由国家图书馆出版社出版，系统地收录民国时期各种出版史料116种。[1]《民国时期出版史料汇编》出版后，深得学界赞许。2016年吴永贵又编纂了《民国时期出版史料续编》，以影印出版，收录文献91种。[2]

地方出版史料是构成全国出版拼图的重要资料。20世纪80年代末期至90年代，全国直辖市、省区新闻出版局组织力量，陆续编纂出版了系列出版史料选辑，如北京、天津、浙江、江苏、山东、河北、江西、广东、广西、云南、贵州等省，并在此基础上编写了出版志。上述地方出版史料的编选，为了解民国时期各地图书出版与发行提供了重要资料，只有在地方出版史料较为全面的基础上，才能构建民国时期全国古籍出版及发行的图景。值得一提的是，2012年湖南教育出版社出版了黄林主编的《近代湖南出版史料》，对近代湖南出版史料进行了较为系统的整理。

供职书业多年的汪耀华致力出版史研究与史料整理，先后出版了《上海书业同业公会史料与研究》、《上海书业名录（1906—2010）》、《民国书业经营规章》、《商务印书馆史料选编（1897—1950）》，主题涉及出版行业协会、出版机构名录、出版社内部制度和商务印书馆史，对学界襄助有力。

民国时期出版界中商务印书馆、中华书局、世界书局、大东书局、开明书店等五家机构实力最强，包括出版机构和出版人物在内的史料整理自然也最受重视。朱联保的《近现代上海出版业印象记》对近现代上海出版机构做了总体扫描。从20世纪80年代开始，在内部出版的《商务印书馆馆史资料》基础上，商务印书馆编纂有《商务印书馆九十年》、《商务印书馆九十五年》、《商务印书馆一百年》、《商务印书馆一百一十

---

[1] 吴永贵编：《民国时期出版史料汇编·出版说明》，国家图书馆出版社，2013年。
[2] 吴永贵编：《民国时期出版史料续编·出版说明》，国家图书馆出版社，2016年。

年》四册史料，汪耀华的《商务印书馆史料选编（1897—1950）》，为研究商务印书馆的古籍出版提供了宝贵资料。当代编纂的民国出版机构书目则有《商务印书馆图书目录（1897—1949）》和《中华书局图书总目（1912—1949）》。世界书局虽然排序第三，但一直没有得到应有的重视，因此，新闻出版博物馆（筹）收集整理的《世界书局文献史料汇编》尤为珍贵。

出版家是近代出版业的亲历者，近代出版的中心人物全集、日记、年谱等均为出版史研究的第一手资料。近年来出版有《张元济全集》、《张元济年谱长编》、《王云五全集》、《蒋维乔日记》、《舒新城日记》等。《张元济全集》十卷本第一卷于2007年9月出版，第十卷于2010年11月出版；主要由张元济的孙辈张人凤收集、整理，并按体裁分类编辑，包括书信、诗、文、日记以及古籍研究五类，其中第一、二、三卷是书信，四、五卷是诗、文，六、七卷是日记，八、九、十卷是古籍研究著作。《全集》的出版无疑对出版界及学术界特别是古籍整理研究有重要的意义，也是研究近现代出版业及社会发展的宝贵资料。《张元济年谱长编》则在《张元济年谱》的基础上，补充了近年的新资料，如上海档案馆所藏20世纪30年代谱主为借影日藏中华典籍与日本多位藏书家、汉学家的三卷往来信件，并对原《年谱》材料做了考证与辨伪，使"近代中国出版第一人"的史料更为详实可信。

王云五为商务印书馆民国时期进入发展阶段的领导人物，其重要性仅次于张元济。九州出版社以简体字出版的《王云五全集》，对台湾地区出版的原版本体例、格式、标号和文字等方面做了必要的整理订正，并省略各册相互重复的篇目，增补了新发现的著作。《王云五全集》共20册30种，近900万字，内容保留原貌。

《舒新城日记》收录著名教育家、出版家舒新城1908—1960年间日记手稿近500万字，涉及中国近代政界、学界近百位著名人物，为研究舒新城以及中国教育史、出版史、近现代史等提供新的史料，具有重要价值。

《蒋维乔日记》全套共30册，影印了上海图书馆所藏的蒋维乔全部日记。日记始于光绪丙申年（1896）九月初二，止于1958年2月29日，共计63年，其中大量有关民国时期及新中国成立初期在教育、出版及学术界等方面的珍贵史料，因是个人日记，又具有重要的一手文献价值。

私家刻书对中国传统学术的传承具有重要意义。晚清民国是雕版刻书的最后一个高峰，这一时期私人刻书成就极高，近年相关人物如缪荃孙、刘承幹、叶德辉、叶昌炽等人的全集或日记得以出版。《缪荃孙全集》收录缪荃孙的文集（包括诗、文、词、赋、词话），史传、史表，碑传，日记、年谱、家谱，目录，金石，笔记，校记、辑佚等在内的全部著作，共14册，对于深刻认识缪荃孙的人生经历和学术贡献，从而理清近代学术脉络，是非常有意义的。《求恕斋日记》系著名藏书家刘承幹的日记原稿影印本，原藏刘氏上海寓所，身后散出，今分藏于上海图书馆及复旦大学图书馆。该《日记》记事始自清光绪二十六年（1900），迄于1962年，时间跨度长达63年，为近代经济史、家族史、文化史、藏书史等研究提供大量原始记录。刘承幹藏书日记的选本为《嘉业堂藏书日记抄》，时间跨度为1919—1936年，涉及刘氏购书、读书、藏书楼建设、刻书、抄书、编书、售书等等活动的史料，其间亦有刘氏因书而交游的事迹，对了解近代书业发展有重要意义。《嘉业堂藏书日记抄》系排印整理，更是方便了学者的使用。王逸明主编的《叶德辉集》除从《郋园先生全书》中检出叶氏所著全部序跋外，还囊括了除常见的《书林清话》、《书林续话》以外的叶氏全部专著，堪称对叶氏著述最全面的整理总结。书后附《叶德辉年谱稿》、《叶德辉著述考》，对杜迈之、张承宗著《叶德辉评传》多有弥补、订正。

国内开始大规模影印各种发行书目，起于21世纪初，如徐蜀、宋安莉编《中国近代古籍出版发行史料丛刊》、周振鹤编《晚清营业书目》等。《中国近代古籍出版发行史料丛刊》"收集了百余种清末至民国时期的图书销售目录、宣传册页及征订样本……通过当时官办书局或民办书局、书坊、书店等种类繁多的征订目录与广告,透射出这一特定时期书籍生产与流通的状况"。[1]

殷梦霞、李莎莎编《中国近代古籍出版发行史料丛刊续编》(24册)收录了民国时期官办书局、民办书局、书坊、书店的古籍、方志、学术机关刊物等的出版发行目录、征订样本等100余种。每部分书目按书目名称的音序排列,然后再依书目的性质及出版时间排序,尽可能全面地反映这一时期的书籍出版与流通情况。韦力主编的《中国近代古籍出版发行史料丛刊补编》,主要收录民办书局书目和私人刻书目。其中清末2种,民国97种,有铅印本、石印本和油印本共99种。本书既可作为了解版本目录学知识的重要史料,也可作为研究古籍的工具书。

中国有悠久的藏书和编纂藏书目录的传统。21世纪以来,有《中国著名藏书家书目汇刊》、《明清以来公藏书目汇刊》、《民国时期公藏书目汇编》、《民国时期私家藏书目录丛刊》等四部大型公私藏书目录问世。这些藏书目录不仅是明清至民国公私藏书的记录,也为研究民国出版古籍的发行和流通提供了重要资料。林夕(杨成恺)主编的《中国著名藏书家书目汇刊》收集自宋至20世纪前期有代表性的藏书目158种,将近半数系第一次公之于众,有80余种为名家抄本、校本和稿本。全书皆按原书尺寸拍摄影印,16开本,共70册。该书为古籍研究与传统文献整理的又一部力作。

北京图书馆出版社古籍影印室编的《明清以来公藏书目汇刊》,汇集明清以来公藏书目近200种,包括明清两代内阁,民国时期教育、外交、内政各部及明清以来书院、公立图书馆等机构藏书目,尤以近代图书馆藏书目为多。其涉及古籍近10万种,及近代出版的各类图书数十万种,是研究明清以来藏书史和图书版本、目录不可或缺的参考工具。

吴永贵选编《民国时期公藏书目汇编》(全36册)接续《明清以来

---

[1] 肖东发:《〈中国近代古籍出版发行史料丛刊〉序》,《出版史料》,2004年第3期。

公藏书目汇刊》而编撰,因所收 100 多种公藏书目全部产生在民国时期,故名《民国时期公藏书目汇编》,具有重要的研究价值。

进入近代以来,国家政治、经济、文化日益衰落,藏书文化也渐显颓势。至辛亥革命前后,作为中国传统藏书中坚的私人藏书家,其人数与藏书兴盛的清中期相比,已经明显减少了。应该说,民国时期已经到了传统的私人藏书尾声了。李万健、邓咏秋所编《民国时期私家藏书目录丛刊》收录民国时期私家藏书目录约 40 种,可供研究民国时期的藏书家及其藏书目录、藏书递藏等。

2014 年,王余光主编《清末民国图书馆史料汇编》全 22 册,由国家图书馆出版社出版。《汇编》收录清末民国时期的各类图书馆史料 160 种,包括图书馆法规、图书馆协会、图书馆学教育、图书馆事业、各图书馆馆史五方面的内容,涵盖了图书馆概况、指南、章程、计划书、馆务报告、调查资料、职员录、纪念册等各方面,是民国时期图书馆史料的总集,是研究图书馆学和图书馆事业的基础资料,也是新修图书馆史的基本素材。2016 年王余光将《汇编》未收录的专著、资料等近百种,编纂成《清末民国图书馆史料续编》20 册问世。

当代书籍史研究注重统合关于书籍的各种研究——编辑史、印刷史、出版史、发行史、藏书史、阅读史——的全面的历史。各类发行、收藏图书目录以及图书馆史料的出版为民国古籍出版研究的深化提供了资料保障。北京图书馆编辑的《(1911—1984)善本古籍影印目录》,以北京图书馆的收藏为主,查阅了中国科学院图书馆、国家版本图书馆、首都图书馆等兄弟单位的部分目录以及其他各类目录,加以补充、汇编而成。收录时限为 1911 年辛亥革命起到 1984 年止,共收书 1049 种(其中丛书按 1 种计算)。所收的古籍包括辛亥革命以前的著作、辛亥革命以后对古籍整理加工的著作、有关古籍的工具书。与之配套的《(1911—1984)影印善本书序跋集录》辑录了辛亥以来影印善本书的部分序跋,侧重于谈版本或以谈版本为主的序跋,按原书的性质,分为经、史、子、集、丛五大部分,依类加以编排,共得 442 篇。

上海图书馆编制的《中国丛书综录》收录古籍丛书 2797 种，包括民国时期出版的古籍。阳海清编撰、蒋孝达校订的《中国丛书综录补正》，阳海清编撰的《中国丛书广录》则补充了《中国丛书综录》的不足，良为有益。北京图书馆编撰的《民国时期总书目》，收录从 1911 年到 1949 年 9 月止我国出版的中文图书，按学科分类。全书共 2000 万字，全 21 册，是一部大型的回溯性书目。这三种书目使研究民国时期古籍出版有了基本线索。可惜的是，《民国时期总书目》虽然收录了以其他形式装订的古籍，但是未收录线装书。《中国近现代丛书目录》中编入近代、现代丛书 5549 种，计各门类图书 30940 种，其中有排印的古籍，而不包括线装古籍。[1]

范军汇编的《中国出版文化史研究书录（1978—2009）》，收录 1978 年 1 月至 2009 年 12 月共 32 年间中国大陆出版的有关出版文化史方面的论著、译作、资料集等约 3500 种，附录著录相关图书和资料约 2400 种，加上附注涉及的相关图书，总量超过 6000 种。全书按内容分为 12 个部分：出版史志类，出版史料类，编辑史类，书刊文化史类，新闻传播史类，发行史·藏书史类，印刷史类，版本史·文献学类，出版人物类，出版机构类，综合及其他类一·个人文集，综合及其他类二。该书由河南大学出版社初版于 2007 年，再版于 2011 年，为研究中国出版文化史提供了线索和路径，也是民国古籍出版研究的必备参考工具。

二、出版通史和区域史研究

近年来民国出版史研究取得突破性进展的标志，为出版通史及相关藏书、图书馆、阅读通史著述的出版。九卷本《中国出版通史》是第一部有关中国出版历史的通史性著作，王余光、吴永贵主编的《中国出版通史·民国卷》第十章为"工具书、学术著作和古籍出版"。2018 年，

---

[1] 上海图书馆：《中国近现代丛书目录》，1979 年 9 月。

吴永贵又出版有三大册《民国图书出版史编年：1912—1949》，书中所运用的研究方法和对民国出版史的认知，意味着民国出版史研究达到了新的高度。上述成果表明，晚清民国出版史研究不仅拓展了企业制度、书业广告等新领域，在理论方面也借鉴了当代国外历史学、社会学、传播学、书籍史等跨学科方法，例如从晚清民国时期国家建构或社会文化场域等视角来阐释，研究水平得到了很大的提升，逐渐预入了晚清民国史学研究的主流。

2018年，王余光主编的10卷本《中国阅读通史》由安徽教育出版社出版，与《中国出版通史》、《中国藏书通史》、《中国图书馆史》、《中国私家藏书史》一起，构成了完整的中国图书文化通史。上述通史的完成，为研究民国古籍出版提供了学术参考。

区域出版研究是了解出版中心上海之外古籍出版的重要来源。如前文所述，20世纪90年代以来出版了各直辖市、省、自治区出版志如《四川省志·出版志》等，填补了区域出版史的空白。近年来，陆续又问世了多部地方出版史著述，如张忠的《民国时期成都出版业研究》，寻霖、刘志盛编著的《湖南刻书史略》，梁春芳等的《浙江近代图书出版史研究》，张雪峰的《福建近代出版史研究》等。

三、出版机构研究

民国时期古籍出版延续了中国自雕版印刷术发明以来的三大刻书系统，即官刻、坊刻、私刻。其中坊刻逐渐被现代民营出版机构取代，以商务印书馆、中华书局为翘楚的民营出版机构更是引领了民国古籍出版的风骚。民营古籍出版机构研究中，对商务印书馆和中华书局的研究比较成熟。

商务印书馆恢复独立建制后，在馆内设立馆史室，负责纂辑商务印书馆馆史资料，研究商务印书馆馆史。《商务印书馆馆史资料》1980年9月创刊，至1993年10月因故停刊，前后历时14年，虽是不定期内部刊物，但它以抢救的方式为商务印书馆保存了大量珍贵的第一手馆史资料。商务为纪念建馆90周年和95周年，于1987年、1992年编辑出版的《商务印书馆九十年》和《商务印书馆九十五年》，即以这套资料为基础。此后，商务印书馆又在建馆100周年和110周年之际，编辑出版了《商务印书馆一百年》和《商务印书馆一百一十年》。汪家熔的《商务印书馆史及其他》收有文章，简述了商务的古籍出版。吴相的《从印刷作坊到出版重镇》第四章"传统文化的承继者"研究了商务的古籍出版，分为"涵芬楼"、"整理国故"、"《四库全书》拟重印经过"三节，阐扬商务整理古籍、传承传统文化的功绩。李家驹的《商务印书馆与近代知识文化的传播》第五章从近代图书市场和读者需求的角度论述了商务的古籍整理与出版业绩。史春风的《商务印书馆与中国近代文化》第三章第三节总结了商务古籍整理的三大贡献。蒋佩玲的《商务印书馆：中国图书馆发展的推手》也从古籍藏书的视角论述了商务的古籍出版。

研究中华书局的古籍出版有吴永贵的《中华书局》专题论文，见《中国新图书出版业的文化贡献》一书。此外，孙莘人的《〈古今图书集成〉影印经过》详细介绍了中华书局影印《古今图书集成》的情况。周其厚的《中华书局与近代文化》第四章第三节详细论述了中华书局保存和出版古籍的成就。齐琳的《20世纪上半叶中华书局古籍出版情况研究》对中华书局的古籍出版概况、影响因素和文化贡献做了论述。郭平兴的《民国时期中华书局古籍整理出版及其原因述论》侧重于探讨中华古籍出版的原因，认为与当时中华书局的产品布局、整理国故运动、适应新图书馆运动及陆费逵个人的影响有关。

相对而言，包括世界书局在内的其他民营出版机构古籍出版的研究显得单薄。杨东方、周明鉴的《世界书局与中医书籍出版》（载于《世界书局文献史料汇编》）论述了世界书局的中医书籍出版成绩及原因。开明书店古籍出版研究有周振甫的《开明编刊的辞书及古籍》（收入《我与开明》一书）。吉少甫主编的《中国出版简史》第四章《旧书业与新书业》介绍了近代旧书业的古籍出版活动。

近年来，近代出版业的发源地上海晚清民国出版史研究成绩斐然。

周振鹤、熊月之、邹振环、陈正宏、吴格等不仅自身成果丰硕，也指导学生做了相关研究课题。与民国古籍出版研究相关的有罗琤《金陵刻经处研究》、杨丽莹《扫叶山房史研究》、许静波《石头记：近代上海石印书业研究》等。

晚清民国时期近代图书馆系统建立后，浙江省立图书馆、江苏省立国学图书馆等公立图书馆接收了官书局的版片资源，并在民国时期继续刊印，成为出版古籍、传承文化的重要机构之一。刘洪权的《二十世纪前半期图书馆与中国文化传承研究》《民国时期的图书馆对刻书版片的保护》，刘洪权、郑辰的《浙江省立图书馆与中国文化传承研究》《江苏省立国学图书馆与中国文化传承研究》等论文对民国时期图书馆古籍出版的文化贡献做了整体和案例研究。

四、出版人物研究

晚清民国出版史上的出版家群体大致可以分为两类：一类延续私家刻书系统，以传统雕版或西式石印、铅印技术刷印典籍的传统个人出版家群体；一类创办民营出版机构，以张元济、王云五、陆费逵、章锡琛、叶圣陶等为代表的新式出版家群体。出于传衍文化或商业谋利等动机，两类出版家群体均留意于出版古籍，而张元济为此两类群体的桥梁或中心人物。

传统个人出版家群体多数生于19世纪60年代，接受的是旧式教育，多有科举功名，故于民国时期亦以刊刻旧籍、传续斯文为职志。这类群体以缪荃孙（1844—1919）、徐世昌（1855—1939）、叶德辉（1864—1927）、罗振玉（1866—1940）、董康（1867—1947）、张元济（1867—1959）、徐乃昌（1869—1943）、傅增湘（1872—1949）、刘承幹（1881—1963）等为代表。苏精的《近代藏书三十家》（增订本）介绍近代藏书大家如叶德辉、董康、刘承幹等人事迹，其中论及各家刊刻与著述。由于民国时期印刷技术的便利，私人刻印古籍者众多。李雪梅的《中国近代藏书文化》亦叙述了近代藏书家刻书和书肆刻书。杨洪升的

《缪荃孙研究》，沈云龙的《徐世昌评传》（上、下），杜迈之的《叶德辉评传》，张晶萍的《叶德辉生平及学术思想研究》、《守望斯文：叶德辉的生命历程和思想世界》，罗琨的《罗振玉评传》，邢海波的《罗振玉藏书刊书研究》，李新乾的《董康的藏书与刻书》，陆三强的《近代藏书家、刻书家董康》，张敏慧的《徐乃昌刻书文化研究》，孙荣耒的《近代藏书大家傅增湘研究》，孙英爱的《傅增湘年谱》，李性忠的《刘承干与嘉业堂》，项文惠的《嘉业堂主：刘承干传》，应长兴、李性忠编《嘉业堂志》等著作和期刊、学位论文，对以上述人物为代表的传统出版家群体，深入探讨了他们的藏书与刻书成就。

民国古籍出版以商务最为辉煌，因此近代新式出版家群体中亦以对商务出版家群体张元济、王云五、夏瑞芳、孙毓修等人的研究较为充分，尤以张元济的研究最为成熟，研究成果极为丰富。据《张元济全集》附录九《张元济研究论文、史料评介、回忆文章举例》载，截止2009年，散见于报刊的张元济研究的各类文章即有750篇，若加上此后数年发表的各类相关文章，总篇数在千篇以上。[1]对张元济进行整体评述的传记，如王绍曾著《近代出版家张元济》、汪家熔著《大变动时代的建设者——张元济传》、王英编著《一代名人张元济》、吴方著《仁智的山水——张元济传》、陈建明著《智民之梦——张元济传》、柳和城著《张元济传》、张荣华著《张元济评传》、张树年著《我的父亲张元济》、张人凤著《智民之师——张元济》、李西宁著《人淡如菊——张元济》、周武著《张元济：书卷人生》、汪凌著《张元济——书卷中岁月悠长》、（新西兰）叶宋曼瑛著英文版"The life and time of Zhang Yuan-ji, 1867—1959: from Qing reformer to twentieth-century publisher"、董进泉与陈梦熊著《现代出版楷模张元济》、张学继著《出版巨擘——张元济传》。另有一些关于张元济的纪念和研究文集，如浙江省海盐县政协文史资料工作委员会编的《张元济轶事专辑》（共2册）、《纪念出版家

---

[1] 参见《张元济全集》第10卷，商务印书馆，2009年，第716—762页。

张元济先生诞辰130周年文集》，海盐县政协文史资料委员会与张元济图书馆编的《出版大家张元济——张元济研究论文集》以及张人凤著《张元济研究文集》等。

任何一种探讨张元济出版事业的传记都不能回避张元济古籍出版方面的成就。其中，王绍曾的《近代出版家张元济》全面系统总结了张元济的古籍整理出版的贡献，并归纳为四个特点。江曦的《张元济的版本目录学研究》总结了张元济的版本目录学成就，探讨了他的版本学思想对古籍出版的影响。张元济古籍影印借用了国内外公私所藏，其中赴日访书尤其重要。王国忠的《中日出版交流史上的华章——张元济日本访书述评》记叙了张元济赴日访书经过，探寻并发掘其出版工作之经验及出版史价值。周武的《张元济研究》力避重复性论述，选取若干重大且尚未引起重视或需要重新检视的问题进行深入、细致的专题研究，通过这些研究进一步拓展、丰富和深化张元济研究应有的广度和深度，尤其是第四章以上海市档案馆新公布的张元济与日本友人及公私藏书机构来往书信为核心史料，并参酌其他相关文献，重新梳理张元济1928年日本访书始末及随后复杂的借影交涉过程，进而阐释此次访书在近代中日书籍交流史上的多重意义及其对民族记忆的修复和民族精神的再构。第五章依据相关当事人的档案、日记、书信及书籍广告等史料，对张元济终身抱憾的《国藏善本丛刊》从创议、选目、摄照到最后宣布停刊的全过程做了详尽的考索和钩沉，还原出一段尘封已久的书林往事。

王云五研究起步较晚，1997年才由学林出版社出版王云五的《旧学新探——王云五论学文选》，这是大陆自王云五赴台之后出版的第一部王云五著作，标志着大陆王云五研究进入新阶段。1999年，上海书店出版社出版了大陆第一部王云五传记——郭太风的《王云五评传》，该书通过对王云五生平事迹的梳理，基本勾画出一个立体、真实的王云五形象，作者还在此基础上相对客观地评论王云五的其人其事，是当时王云五研究的新突破。2000年，商务印书馆出版王建辉的《文化的商务——王云五专题研究》，该书以王云五在大陆商务印书馆从事出版的活动为主要线索，其中探讨了王云五出版的《丛书集成初编》，书中充分肯定王云五在商务印书馆25年所做的功绩，是世纪之交王云五研究的力作。

孙毓修是20世纪初出版界的一位核心人物，一生供职于商务印书馆，并开创了数项第一。作为张元济的得力助手，他参与了《四部丛刊》等重大项目的出版。孙毓修对古籍版本尤有研究，《中国雕板源流考》是其代表作。柳和城的《孙毓修评传》从当年的出版物和孙氏书信文档中爬罗剔抉，以丰富的史料为基础，展现了动荡年代里一名纯粹的文人、编辑、学者对散佚文献的痛心疾首，对学术文化的孜孜以求，从而真实还原了一位近代出版家丰富而鲜活的人生。

作为商务印书馆的创始人，夏瑞芳被誉为中国近现代民族出版第一人。赵俊迈的《典瑞留芳：民国大出版家夏瑞芳》收集了大量历史资料及对多位夏瑞芳后人的采访，并结合当时的时代背景，力图再现夏瑞芳的传奇人生。

商务出版家群体之外，以创办中华书局的陆费逵研究较多。俞筱尧的《陆费伯鸿与中华书局》一文重点研究了陆费逵铅印《四部备要》和影印《古今图书集成》两大古籍出版工程。王建辉的《教育与出版——陆费逵研究》、周其厚的《中国出版家·陆费逵》对陆费逵主持的古籍出版均有专门章节论述。

五、古籍出版物研究

民国古籍的编纂和刷印传播当时就是影响社会的重要文化现象。民国出版的古籍种类繁多，当代文学史、文献学、出版史等学术领域诸多学者对其进行研究，研究的角度有文献编纂如丛书，重大古籍出版现象如《四库全书》影印问题，重要出版物如《四部丛刊》、《四部备要》，专科文献如戏曲、小说、善书等。

刘尚恒的《古籍丛书概说》第二章第四节"近代古籍丛书"分坊刻、官刻、私刻三大系统论述了近代重要古籍，并总结出近代古籍的特点为地方性丛书和自著丛书大量出现；分史、子、集三类总结了近代丛书。李春光的《古籍丛书述论》第六章"民国时期的丛书"对这一时期编纂的大型综合性丛书、其他综合性丛书、专门性丛书分别做了介绍。

民国古籍出版专题研究尤以被誉为"千古巨制、文化渊薮"的《四库全书》及其系列的研究为热点。林夕的《十年和廿年：影印〈四库全书珍本初集〉始末》叙述了1917年到1935年出书的始末。[1] 阮阳的硕士论文《新图书出版业的世纪工程：〈四库全书〉的出版与研究》，以20世纪《四库全书》的影印出版和研究为专题，介绍了20世纪前期《四库全书》影印的背景和起因，影印的四次失败，1934年7月选印的《四库全书珍本初集》的完成以及20世纪后期《四库全书》的出版与续修，影印出版的时代背景，选印抽印的继续发展，1986年台湾商务印书馆影印全书完成，等等。李长庆的《〈四库全书〉出版研究》第三章叙述了民国时期《四库全书》的影印出版情况。中华书局影印的《古今图书集成》也有专文研究。

民国时期编纂的大型古籍，以《四部丛刊》、《四部备要》最负盛名。关于《四部丛刊》的研究，张人凤的《张元济和〈四部丛刊〉》、沈俊平的《叶德辉与〈四部丛刊〉》分别论述了张元济和叶德辉编纂丛书的作用，卢佳妮的《〈四部丛刊〉初编散考》（复旦大学硕士论文，2009年），以《四部丛刊》中发行次数最多、版本最复杂的"初编"为研究对象，分"版匡测量法考"、"描润考"、"《四部丛刊书录》考"三章结合实物进行深入而具体的考察。瞿艳丹的《近代中日两国汉籍复制交流——以张元济影印〈四部丛刊〉为例》以张元济的古籍复制事业为例，讨论《四部丛刊》各编中所使用的日藏汉籍的来历，探索近代中日两国在汉籍复制事业中的互动、交涉、合作与竞争，为理解近代中日两国文化交流史、学术史提供一种角度。

与《四部丛刊》并称的《四部备要》，也有不少研究成果。李向群

---

[1] 林夕：《十年和廿年：影印〈四库全书珍本初集〉始末》，《读书》，1993年第6期。

的《〈四部备要〉版本纠谬》对所用版本逐一查对考订。卞孝萱的《高时显与丁辅之——〈四部备要〉辑校、监造人考》考据了高时显、丁辅之的生平事迹。

古代戏曲和小说由于受新文学思潮和城市市民阶层读者群体增长的影响，地位提高，文献出版也广受重视。苗怀明的《二十世纪戏曲文献学述略》、《二十世纪中国小说文献学述略》分别论述了戏曲和小说的刊刻。潘建国的《物质技术视阈中的文学景观：近代出版与小说研究》展现了晚清中国书籍史上重大的技术变革，多维度描述物质技术与小说演进的关系。近代书局利用新的出版技术以及新的经营模式，开展小说征文、小说版权转让以及善本小说整理等活动，推动乃至调控晚清新小说的发生与发展，促使传统的明清章回小说实现其文本传播技术的近代升级。作为中国古代小说文本特色的图像，亦借助新技术完成它的近代复兴之路。这些在物质技术推进中的文学景观，处处展现了文学观念和文体破立的消长，具有重大的小说史及出版史意义。杨丽莹的《清末民初的石印术与石印本研究：以上海地区为中心》以石印技术的特点为切入点，专注于考察在清末民初中西文化的激荡下，印刷技术的变革对中国传统书籍出版文化的影响。该书期望通过以上考察，展示西方石印术从被国人接受到广为利用的过程，探讨其被接受的原因，加深对传统文化与西方技术相融合的认识，以促进对我国书籍出版文化之近世变迁的理解。

民国时期影印的古籍还包括《宋碛砂版大藏经》、《正统道藏》、善书等宗教典籍，高振农的《佛教文化与近代中国》，酒井忠夫著、刘岳兵等译的《中国善书研究》对《大藏经》和善书的出版均有所论述。

六、印刷技术史研究

近代印刷技术经传教士输入中国并加以改造，以适应中文制版和印刷。张秀民的《中国印刷史》为印刷史研究的经典之作。2006年，浙江古籍出版社出版了张秀民著、韩琦增订的《中国印刷史》。范慕韩主编的《中国印刷近代史（初稿）》对近代古籍出版做了介绍。芮哲非著的

《谷腾堡在上海：中国印刷资本业的发展》则研究了1876年至1937年间，以上海为中心的现代印刷技术与出版的情况。该书前半部分讲述了近代先进印刷技术引进后出版业的变革，后半部分详述了出版业对社会的巨大影响，得到了学术界的广泛赞誉。

七、现存研究的问题

总的来说，对民国时期古籍出版这一课题的研究，还是有待深化，这主要表现在以下方面。

1. 理论研究不足

当下关于出版史研究的主流理论——书籍史研究，"20世纪50年代从法国兴起，到20世纪80、90年代渐趋成熟和完善，已成为西方史学研究中的一个重要领域。书籍史研究所采用的一些新颖的理论方法对中国学术界也产生了显著影响。特别是进入21世纪以来，很多中国学者在从事与书籍史相关的研究时，都或隐或显地开始运用西方书籍史的研究方法，极大地改变了传统的研究主题和论述体系。这构成了新世纪以来中国史学研究中一种颇为典型的由接受西方理论方法而使研究范式发生变化的现象"。[1]

现有的民国古籍出版研究主题集中于出版家、出版机构或出版物，侧重于古籍出版物的内容叙述或出版过程的历史叙述，比较重视书籍的物质形式和生产技术，未能探讨古籍出版与所处社会文化环境之间的互相关系，对书籍的文化意义和书籍背后的社会史研究则有所缺略，未能融汇多学科的研究视角和方法。

2. 缺少整体性研究

理论研究的薄弱，导致当下民国古籍出版研究零散而缺乏整体性。20世纪出版通史类著作如张召奎的《中国出版史概要》，吉少甫主编的《中国出版简史》，宋原放、李白坚合著的《中国出版史》，方厚枢的

---

[1] 张炜：《西方书籍史理论与21世纪以来中国的书籍史研究》，《晋阳学刊》，2018年第1期。

《中国出版史话》对民国时期的古籍出版均未涉及。21世纪的《中国出版通史·民国卷》和《民国出版史》由于篇幅所限，只能作为专题研究。而近代以来古籍出版作为重要的文化现象，贯穿了晚清民国历史进程。如何从民国时期古籍出版的社会场域、生产过程、传播与接受、对中国文化的传承、对当代古籍出版的文化贡献等这一完整的过程来整体性展开研究，是当下研究所缺乏的。

3.古籍出版与社会思潮关系研究的薄弱

近代中国社会变革剧烈，"伴随着派系和人物的活动，思想领域中亦波涛翻滚，急流飞溅，阴晴明晦，潮起潮落，种种'主义'和'主张'，前推后拥，此起彼伏，千姿百态，目不暇接"。[1] 社会思潮的变动决定了出版产业的市场需求和内容生产，李泽彰认为："从现在追溯到以前三十五年，就是前清光绪二十三年，从这一年起到最近为止，和出版业有重大关系的三件大事，第一件是革新运动，第二件是新文化运动，第三件是图书馆运动。每种运动发生以后，出版事业都有很显著的发展。"[2] 民国古籍出版受社会思潮影响的痕迹十分显明。像新文化运动期间，胡适等提倡白话文学，亚东图书馆等翻印了新式标点断句的白话小说，对白话文学的创作起了很大的作用，推动了白话文学的流行。而到20世纪20年代整理国故学术思潮兴起，商务印书馆等推出《四部丛刊》，参与中国传统文化的传承与整理。20世纪20年代新图书馆运动兴起，商务则及时推出包含《国学基本丛书》的《万有文库》，为组建图书馆提供图书与建设方案。20世纪30年代国民党政府在社会领域发起新生活运动，在文化领域发起中国本位文化建设运动和读经运动，古籍又被大量翻印。实则民国时期众多起落的社会思潮，都会吸引出版机构的注意力，寻找古籍出版的商机。理清社会思潮和古籍出版的互动关

---

[1] 戴逸：《序言》，载吴雁南等主编：《中国近代社会思潮（1840—1949）》，湖南教育出版社，1998年，第1页。
[2] 李泽彰：《三十五年来之中国出版》，载商务印书馆编：《最近三十五年之中国教育》（卷下），商务印书馆，1931年，第259页。

系，具有重要的社会思想史和文化史意义，现有的研究在这一方面有待加强。

4. 古籍出版专题研究的缺失

如出版机构方面，民国时期的古籍出版，延续了古代坊刻、官刻（公立机构）、私刻三大传统，发展为民营、公立机构、藏书家三种出版系统。尤其是公立图书馆系统像浙江省立图书馆、江苏省立国学图书馆以及各地的省立图书馆，继承了清末官书局丰富的版片资源，并利用丰富的馆藏，刊布古籍，在民国时期古籍出版领域与民营、私刻鼎足而三，但至今研究为一空白。民营出版机构方面，商务印书馆、中华书局、开明书店等机构的古籍出版得到了重点研究，而诸多中小书局如广益书局、锦章图书局等无人关注。出版家方面，对王云五在以新式方法整理出版古籍方面的成就也少有成果。此外，古籍的印刷以及装帧设计、古籍的营销与发行等专题依然未有专门研究。

5. 史料的挖掘深度相对不够

目前的研究，主要利用常见的资料，对民国时期出版的报纸、杂志、书目等利用不足。像创办于1872年、停刊于1949年的《申报》，商务印书馆、中华书局等出版古籍时，无不在上面登载广告，发售预约，征订读者。《申报》上的出版广告，在某种程度上可以说是中国新图书出版业的一部编年史。《申报》上的史料，对研究古籍出版非常有用。如商务印书馆曾在上面登载有《四部丛刊定户一览表》、《四部丛刊第二次定户一览表》，中华书局登载有《四部备要定户一览表》，为研究《四部丛刊》、《四部备要》的发行情况及分析当时古籍社会需求和读者情况的宝贵资料。公立出版机构方面，像浙江省立图书馆就印有《浙江省立图书馆出版图书目录》，国立北平图书馆印有《馆务报告》，皆可为研究公立机构古籍出版提供资料。此外，各学术杂志在大部古籍出版后，时有评论文章发表。民国时期的学术杂志和读书、出版类杂志也是值得关注的资料来源。古籍出版物的序跋往往说明刊印的缘起，亦为研究的重要资料。目前的研究有待资料的进一步发掘。

第四节 民国时期古籍出版研究价值

晚清民国时期，在西潮的冲击下，中国文化与国家、社会危机重重，因而固有文化的传承与国家、社会的重构成为国人面临的紧迫挑战。蒋廷黻以为："近百年的中华民族根本只有一个问题，那就是：中国人能近代化吗？能赶上西洋人吗？能利用科学和机械吗？能废除我们家族和家乡观念而组织一个近代的民族国家吗？能的话，我们民族的前途是光明的；不能的话，我们这个民族是没有前途的。"[1]

古籍为中国文化的载体与象征，也是晚清民国时期文化转型与民族国家建构的宝贵文化资源。"窃以典章文物，尽在图书，其存与亡，民族安危所系；守先待后，匹夫匹妇亦与有责，此敝馆被难之余，所为不揣棉薄，必欲成斯巨制也。兹事体大，困难自多，故于摄影之初，略述经过情形，当世君子，幸共鉴之。"[2] 近代中国内忧外患不断，典籍散失和外流异常严重。而保存传播中国文化，最好的方式就是古籍的复制与流通。民国时期的古籍出版，因其与中国文化传承的密切关联，成为国人和文化界注目的焦点。研究民国时期的古籍出版，探讨其与中国文化传承、民族国家建构、现代学术建立及图书馆事业的关系，具有重要的理论价值。民国时期以民营出版业为主体的古籍出版，采用的是成熟的市场化运作模式，虽然出版家也有商业的考量，但主要目的是为了中国文化的流通与传播。以张元济为代表的出版家，以强烈的文化使命感，搜罗珍稀善本，编纂影印典籍，为中国文化续命，为现代民族国家建构奠定文化的基础。民国古籍出版的市场化运作模式和文化使命感，都是当代古籍出版值得借鉴的宝贵经验，具有重要的现实意义。

---

[1] 蒋廷黻：《中国近代史》，岳麓书社，2009年，第2—3页。
[2] 《影印〈四库全书珍本初集〉缘起》，《〈四库全书珍本初集〉样本》，商务印书馆，1934年。

一、理论价值

1. 民国时期古籍出版与中国文化传承

文化的创造源于文化传承。图书储存的知识和信息，为人类文化的继承和创新提供了条件。文化继承的作用在于，"新一代便不必去寻找已经找到的东西，发掘已经发现的东西，发明已经创造出的东西。对文化遗产的了解，会有助于人们去考虑古代人的劝告：不要去做已经做过了的事情。按照已经到达的作为出发点，社会便缩短了通向实现自己目标的路程"。[1] 没有文化传承，人类在全新的基础上从事文化创造和文化发展，是不可想象的。

近代西学输入后，"中学日益成为旧学的代名词，被视为无用之物"，[2] 甚至有"欧风东渐，国学几灭，著者抱亡学亡国之惧"。[3] 在这种历史情境下，中国固有文化的传承因为西学的冲击而显得尤为迫切。传统文化在近代的接续，不仅出于考文献而爱旧邦的民族感情，更有强烈的现实意义，于新文化之创造关系巨大。

关于如何建设中国新文化的问题，近代异说纷呈，大体上有两个极端：一方面是主张全面拥抱西方文化，认定中国传统文化是现代生活的阻碍，必须首先加以清除；另一方面则是极力维护传统文化，视来自西方的现代生活为中国的祸乱之源，破坏了传统的道德秩序和社会安定。在这两种极端态度之间还存在着众多程度不同的西化论与本位论，以及模式各异的调和论。

民国时期，众多学者如王国维等比较中西文化，以为西学固然有中学所不能及者，中国传统文化也必须接受西学才能重现生机。但是中国文化亦有其自身的特点，外来思想一定要与中国本土文化融合才能产生

---

[1] 尼·瓦·贡恰连科：《精神文化：进步的源泉与动力》，戴世吉等译，求实出版社，1988年，第49页。
[2] 桑兵：《晚清民国时期的国学研究与西学》，《历史研究》，1996年第5期。
[3] 《第七年政艺通报题记》，《政艺通报》，1908年，第7年第1期，转引自王先明：《近代新学：中国传统学术文化的嬗变与重构》，商务印书馆，2000年，第239页。

影响。陈寅恪从中国历史上吸收外来文化之经验出发,说:

> 窃疑中国自今日以后,即使能忠实输入北美或东欧之思想,其结局当亦等于玄奘唯识之学,在吾国思想史上,既不能居最高之地位,且亦终归于歇绝者。其真能于思想上自成系统,有所创获者,必须一方面吸收输入外来之学说,一方面不忘本民族之地位。[1]

梁启超亦认为:"古书训词深厚,含义丰宏,能理解古书者,则借此基础以阐发新思潮,或尚有着手处。……启超确信欲从事于发明整理,必须在旧学上积有丰富精神的修养,而于外来文化亦有相当的了解,乃能胜任。"[2] 片面接受西方文化,而缺乏对固有学术的阐发,其结果是"恐非惟旧学失坠,而新学亦无自昌明"。[3] 1923年,梁启超指出文化建设的偏颇时说:"我们闹新学闹了几十年,试问科学界可曾有一两件算得世界的发明,艺术家可曾有一两种供得世界的赏玩,出版界可曾有一两部充得世界的著述?哎,只好等第三期以后看怎么样罢。"[4]

中国文化的出路在于融会中西,胡适1919年提出"研究问题、输入学理、整理国故、再造文明"[5] 这一建设新文化的思路,非为无因。传统文化的传承是其中必要的一环。古代典籍负载着中华民族的传统文化,凝聚着民族的智慧,是人类文明的重要财富。中国文化延续数千

---

[1] 陈寅恪:《冯友兰〈中国哲学史〉审查报告》(下),载《金明馆丛稿二编》,生活·读书·新知三联书店,2001年,第284—285页。
[2] 梁启超:《学校读经问题》,载李华兴、吴嘉勋编:《梁启超选集》,上海人民出版社,1984年,第884页。
[3] 梁启超:《为创立文化学院事求助于国中同志》,载李华兴、吴嘉勋编:《梁启超选集》,上海人民出版社,1984年,第827页。
[4] 梁启超:《五十年中国进化概论》,载李华兴、吴嘉勋编:《梁启超选集》,上海人民出版社,1984年,第835页。
[5] 胡适:《新思潮的意义》,载欧阳哲生编:《胡适文集》2,北京大学出版社,1998年,第551页。

年，官方和私人对文献的收藏、刊布功不可没。诚如傅增湘所言："近岁文化复兴之说腾播海宇，群谓吾国学术文艺，咸凭载籍以传，保粹存古之道，崇为国论。"[1] 民国时期，出版家张元济、傅增湘、刘承幹、董康等以影印古书为己任，动机即在于古籍出版为文化传承和积累的重要手段。张元济当年即说："吾辈生当斯世，他事无可为，惟保存吾国数千年之文明，不至因时势而失坠，此为应尽之责。能使古书多流传一部，即于保存上多一分效力，吾辈炳烛余光，能有几时，不能不努力为之也。"[2]

近代由于内忧外患不断，古籍散佚损毁的现象异常严重。近人祝文白写有《两千年来中国图书之厄运》，总结自秦始皇焚书始历代书厄15次，其中近代百年即有两次，为咸丰朝之内忧外患和民国时中日之战役。[3] 1907年清末四大藏书家之一陆心源的"皕宋楼"和"十万卷楼"藏书被日本人收购后船载以东，对国人刺激最大，尤使海内藏书家痛心不已。前代刊刻的文献，即使未散佚者，迭经千百年的流传，到民国时期已所存无多；一些古籍以手稿本和抄本传世，如果不及时刊印，即有永绝天壤的危险。

防止古籍散佚的办法最善莫过刊刻流布。民国时期民营出版家、藏书家和图书馆等机构，在保存典籍的强烈文化使命感驱动下，致力刊印古籍，使之化身千百，以广流传。公私各家尤其注重刊印孤本秘笈。民营出版业如商务印书馆刊刻的《四部丛刊》、《景印元明善本丛书十种》、《丛书集成初编》、《四库全书珍本初集》、《涵芬楼秘笈》、《道藏》、《续道藏》，所收书均为宋元秘本或当年流传较稀之书。其他出版家如中华书局、开明书店、扫叶山房、博古斋等刊刻的《四部备要》、《古今图书集成》、《二十五史补编》、《陈修园医学全书》、《百川学海》等，亦注重

---

[1] 傅增湘：《北平图书馆善本书目序》，载《藏园群书题记》，上海古籍出版社，1989年，第1077页。
[2] 《张元济致傅增湘（1927年1月21日）》，载《张元济傅增湘论书尺牍》，商务印书馆，1983年，第145页。
[3] 转引自李雪梅：《中国近代藏书文化》，现代出版社，1999年，第307页。

选择善本。

藏书大家如刘承幹、陶湘、张钧衡、董康等刻书，皆为所藏精品。刘承幹所刻书，多罕见之本，如《嘉业堂丛书》，收元明遗老所著及其谱状最多，其中如《安龙逸史》等为清代禁书。张钧衡所藏书以宋元古本、抄稿本及黄丕烈校跋本最为名贵。张氏刻有《适园丛书初编》7种，《适园丛书》74种，《择是居丛书》19种，均择藏书中从未刊刻或流传不广之书影印。我国现存最早的一部综合性丛书《儒学警悟》，南宋俞鼎孙、俞经兄弟辑编。是书南宋原刻本久不传世，元明两代又未经翻刻。清宗室盛昱购得后，秘不示人。后为缪荃孙购得，由陶湘于1922年刊刻问世。民国时期各级图书馆亦注重馆藏善本的影印。其中刊印最多者为浙江省立图书馆，达766种之多。[1] 其他如江苏省立国学图书馆、国立北平图书馆皆有印行馆藏珍本之举。

民国时期刊刻的古籍总数，据目录统计，约27000种。[2] 四部要籍皆赖以流传。一些古籍，仅见民国刊本。如"清末名医汪莲石著作《伤寒论汇注精华》九卷，除稿本外，1920年扫叶山房石印本是该书的唯一刊本。……严鸿志编的《退思庐医书四种》、《王旭高医书六种》，唐宗海撰的《中西汇通医书五种》、《六经方证通解》均以千顷堂石印本为最早或唯一刊本"。[3] 民国时期古籍出版保存了大量珍贵典籍，使之流传后世，于保存文化，嘉惠学术，为功尤巨。余英时曾说："清末以来，中国文化传统之所以危而未倾，中华书局在以往百年中之努力与有功焉。"[4] 应该说，这句话高度概括了出版业传承文化的历史功绩。同时也说明，研究民国时期古籍出版对中国文化的贡献，具有重大的学术价值。

---

[1]《浙江省立图书馆出版木印书目》，《浙江省立图书馆出版图书目录》，浙江省立图书馆，1934年10月。

[2] 见本书第三章统计。

[3] 刘惠玲、童光东：《近代石印医籍刊印史略》，《中华医史杂志》，1998年7月第28卷第3期。

[4] 转引自王建辉：《近现代时期中华书局的文化意义》，《中华读书报》，2012年8月22日14版。

2.民国时期古籍出版与民族国家建构

近代中国从传统社会向现代社会转型的结构变迁,在政治观念上表现为需要以现代的民族国家观念取代传统的天下观念。消解亡国灭种的危机,实现国家与民族的复兴,有赖于建设强大的民族国家,清末民初在相当广泛的社会层面上成为国人的共识。现代国家是建立在"民族"的基础之上的,民族主义成为建立现代国家的历史力量,但"如何锻造把个人、社会、文化、国家统一起来这个'民族'概念,仍然是一个巨大的历史疑问"。[1] 本尼迪克特·安德森在论证近代民族意识的起源时,认为"资本主义、印刷科技与人类语言宿命的多样性这三者的重合",[2] 使得民族这一想象的共同体成为可能。近代中国民族意识的起源中,以资本主义商业出版机构为主体的古籍出版凭借强大的现代技术,在召唤民族这一"想象的共同体"的建构中发挥了重要作用。

20世纪30年代陈高傭云:"……时至今日,我们的民族虽然处于困难之境,我们的文化虽有点衰弱气象,但我们的民族精神如能振作,民族复兴固可立而待也。欲振作民族精神,则须先使人人有民族自信心;欲使人人发生民族自信心,则必须对中国文化过去之光荣有所认识,而欲认识中国文化过去之光荣,则惟有从中国古籍中求之。"[3] 为建构民族国家这一政治、文化共同体,发掘悠久的历史文化资源,刷印古籍传播传统文化,恢复民族精神和自信心,成为政府和知识分子塑造民族、国家认同的主要途径之一。民国时期古籍出版促进民族国家认同体现在以下四方面,一是影印文献,进行民族记忆的修复和民族精神的再构。二是在1937年全民族抗战爆发之前,作为浙江、江苏等地文献展览会陈列品的一部分,借以启发民众的爱乡观念,培养民族意识,从而对民众进行社会动员,使之投入全民抗战。三是民国时期

---

[1] 徐迅:《民族主义》,中国社会科学出版社,2005年,第244页。
[2] 本尼迪克特·安德森:《想象的共同体:民族主义的起源与散布》(增订版),吴叡人译,上海人民出版社,2011年,第45页。
[3] 陈高傭:《中国文化与中国古籍》,《新中华》2卷5期,1933年3月10日。

影印传播《四库全书》,扩展中国文化的国际影响力。四是销往欧美与东南亚华人群体,促进华人的文化认同和社区建构。因而,研究民国时期古籍出版,探讨其与民国时期民族国家建构的关系,也是意义重大的学术课题。

3.民国时期古籍出版与中国现代学术

近代中国由衰败转向复兴,重要的途径之一为学术建设。张君劢以为,"三四十年来吾国之维新派、革命派咸自政治下手以图建设吾国家,然政治上之用力尤多,而派别尤歧,内争尤烈,其结果为全国之分崩离析,而外敌乘之。吾以为全国人之心力,苟移其一部以向于文艺上、哲学上、科学上之创作,必大有裨于民族建国之业"。[1]民国时期也是中国现代学术创建的关键时期,由于出版家和藏书家搜罗散佚,刊刻珍本异书,为学术研究提供了丰富的文献资料,推动了中国现代学术的进展。因此,研究民国时期古籍出版对图书馆、私人藏书建设的作用,进而研究其对中国现代学术建设的作用,也是兼具学术史和出版史价值的理论课题。

4.民国时期出版史研究

古籍出版是民国出版史的一个重要组成部分。民国时期的古籍出版受文化潮流、学术思潮和政治局势的影响,呈现出明显的阶段性,可分为五个阶段:第一阶段,1912—1919年为初始阶段;第二阶段,1920—1926年为繁盛阶段;第三阶段,1927—1933年为中衰阶段;第四阶段,1934—1937年6月为鼎盛阶段;第五阶段,1937年7月—1949年为衰落阶段。梳理民国时期古籍出版与文化、学术、政治潮流的关系,总结五个阶段古籍出版的特点,勾勒出民国古籍出版史的大致轮廓,是构建完整的民国出版史不可缺少的篇章。

民国时期古籍刊刻主要有民营出版机构、藏书家和图书馆,以民营出版机构为主体。民营出版机构如商务印书馆、中华书局、扫叶山房、

---

[1] 张君劢:《民族复兴之学术基础》,中国人民大学出版社,2006年,第5页。

博古斋等,在保存国粹、旧学新知并重的观念影响下,兼及营业考虑,以新式印刷术刊刻善本珍籍,校勘精审,富于学术价值,定价低廉,供应学术界,对学术界、文化界影响极大,受到学术界的重视。藏书家和图书馆刻书,忧惧世变日亟,图籍沦亡,皆重刻书,使之化身千百,传之后世。所刻书均为所藏秘书旧椠,于保存文献、襄助学术进步,贡献殊多。总结民国时期民营出版机构、藏书家、图书馆在古籍出版方面的成就,亦为民国出版史研究的重要课题。

5. 民国时期图书馆史研究

探讨民国时期古籍出版现象,有助于深化中国现代图书馆史研究。图书馆是中国文化的重要组成部分,图书馆史所研究的是中国图书馆产生和发展的史实和规律。目前图书馆学界关于民国时期图书馆研究,通史性类著作有谢灼华主编的《中国图书和图书馆史》,李朝先、段克强编著的《中国图书馆史》;专史类著作有严文郁所著《中国图书馆发展史:自清末至抗战胜利》,来新夏等著的《中国近代图书事业史》,程焕文等著《中国图书馆史·近代图书馆卷》。上述著作阐明了民国时期图书馆事业发展的主要面貌。由于图书馆史研究涉及方面众多,从民国时期古籍出版这一研究角度来考察,仍有研究余地。

其一是民国时期图书馆古籍出版活动研究。20世纪初,我国藏书机构经过私人藏书楼到公共藏书楼的过渡,完成了向近代图书馆的演变过程。民国时期的图书馆,不仅致力古籍收藏,亦热心馆藏善本的刊刻与流通,盖因"图书馆之责任不仅在图书之收藏与保存,兼须谋图书之流通与推广。盖图书之年代久远,不易购求者或著作稿本从未刊印者,与夫名著绝版孤本等咸具学术上极高大之价值而有刻印发行之必要","使外间向不易见之书,亦得人手一编,其于文化之功效不无小助"。[1]各级图书馆,从国立北平图书馆到县级图书馆;各类图书馆,从公立图书馆到学校图书馆,刻书颇多,所刊古籍学术价值亦为学术界所赞誉。

---

〔1〕《本馆之扩充计划》,《江苏省立苏州图书馆馆刊》,1929年11月创刊号。

晚清以来，中国向现代社会的转型使得传统文化赖以生存的社会机制被破坏，而图书馆成为保存、流布传统文化的社会中心渠道。图书馆保存文献和刊刻古籍行为，应是图书馆史研究的重要课题。

其二是古籍出版对图书馆建设作用研究。出版业是文化界与图书馆关系最为密切的部门，二者相辅相依。关于新图书馆运动对出版业发展的推动作用，已经有学者做专门研究。而出版业的发达对图书馆建设的重要性，前面所列的四种图书馆史研究著作都曾论及，只是没有在图书馆建设的历史进程中具体剖析。民国时期图书馆的长足发展，古籍出版贡献颇巨。1920年前后数年，图书馆运动虽然有沈祖荣、戴志骞等前驱者的宣传，但图书馆建设仍裹足不前，这固然有多方面的原因。旧书难求为原因之一。

20世纪20年代出版界解决了图书馆建设收藏旧籍的困难，图书馆积极购买新印古籍，图书馆的数量从20年代初到1936年也一直呈现迅猛增长的态势。古籍出版大大促进了民国时期图书馆建设。分析古籍出版对图书馆建设作用，可以深化对民国时期图书馆建设过程研究。

民国时期古籍出版涉及文化、学术、政治、思想、文学等诸多领域，因而研究价值也是多领域和跨学科的，其研究价值呈现为开放状态，将随着理论和史料的拓展而不断有新的突破。

二、现实意义

民国时期的古籍出版在两方面对今天的古籍出版有借鉴的价值：一是市场化的运作方式；二是出版家的文化使命感和责任感。

1. 民国时期古籍出版的市场化机制

20世纪后半期，尤其是80年代以来，在国家财政的支持下，古籍出版取得了很大的成就。90年代始，出版业运营的外部制度发生变化，国内经济体制由计划经济体制向市场经济体制转变。古籍整理项目国家资助减少，古籍出版越来越取决于市场需求。在市场因素的作用下，古籍出版总体上出现了不景气的现象，古籍面临着读者日益减少的危机。

读者减少的同时,古籍出版在选题、资金、人才、营销等方面也是困难重重。"首先,古籍图书的选题开发更为困难。由于长达20年持续不断的古籍整理出版,我国古代主要名著已基本经历了校勘、注释、翻译、评析乃至改编等多种形式的整理出版过程,尤其是古典小说名著的新版本达数百种,滥出书现象使此类出版资源遭到严重破坏,愧对古人,贻误后代。其次,全国古籍专业出版社不同程度地面临着资金短缺的压力。从外因而言,一个是补助资金少,一个是出书范围受限制;从内因来看,古籍图书的出版一般周期长、质量要求高,因而投资较大,销售速度慢,故往往是高投入、低产出。从总体上看,全国古籍出版社在本版书经营方面大多存在亏损经营的情况。第三,古籍出版系统面临着人才流失的威胁。由于古籍出版本身的特殊性,长期以来在该系统形成了一支学历高、素质高的编辑队伍,严谨务实是他们共同的特点。近年来,古籍图书市场日见萎缩,编辑收入减少,形成人员外流趋势。第四,古籍出版系统在生产经营、特别是研究市场、扩大发行方面明显落后。"[1]

20世纪末,古籍出版更是遇到信息技术、网络技术的挑战和冲击。古籍的电子出版成为目前古籍整理出版的发展趋势之一。中国文化的传承、古籍的流传开始与现代技术紧密结合起来。目前,古籍的电子化取得了一定的进展。以电子形式出版的古籍几乎涉及古籍各种文献类型,包括综合性丛书、史书、文学、经学、宗教、科学著作等各个方面。但古籍的网络化仍存在技术、资金、人才等方面的困难。古籍能否以新的网络化、电子化的载体形态取代传统的文献介质,将决定其在信息时代的命运。

民国时期出版业是在完全市场化的环境中运作的,古籍出版在选题开发、资金筹措、市场营销等等方面有许多成功经验。有些历史性机遇

---

[1] 张继红:《古籍出版业现状及发展思路》,《新闻出版交流》,1999年第2期。

如新图书馆运动的兴起等不可重复,但是有些经验仍可供当代古籍出版参考。如用发布出书预约的方式开辟市场,筹措资金。出版社在一部大丛书出书前,先在报纸上刊登广告,发售预约,分期出书。读者可以一次交清书款,也可以分期交足,一次交清比分期付款优惠一定幅度,以提高读者预订的积极性,筹措出版资金,借读者的预约款造货。同时出版社可以摸清市场需求,避免出版风险。这一营销策略创始于商务印书馆 1916 年影印《殿版二十四史》。[1] 1920 年出版《四部丛刊》也采用了这一方法。胡适曾记有商务印书馆采用预约方法的原因:"商务创刊《四部丛刊》时,因为成本太大,怕销路不好,损失太大,故(颇)能注意推销的方法。"[2]《四部丛刊》发售预约方法如下:预约价,连史纸印,一次交足五百元,四次分交各一百五十元;毛边纸印,一次交足,四百元,四次分交各一百二十元。出书期:计分六次,第一次已出版。[3]

《四部丛刊》出版后大获成功,其灵活的预约营销方法起了很大的作用。"这样提倡的结果,居然能使无数不读书的人家也买这部绝大的书去摆摆样子。"[4]

预约的办法后来广为各出版家运用。中华书局出版《四部备要》也是先在《申报》上刊登广告,发售预约。1936 年,平襟亚翻印古典小说,仿照商务印书馆、中华书局的预约定货的办法,"竟然如期在三个月内出版了一百多种,以后在四个月的时间内,又继续出版了二百多种,合计印造的成本在二十万元以上,而我店却没有动用分文资金,这真是个异数"。[5] 这种预约发售、灵活定价、筹措资金的出版策略值得今天的古籍出版借鉴。

---

[1]《涵芬楼影印〈殿版二十四史〉》,《申报》,1916 年 5 月 27 日。
[2] 曹伯言整理:《胡适日记全编》3,安徽教育出版社,2001 年,第 530 页。
[3]《〈四部丛刊〉第一期书目》,《申报》,1920 年 7 月 11 日。
[4] 曹伯言整理:《胡适日记全编》3,安徽教育出版社,2001 年,第 530 页。
[5] 平襟亚:《上海滩上的"一折八扣书"》,《出版史料》,1982 年第 1 辑。

2.民国时期古籍出版的文化使命感

近代国家衰弱,数千年之固有文明处于绝续存亡之交。张元济、刘承幹、傅增湘、董康、王云五等出版家于传统学术文化危亡之际,禀持强烈的文化使命感,致力刊刻古籍,为传统文化续命。张元济即曰:

> 弟亦窃谓际此斯文绝续之交,古籍销沉,必将一日甚一日。我既执有此流通之机关,若不克追随贤者之后,何以对古今人,更何以对一己,故不自揣其愚陋,贸焉思作负山之蚁而不谓先生之畀以濡沫也。[1]

此种情怀,显示出先贤超越短暂历史的眼光,今日追忆,令人感佩。

古籍出版的文化使命并没有终结。"一个民族的生存与发展,离不开文化的传承。古籍出版作为民族文化生产与再生产的重要组成部分,具有十分重要的作用。首先,通过古籍出版,将凝聚在历代典籍中的前人的知识、经验和智慧继承下来,为社会发展提供必要的智力支持。其次,在保存和整理古代典籍的基础上,继承民族精神,增强民族共同体的凝聚力。第三,通过古籍出版,挖掘古籍中的合理因素,为构建适应现代化建设的新文化体系进行必要的文化积累。"[2]民国时期古籍出版家以强烈的文化使命感和责任感来从事古籍出版,对今天我们突破古籍出版的困境,传承悠久历史文化,有着现实的借鉴意义。

正如众多学者所指出的,在商品化发展的潮流下,书籍兼具了"商品"和"文化"的两种性格。民国时期多数出版家视图书质量为出版社的生命,编辑、装帧、印制精益求精,以优良的品质为读者所赞誉。但在逐利本能的驱使下,上海的出版商也有粗制滥造的一面,如1930年左右流行的"一折八扣书",多为标点旧小说,"除了一张彩色封面外,

---

[1] 张元济:《致莫伯骥》,载《张元济书札》(下),商务印书馆,1997年,第864页。
[2] 雷燕:《古籍出版之我见》,《图书情报知识》,1999年第2期。

其他像排印、开本、纸张、装订等方面，拼命减成本，造成字体小，排行密，版口狭，纸张劣，装订坏，错字多，大大地损害了读者视力的健康，更因许多黄色内容没有整理干净，影响读者身心"。[1] 其他诸如底本假冒、描润错误、校勘错误、标点不当等问题，在民营机构出版的古籍中或多或少存在。这是当代古籍出版需要引以为戒的。

第五节 民国时期古籍出版研究理论与方法

一、研究理论

近年来，现代化、场域、书籍史等历史学、社会学理论应用于中国出版史研究，研究范式的转换使得晚清民国出版史研究提升到了一个新的阶段。古籍出版受民国时期经济、政治、文化、教育、交通等诸多领域的形塑，同时与出版家在所处的时代情境下，如何应对图书市场，考量文化价值与商业利益做出的个人选择亦有关联。因此，研究民国时期的古籍出版，不仅要描述其本身的特征，也要在民国时期宏观的社会场域中考察其现象，是一个多学科交汇的研究领域。本书运用的研究理论主要有书籍史、现代化、场域、历史时段等，同时运用了文献法、计算法、跨学科研究等方法，从外部和内部来观察民国时期古籍出版现象，力图返回其发生的历史现场，构建其完整立体的历史。

1. 书籍史理论

20 世纪后半叶在欧美学术界逐渐兴起，20 世纪末期引入中国后，书籍史研究受到了学者的广泛关注。这一理论是半个多世纪以来西方学术界在突破传统文献研究樊篱的基础上兴起的一门交叉学科。"它以书籍为中心，研究书籍创作、生产、流通、接受和流传等书籍生命周期中的各个环节及其参与者，探讨书籍生产和传播形式的演变历史和规律，

---

[1] 刘廷枚：《我所知道的沈知方和世界书局》，载新闻出版博物馆（筹）编：《世界书局文献史料汇编》，2017 年，第 103 页。

及其与所处社会文化环境之间的互相关系。它是统合关于书籍的各种研究——编辑史、印刷史、出版史、发行史、藏书史、阅读史——的全面的历史。书史不仅是这些局部或侧面的集合,更因为把它们结合为一个有机的整体而富有更深广的内涵。"[1]

书籍史理论启发学者不仅要研究民国时期古籍的编纂、生产、流通、接受和流传等各个环节及其参与者,并且要从更为宏大的社会视角如政治史、经济史与社会史来透视古籍出版。这样才能厘清古籍出版自身的历史,并以其来理解社会整体的历史。书籍史理论为综合考察古籍的媒介特征及其文化价值,来探讨古籍出版对知识结构和文化模式的影响,提供了框架式的理论建构。

2.场域理论

场域为法国社会学家布尔迪厄提出的著名概念。布尔迪厄说过:"一个场域可以被定义为位置间客观关系的一个网络(network),或一个构型(configuration)。"[2] 场域"不能理解为被一定边界物包围的领地,也不等同于一般的领域,而是在其中有内含力量的、有生气的、有潜力的存在。布尔迪厄研究了许多场域,如美学场域、法律场域、宗教场域、政治场域、文化场域、教育场域,每个场域都以一个市场为纽带,将场域中象征性商品的生产者和消费者联结起来"。[3] 布尔迪厄认为,关于不同场的互相联系的问题是一个极其复杂的问题,其中国家"被看作是斗争场所'场'的集结地",[4] 作为"元场"对不同种类的资本(经济的、文化的、司法的以及更为笼统的象征性的资本)的集中管辖,与各种相应的场的产生和巩固是同步发展的。作为这一过程的结

---

[1] 戴维·芬克尔斯坦、阿利斯泰尔·麦克利里:《书史导论》,何朝晖译,商务印书馆,2012年,第6页。
[2] 布尔迪厄、华康德:《反思社会学导引》,李猛、李康译,商务印书馆,2015年,第122页。
[3] 李全生:《布迪厄场域理论简析》,《烟台大学学报》(哲学社会科学版),2002年第2期。
[4] 包亚明译:《文化资本与社会炼金术:布尔迪厄访谈录》,上海人民出版社,1997年,第158页。

果，产生了一种特别的资本，即适度的中央集权的资本,"正是这种资本使得国家得以对不同的场、以及在其中流通的不同形式的资本施加权力。这种元资本（meta-capital）能够对其他种类的权力、尤其是它们的交换率（并因此控制不同权力拥有者之间的权力平衡）施加权力，这种元资本界定了国家的特殊权力。……这一资本授予了控制各种类型的资本及其再生产的权力（尤其是经由学校系统而进行的再生产）"。[1]

辛亥革命标志着现代民族国家的初步建立。其后北洋政府和南京国民政府在建构国家权力的过程中，传统文化为其合法性论证的重要思想资源之一，并借助语文课程标准等渠道深入教育、文化等社会领域。出版界与国家权力的建构相呼应，以语文课程标准为依据，编印了多种包含古文的中学国文教材和补充读本等图书，彰显了国家权力场对教育场域的控制和古籍出版的作用。同时，民国时期古籍出版作为一个自主性相对较小的社会场域，受到诸多社会场域如政治、教育、技术、交通等的影响。因此，本书运用场域理论，来具体分析古籍出版与民国时期国家和其他社会场域的关系。

3. 现代化理论

晚清民国中国社会的巨变是20世纪全球性变动的一部分，有学者认为,"这一全球性的变动，简言之，就是一个从'传统'到'现代'的大变动，也就是人类世界中所有传统社会都在逐渐地消逝。如印度、泰国、埃及、土耳其、伊朗、意大利、日本、韩国、阿根廷、巴西、刚果……以及我们的中国，无不或多或少地、或快或慢地，或是自动地，或是被强迫地从传统的藩篱中走了出来，尽管人们对传统还有深挚与强烈的依恋，但没有一个民族或国家能完全抗拒'现代化'的诱惑"。[2]

现代化首先从西欧开始，随之通过殖民化扩散到美洲、澳洲、亚洲和非洲广大地区。因此，现代化在历史上又被称之为欧化、西化或工业

---

[1] 包亚明译：《文化资本与社会炼金术：布尔迪厄访谈录》，上海人民出版社，1997年，第161页。
[2] 金耀基：《从传统到现代》，中国人民大学出版社，1999年，第91页。

化。不同国家现代化历程的起步时间以及启动方式是各不相同的。美国社会学家 M. 列维将其分为"内源发展者"和"后来者"两大类型,即"'早发内生型现代化'与'后发外生型现代化'的区别。前者以英、美、法等国为典型个案。这些国家现代化早在 16、17 世纪就开始起步;现代化的最初启动因素都源自本社会内部,是其自身历史的绵延。后者包括德国、俄国、日本以及当今世界广大的发展中国家。它们的现代化大多迟至 19 世纪才开始起步;最初的诱发和刺激因素主要源自外部世界的生存挑战和现代化的示范效应"。[1]

美国普林斯顿大学教授布莱克(C. E. Black)等人的研究小组,主要是用比较历史的方法研究现代化,他们把现代化理解为"在科学和技术革命影响下,社会已经发生和正在发生的转变过程"。这一过程涉及政治、经济、社会、思想各方面的变化。结构功能学派的现代化理论不仅强调现代化是随着科学发展而产生的特殊的社会变动方式,而且提出"现代性"(modernity)与"传统"(tradition)作为分析现代化进程中的对比的类型。"'传统'是前现代社会(pre-modern)的特征,而'现代性'则是现代社会的特征,它是社会在工业化推动下发生全面变革而形成的一种属性,这种属性是各先进国家在技术、政治、经济、社会发展等方面所具有的共同特征。这些特征可大致概括成为:(1)民主化;(2)法制化;(3)工业化;(4)都市化;(5)均富化;(6)福利化;(7)社会阶层流动化;(8)宗教世俗化;(9)教育普及化;(10)知识科学化;(11)信息传播化;(12)人口控制化;等等。由于传统社会和现代社会是两种不同性质的社会,由前者向后者过渡的过程就是现代化的过程。"[2]

现代化理论有其对历史的解释效力,也有局限之处。20 世纪 70 年代以来,美国史学界部分学者对以西方为出发点的中国近代史研究模式

---

[1] 许纪霖、陈达凯主编:《中国现代化史第一卷 1800—1949》,上海三联书店,1995 年,第 2 页。
[2] 罗荣渠:《现代化理论与历史研究》,《历史研究》,1986 年第 3 期。

提出挑战，分别批判了三种种族中心或西方中心的模式：(1)"冲击—回应"模式（impact - response model），(2)"传统—近代"模式（tradition - modernity model），(3)帝国主义模式（imperialism model），"倡导以中国为出发点，深入精密地探索中国社会内部的变化动力与形态结构，并力主进行多科性协作研究。"这一史学界动向，美国历史学家柯文称之为"中国中心观"（China-centered approach，或译为中国中心取向）。[1]

本书所研究的民国时期古籍出版，处在中国由中华帝国向民族国家、传统向现代社会的转型之中，转型的基本趋向为重建现代的政治、经济、社会和文化结构，即现代化趋势。民国时期中国社会的现代转型诸领域如民族国家的建构、教育的普及、资本主义市场经济制度的建立、现代交通的发展等，作为出版业生存的社会场域，决定了现代出版业的诞生。古籍出版的诸多特征如机械印刷、图书市场、书籍品种、营销发行、传播接受等，为中国社会整体现代化的趋向所决定。因此，现代化理论是本书运用的主要理论。当然，在运用这一理论来阐释民国古籍出版的同时，本书也将以中国社会内部动力因素来阐释古籍出版现象。

4.历史时段理论

民国时期文化与社会近代转型决定了近代出版从印刷技术开始的图书文化革命和典范转移，国家与社会领域的演进对古籍出版有着深刻的影响，如近代国家建构与权力扩张、中西新旧文化势力消长与结构转换，为民国古籍出版各个阶段盛衰的关键因素。从事件来看，民国时期的政治和社会思潮亦对古籍出版有直接的影响。

基于上述考虑，本书亦借鉴了法国历史学家、年鉴学派代表人物布罗代尔提出的历史时段理论。该理论最充分地体现在《地中海与菲利普二世时代的地中海世界》一书中。布罗代尔在该书中提出了地理时间、

---

[1] 林同奇：《"中国中心观"：特点、思潮与内在张力》，载柯文：《在中国发现历史：中国中心观在美国的兴起》，林同奇译，中华书局，2002年，第5页。

社会时间、个体时间三个概念。后来他把这三种时间称为"长时段"、"中时段"和"短时段",分别表示三种不同层次的历史运动,"地理与生态环境的时间、文化与心态结构的时间、经济与社会结构的时间属于第一层次,社会、人口、经济运动的时间属于第二层次,政治、军事、人物活动的时间属于第三层次"。[1] 传统史学着意于历史短时段,着意于个人与事件历史的研究,年鉴派为代表的史学新潮流则转而研究经济、社会史,因而对周期性的变动、中时段的节奏与运动更加重视。本书希冀通过对布罗代尔历史时段理论的借鉴,从长时段、中时段和短时段结合的角度来理解古籍出版现象,更好地观察、叙述古籍出版的历史。

上述理论中,书籍史研究以古籍的生产与传播为中心,聚焦于古籍出版系统自身的流程;场域理论结合现代化理论,将古籍出版系统作为一个社会场域,放在晚清民国时期中国社会及国际环境的元场域之中,考察政治、教育、文化、交通等其他社会场域与出版场域的互动关系;而历史时段理论则是通过不同层次时段对古籍出版的影响,来考察近代出版业的特征。四种理论的运用,力图既还原民国时期古籍出版的细节现象,亦从宏观大历史的文化结构角度来理解民国时期古籍出版现象的原因及社会功能,从而对民国时期古籍出版的文化价值做出客观、公正及全面的判断。

二、研究方法

本书的研究方法主要有文献法、计量法和跨学科研究三种。

1. 文献法

历史资料的收集、考证和整理,是史学的基础性工作。本书作为一项历史研究,通过对相关文献史料的收集梳理,来还原和建构民国时期古籍出版的整体历史,是研究者的首要功夫。本书搜罗相关研究文献的

---

[1] 何兆武、陈启能主编:《当代西方史学理论》,中国社会科学出版社,1996年,第519页。

范畴，首先是民国古籍出版的直接史料，例如古籍出版物和出版机构的营业书目。尤其是民国时期出版机构的营业书目，对古籍出版研究有重要的史料价值。

营业书目的史料价值在于其为记录民国出版机构信息的原始文献。民国时期出版以市场为导向，各家出版社皆注重定期编辑出版书目，作为介绍本版图书、推广营业的常规手段，读者、书店、学校或图书馆可免费索取。书目中一般包含出版物分类目录、重点书广告、发行杂志目录、函购章程、营业地址及全国各地经销处名单等内容，全面反映了出版者的实力和特色，因而成为研究民国出版机构最初始、最重要的史料。

除了民国时期古籍出版物和营业书目之外，民国出版人物的文集、日记、年谱等直接史料，相关人物和出版机构的研究论文和著述，以及民国时期教育、交通等跨学科研究著述，均有专题搜罗。文献资料的相对齐全保障了研究的顺利进行。

2. 历史计量法

运用这一方法，本书统计了民国时期出版的古籍数量，在此基础上作出定量分析，通过定量分析，准确地认识和把握民国时期古籍出版的本质和特点。

3. 跨学科研究

出版将知识复制在载体上，物化为图书进行知识传播。作为社会知识体系中的传播环节，必然与知识的生产领域、知识的消费领域以及图书的流通领域密切关联。因此，只有进行跨学科研究，如从古籍出版的角度结合民国政治史、教育史、思想史、交通史等领域进行跨学科研究，才能理解晚清民国时期交通的发达对全国图书市场形成的作用、民国古籍出版市场需求产生的原因等一系列问题，从而深层次了解民国时期古籍出版现象，还原民国时期古籍出版的历史真相。

第六节　民国时期古籍出版研究内容

本书由"绪论"、"民国时期古籍出版的社会场域"、"民国时期古籍出版的历程"、"中国古代图书文化与民国时期古籍出版"、"民国时期民营出版业的古籍出版"、"民国时期图书馆的版片保护与古籍出版"、"民国时期藏书家的古籍出版"、"民国时期古籍出版的印刷技术"、"民国时期古籍出版的流程与形制"、"民国时期古籍出版物的数量与类别"、"民国时期古籍出版的市场与读者"、"晚清民国时期图书发行体系的现代转型"、"民国时期古籍出版的营销宣传与发行方式"、"民国时期古籍出版与20世纪中国"等十四章组成。

"绪论"主要阐释了民国时期古籍的涵义、古籍出版的概况、研究现状、研究理论与方法、研究价值等理论问题。"民国时期古籍出版的社会场域"主要从民国时期的宏观环境着手，研究形塑古籍出版的政治、文化、学术、教育、交通等社会力量，从而探索影响古籍出版现象的深层原因。"民国时期古籍出版的历程"主要是从时间的维度来展示、勾勒民国古籍出版的大致轮廓。

"中国古代图书文化与民国时期古籍出版"、"民国时期民营出版业的古籍出版"、"民国时期图书馆的版片保护与古籍出版"、"民国时期藏书家的古籍出版"等四章，主要是描述民国时期古籍出版的内容生产系统，试图从生产者的角度来描述古籍出版依托的文献资源，以及民营出版业、图书馆、藏书家的古籍出版活动和各自特点。

"民国时期古籍出版的印刷技术"、"民国时期古籍出版的流程与形制"、"民国时期古籍出版物的数量与类别"三个部分主要从民国古籍的生产技术和装帧形式、出版物数量与类别来阐释，描述出民国古籍的图书印制技术、图书外观形态和图书内容形态。

"民国时期古籍出版的市场与读者"、"晚清民国时期图书发行体系的现代转型"、"民国时期古籍出版的营销宣传与发行方式"，主要是研究民国时期出版古籍的市场和营销问题。民国时期出版古籍，主要是采用市场机制。那么，新印古籍的读者和市场在哪里？新印古籍如何营销和宣传？新印古籍的发行渠道是怎样的？这三章论述的是市场机制下的出版家如何寻找市场，宣传和发行新印古籍。

上述第二章到第十三章的论述构成了民国时期古籍从生产到消费的完整流程。第十四章主要论述民国时期古籍出版对20世纪中国的文化贡献。20世纪中国的民族国家与现代文化建构必须建立在充分吸收西方文化和中国传统文化的基础上。古籍是中国传统文化的载体与象征，也是中国现代文化建构的宝贵资源。民国时期民营出版家、图书馆和藏书家等机构与个人，刊刻了大量的古籍，使得传统文化在西化思潮的冲击下，得以流通延续，为20世纪中国文化的传承、民族国家的建构、华侨的文化认同与华人社区建设、图书馆与私人藏书建设、现代学术的进步以及当代出版业发挥了重要作用，彰显了民国时期古籍出版的价值与意义。

第二章
民国时期古籍出版的社会场域

19世纪中期，起源于欧洲的西方资本主义扩张到东亚，晚清中国逐渐卷入世界体系，在经济、政治、文化学术乃至生活形态方面均发生了巨大的变化，开始了由传统社会向现代社会转型的过程。社会学家冷纳指出，"现代"或"现代性"不是一个单一的或一些不相连的社会文化的现象，而是一"综协的整体"；它包有"都市化"、工业化、世俗化、"媒介参与"、民主化等质素，这些质素的出现不是"偶发"的，也不是"独立"的。[1]晚清民国时期的新式出版业的产生依赖于现代技术、政治、经济、文化等条件，并成为中国社会现代性生长的强劲动力，即体现了现代性"综协的整体"的特点。

民国时期的古籍出版具有两种内涵，一是出版行为。当代中国学者认为，出版是横跨社会结构中政治、经济、文化、技术等多层面的一种行为，一个时期政治、经济、科技、文化等时代背景对出版业的兴衰有着决定性的影响。[2]西方学者的图书交流圈理论则认为，"交流圈由一

---

[1] 金耀基：《从传统到现代》，中国人民大学出版社，1999年，第98页。
[2] 详细论述见王余光：《中国新图书出版业初探》，武汉大学出版社，1998年，第11—13页。

部文本生命中的五个事件（出版、制作、发行、接受和流传）组成，被四个影响'区域'（思想影响；政治、法律和宗教影响；商业上的压力；社会行为与趣味）所围绕和影响"。[1] 二者都将出版置于社会的整体场域之中，来阐述不同社会场域对出版的影响。二是内容为古籍，即中国传统文化。这一内容特征使得古籍出版与传统文化在这一历史时间段的命运关联。有学者认为，晚清民国时期的中西文化交流，"在这一历程中，对传统文化的摒弃与执着，传承与反思，复归与更新，对西方文化的排拒与移植，反击与接纳，生吞活剥与消化扬弃，或彼此抵销，或互相套合，或各奔东西，或紧密交织，形成一个个盘涡，一股股急流，千回百转，异彩纷呈"。[2] 中西文化在文化、政治、教育等社会场域的碰撞必然波及出版家的古籍出版行为。无论从出版还是从中西文化的视角衡量，探讨影响民国时期古籍出版的其他社会场域力量，都是有益和必要的。

第一节 民国时期的文化场域

古籍是传统文化的主要承载物，因而它与传统文化的命运息息相关。1840 年后西方文化以强力的姿态进入中国，引发中国的现代化进程以后，传统文化与以西方文化为代表的现代生活之间的关系一直是人们关注的中心话题。余英时这样表述这一问题的出现：

> 中国文化与现代生活之间究竟有着什么样的关系？这是一个包罗万象的大问题。对于这样的大问题，论者自不免有见仁见智之异。在一般人的观念中，中国文化和现代生活似乎是两个截然不同

---

[1] 戴维·芬克尔斯坦、阿利斯泰尔·麦克利里：《书史导论》，何朝晖译，商务印书馆，2012年，第33页。
[2] 姜义华、吴根梁、马学新编：《港台及海外学者论近代中国文化》，重庆出版社，1987年，第2页。

而且互相对立的实体。前者是中国几千年积累下来的旧文化传统；后者则是最近百余年才出现的一套新的生活方式，而且源出于西方。所以这两者的冲突实质上便被理解为西方现代文化对中国传统文化的冲击与挑战。自1919年"五四运动"以来，所有关于文化问题的争论都是环绕着这一主题而进行的。[1]

这一问题的出现远远早于1919年。由于中国在与西方列强和东亚日本打交道的过程中，总处于劣势，国家和民族的生存一直岌岌可危，文化自信心逐渐崩溃，终于导致了五四运动时期对国家赖以建构的传统文化全面的怀疑。而民族和国家的存亡由于其急迫的现实性，能否挽救中国的贫弱，使中国的富强日渐成为评判文化优劣的唯一准则。这一过程大致分为三个阶段。第一阶段，传统文化的普遍价值主义时期，这一观念终结于1895年。这一时期，虽然西学以"船坚炮利"冲击中国，但是社会主流意识对以儒学为代表的传统文化的普遍价值基本没有怀疑。而中国欲应对西方人的挑战，寻求自强，只须兴教化、讲廉耻、恪守忠信礼义之道，因"自尧舜以道统传心，孔孟以圣贤垂教，历数千年如一日，即偶有邪说异端，簧鼓煽惑于其间，亦旋起旋灭，而于大道初无所加损。盖天经地义，万古不磨"。[2] 梁启超评论这一时期的文化思想动向时说：

"鸦片战役"以后，渐怵于外患。洪杨之役，借外力平内难，益震于西人之"船坚炮利"。于是上海有制造局之设，附以广方言馆，京师亦设同文馆，又有派学生留美之举，而目的专在养成通译

---

[1] 余英时：《从价值系统看中国文化的现代意义》，载余英时：《中国思想传统的现代诠释》，江苏人民出版社，1998年，第1页。
[2] 方濬颐：《议复赫、威二使臣论说》，见《二知轩文存》卷十二，第5页，转引自胡逢祥：《社会变革与文化传统——中国近代文化保守主义思潮研究》，上海人民出版社，2000年，第41页。

人才，其学生之志量，亦莫或逾此。故数十年中，思想界无丝毫变化。[1]

第二阶段，随着西方学说的涌入，尤其是1895年战败于日本的刺激，朝野已经认识到传统文化的不足，而欲强中国，存中学，则要讲西学。1898年，洋务派的代表之一张之洞刊布《劝学篇》，阐述"中学为体，西学为用"的文化理论，主张在不涉及中学基本价值的情况，吸收西学。

20世纪初，经"庚子之变"，西学以更大的规模涌入中国。社会大众对西学的主要反应，从鸦片战争时的排斥，经过甲午战争前的漠视，到20世纪前期已经转变为全面接受。"自义和团动乱以来，包括政府官员、知识界、绅士以及商人在内的人士，几乎普遍地确认，向西方学习是十分必要的，反对西式教育的人几乎不见了。"[2]西学传播的热情高涨。而且这一时期翻译的西文书籍数量空前。"从1900到1911年，中国通过日文、英文、法文共译西书至少有1599种，占晚清100年译书总数的69.8%，超过此前90年中国译书总数的两倍。其中，从1900年至1904年5年，译书899种，比以往90年译书还多。"[3]而且译书中社会科学比重加大。新的西方文化价值资源，如法国的启蒙思想继严复输入英国的进化论和自由主义之后，逐渐居于主流地位，影响深入社会各层面。西学各学科的新名词，令人眼花缭乱，目不暇接。陆尔奎《辞源说略》说：

> 癸卯、甲辰之际，海上译籍初行，社会口语骤变，报纸鼓吹文明，法学哲理名辞，稠叠盈幅，然行之内地，则积极消极，内籀外

---

[1] 梁启超：《清代学术概论》，上海古籍出版社，1998年，第97页。
[2] 徐雪筠等译编，张仲礼校订：《上海近代社会经济发展概况（1882—1931）——〈海关十年报告〉译编》，上海社会科学院出版社，1985年，第164页。
[3] 熊月之：《西学东渐与晚清社会》，上海人民出版社，1994年，第13页。

籀,皆不知为何语。……新旧扞格,文化弗进,友人有久居欧美,周知四国者,尝与言教育事,因纵论及于辞书,谓一国之文化常与其辞书相比例。吾国博物院图书馆,未能遍设,所以充补知识者,莫急于此。[1]

西学的传播,使当时中国的思想界,出现了欧化主义的倾向,章太炎说:"为什么提倡国粹?不是要人尊信孔教,只是要人爱惜我们汉种的历史。……近来有一种欧化主义的人,总说中国人比西洋人所差甚远,所以自甘暴弃,说中国必定灭亡,黄种必定剿绝。"[2]吴稚晖即为欧化思想的一例,1923年他说:"我二十年前同陈颂平先生相约不看中国书。"[3]

第三阶段,这一趋势发展到1919年的五四运动,遂演化为对传统文化的全面批判,认为西方文化在整体上优于中国文化,中国的现代化就是西化,对传统文化持全盘否定的激进态度,并被归结为中国文化建设和政治建设的"全盘西化"。

中西文化之争从晚清的中西之争到五四时期的古今之争的变换,对中国文化来说,意义甚巨。中西之争,并没有排斥中国文化对现代社会的参与和建设。在运用线形进化论对文化的价值进行排序之后,中国文化成了古代文化,与现代社会失去关联,这就断绝了中国文化为中国现代社会提供有价值的精神资源的可能性。1924年,文学研究会的严既澄对中国文化和现代生活二者关系的陈述就有相当的代表性:"中国的文化,是过去的文化,到今日已成了古董,只可陈列在有钱人的家中,而不能拿出来供大家享用了。"经史子集多数的内容都是可供专家研读而不必让一般人看的东西,其中"只有很小的一部分,可算得是寻常的

---

[1] 陆尔奎:《辞源说略》,《东方杂志》,1915年第12卷第4号。
[2] 章太炎:《东京留学生欢迎会演说词》,载《章太炎政论选集》上册,中华书局,1977年,第276页。
[3] 吴稚晖:《箴洋八股化之理学》,载张君劢等:《科学与人生观》,山东人民出版社,1997年,第309页。

学者所应读的书。而寻常的学者所以要去读他们的缘故，也不过是因为想明了我们自己的过去的文化而已，并不是他们对于我们今日的生活还有什么直接的价值"。"国故是过去的时代的人生的产品，和今日的人生没有多大的关系，实不应再捧出来占据少年人的有限的脑力和精神。"〔1〕类似的见解，在20年代和30年代关于青年是否需要读古书的问题的讨论中，屡屡见于鲁迅、郑振铎、叶圣陶、叶青、姚克、曹聚仁等人的文章中。整个20世纪，文化激进主义的主题一再回响。

与企图彻底变革中国文化的激进主义相伴发生，中国现代文化建设的另一种路径，文化保守主义思潮亦渐成型，而与文化激进主义相颉颃，主张从本民族的文化传统中寻找文化资源来达到中国文化现代化的目标。这一思潮受当时国内的欧化主义倾向的激发，也受到日本的国粹学说的影响。国粹一词即从日语借用。黄节曾说，"海上学社林立，顾未有言国粹者"，因而创办国粹学社，后中辍。〔2〕20世纪初，保守主义的代表人物有章太炎，代表性的学派有国粹学派。1906年，章氏在日本阐发他的民族文化思想，提倡国粹时说："为什么提倡国粹？不是要人尊信孔教，只是要人爱惜我们汉种的历史。这个历史是就广义说的，其中可分为三项：一是语言文字，二是典章制度，三是人物事迹。"〔3〕1905年，国粹学派团体"国学保存会"在上海成立，出版《国粹学报》，宣扬民族文化遗产。国粹学派认为，"学存则国存，学亡而国亡"，故"欲谋保国，必先保学"，"学存之国，强者可以益兴，弱者亦可以自保"。〔4〕在保存中国固有文化的理念下，国粹派的重要活动之一是征集和编印有学术或史料价值的文献旧籍，包括在《国粹学报》刊载明末遗民和清儒佚文、手稿、信札等四五百篇，出版《国粹丛书》三集、《国

---

〔1〕 严既澄：《国故与人生》，《文学周报》，1924年4月28日，第119期。
〔2〕 《国粹学社发起辞》，本刊第1年第1期，转引自郑师渠：《晚清国粹派——文化思想研究》，北京师范大学出版社，1997年，第12页。
〔3〕 章太炎：《东京留学生欢迎会演说词》，载《章太炎政论选集》上册，中华书局，1977年，第276页。
〔4〕 邓实：《拟设国粹学堂启》，《国粹学报》，1907年3月，第26期。

粹丛编》十二期、《古学汇刊》十二编、《神州国光集》十九集，收录宋明至清学者著作不下百余种、金石遗文四百余种、唐宋元明清名家书画真迹四百余帙，其中不少乃海内稀有资料或孤本。国粹学派的活动延续至辛亥革命以后，影响波及国内学术思想界。

激进主义和保守主义反映了对文化演进过程中变革和认同的两面，民国时期古籍出版即在这样的文化背景下展开。

第二节 民国时期的国内国际政治场域

辛亥革命推翻了清王朝统治，延续了两千多年的传统文化—政治次序瓦解，中国面临着国家和社会重新建构的难题。国内政治事件接连发生，1912年南京临时政府的成立、1912—1916年袁世凯独裁统治、张勋复辟、北洋军阀混战、国民革命与北伐成功、南京国民政府成立和统一中国、日本发动侵华战争、抗日战争胜利和解放战争爆发、中国共产党取得了解放战争的胜利并建立了中华人民共和国，这一时期持续处于社会重建和国家统一的努力之中。1912年民国建立至1937年抗日战争全面爆发，北京北洋政府和南京国民政府为了维护统治，以及应对帝国主义如日本等国的军事侵略、经济压榨等国际政治原因，均有意识将中国传统文化作为思想资源，来增强政权的合法性。因此，北洋政府和南京国民政府均通过教育文化政策，灌输传统伦理道德观念，推动统一国家建设。下面分别叙述袁世凯时期、北洋军阀时期及南京国民政府时期的国家意识形态中传统文化的地位，并由此论述国内政治和国际政治对民国文化动向及古籍出版的影响。1937年日本侵华战争全面爆发直至1949年中华人民共和国成立，国内的经济、文化建设几乎陷于停滞的状态，古籍出版也乏善可陈，因此本书不论述1937年之后的政治及其对传统文化和古籍出版的影响。

一、南京临时政府的教育政策

辛亥革命推翻清政府后，1912年元旦中华民国临时政府在南京成立，同年4月1日孙中山正式辞职，让位于袁世凯。南京临时政府存在时间极为短暂，但在推动中国社会现代转型的作用上至关重要，表现为在政治、经济、文化、教育等领域颁布了一系列法令与政策，建立了民主宪政制度，促进了新式经济和教育的发展，奠定了现代中国的制度基础。

新式教育肇始于晚清，但保留了传统思想的成分。为了清除专制思想和建设新教育，1912年2月，临时政府教育部就颁布《普通教育暂行办法》14条，重点废弃清末教育宗旨不合时宜的内容，并具体规定："一、从前各项学堂改称学校。监督、堂长应一律改称校长。一、初等小学校，可以男女同校。一、凡各种教科书，务合乎共和民国宗旨，清学部颁行之教科书，一律禁用。一、凡民间通行之教科书，其中如有尊崇满清朝廷，及旧时官制、军制等课，并避讳抬头字样，应由各该书局自行修改，呈送样本于本部，及本省民政司、教育总会存查。一、小学读经课，一律废止。"[1]

除废止读经外，教育部又颁发了《普通教育暂行课程标准》11条，规定了小学、中学和师范学校的暂行课程表，具体为：

"第一条 初等小学校之学科目，为修身、国文、算术、游戏体操。视地方情形，得加设图画、手工、唱歌之一科目或数科目。女子加课裁缝。

第三条 高等小学校之学科目，为修身、国文、算术、中华历史、地理、博物、理化、图画、手工、体操（兼游戏）。

第五条 中学校之学科目，为修身、国文、外国语、历史、地理、学、博物、理化、图画、手工、音乐、体操、法制、经济。女子加课裁缝、家政。

第七条 师范学校（即旧制之初级师范学堂）之学科目，为修身、教育、国文、外国语、历史、地理、数学、博物、理化、法制、经济、习字、图画、手工、音乐、体操。女子加课家政裁缝。视地方情形，得

---

[1]《南京临时政府公报》，第4号，载中央教科所教育史研究室编：《中华民国教育法规选编（1912—1949）》，江苏教育出版社，1990年，第194—195页。

加设农业或工业、商业。"[1]

南京临时政府反对尊孔,要求废止小学读经,不仅是巩固民主共和政治的需要,也是科举制度废除之后教育改革的必然趋势。尤其是普通教育科目的设置,标志着教育领域的知识体系,由晚清时期以传统知识为主向民国时期以现代知识为主的转换,对教育和出版的影响至深且巨。

二、北洋政府的文化政策

北洋政府分为袁世凯时期和北洋军阀统治时期。从袁世凯就任总统到张作霖就任大元帅的十余年间,国内军阀集团因袭了清末保守派的文化观念。他们的特点之一是几乎全都尊孔:"1913年袁世凯下令尊孔;1927年张作霖下令定礼制,次年祀孔。"[2] 下文分别叙述袁世凯时期和北洋军阀统治时期的文化政策。

1. 袁世凯时期的尊孔政策

为了维护和巩固政权,袁世凯就任临时大总统不久即制定了"尊孔复古"的文化政策,提倡尊孔读经,恢复祭天祀孔。1912年7月13日,袁世凯任临时大总统不久,便指出:"国势兴衰,视民德之纯漓为标准。……诚以礼义廉耻国之四维,四维不张,国谁与立。"[3] 1913年6月22日,袁世凯颁布《尊孔祀孔令》,正式确定尊孔祀孔,致使尊孔思潮在全国迅速兴起。"1914年9月28日,袁世凯率各部总长及文武官员,至北京孔庙举行秋丁祀孔典礼,同日全国各地都举行了祀孔典礼,

---

[1] 朱有瓛主编:《中国近代学制史料》(第三辑 上),华东师范大学出版社,1990年,第3—5页。
[2] 陈志让:《军绅政权:近代中国的军阀时期》,生活·读书·新知三联书店,1980年,第140页。
[3] 袁世凯:《临时大总统令》,《政府公报》,1912年7月13日,第74号,转引自张卫波:《民国初期尊孔思潮研究》,人民出版社,2006年,第37页。

使祀孔仪式全面恢复。"[1]

教育领域袁世凯时期大力推行封建复古的政策。1912年9月13日北京政府教育部通电全国,规定在孔子诞日举行纪念会;1913年10月13日,《天坛宪法草案》第19条附文规定:"国民教育以孔子之道为修身大本";1914年6月24日,教育部颁发《教育部饬京内外各学校中小学修身及国文教科书采取经训务以孔子之言为指归文》,要求中小学有选择的读经[2];12月《教育部整理教育方案草案》规定:"中小各学校修身国文教科书,采取经训,以保存固有之道德;大学院添设经学院,以发挥先哲之学说。"[3] 1915年1月12日,《特定教育纲要》"为保存民族立国精神计",要求中小学以"尊孔尚孟"为教育主旨,明确规定小学读《孟子》和《论语》,中学读《礼记》和《左氏春秋》,在大学校外独立建设经学院,在各省、各处设立经学会,[4]等等。在北洋政府的行政干预下,全国中小学部分地恢复了尊孔读经。

袁世凯死后,上述政策被废除。五四时期以批判帝制复辟为契机,新文化知识分子对孔子及其学说进行了严厉批判,尊孔思潮趋于衰退。

2. 北洋军阀统治时期的文化政策

1916年袁世凯死后,直至1927年南京国民政府成立,为北洋军阀混战的时期。这一时期,北京北洋政府虽然有名无实,但它得到了外国列强的承认,仍代表国家的概念。北洋政府历经多次政变,但各届总统和内阁均积极阐扬中国传统文化,如多次筹划《四库全书》的影印出版,详见于《〈四库全书〉出版研究》一书。[5]

---

[1] 袁世凯:《大总统令》,《政府公报》,1914年2月8日,第631号,转引自张卫波:《民国初期尊孔思潮研究》,人民出版社,2006年,第38页。
[2] 张卫波:《民国初期尊孔思潮研究》,人民出版社,2006年,第36页。
[3] 中央教科所教育史研究室编:《中华民国教育法规选编(1912—1949)》,江苏教育出版社,1990年,第8页。
[4] 中央教科所教育史研究室编:《中华民国教育法规选编(1912—1949)》,江苏教育出版社,1990年,第30—41页。
[5] 李常庆:《〈四库全书〉出版研究》,中州古籍出版社,2008年。

三、南京国民政府的文化政策

1927年南京国民政府建立,1928年张学良宣布服从国民政府领导,中国完成了形式上的统一。南京国民政府以孙中山创立的"三民主义"作为国家意识形态,根据国民政府的法律,"三民主义"是中华民国建国的指导思想,是全体国民必须奉行的学说。1929年《训政时期党政府人民行使政权治权之分际及方略案》明确规定:"中华民国人民须服从拥护中国国民党,誓行三民主义……始得享受中华民国国民之权利。"1946年的《中华民国宪法》也同样规定:"中华民国基于三民主义,为民有民治民享之民主共和国。"[1]"三民主义"的思想构建来自西方社会政治学说和传统文化资源,因此中国固有文化在"三民主义"思想体系和南京国民政府的政治实践中,占有重要地位。

三民主义是孙中山在革命活动过程中逐步创立的。1903年秋,孙中山在《东京军事训练班誓词》中首次完整地提出了三民主义的思想:驱逐鞑虏、恢复中华、创立民国、平均地权。1905年10月《民报》发刊词第一次将其主张归纳为"三民主义"。"余维欧美之进化,凡以三大主义:曰民族,曰民权,曰民生。""今者中国以千年专制之毒而不解,异种残之,外邦逼之,民族主义、民权主义殆不可以须臾缓。而民生主义,欧美所虑积重难返者,中国独受病未深,而去之易。"[2]1919年10月10日《中国国民党规约》的总纲规定:"本党以巩固共和、实行三民主义为宗旨。"[3]1924年,孙中山第一次系统地阐述了三民主义理论,民族主义在其中占据了最主要的地位,并从此成为国民党最基本的建党理念和施政纲领。

三民主义的思想来源是多方面的,其中民族主义对中国传统文化思

---

[1] 郑师渠总主编:《中国文化通史:民国卷》,北京师范大学出版社,2009年,第18页。
[2] 贺渊:《三民主义与中国政治》,社会科学文献出版社,2002年,第9—10页。
[3] 贺渊:《三民主义与中国政治》,社会科学文献出版社,2002年,第79页。

想的吸收，是一个很重要的方面。民族主义的提出主要是为了挽救民族危亡，建立现代民族国家。孙中山认为民族主义的重要内核在于民族的精神。中华民族这样一个伟大民族却如一盘散沙，究其根源在于抛弃了民族精神。"我们鉴于古今民族生存的道理，要救中国，想中国民族永远存在，必要提倡民族主义。要提倡民族主义，必要先把这种主义完全了解，然后才能发挥光大，去救国家。……我们这种民族，处现在世界上，是甚么地位呢？用世界上各民族的人数比较起来，我们人数最多，民族最大，文明教化有四千多年，也应该和欧美各国并驾齐驱。但是中国的人只有家族和宗族的团体，没有民族的精神，所以虽有四万万人结合成一个中国，实在是一片散沙，弄到今日是世界上最贫弱的国家，处国际中最低下的地位。人为刀俎，我为鱼肉。我们的地位在此时最为危险，如果再不留心提倡民族主义，结合四万万人成一个坚固的民族，中国便有亡国灭种之忧。我们要挽救这种危亡，便要提倡民族主义，用民族精神来救国。"[1]而振奋民族精神的途径就是恢复民族固有的道德，"我们现在要恢复民族的地位，除了大家联合起来做成一个国族团体以外，就要把固有的旧道德先恢复起来。有了固有的道德，然后固有的民族地位，才可以图恢复"[2]。固有道德的内核则是忠孝仁爱信义和平，"讲到中国固有的道德，中国人至今不能忘记的，首是忠孝，次是仁爱，其次是信义，其次是和平。这些旧道德，中国人至今还是常讲的。但是现在受外来民族的压迫，侵入了新文化。那些新文化的势力，此刻横行中国，一般醉心新文化的人，便排斥旧道德，以为有了新文化，便可以不要旧道德。不知道我们固有的东西，如果是好的，当然是要保存，不好的才可以放弃。此刻中国正是新旧潮流相冲突的时候，一般国民都无所适从"[3]。

三民主义的民族主义偏重传统文化，有利于抵制欧美帝国主义的文

---

[1] 孙中山：《三民主义》，岳麓书社，2000年，第5页。
[2] 孙中山：《三民主义》，岳麓书社，2000年，第58页。
[3] 孙中山：《三民主义》，岳麓书社，2000年，第58页。

化侵略,恢复中国文化和国民的信心。但国民党登上统治地位后,独尊三民主义,排斥与三民主义不相容的思想学说,致使三民主义越来越向保守的方向发展。

南京国民政府成立后,蒋介石推行党治国家模式,建立起一党独裁的专制政权。与此相适应,国民党大肆推行文化专制主义政策。在推行上述种种所谓文化教育运动过程中,国民党政府始终强调必须确立三民主义的指导地位,要以三民主义作为最高的指导原则。1934年7月16日,蒋介石在庐山军官训练团所做的演讲中强调:"三民主义的基本精神,就是中国固有历史文化的结晶,和民族美德的遗传,亦即是民族的精神,和国家的灵魂之所在,现在我们革命,就是要复兴我们的历史文化,恢复民族的固有的美德,发扬我们中华民族的灵魂!我们要救国,要实现主义,就是要恢复这个国魂!具体的讲,就是要继续发扬我们中国固有的道统!我们总理就是中国固有道德继往开来的大圣,我们一般的将领,来做我们总理的信徒,来救我们的国家,来复兴我们中华民族,就要先认识我们总理的三民主义在中国历史文化上的最高价值,而坚定其正统信仰,并且努力来实现主义。"[1]

1929年起,国民党政府为了强化国民党在意识形态领域的统治,先后发起了"党化教育"、"尊孔读经"以及"新生活运动"等一系列文化教育运动。第一,国民党政府颁令推行尊孔,鼓吹恢复固有道德。1934年5月,国民党中常会根据蒋介石、戴季陶、汪精卫、叶楚伧的提议,通过决议,确定每年8月27日为孔子诞辰纪念日,在全国恢复祭孔。[2] 第二,地方军阀政客的尊孔读经。1933年,广东军阀陈济棠通令全省学校恢复读经。广东省教育厅成立编审委员会,编成中小学读本。小学的《经训读本》共两册,由商务印书馆于1934年出版。湖南

---

[1] 宋小庆等:《关于中国本位文化问题的讨论》,百花洲文艺出版社,2004年,第66页。
[2] 宋小庆等:《关于中国本位文化问题的讨论》,百花洲文艺出版社,2004年,第66页。

省也规定小学读经，省主席何键曾明确表示，就是要通过尊孔读经来统一思想。[1] 第三，1934年至1949年发起新生活运动。蒋介石希望通过推行新生活运动，在对外方面，面对日本帝国主义的不断进逼，唤起国民的民族意识，培养尚武精神，以作为发动抗战的精神准备。在对内方面，一是希望通过复兴封建礼教，抵制和清除共产主义对苏区民众的思想影响。二是希望在新生活运动中，通过统治者内部的道德整肃，树立其在国民党内的绝对权威。[2] 新生活运动从一开始就紧紧围绕"固有道德"恢复和发扬的主题，即全面恢复五四运动以来受到冷落的孔孟儒学及封建伦常，重新确立儒家文化的思想统治地位。

南京国民政府以三民主义为核心的文化政策，贯彻于社会生活和教育领域，这一点在"晚清民国时期的新式教育与古籍出版"一节详细阐述。总体而言，20世纪30年代出版界掀起"翻印古书"风潮，其直接原因即为南京国民政府的保守政治和文化教育政策。

四、国际政治对中国传统文化发展的影响

晚清中国进入世界体系后，中国文化的发展必然受到国际的影响。"近世科学的发达和资本主义的进展把整个地球打成一片；无论愿意与否，现在中国已是世界的一部，已不能再享受闭关自守的桃花源生活了。世界已是整个的世界，中国社会一切的转移，也只是受世界巨潮的动向所激荡。因之，现代中国学术思想的推移，也不过是跟着世界学术思潮的蜕变而转捩吧。"[3] 国际政治对传统文化的传承与传播的影响体现在两方面，一是外国在华势力对中国文物包括文献典籍的掠夺与外流，二是国际局势尤其是两次世界大战对国内政治、文化的刺激引发的思想场域的演化。

---

[1] 宋小庆等：《关于中国本位文化问题的讨论》，百花洲文艺出版社，2004年，第67页。
[2] 关志钢：《新生活运动研究》，海天出版社，1999年，第48—49页。
[3] 伍启元：《中国新文化运动概观》，黄山书社，2008年，第3页。该书以北京大学图书馆藏上海现代书局1934年3月初版的《中国新文化运动概观》为底本。

1. 外国在华势力对传统文化的危害

晚清西方国家通过武力打开中国门户之后,外国在华的存在成为影响国内政治与社会发展的势力。在西方资本主义列强的军事侵略和政治压迫之下,近代中国各方面的主权不断旁落外人之手,日益沦入半殖民地深渊。有学者指出,"从鸦片战争后签订《南京条约》开始,西方列强以及后起的亚洲资本主义国家——日本,胁迫中国政府签订了一个又一个不平等条约,在近代中国形成了一种特殊的'条约制度'。通过这些不平等条约的'合法外衣',列强除获得割地、赔款的巨大利益之外,还相继攫取了领事裁判权、片面最惠国待遇特权、租界特权、关税协定权、海关行政权、沿海及内河航行权、租借地和势力范围特权、在华驻军权、路矿及工业投资特权,由此得以在中国行使'准统治权',也使中国面临前所未有的亡国灭种危机。"[1]

费正清曾对中国主权丧失的具体情况及其影响作了如下的说明:用炮舰外交,即用陆军和海军的高压手段开创的不平等条约制度,使订约列强在中国获得大量特权。这种特权到1860年被确立,即订约列强国民的领事裁判权(治外法权);外国对条约口岸租界的管理权;外国军舰在中国水域航行和外国军队在中国土地上驻扎的权利;外国在中国沿海贸易中的航运权及内陆航行权;受条约限制的关税税率;等等。在以后年代中增加的外国权利和特权,又进一步缩小了中国主权的范围。优越的外国力量——一般地包括商业、财政、军事、工业和技术等方面——将带着破坏性的力量日益加紧向中国传统的社会、政治和文化进行冲击。[2]

民国初期外国势力在华仍然存在,而且影响巨大。"辛亥革命以后,外部世界对早期民国的影响太明显了,以致难以把它归类:革命者避免旷日持久的内战,以防招来外国的干涉;他们试图在1912年按照外国

---

[1] 朱英:《中国近代史十五讲》,北京大学出版社,2011年,第29页。
[2] 费正清编:《剑桥中国晚清史》(上卷),中国社会科学出版社,1985年,第36—37页。

的模式开创一个立宪的议会制共和国；袁世凯总统的外国贷款引起了争论；国外回来的学者领导了1917年以后的新文化运动；凡尔赛的强权政治激发了1919年的五四运动；1921年中国共产党在共产国际的推动下成立；1923年以后孙逸仙在苏联帮助下改组国民党；爱国的反帝情绪鼓动了1925至1927年的国民革命。的确，早期的民国被外国势力所推动，这种势力伸向各地，几乎像1931年以后日本入侵时那样。"[1]

西方帝国主义势力在华的存在侵犯了中国的独立与主权。1929年世界性经济大萧条导致日本帝国主义加快侵略中国步伐。1931年，日本发动"九一八"事变，侵占中国东北三省。1932年发动"一·二八"事变，进攻上海。1937年"七七"事变后全面侵华。作为近代对中国威胁最大的国家之一，日本的侵略给中国带来了全方位危害。整个近代西方国家和日本掠夺中国文物典籍的非法行为难以控制，导致大量的典籍外流，严重损害了中国文化的传承与传播。

2.国际政治与中国传统文化复兴思潮的兴起

民国时期所处的20世纪，世界和中国不仅社会发展节奏加快，大事件持续不断发生，就世界范围来看，以1914年和1939年爆发的两次世界大战后果最为严重。"第一次世界大战历时4年零3个月，涉及到30个主权国家，推翻了4个帝国，产生了7个新的国家，死亡人数为：战斗人员约850万，非战斗人员约1000万，直接经济损失达1805亿美元，间接经济损失达1516亿美元。"[2] 第二次世界大战比第一次世界大战更残酷、更具破坏性。"同第一次世界大战的2840万人的伤亡人数相比，这次大战的伤亡人数达到了5000万人，其中包括2000万苏联人、1500万中国人、500万德国人、250万日本人、100万英国人和法国人、30万美国人。"[3]

---

[1] 费正清编：《剑桥中国晚清史》（上卷），中国社会科学出版社，1985年，第2页。
[2] 斯塔夫里阿诺斯：《全球通史：从史前史到21世纪》（第7版修订版）（下册），吴象婴等译，北京大学出版社，2006年，第658页。
[3] 斯塔夫里阿诺斯：《全球通史：从史前史到21世纪》（第7版修订版）（下册），吴象婴等译，北京大学出版社，2006年，第727页。

两次世界大战对世界和中国的政治、经济和文化造成了复杂而深远的影响,欧洲的全球霸权被削弱和破坏。第一次世界大战对中国文化发展的直接影响是,第一次出现了对西方文明的怀疑和反思,强调东方文化特点和价值的东方文化派在国内崛起。

第三节 晚清民国时期的新式教育与古籍出版

一、晚清民国时期的社会转型与新式教育的发展

19世纪末期,随着西方资本主义冲击的加剧,中国面临着国家与文化存亡的双重危机。为了应对西方的挑战,"百年来,中国长期处于国族求生存、发展而起的各种变革运动中,从曾(国藩)、李(鸿章)的洋务自强运动,到康(有为)、梁(启超)的维新变法(包括清代'废科举,设学校'),到民初的新文化运动,以及1911年国民党共和革命,1949年共产党社会主义国家建构,一直到1978年开放改革所展开的经济为中心的现代化发展。这一连串的变革运动背后,确有一股强烈的动力,那就是求国家之富强,求民族的独立与尊严"。[1]

20世纪初,迫于国内外的压力,清政府于1901年实行"新政",新政包括废除科举、创办新式学堂、奖励出国留学、禁止鸦片、兴建铁路、发展实业、扩展新式军队、改革司法制度和巡警制度、创立地方自治和推行立宪等等,涉及政治、经济、文化、社会生活等广泛领域,形成了中国社会由传统向现代转型的制度基础。晚清"断自庚子之后,盖此次巨变固为中国奇耻大辱,亦即新旧交替之转枢。盖自甲午之战,丧师割地,德、英、俄、法相继租借沿海口岸,国将不国;于是,朝野志

---

[1] 金耀基:《总序》,载金观涛:《探索现代社会的起源》,社会科学文献出版社,2010年,第2页。

士鉴于国权之丧失,觉悟以前变法之不得其本,乃群注目于学校一途"。[1]教育救国成为朝野的共识,兴学堂、育人才是新政的核心内容。1902年,清政府颁布张百熙拟订的《钦定学堂章程》,虽未实行,却是建立新学制的嚆矢。1904年清政府又颁布了张之洞等拟订的《奏定学堂章程》,标志着近代学制的正式建立,促进了新学堂的发展,并于1905年最终废除了科举制。同年中央设立学部,在地方设提学使司和劝学所等,建立起从中央到地方较完整的教育行政管理体制。1906年学部颁定忠君、尊孔、尚公、尚武、尚实教育宗旨,这是中国教育史上第一个由政府明令颁布的教育方针。

上述教育制度逐步建立后,清末新式教育得以快速发展,学校数量和学生人数迅猛增长,其数据见表一。[2]

表一 1902—1911年学堂和学生数表

时间 项目	1902	1903	1904	1905	1906	1907	1908	1909	1910	1911
学堂数		769	4476	8277	23862	37888	47995	59117	42696	52500
学生数	6912	31428	99475	258873	545338	1024988	1300739	1639641	1284965	

从上表可以看出,中国新式教育在1905年废除科举制后,出现了爆发式的增长。1902—1911年间,近代新式学堂由769所发展到52500所,最高的1909年达59117所,学生近164万人。新教育逐步取代旧教育而成为教育事业的中坚。

1912年中华民国南京临时政府的成立,宣告了封建帝制的终结和资产阶级民主共和国的诞生。为适应在中国发展资本主义的需要,一批

---

[1] 陈宝泉:《我国近代教育制度变迁小史》,载蔡振生、刘立德编:《陈宝泉教育论著选》,人民教育出版社,1996年,第201页。
[2] 王笛:《清末新政与近代学堂的兴起》,《近代史研究》,1987年第3期。

资产阶级革命家和教育家，着手从内容和形式两个方面对清末教育进行改革。按照新确立的教育宗旨，教育部于1912年至1913年陆续颁布了一系列学校规程，设普通教育、师范教育、实业教育三个系统，称为"壬子癸丑学制"。

随着资本主义经济的发展和教育事业的发展，在新文化运动的推动下，西方各种社会思潮和教育思潮纷纷涌入中国，从1915年至1920年前后，人们针对旧学制的弊端，从各个方面提出了改革教育的要求。1922年，北洋政府召开学制会议，就全国教育会联合会整理的草案做了修订讨论，于11月1日以大总统令公布了《学校系统改革案》，称为"壬戌学制"。从此，中国近代教育体制由模仿日本，逐步转向以欧美特别是美国为楷模，教育宗旨由军国民主义教育转向了平民主义教育，并朝着与中国社会实际相结合的方向发展。

从南京国民政府成立到抗日战争全面爆发前的十年间，是民国教育稳步发展、趋于定型的时期。这一时期社会政局相对稳定，教育投入逐年增加，教育管理渐次完善，各级各类教育都取得了较大的发展。1937全面抗日战争爆发后直至1949年，中国教育在逆境下艰难前行。

二、新式教育与近代图书市场

清末新政加速了中国的现代化进程，普及初等教育则是现代化过程转变阶段的核心任务，因而新式教育迅猛发展。新式教育的发展为出版业由传统向现代转型的决定性因素之一。出版业近代化转型因素，"首先是近代出版技术的引进和应用。……教会出版和译书官局的翻译出版活动，是转型的前期过程和重要铺垫。而与出版业发展直接相关的其他各种内外部因素，诸如出版市场的扩容，著译队伍的壮大，版权制度的建立，经营管理的创新，出版观念的转变，政府政策的导向，商业流通的改善等，都是出版近代化转型中的重要合力因子"。[1]

---

[1] 吴永贵：《民国出版史》，福建人民出版社，2011年，第25页。

新式教育对促进出版业转型的作用体现为，随着新式教育的发展，尤其是1905年废除科举后学校和学生人数的急剧增多，以及对西方知识的需求，导致国内出现了巨大的图书市场，刺激了出版机构的大量创办，图书的种类和册数，销售金额均增长迅速，加上新式交通联接的全国图书市场等，使得出版业实现了由传统向现代的转型。这一点与早期现代化的英国以及同时期的日本均类似。"17、18世纪期间，庞大的图书市场在欧洲逐步形成。书籍市场的兴起，对于日后出版业和知识分子群体的发展，产生了积极的催化作用。与此同时，欧洲亦出现了专门以写作与著述为生的职业，'职业作家'（the author by profession）一词在18世纪中叶以后经常被使用。普遍认为，欧洲图书市场的崛兴，与中产阶级人数增加、中产阶级教育程度递升以及妇女地位日渐提高三方面，存在着直接的关联。"[1]日本进入明治时代（公元1868年至公元1912年）后，新的铅字印刷技术的引进，义务教育的实施，邮政制度和交通机构的发展，使出版活动活跃起来。[2]日本现代出版业的诞生也得益于新的印刷技术、义务教育和交通技术。

晚清新式教育对国内巨大图书市场形成的作用，主要体现在三方面，一是学校和学生数的快速增长，二是教育图书内容的转变，三是对图书馆建设的推动。后文将详细论述。新式教育的建立始于1901年新政时期的改书院为大中小学堂，此后学校和学生数量快速增长。据张仲礼估算，1850年以后官学数1810所，学额30113个，[3]太平天国后生员的总数估计约为91万。[4]这一数据中生员数包括的是从24岁到57岁年龄段的所有人员。而新式教育开办后数据最高的1909年，学堂数为59117所，学生数近164万人。从传统精英教育到普及教育的转变，学制的规范化，学生数量的几何级增长，为学堂编写、供应教科书使得

---

[1] 李家驹：《商务印书馆与近代知识文化的传播》，商务印书馆，2005年，第191页。
[2] 村上信明：《日本出版流通及其体制》，陈宝贵、刘秀媛译，中国书籍出版社，1992年，第10页。
[3] 张仲礼：《中国绅士研究》，上海人民出版社，2008年，第117页。
[4] 张仲礼：《中国绅士研究》，上海人民出版社，2008年，第80页。

出版业有了生长的基点。清末民国时期商务印书馆、中华书局、世界书局、大东书局、开明书店等均以教科书为营业要务。

新式教育将西学纳入中国现代教育体系，促进了中国知识体系的现代转型，图书成为传播西方知识的主要媒介，也为出版业扩展了图书市场。

西学在中国的传播，第一时期为明末清初，始于16世纪利玛窦东来，止于18世纪清廷对天主教的严禁和罗马教廷对耶稣会的解散。第二时期始于19世纪初，基督教新教传教士重新在南洋、香港、澳门和广州活动，利用布道、出版、教育、医药等方式传播西学。"1811年，马礼逊在广州出版第一本中文西书，揭开晚清西学东渐的序幕。"[1]熊月之将晚清西学东渐分为四个历史阶段：第一阶段，1811—1842年；第二阶段，1843—1860年；第三阶段，1860—1900年；第四阶段，1900—1911年。从1811年马礼逊在中国出版第一本中文西书，到1911年清朝统治结束，首尾100年，中国共翻译、出版西学书籍2291种。四个阶段中，以年均翻译西学书籍（不包括纯粹宗教书籍）计算，第一阶段，31年，32种，年均1种；第二阶段，17年，105种，年均6种；第三阶段，40年，555种，年均14种；第四阶段，11年，1599种，年均145种。前三个阶段，年均译书种数成几何级数增长，第四阶段，年均译书数量猛增为第三阶段的10倍以上。由此可见，晚清中国输入西学，随着时间的推移，呈急速增长趋势。[2]西学输入的内容也逐步深化，涉及的学科涵盖自然科学和人文社会科学。

三、新式教育国文课程标准的制订与传统文化

晚清洋务运动至新政期间，走出以华夏为中心的传统王朝体系，融入世界民族国家体系即建设新型民族国家，成为挽救民族危机，实现国家富强的一条主线。晚清至民国时期虽然清王朝、北洋政府、南京国民

---

[1] 熊月之：《西学东渐与晚清社会》，上海人民出版社，1994年，第7页。
[2] 熊月之：《西学东渐与晚清社会》，上海人民出版社，1994年，第7—15页。

政府对近代国家观念的理解有所不同，但是都力图在教育领域渗透自己的国家观念，从而强化政府意识形态对国民的控制。

清王朝和北洋、南京国民政府在教育领域的国家观念意识形态建构中，均有意运用了中国传统文化的思想资源，并贯彻于教育宗旨和课程设置，尤其是体现民族精神和固有文化的国文课程中。下文分别叙述晚清及民国时期的教育宗旨及国文课程标准内涵，以见晚清民国时期教育体制对中国文化传承的作用。

1. 晚清时期的课程设置与传统文化

1904年1月13日，清政府颁行由张百熙、张之洞、荣庆拟订的《奏定学堂章程》，明确提出教育宗旨："至于立学宗旨，无论何等学堂，均以忠孝为本，以中国经史之学为基。俾学生心术壹归于纯正，而后以西学渝其智识，练其艺能，务期他日成才，各适实用，以仰副国家造就通才、慎防流弊之意。"[1]《奏定学堂章程》是我国第一个经正式颁布后曾在全国范围内实际推行的学制，通常称为"癸卯学制"。

《奏定学堂章程》中小学教育分为两级：初等小学堂5年和高等小学堂4年。"初等小学收7岁（即满6岁）以上的儿童，在规定的8门必修学科中，有读经讲经、中国文学两门与语文教育相关的课程。每周上课30小时，读经讲经一科每周12小时，占全部课程2/5。高等小学堂的9门必修学科中，也有读经讲经、中国文学这两门与语文教育相关的课程。每周上课36小时，读经讲经一科每周12小时，占全部课程1/3。中学堂学制为5年，在12门学习科目中，继续开设读经讲经、中国文学课程。每周上课36小时，读经讲经一科每周9小时，占全课程1/4。"[2]"癸卯学制"强调儒家经典在语文教育乃至全部教育中的核心地位，新式教育中出现了新的传统经典图书市场，为近代古籍出版的发展提供了机遇。

---

[1] 舒新城主编：《中国近代教育史资料》（上册），人民教育出版社，1961年，第195页。

[2] 李杏保、顾黄初：《中国现代语文教育史》，四川教育出版社，2000年，第29页。

2.民国时期的国文课程设置与传统文化

1922年"壬戌学制"公布后,全国教育会联合会组织"新学制课程标准起草委员会",负责拟定中小学课程标准。1923年6月,该会公布了中小学课程纲要。凭着全国教育会联合会在教育界的直接影响,各地都能照纲要实行。纲要中小学和初中的课程设置为:"小学课程设国语、算术、公民、卫生、历史、地理、自然、园艺、工用艺术、形象艺术、音乐、体育12个科目。初级中学课程分为社会科、语言文学科、算学科、自然科、艺术科、体育科6科。中等学校实行学分制。初中毕业要求学完180学分,其中164学分为必修的。学分最多的,为外国语(36学分)、国语(30学分)、数学(30学分)。"[1]

高级中学课程分两类:"第一类以升学为主要目的,称普通科;第二类以就业为主要目的,分为师范科、商业科、工业科、农业科及家事科等。普通科又分为两组,第一组注重文学及社会科学,约等于从前的文科;第二组注重数学及自然科学,约等于从前的实科。各科各组的课程分为三部分:公共必修科,分科必修科,纯粹选修科。高中毕业要求学完150学分。高中普通科中的"艺术及社会科学组"的课程有:公共必修科目国语(16学分),外国语(16学分),人生哲学(4学分),社会问题(6学分),文化史(6学分),科学概论(6学分),体育(10学分),共64学分;分科专修科目特设国文(8学分),心理学初步(3学分),论理学初步(3学分),社会科学之一种(至少4学分),自然或数学之一种(至少6学分);纯粹选修科目为30学分(或更少)。"[2]

继1922年公布新学制后,1923年又公布了小学、初中和高中的国语、国文课程纲要。《初级中学国语课程纲要》由叶绍钧起草,附表胡适起草,委员会复订。纲要规定:"一、目的:(1)使学生有自由发表思想的能力。(2)使学生能看平易的古书。(3)使学生能作文法通顺的

---

[1] 李杏保、顾黄初:《中国现代语文教育史》,四川教育出版社,2000年,第73页。
[2] 李杏保、顾黄初:《中国现代语文教育史》,四川教育出版社,2000年,第73页。

文字。(4) 使学生发生研究中国文学的兴趣。"[1] 在内容与方法中，与学生作业相关的第一项读书规定："（1）精读选文（由教师拣定书本），详细诵习，研究；大半在课内直接讨论。（2）略读整部的名著（由教师指定数种），参用笔记，求得其大意；大半由学生自修，一部分在课内讨论。"[2] 读书分为精读和略读两种："1.精读传记，小说，诗歌，兼及杂文，语体约占四分之三，取书偏重近代名著。2.略读于附表所列书籍内，选读若干种。"[3] 略读书目分为三类，一是小说13种，包括《西游记》和《三国演义》等；二是戏剧，如元明清词曲内酌选其文词程度为初中学生所能了解，而其意义无背于教育者；三是散文，可按著作人、文体、问题分类选择。[4]

新学制高级中学有《高级中学公共必修的国语课程纲要》和《高级中学第一组必修的特设国文课程纲要》，分别指导不同科的国语或国文课程的教学。二者均为胡适起草。其中《公共必修的国语课程纲要》目的规定："（一）培养欣赏中国文学名著的能力。（二）增加使用古书的能力。（三）继续发展语体文的技术。（四）继续练习用文言作文。"[5] 并附录有两组书目。

  组一为：1.《水浒传》2.《儒林外史》3.《镜花缘》4.《古白话文选》5.近人长篇白话文选（以上各种中，略读一种）6.诸子文粹7.四书（节本）8.古史家文粹（《国策》，《左传》，《史记》，《汉

---

[1] 课程教材研究所编：《20世纪中国中小学课程标准·教学大纲汇编：语文卷》，人民教育出版社，1999年，第274页。

[2] 课程教材研究所编：《20世纪中国中小学课程标准·教学大纲汇编：语文卷》，人民教育出版社，1999年，第274页。

[3] 课程教材研究所编：《20世纪中国中小学课程标准·教学大纲汇编：语文卷》，人民教育出版社，1999年，第275页。

[4] 课程教材研究所编：《20世纪中国中小学课程标准·教学大纲汇编：语文卷》，人民教育出版社，1999年，第276页。

[5] 课程教材研究所编：《20世纪中国中小学课程标准·教学大纲汇编：语文卷》，人民教育出版社，1999年，第277页。

书》,《后汉书》,《晋书》) 9. 王充 10. 史通 11. 韩愈 12. 欧阳修 13. 王安石 14. 苏轼 15. 朱熹 16. 王守仁 17. 清代经学大师文选 18. 崔述（以考信录提要为主,而采他文附之）19. 姚鼐 20. 曾国藩 21. 严复的译文选录 22. 林纾译的《撒克逊劫后英雄》。（以上各种中,精读六种,略读五种）

组二为：23. 诗经（节本）24. 唐以前的诗（选本,注重古乐府）25. 唐诗（选本,注重李白、杜甫、张籍、韩愈、白居易、杜牧诸大家）26. 唐以后的诗（选本,注重苏轼、陆游、范成大、杨万里、李东阳、吴伟业、黄景仁诸大家）27. 词与曲（选本）28. 戏曲（杂剧,传奇）。（以上各种中,精读二种,略读三种）[1]

1928年5月,南京国民政府召开全国教育会议,决定重行编订中小学各科课程标准。1929年8月,教育部颁布了中小学课程的《暂行标准》。这是以政府教育部名义颁行的、具有教育法规性质的第一套课程标准。其中语文一科,小学部分由吴研因、赵欲仁等人参与编订,初中部分由孟宪承、刘大白等人参与编订,高中部分由孟宪承、胡适等人参与编订。这套《暂行标准》初中、高中国文课程纲要改动不大。

1932年曾由教育部委请周予同、夏丏尊、顾均正等人对《暂行标准》重新审核,颁布了正式审定的《课程标准》,其最大的变化在于教育目标增加了了解固有文化、培养民族精神,初中纲要为"使学生从本国语言文字上,了解固有的文化,以培养其民族精神",高中纲要为"使学生能应用本国语言文字,深切了解固有的文化,以期达到民族振兴之目的"。[2] 中小学各科课程标准1936年和1940年又经历了两次修订,国文课程标准变动不大。

---

[1] 课程教材研究所编：《20世纪中国中小学课程标准·教学大纲汇编：语文卷》,人民教育出版社,1999年,第277—278页。
[2] 课程教材研究所编：《20世纪中国中小学课程标准·教学大纲汇编：语文卷》,人民教育出版社,1999年,第289、293页。

民国时期国文课程标准对固有文化和民族精神的强调，虽有当时日本侵略急需动员国民的时代背景，亦有国民政府建构三民主义意识形态的政治意图。国文一科特别受到重视，是因为"一国的言语文字，是国民思想、感情所由传达的媒介；一国的文学，是国家精神生活的结晶"。[1] 因此，"所谓国民的教育，乃国家的事业。必然保持国文之教育，正为国家生命与民族精神寄托所在，不能不予此文化征服的势力中，皎然谋国家与民族精神之独立"。[2]

晚清民国时期初中和高中国文教育对传统文化和典籍阅读的要求，学校数量和学生人数的急剧增加，使得出版界获得了一个持续稳定的古籍市场。清末的商务印书馆、扫叶山房、文瑞楼等，民初甫创的中华书局，以及20世纪20年代的世界书局等，包括亚东图书馆这样的新文化出版机构，均涉足学校国文用书市场，刊印诗文集和旧小说。民国时期中小学国语、国文教育领域成为影响民国古籍出版的决定力量之一。

第四节　民国时期的新式教育与图书馆建设

受西方教育观念和图书馆学观念的影响，清末提倡维新变法的学者和朝臣如冯桂芬、郭嵩焘、曾纪泽、王韬、郑观应等人，均已注意到改良教育为中国富强要图之一，其中设立学堂和图书馆则为开启民智的重点举措。教育与学术文化紧密联系，与新式学堂同时发展起来的近代文化事业，在中央行政改制后主要也由学部负责掌管。

清末新政开始后，清政府于1901年（光绪二十七年）9月通谕各省设大学堂、中学堂和小学堂，次年2月又再次谕令各省妥速筹划学堂，并将开办情形详细具奏。在清政府的一再督促下，各省创办了不少各类

---

[1] 步进主编：《步进研读王森然〈中学国文教学概要〉》，高等教育出版社，2016年，第26页，此重印本以上海商务印书馆1929年版本为底本。
[2] 步进主编：《步进研读王森然〈中学国文教学概要〉》，高等教育出版社，2016年，第28页，此重印本以上海商务印书馆1929年版本为底本。

新式学堂。在新式学堂不断建立的同时，清政府亦开始建立新的教育制度。1904年（光绪二十九年）1月，清政府再次颁布张百熙、荣庆、张之洞合订的《奏定学堂章程》，章程中规定图书室为小学、中学和高等学堂的必需设施，并在全国范围内推行。

晚清学部不仅大力推动学校图书馆建设，由于掌管有办理图书馆之职责，对各省公共图书馆的建设也不遗余力。"在学部的倡导、要求下，继直隶、江苏、河南、湖南、湖北、奉天之后，山东、山西、浙江、广西、云南、贵州等省陆续按学部规定的期限，于1909年至1910年设立了省会图书馆，初步形成一定规模的近代图书馆系统。因此，才出现了近代第一次公共图书馆运动"，有学者称"近代中国图书馆事业的兴起，在很大程度上得益于学部自上而下的倡导推行"。[1]

民国时期教育体系在承继晚清教育制度的基础上，随着现代化各领域的推进，普通教育、高等教育、职业教育、社会教育均有了长足的发展。无论是北洋政府时期还是南京国民政府时期，执掌学校教育和社会教育权力的教育部对图书馆建设极为重视，逐步建立了以学校图书馆、省市公共图书馆包括通俗图书馆和民众教育馆为架构的全国图书馆体系。

一、学校图书馆

民国时期以图书馆为中小学扩充阅读和大学学术研究的必备设施，因此在历次教育规程中都有学校应设立图书室和图书馆的条目。1912年南京临时政府成立，1月9日设教育部于南京（3月迁至北京）。1912年12月教育部公布《中学校令施行规则》（1914年1月改正第十八条），第四章设备下第二十九条规定："中学校应备各室如下：（一）普通教室；（二）博物、物理、化学、图画等特别教室，博物、物理、化学之特别教室得便宜兼用；（三）礼堂；（四）图书室、器械标本室；（五）

---

〔1〕关晓红：《晚清学部研究》，广东教育出版社，2000年，第469页。

事务室、教员预备室、学生休息所及其他必要诸室。"[1] 1935年6月21日教育部公布《修正中学规程》第七章规定："第四十四条 中学应具备下列各重要场所：五、图书馆或图书室"，"第四十七条 中学图书馆之图书，须足供教员及学生参考阅览之用，其常供学生参考者，尤须备具多数复本"。[2] 1936年7月教育部公布《修正小学规程》第七章第四十条规定："小学关于图书仪器教具等设备，应力求充实。"[3]

在大学图书馆方面，1913年1月教育部相继公布《大学规程》与《私立大学规程》，关于图书馆的条目有"第六条 校舍除各种教室及事务室外，应备设图书室、实习室、实验室、器械标本室、药品室、制炼室等，以供实地研究。……第十条 私立大学之学科目，应遵照大学规程，第七条至第十三条所规定"。[4] 1929年8月14日国民政府教育部公布《大学规程》，在第三章经费及设备有"第十一条 大学或独立学院须有相当校地，校舍，运动场、图书馆、实验室、实习室，及图书、仪器、标本、模型等设备"规定。[5] 大学开始普遍设立图书馆，并逐步形成校内的独立组织，有固定人员编制、经费、馆舍等。据统计，在1929—1937年间，国立、公立及省立大学图书馆有41所，其中23所在行政关系上直接隶属于大学校长或相当于校长级别的机构（如图书馆委员会、校长秘书处等），约占此类型大学图书馆总数的56%；私立大学图书馆有29所，其中20所在行政关系上直接隶属于大学校长或相当于

---

[1] 朱有瓛主编：《中国近代学制史料》（第三辑 上），华东师范大学出版社，1987年，第356页。
[2] 中央教科所教育史研究室编：《中华民国教育法规选编（1912—1949）》，江苏教育出版社，1990年，第388—389页。
[3] 中央教科所教育史研究室编：《中华民国教育法规选编（1912—1949）》，江苏教育出版，1990年，第276页。
[4] 朱有瓛主编：《中国近代学制史料》（第三辑 下），华东师范大学出版社，1987年，第17—18页。
[5] 中央教科所教育史研究室编：《中华民国教育法规选编（1912—1949）》，江苏教育出版社，1990年，第407页。

校长级别的机构（如图书馆委员会、校长秘书处等），约占69%。[1]

据教育部《二十二年度全国高等教育概况》统计，1933年调查全国国立、公立和私立大学共109所，"合计图书设备为四百四十九万三千六百一十六册，平均每校有书四万一千二百二十六册"。[2]

大学图书馆数量上，"上海《申报》1936年的全国大学图书馆调查结果显示：56所大专院校共设有图书馆59所（北平大学将法、农、医、工四学院的图书馆独立填报），其中国立大学图书馆20所、省立大专院校图书馆11所、私立大专院校图书馆28所"。[3] 大学图书馆藏书数量与经费方面，"馆藏超过20万册的大学图书馆有5所，分别为国立清华大学图书馆、国立北京大学图书馆、私立燕京大学图书馆、国立中山大学图书馆和私立金陵大学图书馆；15—20万册的有3所，10—15万册的有6所，7—10万册的有8所，5—7万册的有9所。经费在10万元以上的大学图书馆有3所，分别为国立清华大学图书馆、国立四川大学图书馆和国立中山大学图书馆；在5—10万元的有6所，分别为国立中央大学图书馆、国立武汉大学图书馆、私立南开大学木斋图书馆、私立岭南大学图书馆、国立北京大学图书馆和国立暨南大学图书馆；在2—5万元的有7所，在1—2万元的有17所，其余均在1万元以下"。[4]

民国时期新图书馆运动中，各级学校图书馆都有其重要地位，尤以大学图书馆建设成效最大。而中小学图书馆，"多半规模不大，因陋就简，经费有限，人员缺乏，与现代化的图书馆的形态，相去甚远。虽间

---

[1] 陈华、王晓军：《略论民国时期大学图书馆的行政地位》，《大学图书馆学报》，2012年第6期。
[2] 陈训慈：《中国之图书馆事业》，载《陈训慈百年诞辰纪念文集》，北京图书馆出版社，2006年，第330页。
[3] 程焕文主编：《中国图书馆史·近代图书馆卷》，国家图书馆出版社，2018年，第215页。
[4] 程焕文主编：《中国图书馆史·近代图书馆卷》，国家图书馆出版社，2018年，第215页。

有成绩颇佳者,如上海南洋中学、天津南开中学,但为数甚少"。[1]

二、公共图书馆

民国的历史经历了北洋军阀政府时期(1912—1927)和南京国民政府时期(1927—1949)两个时期。民国初年,北洋政府时期图书馆的发展以1919年爆发的五四运动为界限,分为前后两个不同的阶段。前期以通俗教育为中心的社会教育兴起,促使通俗图书馆在中国普遍发展;后期以平民教育为中心的社会教育,促使民众教育馆和图书馆迅速发展。

1. 社会教育与通俗图书馆

1912年1月,中华民国临时政府在南京成立后,设置教育部,负责全国教育行政与学术文化事务,蔡元培任教育总长。鉴于西方各国教育发达而中国失学民众占绝大多数,蔡元培通令全国提倡社会教育。3月,南京临时参议院通过蔡元培草拟的教育部官制,《中华民国教育部官职令草案》规定:"教育部下设普通教育司、专门教育司和社会教育司,社会教育司执掌包括关于博物馆、图书馆事项和关于通俗图书馆、巡回文库等事项。由此确立了社会教育与普通教育和专门教育三司并立,以及社会教育在教育体系中的独立地位。从此,社会教育司一直是管理全国社会教育的最高行政机关。"[2]

在政府与教育界人士的推动下,民国时期社会教育中的通俗教育逐渐发展起来。据1921年《教育行政纪要》第二辑统计:"全国26个省市有通俗教育会233个,会员12289人,通俗图书馆286所,图书馆100多所,阅报所1825处,巡回文库259个,博物馆13所,演讲所

---

[1] 严文郁:《中国图书馆发展史:清末至抗战胜利》,台湾枫城出版社,1983年,第108页。
[2] 程焕文主编:《中国图书馆史·近代图书馆卷》,国家图书馆出版社,2018年,第82页。

1881 所，巡行演讲团 942 个，公共补习学校 82 所，简易识字学校 4067 所。"[1]

2.民众教育与民众图书馆

1919 年五四运动以后，社会教育开始从以通俗教育为中心转向以平民教育为中心。1928 年，国民政府通令各省、县设立民众教育馆，并以民众教育馆为社会教育的中心机构。通俗图书馆部分并入省立、市立图书馆，部分成为民众教育馆的一部分，绝大多数通俗图书馆演变成市、县立图书馆。

1929 年，教育部通令各省市改组旧有社会教育机构，扩充民众教育馆，得到各省积极响应，民众教育馆整合了原有的通俗教育馆、通俗图书馆等通俗教育设施，逐渐发展繁荣。据教育部 1935 年底统计，"全国民众教育馆有 984 所（不计东北四省）。但是，各地民众教育馆的发展不平衡，江苏、浙江、江西、湖北、河北等省民众教育馆数量较多，经费相对充裕。如江苏省，1934 年其拥有民众教育馆 279 所，经费达 865524 元，而贵州、青海、新疆等边远省份却没有民众教育馆"。[2]

根据《第二次中国教育年鉴》统计：1936 年全国各省市单设图书馆有 1502 所，民众教育馆附设图书部有 990 所。[3] 民众教育馆虽然多设有图书部，但是大都因陋就简，规模上通常很小；藏书数量亦不多，多者不过三四千册，少者仅有报纸、杂志及少数图书，这也是当时中国经济状况不景气的反映。

3.公立图书馆概况

中华民国成立后，教育部社会教育司注意发展图书馆，使得各省图书馆有所增设或扩充。据统计，1914 年全国仅有山西、甘肃、江西和新

---

[1] 程焕文主编：《中国图书馆史·近代图书馆卷》，国家图书馆出版社，2018 年，第 86 页。
[2] 程焕文主编：《中国图书馆史·近代图书馆卷》，国家图书馆出版社，2018 年，第 203 页。
[3] 严文郁：《中国图书馆发展史：自清末至抗战胜利》，台湾枫城出版社，1983 年，第 202 页。

疆未设省立图书馆。1915年11月,教育部颁布《图书馆规程》,第一条即规定"各省、各特别区域应设图书馆,储集各种图书,供公众之阅览"。1927年南京国民政府成立,大学院公布的《图书馆条例》中也明确规定"各省区应设图书馆",自此以后各省立图书馆稳健发展,数量和规模都增长迅速。据浙江省立图书馆及申报年鉴社的调查统计,1935年,全国共有省立图书馆35所,"其分配状况如后:江苏三(南京、苏州、镇江),广西二(桂林、邕宁)、河南二(皆在开封),四川二(一已改称市立),广东一(已并入市立,但此馆实近省立),山西三(已并入省立民教馆,省立二通俗图书馆亦计入),察哈尔一(已改称省立民教馆),新疆一(新改组为省民教馆),浙江、安徽、江西、福建、湖北、湖南、云南、贵州、河北、山东、陕西、甘肃、绥远、宁夏、青海、西康(以上各一,皆在省会),辽宁、吉林、黑龙江、热河(以上各一)(以上省立图书馆共三十五所)"。[1]

中国最早的县立图书馆是1904年浙江嘉兴和海宁建立的县图书馆。1910年学部颁布的《京师图书馆及各省图书馆通行章程》规定:各府、厅、州、县应各依筹备年限以次设立图书馆。[2]民国初年,县市立图书馆渐次发展。1915年,教育部颁布的《图书馆章程》规定各县得视地方情形设置图书馆。新设立的县市立图书馆逐渐增多。1927年,南京国民政府大学院公布的《图书馆条例》规定"各省县区应设图书馆"。其后,县市立图书馆有长足的发展,许多县市纷纷开始设立图书馆。"县级图书馆有县立图书馆和民众教育馆所设的图书馆,也有少数县两馆合二为一……1929年9月,湖南省政府通令各县政府,要求三个月内成立民众图书馆,并拨发购书的专项经费。"[3]

民国时期由于重视图书馆普及教育的功能,将图书馆视为社会文化

---

[1] 陈训慈:《中国之图书馆事业》,载《陈训慈百年诞辰纪念文集》,北京图书馆出版社,2006年,第322页。
[2] 李希泌、张椒华编:《中国古代藏书与近代图书馆史料(春秋至五四前后)》,中华书局,1982年,第129页。
[3] 李旎:《民国时期的县立图书馆》,《图书情报工作》,2012年(增刊1)。

中心机构,因而广设各类各级图书馆。尤其是1920年开始启动的新图书馆运动,促进了中国图书馆事业的发展。出版业亦将图书馆作为重要市场,为图书馆的需求生产图书,其中就包括古籍。以湖南为例,"1929年9月,湖南省政府通令各县政府,要求三个月内成立民众图书馆。省政府拨专款三万银元从上海商务印书馆订购《万有文库》84部。每成立一所县民众图书馆,湖南省教育厅就拨发一套《万有文库》作为基本藏书。1930年3月,湖南省教育厅又呈请省政府定购《船山遗书》,得到省主席何键批准,由湖南省政府拨专款定购500部《船山遗书》颁发给全省各县民众图书馆,及省立中山图书馆、通俗教育馆并全省公私立中等以上学校。1934年5月湖南省府通令各县购商务印书馆出版的《四库全书珍本》,并由省政府各津贴100元"。[1]民国时期图书馆事业的发展推动了古籍出版,古籍出版为图书馆建设奠定了基础。

第五节 晚清民国时期的新式交通与出版业

关于现代出版业的起源与发展问题,众多研究者从政治、文化、教育、经济等外部和内部因素展开过论述,如芮哲非认为,"社会结构的重组(太平天国运动以后)、学制的改革和科举的废除、早期商法的颁布(1902)、私有制公司组织模式的发展(从1875年开始)、商务印书馆的成立和改组为股份有限责任公司,所有这些都为诞生于租界内的印刷资本主义进入新时代创造了条件"。[2]新式交通对出版业发展的作用为出版史研究者所留意,如黄林、吴永贵等皆有论述,但该课题仍有一定的阐释空间。晚清民国时期交通的发达,对全国图书市场的形成、出版业发行模式的构建、出版社发行部门的设立、全国书店网络的建设,即出版

---

[1] 沈小丁:《民国视野下的湖南地方图书馆事业(1912—1949)》,《图书馆》,2009年第1期。
[2] 芮哲非:《谷腾堡在上海:中国印刷资本业的发展(1876—1937)》,张志强等译,商务印书馆,2014年,第225—226页。

业图书流通环节的现代转型,起到了关键的作用。图书流通环节的现代转型,标志着清末萌芽的新式出版业,发展至19世纪30年代趋向成熟。

19世纪初期,西方传教士为了在中国传播基督教义,争相研制中文印刷技术。19世纪60年代成本低廉的中文铅印技术已经在教会出版系统内应用和推广。到辛亥革命前后,"外国教会和教会有关的印书馆七八十家,只是大致数字"。[1]但西方印刷术在教会之外推广缓慢,对清代社会的知识生产和思想传播影响甚微。19世纪60年代至90年代陆续开办的江南制造局印书处及各省官书局等多采用传统雕版印刷,刊印图书也以经史子集为主。民营书商采用石印和铅印技术,最早是1873年的申报馆。直到19世纪末,新式民营出版业仍然处于萌芽状态。从事铅印的也仅为十余家,石印的在1895年之前为数十家。其原因在于单一的技术改进缺乏政治、经济、交通等领域现代性制度的支撑,传统出版业无法实现突破与转型。就交通而言,虽然沿海和沿江的航线18世纪50年代已经开辟,但直到1895年才允许私人从事轮船航运业;1889年清政府才将铁路列为"自强要策",1895年时中国还几乎没有铁路。

中日甲午战争之后,中国面临空前严重的国家和民族危机,变法图强成为社会主流思潮。1901年清末新政启动后,中国社会的现代化进程猛然加速,出版业仅用十余年的时间,完成了从传统到现代的转型,其标志为创办于1897年的商务印书馆,到1912年左右即已成为"全亚洲最大的出版社"。[2]以商务印书馆为代表的出版业转型有赖于晚清的制度改进和出版家群体的努力,1903年的《钦定大清商律》、1905年的废科举兴学堂、1906年的《大清印刷物件专律》、1910年的《著作权章程》等制度创新与法律的颁布,与现代交通体系兴建形成的全国图书市场相结合,促成了出版业的转型与发展。

中国现代贸易、工业、交通的发展与晚清通商口岸的开放密切相

---

[1] 范慕韩主编:《中国印刷近代史(初稿)》,印刷工业出版社,1995年,第104页。
[2] 徐雪筠等译编,张仲礼校订:《上海近代社会经济发展概况(1882—1931)——〈海关十年报告〉》,上海社会科学院出版社,1985年,第173页。

关。1840年中英《南京条约》开放广州、福州、厦门、宁波、上海等5处港口,至清末,英、法、美、德、俄、日等列强通过与清廷签订各种条约,陆续逼迫中国开放了74处商埠,[1]形成沿海和沿江两条体系。通商口岸的逐步开放极大刺激了国内贸易和国际贸易的增长,现代交通轮船、铁路、公路、邮政等也随之发展起来。

晚清民国时期轮船航运业经历了19世纪50年代外国轮船势力侵入,直至19世纪末本国航运业发轫的历史阶段,形成了以上海为中心的沿海和沿江两条航运干线,连通了经济发达的长江流域和沿海的华北、华南地区。至1934年,"我国航行沿海及内河各航线之轮船,大约有一百二十三万吨",[2]通行于江海各航线和众多的内港,国内轮船航运体系初具雏形。

铁路的发展较为滞后,1889年后国内才开始兴起筑路高潮。铁路交通极大减省了运输时间,如京汉铁路建成前,从北京到汉口,走驿道(官马大道)要二十七天,该路通车后,只要两天半便可到达,[3]铁路修建的里程,累计中国所有和外国在中国修筑的长度,1900年为1066公里,1904年为5096公里,1916年为10346公里,1936年达20009公里。[4]东北、华北、华中、华东初步建成了南北向和东西向纵横交错的铁路运输网络,密切了内陆腹地、边远地区与沿海港口城市的联系。

公路交通则是在清末民初从国外输入汽车后开始。北洋政府时期是中国公路建设的初期阶段,截至民国十六年(1927)底的15年中,共建成公路29625.47公里。[5]南京国民政府成立至抗日战争前夕,全国

---

[1] 江沛等:《中华民国专题史》(第九卷 城市化进程研究),南京大学出版社,2015年,第56页。
[2] 金家凤编著:《中国交通之发展及其趋向》,正中书局,1937年,第208页,载上海书店《民国丛书》第四编37册影印本。
[3] 李占才主编:《中国铁路史1876—1949》,汕头大学出版社,1994年,第590页。
[4] 李占才主编:《中国铁路史1876—1949》,汕头大学出版社,1994年,第590—591页。
[5] 中国公路交通史编审委员会编:《中国公路史》,人民交通出版社,1990年,第146页。

新建公路总里程达到88126公里，连同民国初期修建的公路，全国公路总里程达到117296公里。[1]

清末民初，有效运作的全国性社会系统只有海关和邮政。1878年初，海关总税务司赫德委任天津海关税务司德璀琳试办邮政，收寄华洋公众信件。1896年大清邮政官局正式开办。1912年中华民国建立后，大清邮政更名为中华邮政，统一邮权，撤销"客邮"。1928年南京邮政总局统一管理全国邮政，中华邮政得到稳定的发展，到1935年止，"信柜之数额，则因邮政之推进而增加极速。据二十三年度（二十四年六月止）统计（辽宁、吉黑两邮区除外），全国共有管理局二一，一等局二八，二等局八二二，三等局一二三〇，支局二九九，邮政代办所九九五八，局所总计一二三五八；城邑信柜一〇四九，村镇信柜七六七六，村镇邮站二二八六八，代售邮票处二五六二，信柜等总计三四一五五"。[2] 邮政业务中，信函、明信片、新闻纸类、印刷物、商务传单、贸易契类等邮件的收递为大宗。邮递网点分布的广度和深入社会基层，以及高效的运转，有力襄助了新式出版业的成长，并决定了新式出版业发行模式和组织机构的特点。

清末民初现代交通扩展了市场的范围和深度，同时也意味着市场容量的增加。现代交通系统建设对晚清民国出版业拓展市场、快速发展的作用，可从商务印书馆分馆的设立与晚清新式交通布局的一致得到验证。商务印书馆1897年创办，到1909年"各省分馆业已设有二十处。如北京、天津、奉天、山东、山西、开封、汉口、广东、潮州、福州、长沙、常德、成都、重庆、泸州、叙州、安庆、芜湖、江西、杭州等处"，同年"黑龙江即将派人前去开设分馆"，"陕西、保定两处即拟开

---

[1] 中国公路交通史编审委员会编：《中国公路史》，人民交通出版社，1990年，第198页。
[2] 张樑任：《中国邮政·中卷》，商务印书馆，1935年，第4页，载上海书店《民国丛书》第二编40册影印本。

设分馆"。[1]商务印书馆总馆设于经济、文化和交通中心的上海,分馆主要分布于传统的区域中心及新兴口岸城市,其中通商口岸为15处,按地理位置分为三类,一是长江轮船航线中心城市,如杭州、芜湖、安庆、江西、汉口、长沙、常德、重庆、成都、泸州、叙州等11处,辐射富裕的长江流域;二是沿海港口城市或通商口岸,如北方的天津和南方的潮州、福州、广州等4处,连通华东与华北、华东与华南;三是铁路干线枢纽如北京、奉天、山东、开封、山西等5处。其中北京为京汉(1906年竣工,下文年代同)、京奉(1907年)、京张(1909年)的枢纽,奉天则是中东(1903年)、安奉(1905年)、京奉(1907年)铁路的交会枢纽,济南为胶济铁路(1904年)和津浦铁路(1912年)的交会枢纽,开封为河南省会,陇海铁路一段之汴洛铁路(1904年)枢纽,山西太原则为正太铁路(1907年)枢纽,在石家庄与京汉铁路连通。上述南北向和东西向的铁路动脉连通了东北、华北、中西部与华东。商务分局的设立正是依托沿江沿海航运或铁路交通干线,覆盖了国内长江流域和东北、华北、华中、华南的市场,使得商务大获成功。商务分局的设立之后虽有增加,但这一时期基本确立了发行网络的框架。

由于新式交通运输快捷、运费较低,清末开始上海诸多出版机构即将图书发行范围扩展到了全国,如国内最早采用石印的民营出版机构同文书局,"开设上海虹口,分设二马路横街、京都琉璃厂、四川成都府、重庆府、广东双门底,其余金陵、浙江、福建、江西、广西、湖南、湖北、云南、贵州、陕西、河南、山东、山西各省均有分局发兑"。[2]与传统出版业比较,现代商业出版的图书流通范围发生了根本性的变化。

---

[1] 汪耀华编:《商务印书馆史料选编(1897—1950)》,上海书店出版社,2017年,第18页。
[2] 《上海同文书局石印书画图帖》,载周振鹤编:《晚清营业书目》,上海书店出版社,2005年,第401页。

第三章
民国时期古籍出版的历程

王云五说:"要使人对于中国出版事业有相当的认识,必须从出版物的统计着手。"[1] 对民国时期的古籍出版历程,也要从民国时期古籍出版的统计着手。本书统计了《民国时期总书目》、《中国丛书综录》、《中国丛书综录补正》、《中国丛书广录》、《(1911—1984)善本古籍影印目录》、《中国近现代丛书目录》六种大型书目中著录的民国时期出版的古籍,并用《商务印书馆图书目录(1897—1949)》、《中华书局图书总目(1912—1949)》等目录进行校正,从总体上反映了民国时期古籍出版的面貌。用上述大型书目统计的民国时期古籍的种数,虽然可能有遗漏,但基本上是可信和有说服力的。

统计上述书目时,依据下列原则:1.统计的单位为出版种数;2.统计的出版物为影印本、排印本、木刻本,不包括手抄本和稿本;3.丛书分开按子目计算;4.出版物的不同版次,按一种计算;5.不同出版机构的同一出版物,分别计算;6.统计时,书目中著录的跨年代出版的丛书,有年代的,按出版年代统计,没有注明年代的,按每年平均数统

---

[1] 王云五:《十年来的中国出版事业》,载《新目录学的一角落》,商务印书馆,1943年11月赣初版,第252页。

计;7.出版年不清的,单独计算。

依据上面原则,统计的民国时期出版古籍年度数和总数见表一。

表一 民国时期古籍出版年代种数表(单位:种)

年份	种数	年份	种数
1912年	294	1932年	210
1913年	156	1933年	425
1914年	964	1934年	906
1915年	854	1935年	2982
1916年	461	1936年	4062
1917年	670	1937年	2051
1918年	391	1938年	366
1919年	265	1939年	149
1920年	1062	1940年	560
1921年	879	1941年	362
1922年	1738	1942年	51
1923年	757	1943年	73
1924年	939	1944年	115
1925年	1341	1945年	41
1926年	1188	1946年	55
1927年	367	1947年	213
1928年	233	1948年	68
1929年	272	1949年	7
1930年	151	不详	1133
1931年	398	总计	27209

上面的数据制成曲线图见图一（年代不详的古籍约占出版总数的4.2%，对年代分布的影响很小，故未计入）。

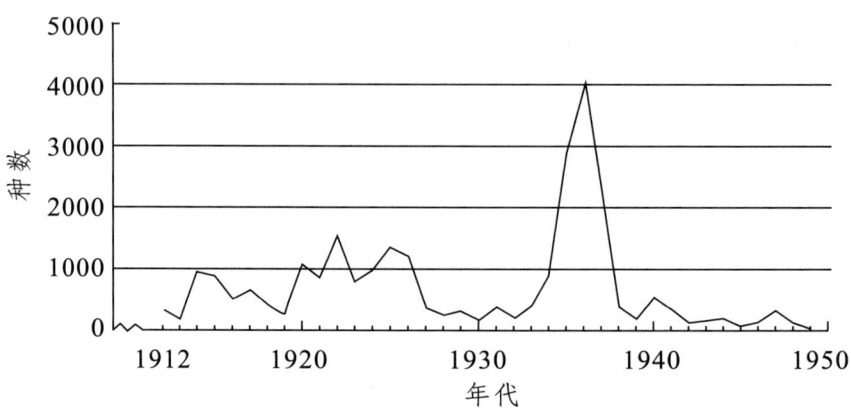

图一　民国时期古籍出版年代种数折线图

由于民国时期向现代社会转换的节奏加快，国际环境的复杂，整个社会在政治、文化上的变动剧烈，因而出版界也是风云变幻。《申报》1936年7月23日和30日连载的《新书业的衰落及其前途》总结了新书业自1919年到1936年间的兴衰。新书业出版的热点，从标点古书开始，到创作小说的风行，再转向社会科学著作的刊行，到转向中小学教科书、参考书，以及儿童读物方面，再到以杂志年和翻译年来刺激读者。不到20年间，出版风尚数度转变，说明了民国时期社会局势的复杂和文化思潮变动的迅速。从上面的统计数据来看，古籍出版的波动也有点类似。上述统计数据结合当时社会因素对古籍翻印的影响，民国38年的历史，可以分为五个阶段：1. 1912年至1919年为初始阶段；2. 1920年至1926年为兴盛阶段；3. 1927年至1933年为中衰阶段；4. 1934年至1937年6月为鼎盛阶段；5. 1937年7月至1949年为衰落阶段。本章将重点分析每一阶段影响古籍的因素和这一阶段古籍出版的特点，使我们对民国时期古籍发展轨迹有清晰的了解。

第一节　民国时期古籍出版的初始阶段（1912—1919年）

辛亥鼎革之初，社会动荡，旧有的学术萧条，古书也几乎无人问津。"革命之后，国学摧夷；旧书几成冷物。迩来事事复古，相需渐多。旧日官僚学究又得美差缺，腰缠渐裕，买书之兴复作。东西洋设立图书馆，间有购求我国旧籍，以充签轴，于是旧书几与古董争奇。"[1] 1912年，出版古籍约300种。稍后，社会局势趋向稳定，古籍出版也渐有起色，到了1914年有明显的增加。1914年，回复到964种。1918年至1919年，随着新文化运动的声势上扬，古籍出版数量又呈衰弱之势。古籍出版随社会政治文化局势消长之快，使人为之惊叹。

这一阶段，出版机构的数量增长显著。1906年，上海书业商会的会员有22家。1911年5月（辛亥）以前统计的有116家。民元以后新增35家。[2] 出版机构数量虽然增长很快，但是总体实力弱小。戴季陶认识到出版业兴盛与否对国家兴衰至关重要，与日本出版业的发达比较，深为当时的出版界担忧。戴氏说：

> 国家之兴衰，视乎出版业之盛否。日本以区区小新进国，既入其都，则大印刷厂也，大书店也，连轩比户，每年所出书籍，不知几千万种，故文明进步为东洋冠。吾国以世界大国，而出版界反寥寥若晨星。稍有人望者，惟商务印书馆耳。然亦风潮屡起矣。噫！是其经商者之不善欤，抑或国民程度不足致出版业无生财之道欤？吾为出版界之前途危，吾更为中国国民教育之前途危。[3]

---

[1] 周肇祥撰，赵珩、海波点校：《琉璃厂杂记》，北京燕山出版社，1995年，第76页。
[2] 原放：《记上海市书业公会》，《出版史料》，1987年第4期。
[3] 天仇：《呜呼出版界之前途》，《天铎报》，1910年11月7日，载唐文泉、桑兵编：《戴季陶集》，华中师范大学出版社，1990年，第141页。

戴季陶对出版界的前途悲观的看法与这一阶段出版机构数量的增加和经济实力的增长并不矛盾，用日本的出版实力来衡量新出版业，难免悲观。但相对传统出版业而言，中国出版业的进步是显著的。

一、民营机构、公立机构与藏书家古籍出版

翻印古籍的出版机构代表性的有商务印书馆、中华书局、扫叶山房（先设于苏州，1880年设分店于上海）、广益书局（1900年成立，出版石印的经史子集和通俗小说，大达为副牌）、文明书局（1902年成立）、进步书局（民国初年沈骏声创办）、西泠印社（1904年成立）、有正书局（1904年成立）等，分布区域有上海、南京、广州、成都、武昌、南昌、苏州等地，而以上海为中心。古籍出版机构大致可分两类，一是新式出版业，一是旧式出版业，亦即传统的坊刻。以商务为代表的新式出版业，采用平版、凹版和凸版印刷术，出版的内容广泛，包括旧学和新学图书。在组织、经营上一般采用股份公司制，分工明确。旧式出版业沿用传统的木刻技术，也用新式石印和铅印技术出版古书，在组织和出书内容上相对比较单纯，基本经营古籍和相关业务，如扫叶山房等。

1912—1919年，由于政局动荡，公立机构经费得不到保障，因而刊刻书籍稀少。公立机构的刻书，有鄂官书处刻的《兵书三种》，云南图书馆翻刻的《李氏诗存》5种等。学校刻书有仓圣明智大学1916年排印《广仓学宭丛书甲类》26种。

与坊刻注重赢利、刻书平庸和机构的衰弱比较，藏书家刻书的精良尤显突出。时人以为：

> 家刻书在中国为最精。以其经营此事者，第一为专门积学之士，或重刻古籍以广流传，或刊行先著以资显扬，或校印孤稿以防佚失，或印辑自作以备馈赠。第二为显官富商。嗜尚所及，下逮附庸风雅之辈，铺张门面之流，皆能聘请名儒，招致良匠，不惜工

本，以事剞劂，其嘉惠士林之功，亦不可使其泯没。[1]

这一阶段，董康刊刻有《诵芬室丛刊》，刘承幹刊刻有《嘉业堂丛书》、《求恕斋丛书》和《吴兴丛书》，罗振玉刊有《鸣沙石室佚书》、《宸翰楼丛书》、《吉石庵丛书》、《嘉草轩丛书》、《永慕园丛书》，张钧衡刊有《适园丛书》，皆为世人推重。藏书家刻书还有傅增湘的《道藏本五子》，赵诒琛所刻《峭帆楼丛书》等。

二、出版特点

由于受时势的影响，这一阶段翻刻旧书的种类发生了很大的变化。清帝逊位后，经学的权威也随之一落千丈。与清代经学丛书的蔚为大观比较，这一阶段经部古籍的刊印可谓零落。经部古籍单刊者仅寥寥数种，其余散见于丛书中。

史部主要有商务 1916 年以涵芬楼名义影印的武英殿本《二十四史》。刘承幹嘉业堂亦刻有《四史》。其余单种的《史记》、《三国志》、《元史》等多有翻刻，尤其是《史记》，"为诸史鼻祖，无论治经治史治古文词章均不可不读，诚学校中人人必备之书"，[2] 屡被翻刻。时还书局也刻有《归震川、方望溪评点史记》。

子部以实用性的中医古籍为主。扫叶山房刊有《陈修园医书全集》，百草庐刊有《中西会通医书五种》、《六经方证通解》，大东书局刊有《古今医学会通十一种》，广益书局刊有《黄氏医书八种》，商务印书馆、鸿宝斋各刊《御纂医宗金鉴》，千顷堂刊有《仲景全书》，中华书局刊有《徐氏医案八种》等。诸子汇刻有扫叶山房的《百子全书》，竹石山房、上海书局合刊的《子书三十二种》，育文书局的《子书二十八种》。

集部中私刻主要刻印个人文集。而书局则是石印笔记小说和旧小

---

[1] 王汉章：《刊印总述》，载张静庐辑注：《中国近代出版史料二编》，群联出版社，1954 年，第 361 页。
[2]《照归震川圈点影印仿殿本〈史记〉》，《申报》，1916 年 6 月 14 日。

说。这些小说虽然有的格调不高,但是由于瞄准反映中下层阶级的口味和消闲的需要而产生的通俗小说这一市场,加上价格低廉,风行一时。"消夏之品莫妙于小说","绿窗昼永,静对一编,清凉沁脾,胜于雪藕冰瓜万万"。[1]当时广益书局、国学扶轮社、文明书局、广智书局、进步书局、扫叶山房、中华图书馆等,皆争相刷印通俗小说,各家在《申报》上连篇累牍地作大幅广告,促进销路。古籍旧小说的翻印和当时新进作家写的"鸳鸯蝴蝶派"小说一起,形成了民国初至五四前的通俗小说浪潮。国学扶轮社有《古今说部丛书》、《顾氏明朝四十家小说》;文明书局刊行大量笔记,如《说库》(170种)、《广四十家小说》等。进步书局与文明书局实际上是二而一的。进步书局刊行有《笔记小说大观》122种,《古今说海》135种;广益书局刊有《古今文艺丛书》。为说明当时中下层市民的阅读风气,笔者将广益书局在《申报》上登载的各种廉价小说目录制成表二,[2]可供参考其时旧小说的出版、定价与阅读情况。

表二 广益书局出版笔记小说和旧小说一览表

书名	册数	定价(元)
分类古今笔记精华	24	4
分类古今小说精华	24	4
晋唐小说六十种	8	1.2
顾氏四十家小说	8	1.2
唐人小说六种	4	0.5
绘图东周列国志	8	0.4
绘图后列国志	4	0.3
绘图三国志演义	8	0.4

[1]《中华图书馆广告》,《申报》,1917年8月13日。
[2] 资料来源:《申报》,1918年10月16日,绘图本全为旧小说。

（续表）

书名	册数	定价（元）
绘图后三国志演义	6	0.4
绘图封神传	8	0.4
绘图西游记	8	0.4
绘图后西游记	4	0.3
绘图聊斋志异	8	0.4
绘图后聊斋志异	4	0.15
绘图隋唐演义	8	0.4
绘图前后济公传	8	0.4
绘图荡寇志全传	8	0.4
绘图儿女英雄传	8	0.5
绘图永庆升平	8	0.6
绘图施公案	20	0.7
绘图彭公案	16	0.5
绘图三七侠	18	0.6
绘图七剑十三侠	6	0.3
绘图五剑十八义	4	0.2
绘图石头记	16	0.7
绘图后红楼梦	4	0.5
绘图廿四史通俗演义	6	0.3
绘图镜花缘	6	0.3
绘图东西汉	6	0.3
绘图说岳全传	8	0.3
绘图说唐	6	0.3
绘图燕山外史	2	0.25
绘图飞凤配再生	8	0.3

（续表）

书名	册数	定价（元）
绘图绿野仙踪	8	0.3
绘图廿载繁华梦	4	0.2
绘图十粒金丹	8	0.3
绘图今古奇观	6	0.2
绘图续今古奇观	6	0.2
绘图五续今古奇观	6	0.2
绘图八才子笺注	4	0.1
绘图珠村岁怪	4	0.1
绘图解人颐	2	0.2
绘图希奇古怪	4	0.1
绘图锦上花	6	0.2
绘图二才子（风月传）	4	0.1
绘图万年青	6	0.3
绘图游江南	4	0.1

这一阶段刊刻的综合性丛书主要可分两类，一类是地方性丛书，一类是汇刻善本秘籍。前者有云南丛书处编刻的《云南丛书》，刘承幹的《吴兴丛书》，豫章丛书编刻局的《豫章丛书》，上元蒋氏慎修书屋的《金陵丛书》40种，黄岩杨氏的《台州丛书》后集、乙集25种，定襄牛氏的《雪华馆丛书》，虞山丁氏《庐阳说苑》，丹徒陈氏的《横山草堂丛书》18种。另有不知刻书者《山阳丛书》23种。后者有罗振玉刊的《鸣沙石室佚书》、《宸翰楼丛书》、《吉石庵丛书》、《嘉草轩丛书》、《永慕园丛书》，董康刻《诵芬室丛刊》，刘承幹刻《嘉业堂丛书》、《求恕斋丛书》，张钧衡刻《适园丛书》，商务印书馆的《涵芬楼密笈》，邓实的《风雨楼密笈留真》，赵诒琛所刻《峭帆楼丛书》等。

第二节　民国时期古籍出版的繁盛阶段（1920—1926年）

1920年，古籍出版的情势峰回路转，猛增到千种之上。1922年达1700余种。这股强劲的出版势头一直持续到1926年，形成了民国时期古籍出版的第一个高峰。曾任中华书局编辑所所长、浸淫书业数十年的舒新城认为："一种企业的繁荣，他的后面必得有一种'社会需要'在那里推动。"[1] 书业自然也不例外。20世纪20年代，古籍出版的兴盛即源于整理国故运动拉升的社会需要。

一、整理国故运动

五四时期，在文学领域建构新文化的权威的同时，居于中国学术地位最高的学府北京大学教授位置的胡适，把新思潮引进学术领域，对中国的传统文化、学术展开清理。于是，一场对"整理国故"问题的讨论，便在新文化运动高潮后随即在北大展开。而20世纪以来欧美日本的学者对中国历史文化开展的研究，成为触发整理国故运动不容忽视的国际学术背景。1919年，胡适在《新青年》发表《新思潮的意义》，主张对中国旧有学术要重新估定一切价值，对之进行科学地整理，并提出了四个整理的步骤：

  第一步是条理系统的整理；
  第二步是要寻出每种学术思想怎样发生，发生之后有什么影响效果；
  第三步是要用科学的方法，作精确的考证，把古人的意义弄清楚；
  第四步是综合前三步的研究，各家都还他一个本来面目，各家

---

[1] 舒新城：《中华书局编辑所》，《图书评论》，1932年9月，第1卷第1期。

都还他一个真价值。

整理国故运动的途径和最终的归依可以用 16 个字来表述，那就是"研究问题，输入学理，整理国故，再造文明"。[1] 顾颉刚后来回望这一运动认为："整理国故的呼声始于太炎先生，而上轨道的进行则发轫于适之先生的具体的计划。"[2]

1923 年初，胡适应即将留美的清华学校毕业生之邀，为他们拟了一份《一个最低限度的国学书目》。同年，梁启超也应清华学生之请，为他们另拟《国学入门书要目及其读法》，并撰《评胡适之的〈一个最低限度的国学书目〉》，对胡适的书目提出批评。虽然对年轻学子该读哪些国学要籍存在分歧，但这两位五四运动前后中国学术思想界的领袖，对整理国故运动的扩大，起了极大的推助作用。

在青年学子群趋国故研究的情况下，新文化人士普遍感到担忧，胡适自己也作了反省。1928 年，胡适撰写《治学的方法与材料》，呼吁年轻人此时应在整理国故的道路上及早回头，多学点自然科学的知识和技术。等大家在科学实验室里有好成绩后，再拿余力来整理国故。整理国故运动遂趋于消歇。同时，随着现代分科的西方学术体系取代传统的学术类目，国学、国故这一过渡性名词，也不再流行。

二、整理国故运动对古籍出版的影响

整理国故运动为出版业带来了机遇，陈源 1927 年描述当时的情形是："国立大学拿'整理国故'做入学试题；副刊杂志看国故文字为最时髦的题目。结果是线装书的价钱，十年以来，涨了二、三倍。"[3] 曹

---

[1] 胡适：《新思潮的意义》，载欧阳哲生编：《胡适文集》2，北京大学出版社，1998 年，第 551 页。
[2] 顾颉刚：《自序》，载《古史辨》第 1 册，上海古籍出版社，1982 年，第 78 页。
[3] 转引自陈以爱：《中国现代学术研究机构的兴起：以北大研究所国学门为中心的探讨》，江西教育出版社，2002 年，第 301—302 页。

聚仁也说:"一部近代文化史,从侧面看去,正是一部印刷机器发达史。"[1]商务印书馆经过多年的预备,于此时推出大型古籍丛书《四部丛刊》,大获成功。中华书局、开明书店等紧跟商务步伐,形成古籍出版的繁盛阶段。这一阶段古籍出版有如下特点。

1.古籍出版的规模大,多影印丛书,民营出版机构开始对古代文献作总结性的整理和刊布。历代对文献的总结性整理、传播主要由官方主持,最典型的如明代的《永乐大典》和清代的《四库全书》。这一状况在民国时期有了改变。政府功能开始转化,官方对文化资源的垄断和控制有了松动,文化权力下移,整理文献、传承文明的功能更多由民间机构来实现。而新出版业实力的壮大,张元济等人的渊博学识和文化使命感,以及比政府运作更有效率的商业化方式使古籍出版卓有成绩。

1920年,商务印书馆开始刊行《四部丛刊》,1922年全部刊成。《四部丛刊》所收,皆为善本,因此问世后颇受学术界重视。商务印书馆这一阶段编刊的丛书还有《涵芬楼秘笈》(1916—1921年)50种、《续古逸丛书》(1919—1938年)46种、《佚存丛书》(1924年)17种;并影印前人所辑丛书《学海类编》(1920年)433种、《学津讨原》(1922年)172种、《汉魏丛书》(1925年)38种及《道藏》、《续道藏》(1923—1926年)1476种等。

商务印书馆的竞争对手中华书局开始排印大部丛书。中华书局选择常见、常用、带注的古籍,并利用自己手中的一套聚珍仿宋铅字,用排印的方式,1924年开始出版《四部备要》,1927年出齐。《四部备要》收古籍351种,11305卷,线装分订2500册。

这一阶段如博古斋、古书流通处和一些藏书家等也刊刻了不少丛书。

2.新式标点旧白话小说的流行。标点符号是在文字产生以后,随着书面语交际的需要,陆续创造出来的。旧式标点符号的使用始于甲骨文,到清末已有3000多年的历史。但是始终没有形成为一个全民使用

---

[1] 曹聚仁:《文坛五十年》,东方出版中心,1997年,第83页。

的、与书面语同时存在的规范的标点符号体系。旧式标点符号只有一个句号，一个读号，容易产生误解，在新文化运动期间被新文化人士批评。1918年，陈望道发表《标点之革新》一文，说："旧式标点颇嫌太少，不足以尽明文句之关系，其形亦嫌太拙。当此斯文日就繁密之时，更复无足应用无碍也。"[1] 1919年4月，马裕藻、周作人、朱希祖、刘复、钱玄同和胡适6人向教育部提出《请颁行新式标点符号议案》，得到批准。新式标点符号糅合了旧式和西方标点符号。次年2月，教育部发布训令，颁行了这套新式标点符号系统。

新式标点符号颁行和白话文流行后，古籍开始使用新式标点、注释、翻译成白话以适应这一潮流。古籍的标点扩大了新式标点符号的影响和使用范围，古籍因为采用新式标点容易阅读理解，获得新的生命。

用新式标点翻印白话小说第一家是和胡适深有渊源的亚东图书馆。胡适特为汪原放标点的《水浒》作了一篇《〈水浒传〉考证》，以示支持。胡适用一个史家的眼光来看待标点《水浒传》的意义：

> 我的朋友汪原放用新式标点把《水浒传》重新点读一遍，由上海亚东图书馆排印出版。这是用新式标点来翻印旧书的第一次。我可预料汪君这本书将来一定要成为新式标点符号的实用教本，他在教育上的效能一定比教育部颁行的新式标点符号原案要大得多。汪君对于这书校读的细心，费的工夫之多，这都是我深知道并且深佩服的；我想这都是读者容易看得出的，不用我细说了。[2]

亚东图书馆标点的旧小说，以四大古典小说为例，《水浒》印行14版，《红楼梦》16版，《西游记》8版，《三国演义》10版，[3] 获利丰

---

[1] 转引自袁晖、管锡华、岳方遂：《汉语标点符号流变史》，湖北教育出版社，2002年，第11页。
[2] 汪原放标点：《水浒》，亚东图书馆，1920年，第1页。
[3] 王余光、吴永贵、阮阳：《中国新图书出版业的文化贡献》，武汉大学出版社，1998年，第197页。

厚。亚东图书馆用新式标点符号标点古书大获成功后，其他书店纷纷效仿，在书名前标上"新式标点"或"标点注解"、"白话译解"字样，以吸引读者，使新式标点得到推广。对比黎锦熙 20 年代后期抱怨政府公文和报纸上"连新式标点符号也不能使用"，[1] 我们便不难理解胡适预见的亚东图书馆标点旧书的功绩。

文言翻译成白话的尝试也始于这一时期。1923 年，泰东图书局出版了郭沫若的白话今译《卷耳集》。该书从《诗经》的《国风》里选出 40 首诗，译成白话。对古文今译一事，当时争议很大，其《自序》说：

> 我这个小小的跃试，在老师硕儒看来，或许会说我是"离经叛道"；但是，我想，不怕就是孔子复生，他定也要说出"启予者沫若也"的一句话。我这个小小的跃试，在新人名士看来，或许会说我是"在旧纸堆中寻生活"；但是，我想，我果能在旧纸堆中寻得出资料来，使我这刹那刹那的什么得以充实起去，那我也可以满足了。

1924 年，郭沫若在《创造周报》第 37 号上发表《古书今译的问题》，提倡古书今译。郭沫若认为，整理中国古代的文书，"古书今译一事不可忽略"，"古代书籍的普及自不得不待今译一途"，因为"古书虽经考证、研究、标点、索引，仍只能限于少数博识的学者，而一般人终难接近，于此今译一法实足以济诸法之穷，而使古书永远不朽"。在论述了古文今译的必要性之后，郭沫若还讨论了古诗能不能译的问题，郭氏认为，"由一国的文字译成他国的文字可能，由本国的古文译成今言，当然更见容易"。

---

[1] 转引自袁晖、管锡华、岳方遂：《汉语标点符号流变史》，湖北教育出版社，2002 年，第 368 页。

第三节 民国时期古籍出版的中衰阶段（1927—1933年）

这一阶段，国内和国际局势有了显著的变化。1927年4月，国民党政府于南京成立。1928年6月，国民党军占领北京，把北京改名为北平。同年12月29日，东北张学良宣布效忠国民党政府，自1916年以来第一次实现了名义上的统一。但是国际上日本侵略中国的步伐加快。1931年，日本发动"九一八"事变，侵占中国东北。1932年发动"一·二八"事变，淞沪抗战爆发。1931年长江大水，被灾131县。内忧外患不断，缺少和平的环境严重抑制了出版业的发展。

在这样的时代环境中，古籍出版的不景气也是很自然的事情。这一阶段，古籍出版种数随着整理国故的退潮而急剧下降，从20年代中期的1000余种下降到1932年的200余种。直到1933年，才有所缓和，出版种数渐有回升。1936年，顾凤城总结近年来新书业如此衰落的原因，归结为四点：（1）政治的原因 自从"九一八"、"一·二八"事变相继发生，非特东北的广大市场被弃去，而国内政治亦常限于不安定的旋涡中，社会之动乱，青年之苦闷，在这个环境之下要安心读书是很难的。（2）经济的原因 近年来的中国，天灾人祸相迫而来，农村破产，市场不振，读者的购买力自然也随之降低。（3）书籍的原因 读者的眼光显然是随着时代而进展的。（4）折扣的原因 去年一年中，新书业受到"一折八扣书"的影响很大，最初，"一折八扣书"仅限于标点旧小说的刊行，后来渐渐地扩大到新文化书籍了。[1]

东北市场对书业的重要性，从中华书局的《四部备要》在东北奉天一地的销售就可以看出。中华书局发售《四部备要》预约，以1000部为限，原定奉天只销售百部。结果超出原额数十部。奉天定户的分布为："（一）官厅25部，分赛宋和连史纸印制两种；（二）学校29部；

---

[1] 顾凤城：《新书业的衰落及其前途》，《申报》，1936年7月30日。

(三)图书馆 10 种;(四)报馆 1 部;(五)官绅商学界个人 88 部;共 153 部。"[1] 1932 年下半年,在商务印书馆尚未复业的情况下,中华书局的营业反而下降,东北市场的失去是一个重要原因。"即如最近因商务印书馆尚未复业,友朋中无不责望我们多负责任,但在我们今年度的营业统计上,则适得其反,以致更加紧缩。此无他,东三省的半壁已去,全国半年来的入超,多至四万万元,加以去年的水灾,减少财产至一百余万万,各地兵匪横行,就是那不受水灾的地方,亦不能安居乐业。"[2]

1932 年"一·二八"事变的爆发也严重摧残了新出版业,主要是商务印书馆的古籍出版能力。"一·二八"事变时,进攻闸北的日军飞机轰炸了商务印书馆。位于宝山路上的商务总厂制墨部首先中弹起火,总厂全毁,东方图书馆亦毁于战火。该馆馆藏极富,商务影印古籍,如《涵芬楼秘笈》、《四部丛刊》等,多以涵芬楼收藏为主,再辅以借印公共机构和私家所藏。涵芬楼藏书的损失,对商务刊布古籍极为不利。1934 年影印的《四部丛刊续编》,仅为 70 种,远较《初编》为少。而张元济 1926 年开始的另一浩大古籍工程——校勘、影印《百衲本二十四史》亦被迫中断。实际上 1930 年 1 月已经发布了该丛书的简章预约。"一·二八"事变中,准备影印的《二十四史》照片全部焚毁。商务复业后,《百衲本二十四史》才于 1936 年得以全部影印出版。

这一阶段公立机关由于有经费的保障,如国立北平图书馆、中央研究院历史语言研究所和燕京大学图书馆、浙江省立图书馆、国立故宫博物院、江苏省立国学图书馆等,屡有印书之举。中央研究院历史语言研究所排印有《校辑宋金元人词》70 种、浙江省立图书馆排印有《快阁师石山房丛书》8 种、江苏省立国学图书馆影印有《元明杂剧二十七种》、故宫博物院图书馆影印有《天禄琳琅丛书第一集》15 种等。燕京大学、北京大学等皆翻印过古籍。

---

[1]《中华书局〈四部备要〉定户一览表·奉天省》,《申报》,1926 年 12 月 30 日。
[2] 舒新城:《中华书局编辑所》,《图书评论》,1932 年 9 月,第 1 卷第 1 期。

第四节 民国时期古籍出版的鼎盛阶段（1934—1937年6月）

1934年至1937年，古籍出版的种数陡然猛增，最高的1936年，种数超过4000种，最少的1934年也翻印了800多种。4年总数超过1万种，为10001种，约占民国时期古籍出版总数（共26076种，统计时不包括年代不详的1133种）的38.35％，达到民国时期古籍出版的顶峰。

这一阶段出版的古籍，与同期其他种类的出版物比较，码洋也非常可观。两者的对比可从表三看出。

表三　民国二十四年出版物分类统计[1]
（其中大部古书为预约价，单位：元）

类别	总类	哲学宗教类	社会科学类	语文类	自然科学	应用技术	艺术	文学	史地	儿童读物	大部古书	总计
种数	46	107	602	133	170	273	146	364	282	121	17	2261
码洋	36.65	77.16	630.14	115.11	168.99	386.57	158.24	291.84	267.72	37.63	1663.30	3843.35
百分比	0.95	2.27	16.40	2.99	4.39	10.06	4.12	7.59	6.97	0.98	43.28	100.00

一、全民族抗战爆发前的复古思潮

民国时期古籍出版的兴盛、衰落与传统文化的命运休戚相关。这一阶段，日本侵占东北以后，继而觊觎华北，中华民族面临亡国灭种的危险。虽然1933年5月中日签定《塘沽协定》，关系暂时缓和，但日本侵略中国的全面战争一触即发。在此情形下，国民党政府开始国家总动

---

[1] 浙江省立图书馆编印：《民国二十四年出版物分类统计》，《图书展望》，1936年1月，第4期。

员，为抗战做准备。在意识形态领域，通过发起新生活运动，提倡固有文化道德和尊孔读经，意图从传统文化里寻找政治统治资源，增强民族凝聚力和民族自信心，发动全国人民来作抗日运动，进而挽救国家、复兴民族。1934年2月9日，蒋介石在南昌例行的总理扩大纪念周上，发表了关于《新生活运动之要义》，提出："我们要改革社会，要复兴一个国家和民族，不是武力所能成功的。要如何才可以成功呢？简单的讲，第一就是要使一般国民具备国民道德，第二就是要使一般国民具备国民知识。"[1]蒋介石等认为，国家日益衰弱、民族陷于危亡的主要根源在于"五四运动以后，高唱思想解放，末流之弊，什么自由主义，什么社会主义，驯致马克斯牛克斯这一套的东西，就在一般青年知识分子的思想，操了绝大的权威，麻醉一时，固有的学术思想和道德，完全被其排斥与破坏"。[2]蒋介石强调，"挽救国家复兴民族"，就必须"掉转头来恢复我们祖宗留下来的一切合理的生活，这种合理的文明生活，如果我们能够恢复，国家便可以转危为安，转弱为强"。[3]

恢复固有文化道德的重要手段是尊孔读经。1934年5月31日，国民党中常会根据蒋介石、戴季陶、汪精卫、叶楚伧的提议，通过有关祭祀孔子的决议，确定每年8月27日为孔子诞辰纪念日，在全国恢复祭孔。当年8月27日，孔子家乡曲阜举行了规模空前的祀典活动。同年9月，广东政治会通过读经提案，广东省政府教育厅编辑《经训读本》，将经书编入中小学课本。[4]次年，何键派曹典球编读经教材，在湖南各学校实行读经。[5]章太炎1935年6月发表《论读经有利而无弊》，公开宣扬读经的必要性。

1935年1月，王新命、何炳松、陶希圣等10位教授，发表《中国本位的文化建设宣言》，在文化界与新生活运动相呼应。宣言反对复古，

---

[1] 转引自关志钢：《新生活运动研究》，海天出版社，1999年，第73页。
[2] 转引自关志钢：《新生活运动研究》，海天出版社，1999年，第85页。
[3] 转引自关志钢：《新生活运动研究》，海天出版社，1999年，第92页。
[4] 《中华教育界》，1934年11月，第25卷5期。
[5] 《申报》，1935年4月9日。

也反对全盘否定中国文化，主张"把过去的一切，加以检讨，存其所当存，去其所当去"；对欧美文化，"吸收欧、美文化是必要而且应该的，但须吸收其所当吸收……吸收的标准，当决定于现代中国的需要"，"此时此地的需要，就是中国本位的基础"。[1]

对于国民党政府提倡的恢复固有道德、过分强调道德作用的泛道德论思想，批评最激烈、影响最大的是17家文化团体、148位进步文化人士签名的《我们对于文化运动的意见》。该文认为：

> 我们相信复古运动是不会有前途的。假如读经可以救国，那么，"戊戌变法"、"辛亥革命"全是多事了。……不错，中国民族必须有自信心，信赖我们的自立能力；我们不愿做帝国主义的奴隶，我们要从现在的次殖民地的政治局面挣扎出来，我们要完成民族解放的功业。但这一切，并不是憧憬于过去的光荣就可以成功的。一切破落户捧着废址上的残砖碎瓦，以为这就可以重建楼台，谁都知道只是一个愚妄的梦想。[2]

二、翻印古书风潮的出现与探讨

各大书局在这一阶段争印古书，胡怀琛观察到：

> 上海的大书局如商务、中华、开明、世界、大东等家，没一家不是忙着翻印古书。商务有《四部丛刊续编》，计510册（已出齐）。《三编》，计500册（已出齐）。《四库珍本》1970册（已出齐）。《宛委别藏》150册（已出齐）。《丛书集成》4000册（已出1200册）。中华有《古今图书集成》（已出519册）。开明有《二十

---

[1]《中国本位的文化建设宣言》，《文化建设》，1935年1月，第1卷第4期。
[2]《中国文化建设讨论集》，载《民国丛书》，上海书店，1991年（据1935年版影印），第1编43册，第42—45页。

五史》及《二十五史补编》，册数虽不算多，而每册的字数确是不少，这是不当以册计算的。世界有《国学名著》，大东有《医学大成》，都是翻印大部的古书。其他各书店，小规模的翻印古书，更有多家，不及遍计。但就以上所举的商务等五家看来，翻印古书的潮流是怎样的盛，已可想见了。

今再将商务一家二十三及二十四两年所出一般读物，及翻印古书的册数，来比较一下，看是怎样。

二十三年份全年出版的一般读物756册。

二十三年份全年翻印的古书1415册。

二十四年份全年出版的一般读物881册。

二十四年份全年翻印的古书1961册。

所谓一般读物，系指编译的各种读物，但中小学教科书不在内。然照上面所开两项的数目字，比较下来，二十三年份翻印古书的册数几乎抵得一般读物的两倍，而二十四年份更是两倍有余。[1]

上述翻印古书的各家书局中，世界书局、大东书局、开明书局等书局20年代出书方向不包括古书，这时出于营业的考虑，也开始翻印大部头的古书。

对翻印古籍风潮，文化界多有注意，并对翻印古书的原因和利弊作了探讨。对书店竞印古书的原因，李麦麦认为，"大书店和次大书店之竞出古书风气是与近几年来的复古读经运动呈同一速度而生长的"。[2]胡怀琛认为原因有二：

照我个人的经济及推想，最大的原因，还是在于中国印刷事业进步很快，出书迅速，而教育进步较慢，编译人才缺乏，以致稿本

---

[1] 胡怀琛：《最近上海各书局翻印古书潮之考察》，《时事新报》，1936年12月23日。
[2] 李麦麦：《论竞出古书与民族自杀——请四万万同胞来照一面镜子》，《文化建设》，1935年8月1日，第1卷11期。

供不应求。因为几家大书局，都是有自己大规模的印刷所，备呈了最新式的机器，备好了成千上万的印刷工人，照营业的原则说，每天必须要出规定的数目的货，否则便要亏折，同时候，编译方面没有这许多稿本供给，于是惟一的好办法就是取材于早已编好的古书。

再有一点：同一份量的一册书，新编的或新译的，要若干编译费，而取材于古书，则购买底本之费抵不到编译费百分之一，再加上句费，还不及一半。照营业的原则说，成本越轻越好，这自然是翻印古书便宜，谁肯编译新书呢？[1]

李衡之则对出版界的处境表示同情，认为：

造成今日出版界这种局面的原因，除了政治环境外，最重要的是经济关系。经济衰落不但造成购买力降低，而且也可促进思想的苦闷，无心于读书。为了这样，于是各书局的参考书都成了废纸。……就笔者近日所到的长江流域几个商埠，中产以上的人民都在闹恐慌，花一元钱买一本书是很少见的事，所以，如在九江、芜湖等处，就是商务、中华等几个大书局的分馆，其日常至要的营业也只见数角数分的买卖，市上所见的无非是一折八扣七扣的东西。在这种情形下，怎能不逼各书局走上今日的路。

他最后感叹："今日中国出版界究往何处去呢？但是在这国民经济总崩溃之时，没有去路的，实不止出版界，各种事业都是这种情形啊！"[2]

对出版界翻印古书的风潮，文化界人士有不同的评价。樊仲云对之批评比较激烈：

---

[1] 胡怀琛：《最近上海各书局翻印古书潮之考察》，《时事新报》，1936年12月23日。
[2] 李衡之：《出版界往何处去》，《申报》，1935年8月24日。

我们的出版界,也像其他事业一样,没有理想,没有计划,只求得过且过,维持现状。于是我们但见保守主义的横行,不见一点活泼新鲜的气氛。大书局的翻印古书,不消说是一种保守主义的表现,即是小书局的标点"袁中郎"及出版所谓"新文学大系",也何尝不是乞灵于过去。归根结底无非贪图稿费的便宜,成本的低廉。这是一种苟且因循的手法,充分表示我们的出版界是何等的枯竭而无生气。不然,何以堂堂的现代人而反须求助于过去的骸骨?这不是表示现代创造力的缺乏吗?[1]

而冷峰以为:

翻印古书,是保存中国固有之文化,然而,中国的文化,有着五千年的历史,这五千年来的古董,未见得件件是合于现代社会的应用,如果不用科学方法来整理一下,实行肃清运动的清一清,翻印了徒然是亏损一些有用的纸张,于中国的文化是毫无裨益的。现在的中国,大家知道内里是天灾人祸,赤地千里,灾民不可计数;外面是受潜在外敌的侵略压迫,使得国中财货,大都进了外国人的腰包,都市不景气,人民的生活一天困难一天,国家像是"骨瘦如柴"经不起丝毫风寒的病躯,最重要的是服食强身补血的良剂,玩弄古董,无益病躯,请问古书中究竟有无救济中国现状的材料?所以翻印古书,不是目前的急务而大家趋向于不急的翻印古书,有人称之为"自杀",似乎也不能算错到那里。[2]

大量翻印古书在风云紧急、危机四伏的30年代,显得不合时宜。但也有人从正面肯定了翻印古书的贡献。"前商务出《四部丛刊》,中华

---

[1] 樊仲云:《著作界出版界读书界》,《申报》,1935年5月18日。
[2] 冷峰:《出版界应有的觉悟》,《申报》,1935年10月12日。

出《四部备要》,其功未尝不伟。……至今日预约之特有价值关于文献者,一为开明《廿五史补编》,二为商务之《丛书集成》。《廿五史补编》,仍非普及范围,而此项搜罗汇刊,确为学界一大贡献。《丛书集成》,以二三百元买到以前每部数十元至百余元之丛书百部,嘉惠士林,其谁曰不然?"[1]

第五节 民国时期古籍出版的衰落阶段(1937年7月—1949年)

这一阶段可以分为抗战期间和抗战胜利后两个时期。抗战期间日本无视国际战争法规,以轰炸、劫掠等暴力、野蛮手段,给中国文化事业包括出版业造成了巨大的破坏和损害;抗战胜利后国共对峙,导致缺乏出版业发展需要的稳定环境;因而古籍出版走向衰落也是必然的趋势。

一、抗战期间(1937年7月—1945年8月)

1937年7月抗日战争全面爆发。8月,日军攻占中国出版业中心——上海,各出版社采取相应措施,来应对战时的局势。"八一三"后,商务印书馆将大部分的机器、纸张、书籍抢运到租界中区,把在静安寺路临时租赁的房屋,扩充工场。并决定将总管理处暂迁长沙,在香港和上海分设两个办事处。因而商务自1937年10月1日恢复出版新书。到太平洋战争发生之日,除了出版许多战前尚未出齐的大部丛书外,每日至少还能维持一种新书之出版。中华书局亦积极筹设香港办事处,并将印刷设备拆运港厂。留沪职工将上海中华书局印刷厂改为美商永宁公司,实际是中华书局原有资本。世界书局、大东书局、开明书局等大多把出版重心迁离上海。太平洋战争爆发后,香港沦陷,日军侵占上海租界,商务印书馆、中华书局、世界书局的总管理处相继内迁重庆,在大后方坚持出书,支持抗战。

---

[1]《谈谈大书局之翻印古书》,《中央军校图书馆月报》,1936年1月,第26期。

各书局留沪办事处在1941年12月8日太平洋战争爆发前，由于有租界的庇护还能勉强度日。12月9日，日军进入租界。12月26日，日军报道部借口商务、中华、世界、大东、开明五家书店出版的教科书，"认为有宣传抗日和共产嫌疑，实施检查图书"，仅商务一家"被没收的图书共约462万余册"；1942年返还，据商务印书馆的记录收回了21.3万余册，和被检查而没收的图书的比例是4.6%。[1] 在战事紧急时，日军部曾征用商务印书馆、中华书局、世界书局等印刷厂的部分存纸和字铅，其中商务一家就有活字铅料50多吨。后来竟然要征用《百衲本二十四史》、《四部丛刊》、《古今图书集成》等古籍所留存的铅皮版。书局以制版工程浩繁，关系中国文献必须继续保留的理由争持了一个时期，总算勉强保留了下来。

1942年1月下旬，各书局虽经整理内部而复业，但自此就只以存书维持门面，不见再有重要的新书出版了。杨寿清比较战前和战时出版界的兴衰，感慨万千：

> 最近两年来的上海出版界，可说是在挣扎的状态中。……至于图书方面，自一九三七年"八一三"战事发生后，因各大书局大多把出版重心迁离上海，而留着的书铺则以旧日的存书应着门面，新出的单行本简直寥若晨星。……返观"八一三"前商务印书馆日出一新书，和各出版社竞出新书时的盛况，那真有天壤之别。[2]

按年代编排，1938—1945年出版的古籍，重要者有：

1938年，赵诒琛、王大隆《戊寅丛编》9种，商务印书馆《济生拔粹十八种》、《景印元明善本丛书十种》238种，国学基本丛书40种；

---

[1] 曹冰严：《抗日战争期间日本帝国主义在上海统制中国出版事业的企图与暴行》，载张静庐辑注：《中国出版史料补编》，中华书局，1957年，第401—409页。
[2] 杨寿清：《上海沦陷后两年来的出版界（1942—1944）》，载张静庐辑注：《中国出版史料补编》，中华书局，1957年，第376—377页。

1939年，赵诒琛、王大隆《己卯丛编》10种，商务印书馆《评注诸子菁华录》18种，江苏省立苏州图书馆刊《吴中文献小丛书》32种；

1940年，赵诒琛、王大隆《庚辰丛编》9种，中华书局《新曲苑》30种，张寿镛《四明丛书》32种，《景印元明善本丛书十种》211种；

1941年，商务印书馆《孤本元明杂剧》144种，董氏诵芬室《杂剧三集》34种，郑振铎《玄览堂丛书》32种，张寿镛《四明丛书》27种，神州国光社《中国历代逸史丛书》10种（1941—1942）；赵诒琛、王大隆《辛巳丛编》9种；

1943年至1945年，潘承弼《陟冈楼丛刊》15种；

1944年，《邀园丛书》26种，《蟫隐庐丛书》20种。

二、抗战胜利到中华人民共和国成立（1945年9月—1949年）

抗战胜利后，商务印书馆、中华书局、世界书局等大型企业由重庆迁回上海。但是出版形势已经与抗战前迥然不同。由于国共两党谈判无法达成协议，战争再度爆发。经济建设和文化建设再度被搁置。抗战后的经济萧条和通货膨胀使出版业举步维艰。物质也极度匮乏，对出版业影响最大的是纸张，这时连教科书用纸都发生困难，整个出版界难以生存。1947年，"出于生活指数的上升，排工已经涨到了每十字一万四千元，由于外国的提高，白报纸已经涨到了每令十二三万，上海的新闻报纸已经有好几家停版了。书店的出版物已经照原码加到了一千四百倍了"。[1]

同年，张静庐仿照赵树理板话写了一段《出版难》，辛酸而又诙谐风趣，道出了这一阶段出版人的艰辛：

> 说出版，话出版，说起出版实在难：往年一千字，排工六角半，今年一千字，排工一万二。战前一令外国纸，只卖两块几；目

---

[1]《请政府救荒》，《申报》，1947年2月1日。

今就说江西黄土纸,也要卖到一担九万多。成本天天高,读者日日少。不是读者少,为是生活高。既怕生活高,又愁好书少,好书为啥少?一是作家生活不安定,没有心绪写好稿。二是通货膨胀发大钞,搅得造货成本高。三是"出版完全自由了",太多书刊犯禁条。红裤子,多情郎,黄色读物奉令销。冯玉奇,笑呵呵,张恨水也卖勿过,茅盾巴金更差得多!你要向前进,他要往后拖,文化运动三十年,文化水准只看低。往后拖,不算奇,拖倒了(还要)践死你。苛捐杂税样样有,工商贷款你无份。邮费涨,书价高,出版新书无人要,无人要,我弗关,这种生意谁叫你干,(到如今)吃苦受难你活该![1]

这一阶段,每年出版的古籍一般仅有数十种。最多的 1947 年为 213 种。1949 年最少,仅为 7 种。1945 年刊刻《饮虹簃癸甲丛刻十四种》以及合众图书馆的《合众图书馆丛书》3 种;1946 年商务印书馆代印的《广东丛书》19 种;1947 年刊刻的古籍重要者有南京文献委员会的《南京文献丛刊》21 种,神州国光社的《中国内乱外祸历史丛书》98 种,《玄览堂丛书》21 种,台湾大学编刊的《敦煌秘籍留真新编》34 种;1948 年合众图书馆的《咫园丛书》5 种,中华书局的《辑佚丛刊》10 种,张寿镛的《四明丛书》18 种。

---

[1] 张静庐:《出版难》,《读书与出版》,1947 年第 2 期。

第四章
中国古代图书文化与民国时期古籍出版

中华民族有绵延不断的5000年文明史，其中有文字可考的历史将近4000年。中华文明源远流长，博大精深，具有巨大的生命力、创造力和凝聚力。从文明比较的角度来看，世界古代文明如埃及、巴比伦、印度、中国等，只有中国文明一以贯之，延续至今，没有断裂，没有在外来文化的冲击下发生大的变异。1902年梁启超即指出："立于五洲中之最大洲，而为其洲中之最大国者谁乎？我中华也。人口居全地球三分之一者谁乎？我中华也。四千余年之历史未尝一中断者谁乎？我中华也。我中华有四百兆人公用之语言文字，世界莫能及。……我中华有三十世纪前传来之古书，世界莫能及。"[1] 20世纪40年代钱穆亦曰："我们要讲述中国文化史，首先应该注意两事。第一是中国文化乃由中国民族所独创，换言之，亦可说是由中国国家所独创。'民族'与'国家'，在中国史上，是早已'融凝为一'的。第二事由第一事引申而来。正因中国文化乃由一民族或一国家所独创，故其'文化演进'，四五千年来，常见为'一线相承'，'传统不辍'。只见展扩的分数多，而转变的分数

---

[1] 梁启超：《论中国学术思想变迁之大势》，上海古籍出版社，2001年，第4页。

少。"[1]柳诒徵亦曰:"吾中国具有特殊之性质,……就今日中国言之,其第一特殊之现象,即幅员之广袤,世罕其匹也。……第二,则种族之复杂,至可惊异也。……第三,则年祀之久远,相承勿替也。世界开化最早之国,曰巴比伦,曰埃及,曰印度,曰中国。比而观之,中国独寿。"中国文化连续存在的原因何在?"试问吾国所以开化甚早、历久犹存者,果何故乎?"[2]柳诒徵以为,"答此问题,惟有求之于史策。吾国史籍之富,亦为世所未有"。[3]

当代学者在考察文明与出版的关系时,也特别强调典籍赓续中国文明的作用,"中国文明的连续性,最明显地表现为两点:第一,中国古代的语言文字在发展过程中未曾发生断裂现象;第二,中国历史和文化的传统数千年一以贯之、从未中断。历史记录和经典著作是客观历史发展过程的文字反映。中国文明的连续性,集中保存在历代图书典籍的记载中。甲骨卜辞、金石铭刻的主要内容即是有关史事的表述。《尚书》、《诗经》、《春秋》、《左传》、《国语》、《战国策》等书记载了大量的先秦史事。司马迁作《史记》,创修史范例,上起黄帝,下讫汉武,要事均列其中。自《史记》以下,历代均有断代的纪传体正史,首尾相衔,且自共和元年(前841年)始至当代中国史书纪年迄无中断,形成几千年绵延不断的文明历史的长河"。[4]

古籍出版顾名思义,为整理、刊印古人著述的出版活动,最为依赖的是文化遗产和文献资源。民国时期古籍出版的成就,赖以生长的土壤是丰厚成熟的中国古代图书文化。中国古代图书文化的发达,关键因素主要有两点:一是王朝和私人对图书典籍编纂、复制与收藏的重视。中国文明起源时期的夏商周三代始就设立史官,记录王国大事,其数千年

---

[1] 钱穆:《中国文化史导论》(修订版),商务印书馆,1994年,第21页。
[2] 柳诒徵:《中国文化史》(上),东方出版中心,1988年,第2—4页。
[3] 柳诒徵:《中国文化史》(上),东方出版中心,1988年,第5页。
[4] 柳斌杰:《总序》,载肖东发等:《中国出版通史·先秦两汉卷》,中国书籍出版社,2008年,第2页。

绵延不绝的史官制度和正史编纂尤具特色，并因此产生了浩如烟海、积如丘山的文献典籍。从先秦至清末，历代朝廷和私人极为注重文献典籍的社会作用，形成了数千年传承有序的官府和私家文献收藏、整理、编纂和刊印的图书文化史。二是图书物质和制作技术的进步。东汉纸张和唐代雕版印刷术发明后，魏晋南北朝和宋代图书的数量都有了突破性的增长，标志着中国图书文化由简帛时代进入纸写本时代、由写本时代进入印本时代。昔人云："自唐至五代，雕版印行，大省传录之劳，时间物力，两有裨益，诚不可谓非吾国文化学术界上之福音焉。"[1] 雕版印刷术便利著述的保存与传播，为中国文化和学术的积累、延续贡献甚巨。

第一节　中国典籍的历史分期与数量

从先秦到近代的中国典籍发展史，学术界主要依据典籍形态，即由文字符号、物质载体和制作技术决定的书籍制度来划分。谢灼华把中国图书（图书与典籍涵义相同）的发展，划分为古代与近代两个阶段、四个时期：一、简帛书时期的图书和藏书（商—两汉）；二、写本书时期的图书和藏书（魏晋—隋唐五代）；三、印本书时期的图书和藏书（宋—清中叶）；四、机械印刷时期的书刊和图书馆（1840—1949）。[2] 本书在论述中国图书文化时，主要采用的是这一分期标准。

中国历代著述繁多，存佚复杂，对其数量很难作出精确的统计。1946年，文献学家杨家骆发表《中国古今著作名数之统计》一文，根据各正史艺文志、经籍志及清以来各补志等材料，又参取其自著《丛书大辞典》等有关著述，对中国历代著作数量作了一次统计。根据上述材料，王余光将各代年数、著作部数、卷数、平均每百年著作部数，下一

---

[1] 郑鹤声、郑鹤春：《中国文献学概要》，上海古籍出版社，2001年，第150页。
[2] 谢灼华主编：《中国图书和图书馆史》，武汉大学出版社，1987年，第8页。

朝代对上一朝代的著作部增长率列表如下。[1]

表一 中国历代著作统计表

朝代	年数	总著作部数	总著作卷数	平均每百年著作部数	增长率
西汉及西汉以前（公元25年前）	747年	1033	13029	138	
东汉（25—220）	195年	1100	2900	564	309%
魏晋南北朝隋（220—618）	398年	10654	70304	2679	375%
唐五代（618—960）	342年	10806	185074	3160	18%
宋（960—1279）	319年	11519	124919	3611	14%
西夏辽金元（906—1368）	462年	5970	52891	1292	−64%
明（1368—1644）	276年	14024	218029	5081	293%
清（1616—1911）	295年	126649	1700000	42932	745%
民国抗战前（1912—1937）	25年	71680	91378	286720	568%

对古籍数量的测算一直是学术界的焦点。1992年，全国古籍整理

---

[1] 王余光：《中国文献史》（第一卷），武汉大学出版社，1993年，第49页。

出版规划小组在北京举行的第三次全国古籍整理出版规划会议上提出编纂《中国古籍总目》，由古籍整理出版规划小组主持，设立编纂办公室，并由国家图书馆等11家图书馆古籍编目人员组成编委会。1993年7月，启动编纂工作，2009年完成全部书稿。2012年7月全书出齐。《中国古籍总目》作为目前反映中国古籍流传与存藏状况的最全面、最重要成果，完成了迄今最大规模的调查与搜集，第一次将中国古籍书目汇集著录为20万种。[1]从上述数据可以看出，中国古籍数量之丰富、内容之深厚。

图书以外，还有数量庞大的出土文献。据统计，目前出土的甲骨文献有16万片，带有铭文的商周青铜器上万件，石刻资料约20万件，发现的简牍约4万枚，敦煌遗书约5万卷（件），吐鲁番文书2700多件。历史档案约3000万件，尚不计海外和非档案馆单位所藏的历史档案。[2]民国时期出版的古籍也包括整理刊印近代出土文献，如罗振玉影印的敦煌遗书等。

第二节 古代丛书的编纂与结集

民国时期古籍出版的爆发式增长，主因是雕版到石印、铅印的制版技术和手工到机械的印制技术的革命性突破。但是如果仅有新式的印刷技术，缺少可供印制的书籍内容，缺乏古典文献和书版资源，那么民国时期古籍出版也无法达到辉煌的高度。

以商务印书馆所辑《丛书集成初编》为例，1934年9月，王云五编纂"《文库》二集计划甫就，张菊生先生勉余以同一意旨，进而整理此无量数之丛书；并出示其未竟之功以为楷式。余受而读之，退而思之，

---

[1] 杨牧之：《中国古籍总数普查工作的重大成果——兼谈〈中国古籍总目〉的特点》，《中国新闻出版报》，2013年1月21日。
[2] 王余光：《中国文献史》（第一卷），武汉大学出版社，1993年，第49—50页。

确认是举为必要。半载以还，蒐求探讨，朝斯夕斯，选定丛书百部"。[1]该书以实用与罕见为选择标准，收录宋代至清代丛书100部，子目书4063种，总约二万卷。1935年开始分册出版，原计划两年半出齐，后抗战全面爆发中止，实印3112种。《初编》规模与《四库全书》并称，而《四库全书》的编纂长达10年，"一共抄写七部，即北四阁和南三阁。北四阁中的文渊阁本在乾隆四十六年（1781）十二月最先完工，前后历时十年。其他三部，即文津阁本、文源阁本、文溯阁本在乾隆四十九年（1784）缮写完毕。以后从乾隆四十七年七月至五十二年（1787）六月用了五年的时间也将南三阁中的文宗阁本、文汇阁本、文澜阁本缮写完毕"。[2]从两者的比较可以看出，《四库全书》则以举国之力，编纂长达10年，抄写耗时最长者亦10年，成书费时20年，且因印刷成本高昂，仅成写本。而《丛书集成初编》从策划到印制，仅用半年时间。其成书卷帙之多，周期之短，宋代到清代编纂的"部数多至数千，诚大观矣"[3]的古代丛书，与新式机械印刷技术都是规模空前的《初编》成功之关键因素。

民国时期印制的古籍，从编纂类型来说，可分为新编和翻印两种类型。新编如《四部丛刊》、《四部备要》等；翻印按排版技术来分，可分为影印与排印两种，影印如中华书局1934年缩小影印《古今图书集成》，排印如亚东图书馆的古典小说《水浒》等。

中国历代典籍的结集与刊刻为民国时期的出版业提供了丰富的文献资源，下文对古代编纂的重要典籍做一个介绍，以便呈现古籍的概貌及了解民国古籍出版所依赖的文献资源。古代典籍汗牛充栋，丛书为学者提供了识其大略面目的可靠路径。近人叶德辉以为："丛书举四部之书而并括之。"[4]近人刘承幹说："杂取古今人所著，汇为一部，而标立

---

[1] 王云五：《丛书集成初编目录·缘起》，商务印书馆，1935年。
[2] 李春光：《古籍丛书述论》，辽沈书社，1991年，第188页。
[3] 王云五：《丛书集成初编目录·缘起》，商务印书馆，1935年。
[4] 叶德辉：《书林清话·书林余话》，岳麓书社，1999年，第183页。

名目，号为丛书。"[1] 刘尚恒以为："丛书所收的古籍，仅《中国丛书综录》一书达三万八千八百九十一种之多，加上佛藏汇刻及'新学'丛书、待补入的丛书所收子目估计一万种，总数当有五万种左右，这样就占整个古代典籍的三分之一或者三分之二以上，不但我国古代各类具有代表性的重要典籍基本上包罗在丛书之中，而且众多的'不登大雅之堂'的小品、杂著，往往舍丛书不可得。"[2] 丛书具有总括古今人著述和四部著作的特点，且本节意在叙述古籍概貌，而非线性的出版史，基于上述原因，下文侧重对历代丛书做简要介绍，对同时期的大部头书籍如类书等也附带介绍。

一、宋代

张秀民有言："宋代官私刻书最盛，为雕版印刷史上的黄金时代。"[3] 宋初编书，以《太平御览》、《太平广记》、《文苑英华》和《册府元龟》四大类书为最著。宋朝对经、史及医书的校刊尤为重视，经书有真宗咸平二年（999）校毕的《五经正义》，同时还校刊《七经义疏》（咸平三年至四年，即公元1000—1001年）和《经典释文》（仁宗天圣八年，即1024年）。史部有《资治通鉴》和"眉山七史"等。元丰七年（1084），司马光主编的编年体史学巨著《资治通鉴》编成。南宋高宗绍兴十四年（1144）在四川眉山刊出"南北朝史"（《宋书》、《齐书》、《梁书》、《陈书》、《魏书》、《南齐书》、《周书》，世称"眉山七史"）。[4]

佛藏道藏的刊印均始于宋代。《佛祖统记》卷第四十三记云：宋太祖开宝四年（971）"敕高品、张从信往益州雕大藏经板"。又记云：宋太宗太平兴国八年（983）"成都先奉太祖敕造大藏经，板成进上"。这

---

[1] 刘承幹：《重印岱南阁丛书序》，（清）孙星衍辑：《岱南阁丛书》，上海博古斋影印本，1924年。
[2] 刘尚恒：《古籍丛书概说·导言》，上海古籍出版社，1989年，第1—2页。
[3] 张秀民：《中国印刷史》（上册），韩琦增订，浙江古籍出版社，2006年，第43页。
[4] 张秀民：《中国印刷史》（上册），韩琦增订，浙江古籍出版社，2006年，第139—140页。

就是中国第一部刻本大藏——《开宝藏》，共1076部，5048卷，经版13万片。宋代佛藏刊印有7次之多。

道教经书总集称为道藏。宋徽宗崇宁间（1102—1106），命刘道元校定《道藏》，增至5387卷，于政和六年至七年（1116—1117）送福州万寿观，令福州知州黄裳招工镂板，"共计5481卷，装成540函，名为《政和万寿道藏》"。[1] 后经版运送至京师汴京，这是中国最早的道藏刻本。

宋代编印的综合性丛书有《儒学警悟》和《百川学海》。《儒学警悟》为中国现存最早的综合性丛书，南宋人俞鼎孙、俞经二人辑成于嘉泰元年（1201），收南宋初人著述6种41卷，分别为《石林燕语辨》、《扪虱新话》、《演繁露》、《嬾真子录》、《考古编》、《萤雪丛说》等。《百川学海》为最早刊刻的综合性丛书，南宋人左圭于咸淳九年（1273）所辑，收书100种，以天干为序，分为10集，共173卷。该书主要为唐宋人笔记、野史、杂谈、谱录、诗话等，间有晋代和六朝人著述。其体例包括经部小学类、史部杂史类、传记类、目录类、子部杂家类、小说家类、艺术类、谱录类、集部诗文评等许多方面，包括经、史、子、集四部。

二、元代

元代丛书现存较少，最主要的为《说郛》，由陶宗仪在元末所辑。原稿收书种数、卷数已不可知，与原本最为接近的有明代传抄本100卷，615种书，数万条。《说郛》取材范围相当广泛，上起汉魏，下到宋元，凡经史百家、笔记杂录、小说诗话、志怪传奇、典章制度、山川风物、天文地理、医药养生、琴棋书画、茶酒笔砚、花鸟虫鱼、百工技艺等无所不包，如同一部小型百科全书。

---

[1] 罗伟国：《佛藏与道藏》，上海书店出版社，2001年，第226—227页。

三、明代

明代规模最大的官修图书为《永乐大典》。该书始修于明成祖永乐元年（1403），至永乐五年（1407）十一月书成，赐名《永乐大典》。全书"二万二千八百七十七卷，目录六十卷，分装成一万零九十五册，约三亿七千万字"，[1]是我国古代规模最大的一部类书。《不列颠百科全书》在"百科全书"条目中称其为"世界有史以来最大的百科全书"。

明代的综合性丛书据《中国丛书综录》所载大约有百种，主要有汇辑丛残、搜奇集异两大类型，有的兼具两个特点。其中具有代表性的有《百陵学山》、《夷门广牍》、《今献汇言》、《纪录汇编》、《古今逸史》、《汉魏丛书》、《唐宋丛书》、《范氏奇书》、《秘册汇函》、《宝颜堂秘笈》、《津逮秘书》等。此外，还出现了一些地方丛书和个人丛书。

明代的专门性丛书大约有200种，还发凡起例开辟了许多新的领域，不仅经、史、子、集四部全备，而且又进而分有许多小的部类。明代的史类丛书仅正史就出现三种，这就是南北监本《二十一史》、汲古阁本《十七史》。在明代还出现了专门收辑野史杂记之类的丛书《历代小史》。在专门性丛书中，明代的小说类丛书格外兴盛，出现了一些质量较高的佳作。《古今说海》、《顾氏文房小说》、《稗海》是其中比较有名的丛书；明代诸子类丛书有10多种，如《十二子》、《六子全书》、《子汇》、《世德堂六子》、《两京遗编》、《二十子》、《先秦诸子汇编》、《诸子汇函》等，比较好的是《世德堂六子》、《子汇》和《两京遗编》。明代科学技术类丛书有《古今医统正脉全书》、《西洋新法历书》和《天学初函》。

明代的诗文类丛书据《中国丛书综录》所载大约有80种，数量比较可观。其中，《汉魏六朝百三名家集》、《宋名家词》、《诗词杂俎》对以后的影响较大，价值较高，为人所珍重。明代的戏曲类丛书也有很大

---

[1] 张忱石：《永乐大典史话》，中华书局，1986年，第4页。

的发展，出现了有20余种，对元明以来的戏曲进行了整理和搜集。成就最大的主要有《元曲选》、《六十种曲》、《脉望馆抄校本古今杂剧》。

明成祖时，四十三代天师张宇初和四十四代天师张宇清先后奉命重辑《道藏》，直到明英宗正统十年（1445）才刊刻完成，这就是《正统道藏》。[1]

四、清代

有清一代的出版业，在整个中国出版史上具有承前启后、继往开来的重要地位。它既是中国古代出版业的集大成者，同时也是近现代出版业的开创者。清前期特别是康雍乾时代，经济繁荣，国力强盛，统治者揭橥"稽古右文"、"振兴文教"，先后进行了数次大规模的史无前例的修书活动。"康乾间武英殿雕刻御制钦定之书，凡经类二十六部，史类六十五部，子类三十六部，集类二十部。论者谓历代政府刻书之多，未有若清朝者，洵不诬也。其最著者，康熙朝之《图书集成》、《佩文韵府》、《渊鉴类函》、《康熙字典》、《皇清经解》、《子史菁华》、《全唐诗》、《四朝诗》、《历代赋汇》等；乾隆朝之《四库全书提要》、《大清一统志》、《大清会典》、《续通志》、《续文献通考》、《皇朝通典》、《三礼义疏》、《唐宋诗醇》、《唐宋文醇》等，皆一时之大著作也。其纂集之书，以《图书集成》为最钜，其体例盖创自陈梦雷，经始于康熙中，至雍正三年始成。"[2]

中国古代规模空前的大丛书《四库全书》也在康乾时期编纂成书。明代的《永乐大典》共22900余卷，清代的《古今图书集成》10000余卷，是我国历史上两部最大的类书。而《四库全书》是前者的三倍半，是后者的七倍。在此之后比较大的丛书有《四部丛刊》、《四部备要》、《丛书集成初编》。《四部丛刊》收书480种，《四部备要》收书360种，

---

[1] 元明清丛书的介绍，根据的是李春光《古籍丛书述论》相关内容，辽沈书社，1991年。

[2] 郑鹤声、郑鹤春：《中国文献学概要》，上海古籍出版社，2001年，第28—29页。

都是10000余卷。比起《四库全书》是相形见绌。只有《丛书集成初编》收书有3400多种，和《四库全书》收书种数相近，可是多为卷帙不多的小型之书，总卷数不过是《四库全书》的三分之一。《四库全书》在我国书籍编纂史上无与伦比，诚为古籍丛书之泰斗，整理古籍之壮举。

官府刻书兴盛的同时，私人刻书、坊肆刻书、书院刻书、寺观刻书，多元并举，数量多，种类繁，质量高。王云五说："降及清代，丛书之刻，愈多而愈精。"[1] 清代前期普通综合性丛书大约有90余种。这个时期具有代表性的丛书主要有《学海类编》、《昭代丛书》、《知不足斋丛书》、《经训堂丛书》、《抱经堂丛书》、《岱南阁丛书》、《平津馆丛书》《士礼居丛书》、《学津讨原》、《墨海金壶》、《借月山房汇抄》、《雅雨堂丛书》、《函海》等，它们都各有其特点。

到清代后期，编辑丛书的风气，仍是方兴未艾持久不衰，据不完全统计至少有150种左右，数量比清代前期还多。清代后期私刻综合性丛书主要有《守山阁丛书》、《指海》、《粤雅堂丛图》、《小万卷楼丛书》、《琳琅秘室丛书》、《十万卷楼丛书》、《云自在龛丛书》、《藕香零拾》、《海山仙馆丛书》、《滂喜斋丛书》、《劝顺堂丛书》、《别下斋丛书》、《涉闻梓旧》等，大多是以收集罕见之书为主的搜奇集异类丛书。

《四库全书》的辑佚成就推动了清代辑佚活动的发展，许多学者热衷于整理汇辑佚书，其中成就比较大的有王谟的《汉魏遗书钞》、张澍的《二酉堂丛书》、马国翰的《玉函山房辑佚书》、黄奭的《汉学堂丛书》、林衡所辑《佚存丛书》及黎庶昌所校刊的《古逸丛书》。

地方丛书虽最早出现在明代，然而寥寥无几。清代后期，刊刻地方丛书成为一种风气，出现了许多地方丛书。具有代表性的主要有《岭南遗书》、《畿辅丛书》、《湖北丛书》、《豫章丛书》、《金陵丛书》、《武林掌故丛编》、《常州先哲遗书》、《泾川丛书》、《金华丛书》、《台州丛书》

---

[1] 王云五：《丛书集成初编目录·缘起》，商务印书馆，1935年。

等。个人丛书在明代出现以后,到清代才日益增多。据《丛书综录》所载不下四五百种之多,蔚为巨观。其中清初三大思想家的著作汇编《梨洲遗著汇刊》、《亭林遗书》、《船山遗书》,乾嘉时期著名学者的著述汇编《潜研堂全书》等,以及《崔东壁遗书》、《洪北江全集》等都是很引人注目的个人丛书。

清代专门性丛书数量极多,占有压倒的优势,分类很细,种类之繁也非前代所能相比,下面仅从经学、小学类、史类、子类、集类几个方面略加概述,以见一斑。经学方面的专门丛书主要有《十三经注疏》、《通志堂经解》、《皇清经解》、《音学五书》、《许学丛书》等。清代所编史部丛书较著名的正史类有《殿本二十四史》,政书类有《九通》,考订类有《史学丛书》,杂史类有《荆驼逸史》,地理类有《小方壶斋舆地丛钞》等。清代的子类丛书有《百子全书》、《二十二子》、《廿二子全书》(与前不同)、《十子全书》、《二十五子汇函》、《子书二十八种》等。清代所辑的集类丛书有《唐人三家集》、《词学丛书》、《乾坤正气集》,还有王鹏运所辑的《四印斋所刻词》、江标所辑的《宋元名家词》、何文焕所辑的《历代诗话》等,皆各有其特色。

第三节 古代图书的出版流程

先秦至清代的图书积累为民国出版界留下了浩瀚的文献资源,而且中国古代文献整理和图书编纂发源甚早,自春秋战国的简帛时期始,就有了成熟的文献典籍编纂、整理、抄写与装潢流程。孔子是这一阶段的代表人物。孔子晚年整理了一批文献,如《尚书》、《诗经》等,他在搜集不同的古抄本和广泛的资料基础上,删去重复,编成一个确定的本子,进而解释文义。

到了汉代,由于政府对文化建设十分重视,文献整理有了大规模的展开。在政府方面,国家组织人力搜集和整理图书,成帝时刘向等人搜求异本、校勘文字、删除重复、确定书名,然后撰写叙录,分门别类,使大批丛杂、散乱、舛误的古代文献，开始成了可供阅览的读物，并在此基础上编成我国第一部综合性图书目录《七略》，影响至为深远。[1]秦汉魏晋直至隋唐，官方和私家的文献整理功绩斐然。

唐代雕版印刷术发明后，中国图书文化发生了从写本到印本的第一次印刷革命，在官府、私家、坊肆长期的刻书实践中，形成了包括机构、人员、藏书、版本、校勘、刊刻、装潢等环节的完整出版流程。古代图书的出版流程为民国古籍出版提供了富有借鉴意义的出版经验，也常见于民国古籍出版的实际操作。下文侧重于唐宋及之后的雕版印刷实践，按出版流程陈述古代图书的出版经验，以阐明古代出版文化对民国古籍出版成就的启示，及后者对前者的传承与创新。

一、编书机构的设置

中国古代政治是社会的中心，政府掌握了社会的政治、经济和文化资源。私家和坊肆刻书大部分规模较小，因此古代图书出版流程中机构的设置主要指政府设置的修书机构。各朝代均设有中央图书编纂机构，有些是常设的，有些是临时设立的。机构的设立使图书编纂人才、经费等有了保障，是古代大型图书如《永乐大典》、《古今图书集成》、《四库全书》、《十七史》、《十三经注疏》等顺利编纂的首要因素。以《永乐大典》为例，其组织机构和主要负责人如下：监修（最高负责人）3人，姚广孝、解缙、郑赐；副监修3人，刘季篪、梁潜、李至刚；都总裁1人，陈济；总裁、副总裁若干人；此外还有纂修、编写、催纂、缮录、圈点等人员。

当时，曾命在朝官员和地方政府在全国范围内推荐人才，据孙承泽的记载，全部工作人员有2000多人，"正总裁三人，副总裁二十五人，纂修三百四十七人，催纂五人，编写三百三十二人，看样五十七人，誊写一千三百八十一人，续送教授十人，办事官吏二十人，凡二千一百八十人"。[2]

---

[1] 王余光：《中国文献史》（第一卷），武汉大学出版社，1993年，第89页。
[2] 缪咏禾：《中国出版通史·明代卷》，中国书籍出版社，2008年，第59—61页。

有了强大的官方机构，才使得当时世界上最大的百科全书——《永乐大典》数易其稿，六年时间全书告成。开设机构、举国家之力编纂大型图书在宋元明清时代较为常见，并且取得了显著的成效。民国时期北洋政府力量羸弱，南京国民政府需要应对日本侵略，难以组织力量编纂古籍丛书，《四库全书》影印失败从反面说明了机构在图书编纂或出版中的重要作用。

二、人员

图书编纂的质量取决于主事人的学术水准。历代编纂图书，多请知名学者主持和参与。前述《永乐大典》编纂时，曾命在朝官员和地方政府在全国范围内推荐人才，被推荐录用的有滕用亨，精六书；李昌棋，熟悉地方文学；裴仕杰，擅长阴阳之术；薛富，精通星历数学；沈永、江奚修，精通医术；释壁庵、惟寅，熟知释典。还征聘了一批画师绘插图。当时称"天下文艺之英，济济乎咸集于京师"。

晚清官书局所刻书籍以雠校精良而被誉为"局本"，与各省督抚延聘名家学者入局有关，如金陵书局莫友芝、张文虎、刘毓崧、唐仁寿等，浙江书局俞樾、黄以周、谭廷献、张大昌、王诒寿等，淮南书局何绍基、庄棫、刘瑢、李汝麟等，江苏书局张瑛、刘履芬等，广雅书局李文田、廖廷相、缪荃孙、屠寄、陈庆年等，皆为当时各省官书局中的校勘专家。[1]

官方刻书注重参与者的学术水平，私家刻书也同样重视。毛晋校勘图书，大都亲自动手，同时延请名士帮助。帮他校过书的有"江阴老儒"周荣起，校经史古籍；释道源校佛经《径山藏》；毛的舅父戈汕校《神农本草经》；外甥冯武校《十元人集》、《元四名家诗》；学者陆贻典校《冯氏小集》；释明同校《牧潜集》；闵元衢校《癸辛杂识》；诗人陈瑚应聘于毛家，专门选书校书，犹如专业的编审。[2] 相反，刊刻书籍

---

[1] 邓文锋：《晚清官书局述论稿》，中国书籍出版社，2011年，第177页。
[2] 缪咏禾：《中国出版通史·明代卷》，中国书籍出版社，2008年，第196页。

的主持者学术水平有限，不精通版本、校勘之学，势必降低图书质量。如汪康年指出，"泰西石印法初传至中国时，粤之徐氏首创同文书局，印精本书籍，机器、药料皆用上品，摄影上石，均甚经意。最著名者为覆印殿本《二十四史》，皆全张付印，绝不割裂合并，当无误矣。然览之，误字乃甚多。盖所得之本，并非初印，字迹多漫漶，乃延人描使明显，便于付印。此辈文理多未通顺，遇字不可解者，辄擅改之，致错误百出。'竹简'（即竹简斋）即以此为底本，故错字一仍其旧，而以并割之故，又有甚焉"。[1]

三、藏书

图书的编纂、底本、校勘都离不开藏书的保障。大型图书的编纂，其内容的精深、渊博；古籍出版的底本，要寻求善本、珍本；古籍的校勘、整理，均仰赖于藏书的多寡。藏书可谓古籍出版的关键条件。历代编纂图书，均极为重视图书的搜罗与访求，一开始就将藏书作为首要大事，如国家图书编纂工程《永乐大典》、《四库全书》，私家刊刻图书如毛晋汲古阁等。

明成祖于建文四年（1402）夺帝位，次年改年号永乐，自建文四年（1402）至永乐二十二年（1424）在位。明成祖对宫廷藏书极为重视，曾多次下诏书征集天下遗书。余继登《典故纪闻》所载颇具代表性：

> 成祖于视朝之暇，辄御便殿阅书史，或召翰林儒臣讲论。尝问："文渊阁经史子集皆备否？"学士解缙对曰："经史粗备，子集尚多阙。"成祖曰："士人家稍有余资，皆欲积书，况于朝廷可阙乎？"遂召礼部尚书郑赐，令择通知典籍者四出购求遗书，且曰："书籍不可较价直，惟求所欲与之，庶奇书可得。"又顾缙等曰：

---

[1] 汪康年：《穰卿随笔》，匡淑红编选、校点，中共中央党校出版社，1998年，第262页。

"置书不难,须常览阅乃有益。凡人积金玉欲遗子孙,朕积书亦欲遗子孙,金玉之利有限,书籍之利岂有穷也?"[1]

从当时修纂《大典》时所用图书情况来看,也可以了解到这一点。修纂《永乐大典》时启用了皇家图书馆文渊阁的全部藏书,犹嫌未足,还指派苏敬叔等人分赴各地采购图书。由于明成祖的重视,准备了丰富的图书供修纂人员采择,以致《大典》收入的典籍总数达七八千种之多,超过了以往任何类书。[2]

乾隆即位以后,有过多次征书活动。清乾隆三十八年(1773)二月成立四库全书馆(亦称四库馆或四库全书处),为编纂《四库全书》,收集天下图书。据汪启淑《水曹清暇录》卷五载:"乾隆三十七年,开四库馆,征访天下遗书。武英殿移取九百种,在京各官进呈九百八十三种,直隶总督进呈二百三十八种,镡天府尹进呈三种,两江总督进呈一千三百六十五种,安徽巡抚进呈五百二十三种,江苏巡抚进呈一千七百二十六种,浙江巡抚进呈四千五百八十八种,福建巡抚进呈二百零五种,江西巡抚进呈八百五十九种,河南巡抚进呈一百十三种,山东巡抚进呈三百七十二种,山西巡抚进呈八十八种,湖南巡抚进呈四十六种,陕西巡抚进呈一百零五种,湖北巡抚进呈八十四种,广东巡抚进呈十二种,云南巡抚进呈四种,两淮监院进呈一千五百七十五种,共采访得书一万三千七百八十一种。"统计数目不一致,但种数达万种以上是一致的。[3]

明末清初常熟毛晋以藏书和刻书闻名。悔道人在《汲古阁主人小传》中说,毛晋在他七星桥家宅的门上,贴出了告示:"有以宋椠本至者,门内主人计叶酬钱,每叶出二百。有以旧抄本至者,每叶出四十。有以时下善本至者,别家出一千,主人出一千二百。"于是湖州书舶云

---

[1] 余继登:《典故纪闻卷六》,中华书局,1981年,转引自傅璇琮、谢灼华主编:《中国藏书通史》(上册),宁波出版社,2001年,第531页。
[2] 张忱石:《永乐大典史话》,中华书局,1986年,第5页。
[3] 傅璇琮、谢灼华主编:《中国藏书通史》(下册),宁波出版社,2001年,第765页。

集于七星桥毛氏之门矣。邑中为之谚曰:"三百六十行生意,不如鬻书于毛氏。"很快,毛晋积聚到84000册书。于是便造了两座藏书楼——汲古阁和目耕楼(一说还有一处"双莲阁")。[1]李清《汲古阁观书记》曾述及其藏书的内容:"毛子晋汲古阁藏书……十三经与十七史,皆不以藏以刊耳,乃所尤难者则购斯摹,摹斯梓,必宋本是准,其他野乘家集,未易枚举……毛子晋家藏诸秘,余目击十三经、十七史宋本,又《册府元龟》与《文选》诸宋本,森列邺架。……毛子晋又云金本尤工,亦购致数种。"可见他藏书之富。[2]

四、版本

中国古代私人藏书历史悠久,至清代而极盛,不仅藏书地域分布更加广泛,遍及大江南北,而且大藏书家亦辈出不穷,收贮数量均极可观。清代一些藏书家兼为校勘家、出版家,如鲍廷博、汪宪、黄丕烈、张海鹏、顾广圻、孙星衍等。他们不仅藏书丰富,刊书时注重择取宋元善本,详加校勘后刊行,于古籍保存和学术研究贡献尤巨。

有清一代藏书家、学者刻书多以宋元旧刻为善本,原因在于宋刻去古未远,比较接近原书的本来面目,故所记文字较为可靠。而后世在传抄踵刻的过程中,讹错舛误多所不免,且传抄翻刻次数愈多,讹误愈甚。姚伯岳即指出,清人黄丕烈刻书,选用底本极为审慎。他影刻《仪礼》、《国语》、《战国策》、《舆地广记》、《伤寒总病论》、《洪氏集验方》等,皆据家藏宋刻本中之最善者。影刻《孝经》、《论语》等,则据汲古阁影宋抄本,都是最佳的选择。[3]

五、校勘

古籍屡经传抄和翻刻,鲁鱼亥豕的差错在所难免。同时古籍流传往

---

[1] 缪咏禾:《中国出版通史·明代卷》,中国书籍出版社,2008年,第195页。
[2] 缪咏禾:《中国出版通史·明代卷》,中国书籍出版社,2008年,第196页。
[3] 姚伯岳:《黄丕烈评传》,南京大学出版社,1998年,第233—234页。

往有多种刻本，不同刻本在文字、内容多寡上往往有出入异同。校勘是提高书稿质量、保证知识内容准确无误的重要手段。

乾嘉时私家刻书则极为讲究版本，"如卢文强刻的《抱经堂丛书》，孙星衍刻的《平津馆丛书》、《岱南阁丛书》、巾箱本《岱南阁丛书》，鲍廷博的《知不足斋丛书》，阮元的《十三经注疏》以及黄丕烈、张敦仁、秦恩复、吴骞、胡克家等人所刻的古籍单行本（黄刻后来汇成《士礼居丛书》），无不依据善本，有的且直接仿宋，并附加校记"。[1] 黄丕烈刻书尤为精审，每刻一书，他总要撰序或跋，叙述该书版本源流、版本文字内容之完缺脱衍情况，以及刻书缘起和经过，使人颇有教益。

六、刻印流程

雕版印刷是雕版和刷印两道工序的合称，即先将文字、图像雕刻在平整的木板上，再在版面上刷墨，覆上纸张刷印。雕版印刷的刻印流程前人记录极少，至民国时期卢前始有详细描述，"一书之成，自定稿以至装订，其步骤十五。曰：选科、写样、初校、改补、复校、上版、发刀、挑刀、打空、锯边、印样、三校、挖补、四校、印书"。[2] 雕版印刷的流程分为写样、上样、刻版、刷印等主要步骤，民国时期采用雕版印刷的藏书家和坊间基本沿用了传统的工艺。

七、书籍装订

古代图书的装订形式从先秦至清代，先后经历了卷轴装、旋风装、经折装、蝴蝶装、包背装等多种形式，最终确定了"线装"的装订方式。"线装始于南宋初，通行于明代中叶，至清初而大盛。"[3] 同先前的书籍装订方式相比，线装不仅外形美观，整齐划一，而且便于翻阅，

---

[1] 黄永年：《古籍整理概论》，上海书店出版社，2001年，第59—60页。
[2] 卢前：《书林别话》，载张静庐辑注：《中国现代出版史料丁编》（下卷），中华书局，1959年，第627—628页。
[3] 曹之：《中国古籍版本学》，武汉大学出版社，1992年，第480页。

不易破散。一般来说，纸张在印毕晾干后，便开始了装订过程。"印成书，订时，经过分、折、齐、下锥、上面、裁、沙磨、打眼、穿线、贴签，十道手续。"[1] 线装书的出现，是我国古代书籍装帧技术发展的最后阶段，也是各种装订形式中最为成熟的一种。民国时期石印本和铅印本仍多采用此种装订方式。

---

[1] 卢前：《书林别话》，载张静庐辑注：《中国现代出版史料丁编》（下卷），中华书局，1959年，第634页。

第五章
民国时期民营出版业的古籍出版

出版是一种文化行为，植根于特定的文化传统和社会结构之中。由于受文化传统的影响，世界各国的出版文化形态各异。而在同一文化传统中，出版现象由于受社会结构的约束，也表现出强烈的时代特点。这里社会结构简单地说，指社会中政治、经济、文化之间的建构方式。中国有悠久的出版历史，王余光认为：

> 综观中国出版事业发展的历史，可以划分为两个阶段：一个是传统出版业阶段；另一个是新出版业阶段。我国传统出版业是一个很漫长的阶段，从周代一直延续到鸦片战争以后。……从鸦片战争到1949年的一百余年间，是我国新出版业的形成和发展时期。[1]

第一个时期对应的是中国传统社会，第二个时期，对应的是中国社会由传统向现代演化的时期，也即传统社会的现代转型时期。这两个时期，由于社会结构中政治、经济、文化的差异，在出版文化上也呈现出各自的特点。举其大者而言，在中国传统社会中，"政治在整个中国文

---

[1] 王余光：《中国新图书出版业初探》，武汉大学出版社，1998年，第2—3页。

化体系中却一向是居于中心的位置。传统社会的人才几乎大部分集中在政治方面,便是明证"。[1]以政治为中心的社会结构反映在出版文化上,即传统出版业中图书的编纂和出版均以官刻为主导,而坊刻和私刻的发展相对缓慢。这一出版文化特点的形成原因一方面是由于官方拥有丰富的物质资源,另一方面体现了朝廷作为政治的代表对文化的控制。而第二个时期,中国传统社会结构在西方文化的冲击下,开始向现代社会演进。在这一时期内,社会结构中的政治、经济、文化不仅自身的内涵在更新,而且三者之间的构成关系也在转化,表现为经济和文化的力量得到增强,各自逐渐构成为一个相对独立领域,政治对经济和文化的支配被削弱,经济和文化发展也慢慢摆脱对政治的绝对依附。经济和文化相对独立的意义在于使个人自由获得了容身的空间,而个人自由是社会发展和文明进步的最终动力。

晚清民国时期社会结构的转型使得中国传统的印刷文化和印刷商业向印刷资本主义发展,民营商业出版成为出版产业的主流,图书成为现代社会知识生产和传播的中心媒介。民营出版业既是中国现代化运动的产物,也极大地推动了中国的现代化进程,成为中国现代化进程的强劲推动器。民营出版业在获得相对独立的发展空间之后,释放出巨大的能量。王云五1927年总结商务印书馆与近三十年中国文化的关系时说:

> 最近三十年,为我国政治上最多事之时期,亦即我国文化上最活动之时期。……政治上每经一度之变动,文化上辄伴以相当之改进。而对此改进之工作,三十年间不绝赞助且赞助最力者,其唯我商务印书馆乎。[2]

民营出版商商务印书馆因而得以与国立学府——北京大学并列,被

---

[1] 余英时:《中国思想传统的现代诠释》,江苏人民出版社,1998年,第52页。
[2] 王云五:《本馆与近三十年中国文化之关系》,载《商务印书馆九十五年》,商务印书馆,1992年,第284页。

誉为近代思想文化史上的双子星座。[1]

晚清民国古籍出版由民营出版业、以图书馆为主体的机构出版、藏书家刻书构成，这一格局反映了传统出版官刻、私刻、坊刻三大系统，向现代出版转型过程中的传承与更新。民营出版业建立在机器生产、市场化经营、产权明晰的股份公司模式之上，借鉴的是西方现代企业制度，与传统坊刻并无关联。以省立图书馆为主体的机构出版接收了晚清官书局的刻书板片资源，刷印典籍，但出版的宗旨已经不再是维护意识形态权威的振兴文教，而是以保存文献、襄助学术为目的的文化建设。民国时期的藏书家如刘承幹、罗振玉、董康、叶德辉等，在固有思想权威动摇、文化沦亡的危机下，将刊刻古籍作为保存中学、抗衡西学的手段，较多地承继了私家刻书的传统，在民国古籍出版领域独树一帜。

民国古籍出版的民营出版业、图书馆、藏书家三大系统有着共同的文化观念，即于新旧绝续之交，刊印典籍，保存文化，因此三者在古籍出版方面，密切合作。民国初年商务印书馆筹印《四部丛刊》，从丛书的倡议、书目的选择，到珍稀版本的借用，得到了叶德辉、傅增湘、刘承幹、瞿启甲等众多藏书家的参与和支持。《四部丛刊》影印善本多种来自江南图书馆、北京图书馆等公立图书馆的馆藏。藏书家之间，翻印古籍也互相提供便利。如卢靖、卢弼兄弟为辑印《湖北先正遗书》，共计经史子集75种，720卷，"所辑各书均选择善本，无传本的则借文津阁本。为选刻善本，卢慎之向海内藏书家傅增湘、刘承幹、张元济、甘鹏云、张国淦等多人商借"。[2] 1924年，《湖北先正遗书》辑成后，卢氏兄弟委托商务印书馆影印并发售预约。1940年，《广东丛书》编印委员会成立，委员53人中即有王云五、张元济等。1947年，该丛书第一

---

[1] 王建辉：《近代思想文化史上的双子星座：北京大学和商务印书馆》，《北京大学学报》（哲学社会科学版），1999年第2期。
[2] 刘行宜：《卢木斋、卢慎之兄弟》，载中国人民政治协商会议天津市委员会文史资料研究委员会编：《天津文史资料选辑》（第十七辑），天津人民出版社，1981年10月，第127页。

集由商务印书馆编印出版。[1]

民国时期三大系统之间既有各自独立的古籍编纂、出版活动，又有鼎力支持、玉成其事的相互合作。同时图书馆和藏书家不仅为民营出版商如商务印书馆流通古籍提供文献资源，还是古籍重要的阅读与消费市场。图书馆为社会大众阅读和学术研究购买古籍，并通过社会大众的阅读行为传播、扩散传统文化。民国时期刊印的古籍，由于汇聚了众多善本，也为传统藏书家和新兴学者藏书家所购买，成为其藏书的来源。

从上文可以看出，民国时期民营出版商、图书馆、藏书家通过古籍的出版与流通，构成了中国传统文化保存与传播的文化共同体。民国时期社会动荡，内忧外患接连不断，直至1927年才完成了形式上的国家统一，其后不久即发生"九一八"事变。对推进现代化进程极为重要的独立国家和权威政府建构缓慢，因此整个民国时期，北京北洋政府和南京国民政府，在扶助文化建设的古籍出版方面，处于尴尬的缺位状态。在此前提下，民国时期文献的保存与古籍的刊行，主要依赖于民营出版界、图书馆、藏书家这一文化共同体的努力。民国时期的古籍出版塑造了传统文化的生产、消费到再生产的知识系统，并持续影响了20世纪后半期和21世纪的中国文化传承。

第一节　民国时期民营出版业的崛起

一、现代出版企业的创办与崛起

对印刷术发明年代的考证，学者历来多有论述。现在较公认的说法认为是在6—7世纪之交。[2] 印刷术发明后，形成官刻、坊刻、私刻三大主要刻书系统，而以官方对文献的整理和出版为中心。

---

[1]《谈广东丛书》，《申报》，1947年6月26日。
[2] 肖东发：《中国图书出版印刷史论》，北京大学出版社，2001年，第45页。

坊刻在传统的刻书系统中占有一定的地位，构成刻书系统的一个组成部分。但其采用的技术是传统的雕版印刷术，一般是家族式经营，在组织上比较单一。出书主要以传统典籍为主。虽然旧式的坊刻一直延续到民国末叶，但是并没有从中演化出中国的现代出版业。扫叶山房就是一例。作为中国存在时间最长的一家出版机构和贩卖书店，扫叶山房有三四百年历史。它创于明朝万历年，直到1955年出版业公私合营结束。开设的分号有五家，分别为扫叶山房北号（上海棋盘街），扫叶山房南号（上海彩衣街），扫山房汉号（汉口四官殿），苏号（苏州阊门内），松号（松江马路桥）。但是其资本一直有限，到1930年，资本额仅为12000元，而同期的商务资本额为500万元。二者不可同日而语。[1]其出书范围也不脱传统的经史子集。民国时期旧书业采用的技术虽然小有进步，但是其经营模式、出书内容等因素制约了它的发展。

中国现代出版企业为什么不能从传统的坊刻内部演化出来，是一个值得探讨的问题。钱存训认为：

> 一般说来，从16世纪初开始，西方的印刷技术逐渐改良，产量急激增加，因此形成了一种庞大的出版工业，在思想和社会上发生了强烈而根本的变革。印刷术鼓励了各地方言和文学的兴起，成为促进许多新兴国家成立的一个主要动力。至于中国和受中国文化影响的东亚其他国家，印刷术的使用在社会和思想上都没有引起太大的变化，反而促进了文字的统一性和普遍性，成为维护传统文化一种重要工具。印刷术承继传统作业，虽有一些进步和改良，但始终停滞在手工业阶段而没有再向前发展。总之，印刷术的进展在很大程度上是由当时政治、经济、社会的条件所促成。同时，这些因素也影响了印刷术本身发展的趋向。[2]

---

[1] 原放：《记上海市书业公会》，《出版史料》，1987年第4期。
[2] 钱存训博士序，载张秀民：《中国印刷史》（上册），韩琦增订，浙江古籍出版社，2006年，第3页。

现代意义上的民营出版业是随着晚清以来中国社会的现代转型而新兴的，不同于传统的坊刻，是全新的现代企业，表现为出版内容的现代化和多元化，经营模式为现代股份公司制度，追求技术革新。从商务的组织系统表来看（见表一），[1] 完全不同于传统的坊刻。商务的企业模式，亦为民国时期其他书局所效仿。像中华书局，也有编辑所、事务所、营业所、印刷所的部门，和商务如出一辙。商务的成功，其优良的现代公司制度起了关键的作用。

表一　商务印书馆组织系统表

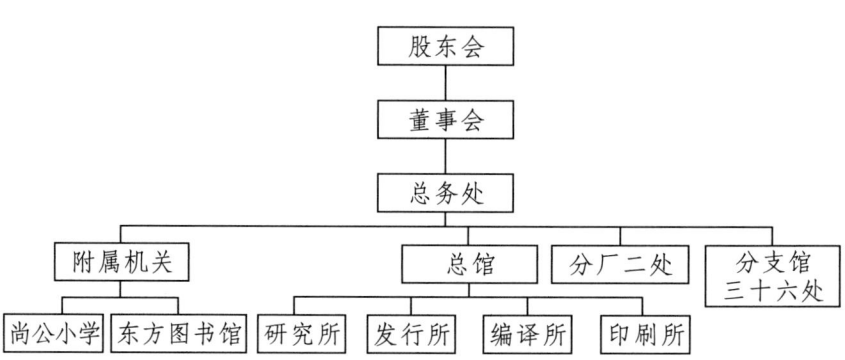

　　晚清以来，由于西学的涌入，教育的普及和知识的传播，印刷技术的改进，近代传播媒介发展极快。1904年初，清政府颁布《商人通例》和《公司律》；1906年和1907年分别颁布了《大清印刷物专律》和《大清报律》，1910年民政部拟定出《大清著作权律》。一系列法律条文的颁行，使得出版机构的成立和运营获得法律的保障。出版机构的数量在这一时期增长显著。1906年，上海书业商会的会员有22家。1911年5月

---

〔1〕　庄俞：《三十五年来之商务印书馆》，载《商务印书馆九十五年》，商务印书馆，1992年，第747页。

(辛亥)以前统计的有116家。民元以后新增35家。[1] 朱联保的《近现代上海出版业印象记》写上海市的出版机构,"空间以上海市区为限,时间自鸦片战争后上海辟为租界起,至上海解放后私营书业进行社会主义改造时止。所记单位近六百家"。[2] 出版机构数的增加是出版业繁荣的一种表现。

据1930年6月资料统计,加入书业公会的出版商[3]:

资本200万元以上2家
10万元以上8家
3万元以上11家
3万元以下58家
职工人数
200人以上6家
20—50人12家
10人以下47家

据1936年12月《上海市书业同业公会会员录》统计,1936年上海市书业同业公会会员资本、职工数为:

资本200万元以上2家
10万元以上9家
3万元以上11家
3万元以下44家

---

[1] 原放:《记上海市书业公会》,《出版史料》,1987年第4期。
[2] 朱联保:《近现代上海出版业印象记》,学林出版社,1993年,第1—2页。
[3] 庄俞:《三十五年来之商务印书馆》,载《商务印书馆九十五年》,商务印书馆,1992年,第747页。

职工人数

　　200 人以上 5 家

　　20 人以上 14 家

　　20 人以下 47 家

不仅出版商数量增加很快，出版商资本也增长迅猛。以商务印书馆为例，创业时仅有资本 3750 元，1922 年已达到 500 万元。该馆资本的增长情况见表二。[1]

表二　商务印书馆历年增资表

年份	金额（元）
光绪二十三年（1897）	3750
光绪二十七年（1901）	50000
光绪二十九年（1903）	200000
光绪三十一年（1905）	1000000
民国二年（1913）	1500000
民国三年（1914）	2000000
民国九年（1920）	3000000
民国十一年（1922）	5000000

二、民营出版业的两大系统——新书业与旧书业

民国时期的文化领域中西交会，中学和西学的知识都有社会大众的需求。以传统文化为出版内容或以新文化为出版内容的出版商两者均获得了生存的空间。整个上海出版界的构成也反映了这一时代的特点，既

---

[1] 庄俞：《三十五年来之商务印书馆》，载《商务印书馆九十五年》，商务印书馆，1992年，第750页。

有新书业，也有旧书业，在技术上既采用先进的活字铅印等现代印刷术，也保留有雕版印刷术。关于新旧书业的概念，屡见于时人关于出版界的描述中，内涵也略有差异。

1935年，李衡之在《申报》的一个专栏《出版界》上发表了一组文章，对当时的各家出版社作了一个评论。第一篇《各书局印象记（一）商务 中华 世界》中说：

> 商务印书馆……在一九二五年以前，商务印书馆确是惟我独尊，以老大自居。国民革命的怒潮推动了文化的巨轮，新书业随新文学与新社会科学以俱起，四马路上，书店蜂起，曾有一个时候，进步的青年，除买教本以外，足迹不到商务印书馆。而商务印书馆并不"随波逐流"，大家说："哼，商务是没落了！"[1]

其续篇《各书局印象记（续）开明 新生命 黎明 华通》中说："开明书店——由新女性杂志社蜕化出来的开明书店，[2]在后起的新书业中，算得是较成功的一家。"[3]作者认为，新书业开始于1927年的国民革命，以新文学和新社会科学为出版方向。

同年10月，他在《书店杂景：一些小常识，不是生意经（一）：开书店》文中，对当时的新书店和旧书店有过详细的介绍[4]：

> 老先生说："哼！开书店，现在才有的事！"这意思，表示老先生看不惯所出的书既非"经史"，又非"子集"的那些新书店，其次，那也是实在的，"开书店"这个风气，确是一九二七年左右才开展起来的。以前不是没有书店，但不是今日的那种新书店，以前

---

[1]《申报》，1935年5月4日。
[2] 创办于1926年。——作者注。
[3]《申报》，1935年5月11日。
[4] 这里的书店概念与当代的书店概念有所不同，相当于出版社。——作者注。

不是没有人开书店,但"开书店"并没有成为智识分子一种"风气"。

在以前,所谓书店,主要的无非是那些什么"山房"、"书屋"之类,专印旧籍的书店,(在上海还很著名的校经山房,扫叶山房,有正书局等),自维新运动以后,外国的新学制输入,中国的学堂也稍稍变了质,新的教科书的印行,有了需要,新书店随之产生与发展,但直至五四以后,新文化运动澎湃以起,但所有的"新"书店不过只是商务印书馆、中华书局、文明书局等几家而已。

20世纪20年代,伴随新文化运动成长起来的新一代知识分子如李志云、李小峰、顾颉刚、郑振铎、茅盾等开始投身出版业,既将其作为栖身之所,又以之传播新知识。1923年,顾颉刚、郑振铎、周予同、叶圣陶等10人在上海集资创设朴社。1925年光华书局成立,1925年夏,李志云、李小峰兄弟创办的北新书局从北京南迁上海,1926年3月创造社出版部开设。新书店的纷纷成立,对于号称为"出版界中心"的上海出版界,无异是在静沼中投下了几颗石子。开明书店(1926年成立)、春潮书局(1928年成立)、南强书局(1928年成立)、乐群书店(1928年成立)、新生命书局(1928年成立)、黎明书局(1929年成立)等几家接着兴起,遂造成了盛极一时的"开书店"的风气,使得"当时一般青年对于出版界的认识为之一变;不但不认商务为唯一的书店的代表,而且认为商务等于是以前的'山房'、'书屋'。古旧书店、旧书业、新书店成为三种性质不能调和的东西"。[1]

顾凤城则认为民国时期的新书业伴随新文化运动而来,以出版新思潮的书籍为特征:"中国的新书业的兴起是伴随着新文化运动而来的,自从五四运动以后,中国的社会起了整个的变化,新思潮如排山倒海的涌进古老的中国社会,于是,专门印行新思潮的出版机关,就一天发达

---

〔1〕 李衡之:《书店杂景:一些小常识,不是生意经(一):开书店》,《申报》,1935年10月5日。

一天。"[1]

张静庐在其1938年撰写的自传《在出版界二十年》中，称其写作的目的是："来记述二十年来上海新书事业的沿革和变迁，给后来留心新文化运动的史家们一些'或许有用'的史料。"[2]书中谈到各省的书业公会时，对把各种不同性质的出版商放在同一书业公会就很不满意：

> 有完全以买进卖出为主要业务的木版书商碑帖商；有各家不同版本，然而都没有著作权的石印书商；有也有版权也没有版权，将新的旧的图书，给它穿上西装的标点书商；有专将杂志上新闻纸上所发表的文稿编撰起来，似乎有著作权而实际却没有著作权的准出版商；有纯粹以学校用书或侧重于教科书工具书的教科书商；有各有各的目标与信念各有各的出版路线的新出版商。表面上，都是将白白的纸张印上一行行一堆堆的黑字而拿出来卖给读者的买卖人，其实骨子里根本不对劲。如果将这大串的书商与出版商放在一起，总名之曰"书业"或"书商"，何异"缘木求鱼"。

1928年他主张"新书业和旧书业成为两个团体"。[3]

1947年8月24日《大公报·出版界》第46期登载了亚东图书馆（1913年创办）老板汪孟邹的《我与新书业：答萧聪先生》，回忆了他当年加入新书业的时代背景和动机：

> 我少年时候，科举未废，我也跟着当时的知识青年学做八股文。那时甲午战争（光绪二十年，1894）刚过去，中国战败了，大家认为非改革内政，国家就要灭亡了。康有为、梁启超几位先生发起了维新运动，各地方志士都赞助他们，我的业师胡子承先生就是

---

[1] 顾凤城：《新书业的衰落及其前途》（上），《申报》，1936年7月23日。
[2] 张静庐：《在出版界二十年》，上海书店，1984年，第2页。
[3] 张静庐：《在出版界二十年》，上海书店，1984年，第4—5页。

最热心的一个,他教我们八股之外,还教我们历史和地理,而且劝我们节衣缩食,购阅当时出版的新书和新报。这就是我接受新思想的原因,也就是我对于新书业发生兴趣的原因。……

民国成立以前,上海书业还是那些石印的,专印科举用的书、古书或小说之类;出新书的只有"作新社"、"广智书局"、"新民丛报支店"、"商务印书馆"等数家。外埠新书店更少。石印书店常常讽刺和嘲笑新书店。到了科举废除,辛亥光复(1911)以后,石印书店遂一蹶不振了。亚东图书馆可见是维新和革命的产物。[1]

当代出版史研究者亦注意到新旧书业的分别。吉少甫以为:"我国近代出版事业,既有传统的旧书业的存在与发展,也有受西方文化的影响而产生的新书业的崛起与开拓。旧书业莫如北京琉璃厂、上海棋盘街和其他各地的旧书市的存在,具有文化继承和文化传播的重要作用。"[2]

由上面引用的材料可以看出,虽然关于新书业的概念有开始时间的差异,但民国时期的出版业有新书业和旧书业的区分则显而易见。实则1905年,上海就"相继成立了以出版雕版书、石印书、翻印古书为主的书坊同业组织——上海书业公所,以出版新书为主的书店同业组织——上海书业商会,共同组成了上海民族出版业新格局",[3]已然标志着二者的分野。上海书业公所1900年就开始筹备,至1905年由育文书局代表夏育芝、点石斋代表叶九如及傅子濂、裴蓉卿、陈咏和、华心斋诸人倡议正式组建,成为书业公会的最初组织。上海书业商会最初入会者有文明书局、开明书局、点石斋、商务印书馆、广智书局、昌明公司、中国教育器械馆、启文社、新智社、会文学社、通社、新民支店、群学

---

[1] 汪原放:《回忆亚东图书馆》,学林出版社,1983年,第206—207页。
[2] 吉少甫主编:《中国出版简史》,学林出版社,1991年,第303页。
[3] 汪耀华编著:《上海书业同业公会史料与研究》,上海交通大学出版社,2010年,第266页。

会、东亚公司新书店、彪蒙书室、时中书局、有正书局、小说林、乐群书局、普及书局、鸿文书局、新世界小说社等22家。1930年7月20日,上述两个书业团体召开同业代表大会,正式合并组建上海市书业同业公会,选举执行委员15人,陆费逵为主席。[1]

下文研究民国时期民营出版机构时,把出版新书为主的新书业与翻印古书为主的旧书业作为两个系统分开研究。民国时期古旧书商如北京琉璃厂来熏阁、文殿阁等,上海的博古斋、古书流通处等,也影印有古籍行世。但这些古旧书商营业以搜罗、贩卖珍稀版本为主,出版只是偶尔为之,刊印品种也少,故将其命名为古旧书店简要论述。

三、新书业与古籍出版

新书业的发展源自西学的输入和开办新式教育、牖启民智的时代需要。20世纪30年代,李泽彰以为:"从这一年(1897)起到最近为止,和出版业有重大关系的三件大事,第一件是革新运动,第二件是新文化运动,第三件是图书馆运动。每种运动发生以后,出版事业都有很显著的发展。"[2]而"自革新运动发生以后,新学书籍需要甚繁。中国出版界遂起非常的变动。为供给新书的需要,新式出版业应运而生。现在中国出版业的领袖商务印书馆就是在这个时候创办的"。[3]

王云五亦把1894年的革新运动作为中国出版业倾向变动的一个转折点。

> 由本年回溯五十年前,恰是中日第一次战争的甲午年,即公元1894年。这五十年间的出版倾向至少经过了五个重大的转变。第

---

[1] 汪耀华编著:《上海书业同业公会史料与研究》,上海交通大学出版社,2010年,第266—269页。
[2] 李泽彰:《三十五年来之中国出版业(1897—1931年)》,载张静庐辑注:《中国现代出版史料丁编》(下卷),中华书局,1959年,第382页。
[3] 李泽彰:《三十五年来之中国出版业(1897—1931年)》,载张静庐辑注:《中国现代出版史料丁编》(下卷),中华书局,1959年,第381页。

一是伴着甲午战役失败的后痛的革新运动；第二是革新运动自然生产的新文化运动；第三是新文化运动附带产生的图书馆运动；第四是国民革命引起的学术独立运动；第五是大时代中的抗建运动。[1]

戊戌革新运动的举措之一即为创办新式教育。新书业的发轫，在于前清废科举，兴学校，亟需适用的教科书。民营出版业把握了这一历史机遇，逐渐兴起，并取代了教会书局和官营书局而成为主流，对中国近代出版业的发展产生了深远的影响。出版和教育相结合，教科书和教学参考书为各大书局竞争的主要目标，成为新书业的一条主线。新出版业的第一代出版人如张元济投身出版事业之初，即与商务印书馆的创办人夏瑞芳约定："吾辈当以扶助教育为己任。"陆费逵把出版与教育、立国联系在一起，认为"立国根本在乎教育，教育根本，实在教科书。教育不革命，国基终无由巩固；教科书不革命，教育目的终不能达也"。[2]

凭借供应新式教科书立住根基后，新书业开始拓展营业空间，出书范围日渐开阔，西学的输入、传播，中学的传承、流布皆纳入自己的视野。以普及教育、开启民智为基调，新学旧知并重为内容，文化建设和国家富强为宗旨的近代出版文化特色逐步形成。

民国时期的新出版业在大力绍介西方学说的同时，致力于固有文化的流布与普及，在出书内容上表现出多元化的倾向。传播西学与保存国粹成为当时出版家的共识，见之于张元济、陆费逵等人的出版理念和商务印书馆、中华书局、世界书局、大东书局等的出版实践活动。主持商务的张元济早就留心古籍的出版，1911年致汪康年的信内说："弟尤注意于古书，于开辟新营业之中兼寓保存国粹之意。"[3] 后影印古籍成为

---

[1] 王云五：《五十年来的出版趋势》，载《岫庐论学》，台湾商务印书馆股份有限公司，1975年（增订三版），第2页。
[2] 陆费逵：《中华书局宣言书》，载《陆费逵与中华书局》，中华书局，2002年，第430页。
[3] 张元济：《致汪康年》，载《张元济书札》增订本（中），商务印书馆，1997年，第658页。

商务印书馆的出版主要方向之一。1927年，王云五总结商务三十年来对中国文化的贡献有七点，"关于国故及国故之整理"即为其一。[1]

与商务印书馆并称的中华书局，其创立宗旨为："一、养成中华共和国国民。二、并采人道主义、政治主义、军国民主义。三、注重实际教育。四、融和国粹欧化。"[2]世界书局则"以科学化经济化而从事国学书籍之整理"，[3]大东书局亦"以发扬中国文化为职志"。[4]19世纪20年代至19世纪30年代，在整理国故思潮的影响下，亚东图书馆、经纬书局等亦刊印学校国学用书，加入抢占古籍市场的竞争。各书局影印古籍有营业主义的考虑，但亦反映出在西学潮流的冲击下，出版界旧学新知并重的出版理念。古籍的保存、整理、出版构成新出版业不可或缺的一翼。

四、旧书业与古籍出版

如前文所述，旧书业主要是指上海书业公所的成员，或称为石印书商，称其为旧书业并不准确。20世纪20年代后期包括扫叶山房在内的书商也改用铅字排印古籍。确切来说，旧书业是指以翻印古书为主要业务的出版商，其来源有二，一是扫叶山房、翼化堂等传统书坊，因太平天国战乱迁移至上海；一是晚清民营出版业崛起时期创办的出版社，如文瑞楼、千顷堂、校经山房、锦章图书局、广益书局等。

1882年，徐润在上海创办同文书局，为近代第一家采用新式印刷技术的民营出版机构。甲午战争之后，在外部危机的刺激下，上海出现了第一次创办出版机构的高潮。杨丽莹根据史料、档案及有关目录统

---

[1] 王云五：《本馆与近三十年中国文化之关系》，载《商务印书馆九十五年》，商务印书馆，1992年，第288页。
[2] 陆费逵：《中华书局宣言书》，载《陆费逵与中华书局》，中华书局，2002年，第430页。
[3] 《优待第一期国学名著定户办法》，载《景印十三经注疏》附页，上海世界书局，1935年。
[4] 《编印〈中国医学大成〉缘起》，载《中国医学大成总目提要》，大东书局印行，1936年。

计，自鸦片战争以后至民国前，在上海有出版物可查的书局至少近300家。又根据这些书局的出版目录，以及现存出版物的最早时间统计，其中在光绪二十年（1894）以后出现的石印出版机构多达200多家，以铅印为主的书局40多家。[1]

上述出版机构中，以古籍为主的不在少数。据1904年上海书业公所书底挂号，载有纬文阁、慰记书庄、广明书局、醉六堂、嘉惠书林、科学会编译部总发行所、理文轩、蒋春记、文会书社、经香阁、著易堂、文海阁、兰陵社、何秀记、古香阁、洽记书庄、文通书庄、广益书局、广百宋斋、千顷堂、藻文书局、镜海楼、扫叶山房、扫叶山房南号、韵记书庄、炼石印局、六艺书庄、兴记鸿文书局、有益斋、智新书局、彪蒙书室、玉叶山房鲸记、逊记书庄、飞鸿阁、文瑞楼、萃文斋、久敬斋、同文新译书局、咏记书庄、仁余书庄、壬林记书庄、同文晋记书局、文宜书局、源记书庄、华兴书局、公兴印局、文宝琳记、申昌书室、支那新书局、文富楼、美华宾记、南洋官书局附宝善斋、育文书店附震东书局新书出版、富强斋、奎照楼、江左书林等57家书底。[2] 57家书底中，多数为传统石印经史如《十三经注疏》、《十七史蒙求》等，偶见西学书籍如《西学十六种》、《最新万国政鉴》、《西学大成》、《东俄战争记》等时务新书。

民国时期扫叶山房等石印书局，囿于其所有者的出身和知识结构，虽然仍以传统经史、古今说部、医书为主，但因其规模较小，投入成本不高，并能跟随整理国故、国学大盛的时势，转向新兴的国学用书和学校用书，故能在市场竞争中得以存续。扫叶山房、千顷堂等中小机构的出版活动，甚至一直坚持到19世纪50年代，构成民国时期古籍出版市场格局的中坚力量。

---

[1] 杨丽莹：《清末民初的石印术与石印本研究：以上海地区为中心》，上海古籍出版社，2018年，第50页。

[2] 周振鹤编：《晚清营业书目》，上海书店出版社，2005年，第613—644页。

五、古旧书店与古籍出版

民国时期从事善本古籍贩卖的古旧书店主要集中在北京和上海两地。北京琉璃厂的古旧书店，上海的古旧书店如古书流通处、博古斋等，亦致力印书，于古籍流传，颇有贡献，兹简述于此。

1.北京古旧书店

北京书市的发达基于北京特殊的政治中心地位和厚重的学术文化背景，而以琉璃厂、隆福寺书肆最富盛名。尤其是琉璃厂书肆，自清朝中叶起，逐渐发展为全国历年最久，享名最著之文化市场。厂甸内书店林立，据孙殿起《琉璃厂书肆三记》所载，清末至辛亥革命后在琉璃厂陆续更替的书肆，前后约220多家[1]，荟萃全国古籍善本，为海内外学人访书必至之地。

琉璃厂书店经营旧书，对于寻常及缺页书籍廉价销售，善本秘籍则珍护有加，密不示人，俟机高价出售，而不愿刊行于世，加之学人著述无交书肆刊行之风尚，所以琉璃厂书肆刻书较少。"往时学人有所著述，辄于晚年自行编刻，或在身后由其子弟或及门弟子为之校刊，其由书肆刻版发行者，盖甚鲜也。清中叶以后，厂肆始有就前哲名著刻版印售者，藏书家所谓坊刻本是已。然亦为数无多。"[2]

新书业19世纪20年代开始大量翻印古书后，旧书业受到冲击，对刻书态度稍有改变。谢兴尧谈及旧书业之进步时说：

> 综括言之，新的古本书一出，除买卖上旧书业受新书店之侵蚀外，其影响最明显，亦即促使旧书商本身进步者数事：本来书贾对于旧籍，均视为奇货，其心理莫不愿只此一家，别无分号。故翻印古书一事，无论系已印人印，皆彼等大大的不愿意者。但实逼处

---

[1] 李雪梅：《中国近代藏书文化》，现代出版社，1999年，第268页。
[2] 孙殿起、雷梦水：《记厂肆坊刊本书籍》，载孙殿起辑：《琉璃厂小志》，北京古籍出版社，1982年，第157页。

此，我不印人将捷手先印，亦只好择其可印者而印之，使书商的利己脑筋，渐渐开明，大家争印之下，于学术文化，裨益良多。[1]

琉璃厂书肆刻书，据孙殿起、雷梦水《记厂肆坊刊本书籍》，重要者有如下数家：

文友堂刊书，《明诗纪事》187卷，《中国艺术家略微》5卷，《太平广记》500卷；

来熏阁刊书，《书经》6卷，《诗经》8卷，《山带阁注楚辞》6卷（1933年刊），《永乐大典戏文三种》，《越谚》3卷，《广韵》5卷（1934年刊），《南唐二主词》1卷（1934年刊）；

松筠阁刊书，《清代燕都梨园史料续编》（1937年铅印），《声韵要刊》(《声韵考》4卷，《许氏说音》4卷)，《琴谱谐声》6卷，《巢经巢诗钞》9卷、《后集》1卷；

文奎堂刊书，《西夏书事》42卷（1935年刊），《南曲九宫正始》；

直隶书局刊书，《抱经堂丛书》（1923年刊）；

文禄堂刊书，《音注韩文公文集》40卷、《外集》12卷（1930年刊），《周礼郑注》12卷（1934年刊）；

通学斋刊书，《二洪遗稿》（1931年刊），《鹤寿堂丛书》23种；

文殿阁刊书，《国学文库》38种；

富晋书社刊书，《新校注古本西厢记》6卷（1930年影印），《新定九宫大成南北宫词谱》81卷；

遂雅斋刊书，《遂雅斋丛书》8种（1934年刊），《清代燕都梨园史料》38种（1934年刊，其中5种为民国著作），《景宋本文中

---

[1] 谢兴尧：《书林逸话》，载周越然等：《蠹鱼篇》，辽宁教育出版社，1998年，第79页。

子中说十卷》。[1]

2. 上海古旧书店

清代中期和中期以前,北京和江南的苏州、杭州等地为刻书要地。上海在近代崛起后,富商巨贾麇集海上,逐步发展为南方的藏书和出版中心。上海书店集中于棋盘街(今河南中路),和棋盘街邻近并成为东西向交叉的交通路(今昭通路)、四马路(福州路)上也有书市,和棋盘街连成一片。

上海的古旧书店,注重刊印古籍,以广流传,显示了海上书贾开通的心态,颇得公私藏书家之称许。上海古旧书店印书,有博古斋、古书流通处、蟫隐庐、中国书店、著易堂等数十家古旧书店。下面介绍博古斋、古书流通处两家刊印的古籍,以见上海古旧书店出版之一斑。

(1) 博古斋

博古斋位于三马路惠福里弄口,肆主柳蓉春,苏州洞庭山人,外号人称"柳树精",虽学问不精,但勤于研讨。博古斋鉴于"晚近人心日浇,书贾亦惟利是图,少有真能为文化尽弘扬之责者,影印钜籍,嘉惠士林,尤为若辈所惮闻,以其成本钜,而销行未必遂广也",[2]于1921年陆续辑印《百川学海》、《津逮秘书》、《拜经楼丛书》、《岱南阁丛书》、《墨海金壶》、《借月山房汇钞》、《士礼居黄氏丛书》、《守山阁丛书》、《六十家词》诸种,开上海古旧书店影印大部丛书之端,颇得时人称许。刘承幹以宋代陈起相誉柳蓉春,序其所刻《借月山房汇钞》云:"嘉庆时昭文张若云所刻。其书则搜采前明并近儒未刊之籍。惟汇钞本绝稀世不经见,质之藏书家,往往有阙如之憾。蓉春付之印人,广为流布,与

---

[1] 孙殿起辑:《琉璃厂小志》,北京古籍出版社,1982年,第171—185页。
[2] 《上海博古斋重印七大丛书》,《浙江省立图书馆馆刊》,1934年6月,第3卷第3期。

夫韫椟而藏，惟求善贾者，其立心公私为何如耶？"[1] 博古斋影印的丛书，多为流传较少或名家辑刻之书，对学术研究极有价值。

(2) 古书流通处

海宁陈立炎1914年所开办，设在广西路小花园，20世纪20年代盘给世界书局后歇业。1922年辑刻《古书丛刊》14种，还影印《知不足斋丛书》、《崔东壁遗书》、《楝亭十二种》、《南宋六十家小集》、《百一庐金石丛书》、《历代钟鼎彝器款识》、《九宫大成南北词曲宫谱》等。[2] 所刻书也有自己的特色。

近代新式印刷技术传播过程较为缓慢，而中国传统的雕版印刷术已经十分成熟，北京、上海之外，全国各地仍保留有书坊用木刻的方法印刷古籍，其中四川成都和山东聊城的书坊在民国时期亦刻印了不少古籍，畅销邻近数省，在旧书业中较具影响，已见于吉少甫主编的《中国出版简史》，兹不赘述。

第二节 商务印书馆的古籍出版

商务印书馆创办于甲午战争后维新运动的浪潮中，与中国社会现代化转型的进程同步。商务印书馆以一民间出版家，利用新式的印刷技术，通过书籍这一传播媒介，致力于欧美知识的引进和传统文化的传承，大大推进了外来学术和固有文明传播的广度和深度，对中国现代文化的塑造作出了无可替代的贡献。

商务印书馆对新文化的影响主要是通过其出版物来体现的。出版物涉及的知识类别和出版物的质量，展现了一个出版家触及的知识领域和影响的力度。商务印书馆从1902年到1950年6月共出书15116种，28058册，其类别和种数，可见表三（其中1902年至1910年出书合计

---

[1] 刘承幹：《借月山房汇钞序》，（清）张海鹏辑：《借月山房汇钞》，上海博古斋影印，1920年。
[2] 朱联保编撰：《近现代上海出版业印象记》，学林出版社，1993年，第137页。

865 种，2042 册）：[1]

表三 商务印书馆出版物分类统计表（1902—1950）

类别	总类	哲学	宗教	社会科学	语文学	自然科学	应用技术	艺术	文学	史地
种数	1197	728	314	4535	656	1299	1351	915	2576	1545
册数	3437	910	964	8139	1168	1442	1493	1467	5878	3160

从表三可以看出，商务印书馆的出版物延伸到现代知识的每一领域，它也表明商务对中国文化建设的贡献是全方位的。1935年，王云五总结了商务创办以来近三十年与中国文化的关系，列有七项：（一）关于教科书之编印；（二）关于文体之改革；（三）关于西洋文学之介绍；（四）关于社会科学之介绍；（五）关于自然科学之介绍；（六）关于国故及国故之整理；（七）关于文学工具之供应与研究。并说："以一私人营业机关，而与全国文化发生如是重大关系者，在国内固无其匹，即在国外亦不多见。"[2]

古籍在商务出版物中占据一个重要位置。1912年至1949年商务印书馆出版的古籍据统计仅丛书就有53种，包含子目8992种，另有《说郛》100卷，及《续藏经》7140册。从种数看，古籍占商务出版物总数的一半强。商务出版的古籍，如《四部丛刊》、《丛书集成初编》，与中华书局的《四部备要》并称为"我国近代三大古籍丛书"，[3] 极富学术与文献价值，至今余泽犹存。对商务印书馆的古籍出版，有多位学者从出版史、文献学、文化史的角度进行了探讨，研究成果相当丰富，但仍

---

[1] 王余光：《中国新图书出版业初探》，武汉大学出版社，1998年，第61—62页。
[2] 王云五：《本馆与近三十年中国文化之关系》，载《商务印书馆九十五年》，商务印书馆，1992年，第284—288页。
[3] 刘尚恒：《古籍丛书概说》，上海古籍出版社，1989年，第28页。

有许多问题值得研究。例如，对商务印书馆20年代始到1946年的主政者王云五在古籍出版方面所做的工作无人作系统的研究，甚至将之归入张元济名下。有研究者认为，"商务印书馆的古籍影印工作，都是张元济亲自主持"，[1] 并列举有《国学基本丛书》、《学生国学丛书》、《国学小丛书》，外加《丛书集成初编》。实际上这几种以排印为主的古籍都是王云五主持的，而且上述选题的策划、出版方式，更重要的是古籍整理出版的思路与张元济有很大的差别。王云五与商务古籍出版的关系是一个值得研究的问题。在古籍出版的方式上，商务开创了影印与排印两种典范，至今仍然沿用。今天研究这两种出版方式，多数研究者只是将其视为方法来看，而忽略了排印方式的采用与当时文化背景的关系，即胡适整理国故的理论和方法对商务整理出版古籍的影响。此外，有一些细节性的问题，仍存在争论。如《四部丛刊续编》和《三编》的刊印，普遍的看法认为其由张元济刊行。而王云五认为在其任期内，主要工作是他做的。这一问题有待厘清。

民国时期主政商务印书馆者前期代表为张元济。从1902年至1920年，张元济为商务创业、发展出力最巨之人。影印古籍是张元济主政商务的主要出版方向之一。张氏精于旧学，他运用传统的版本、校勘之学，辑印《涵芬楼秘笈》、《四部丛刊》、《续古佚丛书》等大部古书，为商务印书馆赢得在文化界、读书界良好的声誉和可观的营业收入。1926年从监理位置上退休后，张氏更以全副精力辑印旧书，直至1959年去世。影印古籍、保存文献为其服务商务60年始终不懈之事业，亦为他对文化的主要贡献而为人称道。后期主政商务的代表为王云五。1922年始至1946年，王云五在胡适整理国故的理论和方法的指导下，以新式观念、整理方法和印刷形式排印古籍，解决古书难读难解的问题，出版《学生国学丛书》、《国学基本丛书》、《丛书集成初编》等新型古籍丛书，使商务的古籍出版在新形势下得到拓展。其整理、排印古籍的方

---

[1] 汪家熔：《商务印书馆史及其他》，中国书籍出版社，1998年，第212页。

法,亦成为后来古籍出版的范式之一。商务印书馆的古籍出版均在张元济和王云五的主持下进行,因此,以张、王二人为线索,来研究商务印书馆出版的古籍和文化意义,即可窥知商务印书馆古籍出版的面貌。

一、张元济与商务印书馆的古籍出版

1. 张元济与商务印书馆出版方向的确立

中国近代出版重镇商务印书馆成立于1897年,创办人有夏瑞芳、鲍咸恩、鲍咸昌、高凤池等人,资本短少,仅有3750元。业务主要为票据、商务记录及其他文具纸品等,为小型印刷厂性质。直到1902年,由政界转入文化界的学人张元济应夏瑞芳之邀,正式加入商务印书馆,标志着商务由一家小型印刷厂向现代出版机构的转变。王云五评价张元济加入商务印书馆对商务发展的意义时曾说:"自是厥后,商务印书馆始一改面目,由以印刷业为主者,进而为出版事业。其成为我国历史最长之大出版家,实始于张君之加入。"[1] 商务能从当时林林总总的书业中脱颖而出,成长为书业界的翘楚,历经时代大潮的洗礼而岿然屹立,尤其在其初创和成长期,不能不归功于张元济的谋划。张元济1902年进入商务,先任编译所所长,1916年任经理。1920年改任监理,1926年退休,1930年当选董事长,直至1959年逝世为止。张元济参与、主持和督导商务印书馆近60年,使商务从草创初期的简单印刷企业,转变为集编辑、印刷、发行及其他文化事业为一体的出版重镇。

奠定张元济一生事业理想的,乃是晚清以来国人普遍关注的国家富强问题。谋求国家富强的目标别无争议,但是对如何达到这一目标的途径的思考,晚清以来各种思想取向纠葛斗争,其是非功过至今仍无定论。

在时代大前提下,每个人思考的解决之道,因个人的因缘而有区别,并发为主张,实行于个人事业。张元济为前清翰林,思想趋新,参

---

[1] 王云五:《商务印书馆与新教育年谱》,转引自吴方:《仁智的山水:张元济传》,上海文艺出版社,1994年,第77页。

与戊戌变法,期冀以变法革新来挽回衰落屠弱之国势,变法失败后受到"革职永不叙用"的处分。但仕途挫折没有改变其最初的志向,而促使他反省而转向"出版救国"的道路。早年参与戊戌变法的经历,使他对中国如何达到现代化的认识,与当时的职业革命家或未能意识到理想与现实鸿沟的知识分子有所不同。张元济认为,中国的现代化必然是艰难的或缓慢的,决非急骤、剧烈的政治、经济、文化变革可以短期奏功。中国人不能获得良好的教育,没有现代知识的传播,和更广泛的对变革要求的觉醒,"富强"和现代化终是不切实际的口号。[1]而教育并非培养少数高等人才,要旨在于"无良无贱,无智无愚,无长无少,无不在教育之列"。[2]

上述思考的表达时间为1902年。这一年,商务印书馆经理夏瑞芳以高薪邀其加入。张元济以为,"盖出版之事业可以提撕(疑为携)多数国民,似比教育少数英才为尤要"。[3]因此接受了邀请,并与夏瑞芳约定:"吾辈当以扶助教育为己任",到晚年自述"昌明教育平生愿,故向书林努力来",普及教育、开启民智成为张元济投身出版业的动力,也是他一生事业的目标。

张元济受过良好的传统教育,有深厚的旧学修养。幼年诵读儒家经典,稍后循科举之正途,26岁得中壬辰(1892年)科二甲第二十四名进士,可谓少年得志。甲午失败,国人大受震撼,张元济也不例外。他开始留意西学,读英文,读法律书籍,致力搜求梁启超主笔的《时务报》,而有"沉溺西学"的名声,在同僚中"久已见摒清议"。对中西文化,张元济提出了调和的主张,"吾之意在欲取泰西种种学术,以与吾国之民智、俗尚、教宗、政体相为调剂,扫腐儒之陈说,而振新吾国民之精神耳"。针对当时办教育的人以洋人为师,"各国各有其独立之道"。

---

[1] 吴方:《仁智的山水:张元济传》,上海文艺出版社,1994年,第9页。
[2] 张元济:《答友人问学堂事书》,载《张元济诗文》,商务印书馆,1986年,第171页。
[3] 张元济:《致蔡元培》,载《张元济书札》(下),商务印书馆,1997年,第1247页。

"亦自有其不可不学之事","又非中学为体,西学为用"。[1] 张元济对中西文化建设以后来文化的进展来衡量,颇有见地。

张元济的教育背景、社会资源及朴实坚毅的性格,使其在投身出版业时,就能站在调和中西文化的时代制高点上,来为商务印书馆擘画未来的出版方针,那就是"知新温故,二者并重"。介绍新知,而不偏废旧学。汲汲于融汇中西、有容乃大的新文化建设这一出版方向,不仅是商务一家的经营特色,也代表了中国现代出版业的特色;不仅在当时开辟了新书业的道路,当代出版业也有借鉴的价值。

2.商务印书馆古籍出版的版本宝库——涵芬楼

张元济执掌商务印书馆编译所之初,以编纂新式教科书和工具书为重点;同时注重西方文化学术思想的译介,早期出版严复译的《天演论》、《群己权界论》、《社会通诠》、《法意》及林纾、伍光建译的泰西小说等,在当时读者中产生很大影响。

1909年,版本目录学家缪荃孙建议张元济影印古籍,张元济谓:"所商影印古书一事,一再受教,谨志勿谖。此时尚应者寂寥。而鄙意期于必得,终当有翕羽之雅,慰我嘤鸣。"[2]

影印古籍,为张元济早就留心之事。但此时一是社会上对古书的需求不足,在西学的冲击下,传统典籍被目为"野蛮书";二是张元济虽见到"古籍散亡,印术日新","恒思择要影印以饷学者,然必须先得善本"。[3] 商务若从事古书影印,藏书的丰富是必备条件之一。为保存文献,抢救文化遗产和营业上影印古书计,张元济在商务印书馆做的一件大事就是建立涵芬楼,收藏典籍,后发展为全国规模最大的私立公共图书馆——东方图书馆。

---

[1] 张元济:《答友人问学堂事书》,载《张元济诗文》,商务印书馆,1986年,第171页。

[2] 张元济:《致缪荃孙》,载《张元济书札》(下册),商务印书馆,1997年,第1270页。

[3] 张元济:《涵芬楼烬余书录序》,载《张元济诗文》,商务印书馆,1986年,第282页。

张元济入馆不久,即感到从事编译工作,尤其是编纂大型工具书,需要有参考资料,因而着手收书。

> 每削稿,辄思有所检阅,苦无书。求诸市中,多坊肆所刊,未敢信,乃思访求善本暨所藏有自者。会会稽徐氏熔经铸史斋之书将散。徐氏故子民居停主人,乞其介归吾馆,旋以数十楗至,书固不恶,然所需者犹未备也。余昌言收书,闻者踵集。……同馆诸子谓宜乘时登报征求。太仓闻斋顾氏后裔侨居上海者应募而至。……群书充积,而罕见之本亦日有增益。……余积书之志至是稍慰,而影印古籍之念日迫,收书之愿亦愈闳。[1]

1921年6月20日之《教育杂志》第13卷第6号,刊有《上海涵芬楼收买旧书》,可见商务广事搜求古书之一斑:

> 本楼志在存古,收购善本,历十余年。现在仍拟广为搜罗,海内收藏家如有精印精钞旧书意欲出售者,本楼极愿收受,价值格外从丰,外埠诸君请先将书名、纸色、册数、卷数、每叶行数、字数、刊印年代、序跋、姓名、收藏印记逐一开示信寄"上海宝山路商务印书馆"转交,如不合用,恕不答复。本埠请先将样本交阅,由"上海棋盘街商务印书馆美术柜"转交,如果合用,再行议价。涵芬楼谨启。

1907年,商务上海闸北宝山路总厂落成,积累的书搬进编译所三楼,就成为一个图书馆。1909年,图书馆命名为"涵芳楼"。次年底改称涵芬楼。1924年5月在宝山路总厂的对面,专门建造了占地2600平方米的五层大楼,将涵芬楼的藏书全部迁入。1926年商务成立20年,

---

[1] 张元济:《涵芬楼烬余书录序》,载《张元济诗文》,商务印书馆,1986年,第282—283页。

作为纪念活动之一，经张元济提议，董事会决定，将涵芬楼改名东方图书馆，并对外开放。善本书藏于三楼，仍名涵芬楼，聘请孙毓修主持。[1]据粗略统计，涵芬楼曾藏有宋本129种，元本179种，稿本71种，抄本460种，名人批校本288种，超过了号称"百宋一廛"的清代藏书家黄丕烈。[2]涵芬楼搜罗的丰富，为商务印书馆大规模影印古书提供了善本的保障。涵芬楼藏书可说是商务影印古书的基石。

1932年，"一·二八"事变爆发，进攻闸北的日军飞机轰炸了商务印书馆。位于宝山路上的商务总厂制墨部首先中弹起火，商务总厂全毁，东方图书馆亦毁。东方图书馆藏书：

> 据本馆统计，至民国二十年终止，实藏普通中文书268000余册，外国文书东西文本计80000余册，凡古今中外各科学术上必需参考书籍无不大致粗备。图表、照片5000余种……四部各版本书合计总数得3745种，都35083册。其中有5000余册向寄存金城银行库中。此外本馆并购进扬州何氏藏书约共40000余册，部别版本正在整理中。
>
> 本馆善本室中除藏有上述涵芬楼旧四部各书外，并藏有全国各省、府、厅、州、县志整套，较国内任何图书馆所藏为备。……凡22省，得方志2641种，25682册；中有元本2种，明本139种。此中除省志齐全外，全国府、厅、州、县志应有2081种，本馆已收1753种，实已达全部百分之八十四。[3]

所幸者，涵芬楼善本古籍有500多种，张元济曾取出寄存于租界金城银行保险库内，此次幸免同归于尽。

---

[1] 汪家熔：《涵芬楼和东方图书馆》，载《商务印书馆一百年》，商务印书馆，1997年，第355页。

[2] 吴方：《仁智的山水：张元济传》，上海文艺出版社，1994年，第114页。

[3] 何炳松：《商务印书馆被毁记略》，载《商务印书馆九十五年》，商务印书馆，1992年，第241—243页。

涵芬楼的焚毁使商务印书馆的古籍影印损失颇重。1922年《四部丛刊》刊成后，商务印书馆继续筹备辑印续编，在"一·二八"事变前，已印成数百册，然在战火中化为灰烬。后经整理和访求善本，始于1934年发行《四部丛刊续编》。但因涵芬楼所藏善本古书全部被毁，《续编》的规模和质量难免受到影响。《初编》收书323种，而《续编》仅为75种，相比之下，《续编》的规模要小得多。此外，《续编》所收书的种类也因涵芬楼藏书失散而有缺憾。张元济对此也颇无奈，"此编并未完全，即如各经单疏，十三经早不能全，尚有三种未曾觅得。此外如明清两朝人集部之著名者，均未列入。因涵芬楼藏本均已被焚，现在尚未访到。将来如有所得，随时补入，有急需者并可提前并行"。[1]

方志为涵芬楼藏书特色之一。"涵芬楼自创始以来（约光绪三十一年），即从事于地方志之收集，故其庋藏，良椠甚多。海内除国立北平图书馆及故宫图书馆以外，殆无与为匹敌。"[2] 商务聚集方志，本有择要影印的计划。涵芬楼付之一炬后，仅影印了六省通志和《嘉庆重修一统志》。商务大规模影印方志计划未能实施，实为民国时期古籍影印的一大憾事。

"一·二八"事变商务印书馆被难后，王云五率同人不畏艰辛，以苦斗之决心复兴商务印书馆，卓有成效。复兴计划中除了出版外，恢复东方图书馆亦为重要部分。1934年秋，王云五为重振东方图书馆，利用董事会指拨乙种公积金之特定部分，大量收购新旧图书，渐达相当程度。方志因对图书馆典藏极关重要，率先搜购，计得一千四五百部，各省通志悉备，府厅县志亦居七八成。搜罗即备后，开始影印，后出版六省通志，分别为《湖南通志》、《浙江通志》、《广东通志》、《畿辅通志》、《湖北通志》、《山东通志》。抗战军兴，各省通志影印遂又中辍。

---

[1] 曹冰严：《张元济与商务印书馆》，载《商务印书馆九十年》，商务印书馆，1987年，第25页。
[2] 陈登原：《古今典籍聚散考》，上海书店，1983年，第294页。

3.张元济主持的商务印书馆古籍出版

(1) 初期主持影印的古籍

近代翻印古籍,是从清政府办的官书局开始的。大约从1880年开始,一些外商和中国私营出版家开始运用石印技术来翻印古籍,如点石斋印《康熙字典》,同文书局石印《二十四史》、《古今图书集成》、《全唐诗》等,蜚英馆石印正续《资治通鉴》,申报馆排印有《二十四史》、《十三经注疏》、《经籍籑诂》、《大清一统志》、《文献通考》等,流传甚广。民国初年,民营出版业如广益书局石印有《三十二子》、铅印《二十四史》以及各类旧小说;上海育文书局则有《子书三十六种》及《大字汉魏丛书》;[1] 文明书局"自创办以来,刊行新旧各书,实开同业之先河",[2] 翻印了《苏东坡全集》、《随园全集》、《笔记小说大观》及《说库》,主要为集部书。民营出版业翻印古籍,多为经史子集四部中常见之书,成本低,销路广。商务最初出版古籍,路数与其他书局相近,也是影印常见之书。

商务印书馆早在1900年就有《通鉴辑览》、《纲鉴易知录》出版,后来又有《五经备旨》、《左传》等10多种问世,但真正的古籍出版工作从1914年开始,那年商务影印汲古阁精抄本《唐四名家集》、《五唐人诗集》、《唐六名家集》、《唐人八家诗》、《元人十种诗》。[3] 实际影印善本的计划更早,1910年,张元济复信北京分馆孙壮,嘱向罗振玉借印宋版《史记》、宋人手书《玉牒》等,"拟印,作为影印古书嚆矢"。[4] 又复孙毓修书,谓"选印古书,汇成丛刻,先请选定种类,寄弟处一阅,再行动手"。[5]

商务影印古籍初见成效为1916年。这一年,商务有印行《殿版二

---

[1] 《申报》,1918年9月11日。
[2] 《申报》,1918年10月10日增刊。
[3] 汪家熔:《商务印书馆古籍出版工作概述》,载《商务印书馆一百年》,商务印书馆,1997年,第562页。
[4] 张树年主编:《张元济年谱》,商务印书馆,1991年,第84页。
[5] 张树年主编:《张元济年谱》,商务印书馆,1991年,第95页。

十四史》、《殿版四史》之举,研究商务古籍出版者多未提及。张元济1916年3月21日《日记》载:"与翰翁商,决定将孙问清之廿四史印行。"[1] 同年5月即在《申报》上刊登预约,曰:

> 预约规银一百十两正,五年阳历年底截止;第一期十史已出版,交款五十两立时取出。《二十四史》,以清乾隆间武英殿初印本为最善,从前同文书局曾经翻印,惜旧五代史并非真本。本馆现得开化纸初印本。全史特用中国连史纸精印,计共七百十一本,分作三期出齐。并可三次交款。第一期十史已经出版,第二期七史,五年十月出版,第三期六年四月出版。[2]

可见《殿版二十四史》的出版情况。同一广告登有《影宋百衲本史记》、《史记菁华录》、《通鉴辑览》、《纲鉴易知录》、《读通鉴论》、《纲鉴合编》等史书的预约。至1917年3月16日,《二十四史》"总馆定出122部,分馆定出250部。南昌最多,共24部"。[3] 不到一年的时间定出372部,销售业绩不坏。

其时坊间石印古书者众,为牟利计,不免粗制滥造。商务影印古书之初,即有精审之风。如影印《殿版四史》:

> 一、本书用殿版初印本精印,字画清晰;二、寻常石印本任意割裂,颠倒错乱随在皆有,本书特请通人精校,毫无讹脱之错;三、寻常石印本或分数层,每行至四五十字之多,阅之殊伤脑力。本书用直行每行三十一字,最为适中;四、本书四边宽大,颇适观美。[4]

---

[1]《张元济日记》(上),商务印书馆,1981年,第35页。
[2]《涵芬楼影印〈殿版二十四史〉》,《申报》,1916年5月27日。
[3]《张元济日记》(上),商务印书馆,1981年,第186页。
[4]《商务印书馆影印〈殿版四史〉》,《申报》,1916年5月28日。

体现出商务出版古籍慎选版本、校雠精湛、书品美观的特点。

新书业选择善本，汇为一编，刊行流布，可与民国初年私刻珍本秘籍如刘承幹的《嘉业堂丛书》、张钧衡的《适园丛书》、董康的《诵芬室丛刊》相媲美的，则始自1916年商务印书馆影印的《涵芬楼秘笈》。涵芬楼购求古书，到民国初期，经过10余年的积累，已洋洋大观，其中不乏珍籍密抄。为流通古籍、保存先代文献、嘉惠学者和营业计，张元济遂发起仿照鲍廷博刻《知不足斋丛书》之例，选印涵芬楼所藏珍本秘籍，命名为《涵芬楼秘笈》，由孙毓修具体主持。其刊印"缘起"曰：

> 古书善本，寖销寖亡，自是不可逃之理，惟赖好事之家，郑重翻印，继续流通。本馆深体此旨，爰出涵芬楼所藏秘籍世无传本者，校正印行。纸墨装潢，力求精善，使爱古者不至薄今，垂绝者赖以续命。念千狐之腋，非俄顷所能成，因仿知不足斋丛书之例，刊成八本，区为一集。岁行月布，以副海内先睹为快之心。[1]

该编1916年9月出版第一集。以后每年出版两集，到1921年4月出版第十集为止，共收书51种，印成80册。印刷方法大多数是用原书或原稿影印，也有小部分是用铅字排印。[2]

第一集刊成后，孙毓修为之作序，阐述了该丛书的价值：

> 阮文达公谓传刻古书，于己谓之有福，于人谓之有功。旨哉言乎！然刻而勿善，失古人之真本，贻后人以巨谬，如明季陈眉公派者犹勿刻也。是宜折中于顾千里之言。顾氏之言曰：为宋元本计者，当举不可少之书覆而墨之，勿失其真，是缩今日为宋元也，是续千百年为今日也。毓修窃谓，覆刻旧本，皆当墨守此言也，匪独宋元

---

[1]《涵芬楼秘笈》广告，《申报》，1926年4月5日。
[2] 胡道静：《孙毓修的古籍工作和版本目录学著作》，载《商务印书馆九十五年》，商务印书馆，1992年，第72页。

本也。翻刻旧版，勿稍改易，疑以传疑，误以传误，行款、版口、缺笔、边线，一一惟肖。先辈谓之影刻，其风始于南宋，至近代而益谨。于顾氏所云毋失其真者，其庶几焉。今收藏家遇前人影刻之书，珍重与天水、蒙古椠本等，盖以此也。自摄影之术大行于世，影刻之精又为顾氏所不及料。摹写上版，虽字画不改，终觉貌似神遗。摄印则神貌兼至，其善一矣；古书多不失本真，其善二矣；镂版可以传久而不能速成，摄印则可速成而亦能传久，其善三矣。[1]

(2)《四部丛刊》

《涵芬楼秘笈》之刊刻，限于本身所藏珍本的范围，仅为商务印书馆编纂、影印古籍善本的最初尝试。1919年的《四部丛刊》，则能看出张元济意图全面整理出版古籍、传承文化遗产方面的努力。《四部丛刊》初名《四部举要》，高梦旦等同人协商改为《四部丛刊》。这一出版选题的筹划历时甚久，从下列的史料可以看出《四部丛刊》从选题策划、选目、征询意见到实施的大致过程。

早在1910年5月24日，孙毓修致张元济信中说道："翻印旧书，行前承以相嘱，但以厂中事忙，至今尚无成议。可印之书，修备有目录，容抄成一小册寄奉。窃观近时风气转有日趋于古学之机，海上书坊靡然响应。惟彼等不知抉择，不得善本，故其业不盛耳。"[2]

1915年5月19日，张元济致傅增湘信：

> 再本馆拟印旧书，以应世用，拟定名《四部举要》。第一集种类业已选出，约在一万卷以上，拟分三次出书。全部约定价二百元，亦分三期缴楚。欲零买者则照各部定价，贵亦不逾三分之一。兹将目录附呈，伏祈代为察核，如有应增应减者，并求指示。但有

---

[1] 孙毓修：《涵芬楼秘笈序》，载《涵芬楼秘笈第一集》，商务印书馆，1916年，北京大学图书馆藏。

[2] 张人凤：《张元济与〈续古佚丛书〉》，《出版史料》，1991年第3期。

所增，必有所减，因格于售价也。敝处藏本尚不敷用，将来尚拟就邺架借影。所缺书名已用朱笔标出，如所选之本有未善者，亦乞代为改定。[1]

1918年2月2日，张元济致信刘承幹："敝处拟印《四部举要》，前承奖勉，益自激励。草目业已拟就，谨呈上一册，伏祈鉴定。有未合处，千乞纠正。"[2]

1918年12月18日《张元济日记》载：《四部举要》，梦翁拟改名丛刻。[3]

1919年7月7日《张元济日记》载：与梦旦、咸昌、文德、燕堂商定，印《四部丛刊》办法。目前约印每日九十页。拟先印成三万页之后再售。预约购者，可即取书。此梦翁之议。[4]

四部之名，起于晋初，可统称中国古代全部典籍。编纂丛书，涵括四部内容者，赵宋之后，历代有之，但以四部命名所编纂的丛书，则自《四部丛刊》始。张元济以《四部丛刊》命名该丛书，非徒为商业广告宣传，而表明了他系统、全面整理古代典籍，影印出版的意图。张元济等人在《印行四部丛刊启》中说：

> 睹乔木而思故家，考文献而爱旧邦，知新温故，二者并重。自咸同以来，神州几经多故，旧籍日就沦亡；盖求书之难，国学之微，未有甚于此时者也。上海涵芬楼留意收藏，多蓄善本，同人怂恿景印，以资津逮；间有未备，复各出公私所储，恣其收揽，得于风流阒寂之会，成此《四部丛刊》之刻，提挈宏纲，网罗巨帙；诚

---

[1]《张元济傅增湘论书尺牍》，商务印书馆，1983年，第64页。
[2] 张元济：《致刘承幹》，载《张元济书札》（上册），商务印书馆，1997年，第368页。
[3]《张元济日记》（下），商务印书馆，1981年，第500页。
[4]《张元济日记》（下），商务印书馆，1981年，第610页。

可云学海之钜观，书林之创举矣！[1]

在这份启事上列名者有王秉恩、沈曾植、翁斌孙、严修、张謇、董康、罗振玉、叶德辉、齐耀琳、徐乃昌、张一麐、傅增湘、莫棠、邓邦述、袁思亮、陶湘、瞿启甲、蒋汝藻、刘承幹、葛嗣浵、郑孝胥、叶景葵、夏敬观、孙毓修及张元济，共25人，荟萃了国内知名藏书家和传统学者。启事可谓为这些学者对国学在西学和新文化运动冲击下趋向衰微的一种学术反应，即通过对四部要籍的整理出版，使人们知道古文献的辉煌，对传统文化多一份同情与了解，而生敬爱之心。刊印《四部丛刊》为旧式学者的一次集结。与当时日益弥漫全国的新思潮相对应，藉此他们提出西化浪潮下对传统文化的态度和建设新文化的主张，那就是"知新温故，二者并重"。汇集国内公私藏家之力，成此古籍巨编，其意义超出刊印文献本身。

《四部丛刊》刊行于1919至1922年。有意思的是，与此同时，新文化运动人士亦发起了"整理国故运动"。1919年12月，胡适在《新青年》发表《新思潮的意义》，[2] 主张对中国旧有学术要重新估定一切价值，对之进行科学的整理。

整理国故运动经胡适以新文化运动领袖身份的提倡，遂在全国流行起来，国学研究成为时尚，"不仅青年后学踊跃投考，还引起社会的广泛关注；专门杂志和出版社纷纷出台，一些报刊则特辟国学专栏，以论文、专著、教科书和丛书的形式发表了大量国学论著；既有的国学倡导者仍继续鼓吹，一批少壮新进之士又加入行列；标明国学的学术性结社明显增多；响应者除集中于京沪外，还扩展到西北、东北、闽粤及香港

---

[1] 北京图书馆善本组编：《（1911—1984）影印善本书序跋集录》，中华书局，1995年，第683页。
[2] 胡适：《新思潮的意义》，载欧阳哲生编：《胡适文集》2，北京大学出版社，1998年，第551页。

等地"。[1]

新旧两派学者此时不约而同，从各自的学术理念出发，在学术研究和出版两方面，强调整理国故，实则反映出自晚清以来，国人对中西文化接触、碰撞产生的问题的认识，已经从洋务运动时期的器物层面，中经戊戌变法时期的制度层面，进入对中西文化整体性比较的层面。而比较中西文化，对传统典籍的整理、固有学术的研究是新旧学者无法绕开的环节。

1920年《四部丛刊》开始发售预约，1922年全部刊成，收古籍323种，8548卷（4种无卷数），分订成32开线装2100册。《四部丛刊》所收，皆为善本，其中有宋本39种，金本2种，元本18种，影宋写本16种，影元写本5种，校本18种，明活字本8种，高丽旧刻本4种，释道藏本2种，其余皆出明清精刻。1927年，商务印书馆重印初编，并对原本作了一些更动：一是抽换了321种版本；二是将原编中残缺的部分补足；三是对许多书都作了校勘记。1936年又将初编印成16开洋装大本，便于插架，又省地方，适合图书馆开架阅览之用。

《四部丛刊》问世后，由于该书"汇刻群书，昉于南宋，后世踵之；顾其所收，类多小种，足备专门之浏览，而非常人所必需；此之所收，皆四部之中家弦户诵之书，如布帛菽粟，四民不可一日缺者，其善一矣。明之《永乐大典》、清之《图书集成》，无所不包，诚为鸿博，而所收古书，悉经剪裁；此则仍存原本，其善二矣。书贵旧本，昔人明训，麻沙恶椠，安用流传；此则广事购借，类多祕帙，其善三矣。求书者，纵胸有晁、陈之学，冥心搜访，然其聚也，非在一地，其得也不能同时；此则所求之本，具于一编，省事省时，其善四矣。雕版之书，卷帙浩繁，藏之充栋，载之专车，平时翻阅，亦屡烦乎转换；此用石印，但略小其框，而不并其叶，故册小而字大，册小则便皮藏，字大则能悦目，其善五矣。镂刻之本，时有后先，往往小大不齐，缥缃异色，以之

---

[1] 桑兵：《晚清民国时期的国学研究与西学》，《历史研究》，1996年第5期。

插架,殊伤美观;此则版型纸色,斠若划一,列之清齐,实为精雅,其善六矣。夫书贵流通,流通之机,在于价廉;此书搜罗宏富、计卷逾万,而议价不特视今时旧籍廉至倍蓰,即较市上新版,亦减之再三,复行预约之法,分期交付,既可出书迅速,使读者先睹为快,亦便分年纳价,使购者举重若轻,其善七矣"。[1] 极受学术界重视,"先后两版,销数达五千部之巨"。[2] 文献学家郑鹤声、郑鹤春将其与《永乐大典》、《古今图书集成》、《四库全书》并列,称之为"现代编纂国学书中惟一之伟业焉,较之《永乐大典》、《图书集成》等俱为迅速,主旨一贯,无前后易手错出之弊"。[3]

《四部丛刊》利用现代印刷技术,降低成本,使社会大众亦能得读善本秘籍,嘉惠士林。连史纸本一次交 500 元,三次交各 200 元。毛边纸本一次交 400 元,三次交各 160 元。[4] 1921 年,胡适曾问过傅增湘几部书价,"他说,通今草堂本《论衡》现在须一百元以上,嘉靖本《墨子》须一百二十元,元刻本《太平乐府》须三百元!知此,方知商务所刊行的《四部丛刊》真是寒士的一大利益"。[5]

由于《四部丛刊》为宏编巨制,工程浩大,不可能尽善尽美。刊成后,时人亦指出其疏漏之处,"约有五端:(一)所选各书未云足备也。(二)所选诸书版本之可议也。(三)校勘记及佚文补辑之不可废也。(四)版本之谬误亟宜更正也。(五)印刷时多描改致失原本面目也"。[6]

(3)《四部丛刊续编》与《三编》

商务印书馆在民国时期刊印的《四部丛刊》前后共三编。1934 年刊

---

[1] 北京图书馆善本组编:《(1911—1984)影印善本书序跋集录》,中华书局,1995 年,第 684 页。
[2] 《〈四部丛刊续编〉预约》,《申报》,1934 年 3 月 1 日。
[3] 郑鹤声、郑鹤春:《中国文献学概要》,商务印书馆,1933 年,第 197 页。
[4] 《〈四部丛刊〉第一期书目》,《申报》,1920 年 6 月 25 日。
[5] 陈达文:《胡适与商务印书馆》,载《商务印书馆九十年》,商务印书馆,1987 年,第 589 页。
[6] 蠧舟:《论商务印书馆出版之〈四部丛刊〉》,中华图书馆协会编:《图书馆学季刊》,1929 年 6 月,第 3 卷第 1、2 期合刊。

印《续编》75种，1935年至1936年刊印《三编》70种。《续编》和《三编》的辑印，学术界基本认为是张元济所主持。但是20世纪60年代，王云五则以为：

> 《四部丛刊》创刊于民国八年，在余加入商务印书馆前二年；因是，此一出版计划与余无关，而由商务印书馆前辈张菊生先生独立主持。惟《四部丛刊》续编、三编等之继续刊行，则在余主持商务印书馆后十余年，除商承前辈张菊生、高梦旦两先生指导外，当然由余负其责任。[1]

1965年，王云五所著的《岫庐论学》收入《辑印四部丛刊续编缘起》，作者自然标为王云五。在王云五编纂的《商务印书馆与新教育年谱》收入该文，文末则注明为商务印书馆谨识。而此文又被收入1986年商务印书馆出版的《张元济诗文》，为张元济作。1991年出版的《张元济年谱》亦作如是处理。《续编》和《三编》的刊印，归功于张元济还是王云五，遂成一问题，需要作一分析。

其实这一问题颇易辨别。从《张元济年谱》中可以找到大量证明《续编》、《三编》为张元济所编的证据。试举数条如下。

关于《续编》者有：

> 1922年11月13日　致傅增湘书，请对《四部丛刊续编》草目"痛加减削"，"应加者亦祈代为酌定"寄还。
>
> 1926年1月19日　参加总务处696次会议，并就收购密韵楼藏书发言："鄙意久思再出《四部丛刊》续编，留心访求，已有数年，无如好书极不易得。如能将蒋书收得，则《四部丛刊》续编基础已立，再向外补凑若干，便可印行。"

---

[1] 王云五：《四部丛刊初编》缩本序，《岫庐论学》（增订三版），台湾商务印书馆股份有限公司，1975年，第509页。

1926年9月3日　致蒋维乔书，告以拟重印《四部丛刊》并辑印续编。

1928年9月11日　复梁启超书，"《丛刊》续编即出，草目印成即寄，祈教正"。

1928年9月13日　复傅增湘书，"《四部丛刊续集》目录近甫草就，未能作准。兹先寄呈草样一份，有应增减者，务祈不吝教诲"。

1929年4月8日　复任中敏书，"《四部丛刊续集》拟于《雍熙乐府》、《南词定律》选印一部"（后用《雍熙乐府》）。

1931年9月30日　复傅增湘书，告以《四部丛刊》续编"所收之书，颇有为世间未见之本。本月当可将草目拟就，再求教正"。

1934年1月　（为《四部丛刊续编》）撰周尹喜《文始真经》校勘记及跋；（为《四部丛刊三编》）撰《韵补》跋。撰《辑印〈四部丛刊续编〉缘起》。

关于《三编》者有：

1935年7月13日　致丁英桂书，谓"《四部丛刊三编》亟需预备。兹将《续编》未出各书检查一过，分别记明……又新增书目计有两次，一并送呈"。

1935年7月22日　又，致丁英桂书，谓"丛刊三编目已编就，今呈阅。鄙意仍拟早出"。

1935年10月　撰辑印《〈四部丛刊三编〉缘起》，第一期出书，1936年7月出齐。

上述各条证明《续编》与《三编》的刊刻为张元济主持。实则当年王云五本人也无异议。1935年6月18日，王云五、李拔可、夏鹏致张元济书，言：

近年公司印行《百衲本二十四史》、《四部丛刊》正续各编，全赖我公一手主持，劳苦功高，远非公司在职同人所及。而纯任义务不下十年，尤为全体同人所敬佩不已。"一·二八"以后，编审部同人较少，所有印行古书事宜，自编校以至广告，在在费神。[1]

赵万里亦云："这部大丛书的成功，完全是张先生一人努力的总和……尤其是百衲本二十四史，张先生用力最勤，对于史学界的贡献，是无可比喻的。此次续编发行，也是他一人主持，经过无数的困难，卒底于成，这是读者们应当首先向他感谢的。"[2]

王云五对自己撰写或编辑的著作，常不吝于署名。在《商务印书馆与新教育年谱》中《辑印〈四部丛刊续编〉缘起》文末标为"商务印书馆谨识"，而非王云五撰，也可从侧面说明此文作者非王云五。

而王云五除他自己的表述外，没有其他材料可证明《续编》、《三编》他负责了主要工作。从上面的分析我们可以得出结论，《续编》、《三编》为张元济所主持刊刻是无疑问的。至于在大陆与台湾两岸相隔绝的20世纪60年代，王云五力主自己为《续编》、《三编》刊刻主事者的原因，不得而知。

（4）后期主持影印的古籍

1926年张元济从监理位置上退休后，并未清闲，依旧为馆务操劳，最主要的工作就是为商务影印古籍。"蔡元培先生等曾说：'张先生自六十岁以后摆脱他事，专致力于《百衲本二十四史》之校订，几乎寝馈皆忘。'"[3] 商务影印《续古逸丛书》、《续藏经》、《道藏》、《学海类编》、《学津讨原》、《百衲本二十四史》、《四库全书珍本初集》、《选印宛委别

---

[1] 张树年主编：《张元济年谱》，商务印书馆，1991年，第409页。
[2] 斐云：《〈四部丛刊续编〉的评价》，《大公报图书副刊》，1934年4月21日，第23期。
[3] 曹冰严：《张元济与商务印书馆》，载《商务印书馆九十年》，商务印书馆，1987年，第36页。

藏四十种》等，尤其以《百衲本二十四史》用力最勤。学术界对张氏搜罗善本、校勘影印《百衲本二十四史》、《道藏》等书的过程、价值研究颇详，此处不再赘述。

张元济在退休后仍然负担了商务印书馆影印古籍的工作，一方面是因为其强烈的文化使命感，为古书续命，为传统文化续命。另一原因是商务影印古籍后继乏人，新一代学者中难觅替代者，张氏只有亲力为之。1928年张元济复伍光建书，谓："承示旧书可陆续印行，至感垂注。中惟《嘉庆一统志》，当年成书后并未刊行，本馆已向内府借出照到，拟插入《四部丛刊》续编。……鄙意此项营业为公司之一部分，弟去职后，尚未得有相当之人可以付托，故仍由弟担任。"[1]

1948年8月，张元济当选为中央研究院第一届院士，隶人文历史学科。当选的原因是"主持商务印书馆数十年，辑印《四部丛刊》等书，校印古本史籍，于学术上有重大贡献"[2]。对张元济的这一评价可谓实至名归。

二、王云五与商务印书馆的古籍出版

1920年春，张元济55岁，宣布辞职引退，辞职的动机是：

> 吾辈在公司几二十年，且年逾五旬，体力均非健硕，岂能永久任此繁剧。亟宜预备替人，培植新进，以谋公司可久可大之计。……且吾辈脑力陈旧，不能与世界潮流相应，若不引避贤路，恐非独与公司无益，而且于公司有损。弟实不忍公司陷于困境，而志不得行，故毅然辞职，以为先去为望之计。……并拟添招新知识者数人，以为公司之用。[3]

---

[1] 张元济：《致伍光建》，载《张元济年谱》，商务印书馆，1991年，第304页。
[2] 转引自王建辉：《文化的商务》，商务印书馆，2000年，第203页。原载《大公报》，1948年9月24日。
[3] 张元济：《致孙壮、孙伟》，载《张元济书札》（中），商务印书馆，1997年，第457页。

1919年新文化运动兴起后，商务的创业者张元济、高梦旦等觉得自己的观念和知识跟不上形势，需要为商务的出版事业寻找新人。开始他们找的是新文化运动的领袖胡适。1921年5月15日，张元济给胡适写信："敝公司从事编译，学识浅陋，深恐贻误后生，素承不弃，极思借重长才。"[1]同年胡适借暑假考察了商务印书馆，虽然也觉得商务印书馆非常重要，最终因不愿放弃自己的学术研究，而未就职。但商务盛情难却，他就推荐昔日求学中国公学时的老师王云五代替，并得到商务当局的首肯。1921年9月，王云五正式加入商务印书馆。翌年元月任编译所所长。1929年9月曾短暂脱离商务。1930年3月回商务任总经理。直至1946年5月从商务离任，任国民政府经济部长。商务开始了一个王云五时期。王云五引领商务，顺应新文化运动后的思想文化潮流，应付艰难的国际时势，使商务印书馆的事业在遭受"一·二八"事变的空前打击下不致失败，得以复兴，确有其成绩。章开沅以为："张元济与王云五都是商务印书馆的大功臣，张奠基于前，王拓展于后，各有自己特殊的角色与业绩。"[2]不失为公允之论。

1. 王云五的教育背景与出版理念

王云五早年因父母以为家运与风水不适于子女读书，致使他没有受过正式的学校教育。王云五的学校生活，一共不满五年。求学是"旧学没有考过科举，新学没有进过学校"。[3]后全靠自学，略窥学术之门。自修以英文为主，读过不少原文外国社会科学学术名著，青年时期曾把一部《大英百科全书》通读一遍，获得一定的新学知识。旧学也是靠自学，"我对于旧学研究很浅，而且是独个儿的在黑暗中摸索，走了不少

---

[1] 张元济：《致胡适》，载《张元济书札》（中），商务印书馆，1997年，第820页。
[2] 王建辉：《文化的商务》，商务印书馆，2000年，第3页。
[3] 王寿南：《王云五先生年谱初稿》（第1册），台湾商务印书馆股份有限公司，1987年，第362页。

的冤枉路途","酌采外国的方法而变通之",而"偶尔发现一些捷径"。[1] 总的特点是读书广博,好杂览。

大体言之,王云五的西学修养好过旧学。而张元济的旧学修养好过西学。旧学根基的薄弱使王云五不可能按照张元济的路数来整理辑印古籍。但王云五扬长避短,利用他的较好的西学方法来观照旧学,援西学之理入中学,并运用在整理出版古籍上,开辟了一条与张元济刊印古籍做法迥然不同的路径。商务在古籍出版方面也打上了王云五的个人烙印。

王云五在出版方针上基本上承继了张元济为商务打造的出版方向,接任商务后,在《最近三十五年之中国教育·导言》中,明确将"教育普及"列为商务出版方针之一。关于中西文化,则中西并重。王云五以为:"方今文化衰落,介绍新知与流传古籍,其重要相等。"[2] 王云五从事出版,注重"与新学术或世界共同之学术沟通","四库旧藏、百科新著,或将咸备于是"。《万有文库》之目的,在于"以整个的普通图书馆用书供献于社会"。[3]

2.胡适整理国故理论和方法与王云五的出版实践

胡适在新文化运动中暴得大名,一跃而为全国思想文化界与学术界的中心人物。这样的新人才是商务所急需网罗的,遂有1921年胡适受邀南下考察商务之旅。虽然胡适后来未供职商务,但从此与商务印书馆结下不解之缘。有学者将胡适对商务印书馆的帮助概括为五点,从编辑出版计划、校改书稿、引荐人才到商务出版物的宣传推广等,均给予商务以全方位的有力支持。[4]

---

[1] 王云五:《旧学新探》,载《岫庐论学》(增订三版),台湾商务印书馆股份有限公司,1975年,第95页。
[2] 王云五:《辑印丛书集成序》,载《岫庐论学》(增订三版),台湾商务印书馆股份有限公司,1975年,第160页。
[3] 王云五:《印行〈万有文库〉缘起》,载《〈万有文库〉预约样本》,商务印书馆,1929年,第1页。
[4] 王建辉:《文化的商务》,商务印书馆,2000年,第223—225页。

胡适其中最有意义者当谓举荐了民国时期商务后期的当家人王云五。胡适对商务印书馆的影响是通过王云五得到实施的。王云五初长编译所，首先做了两件事：（一）改组编译所，延聘专家主持各部。就编译所原设各部酌予调整，俾更合于学术分科性质。（二）编辑各科小丛书，以为他日编印《万有文库》之准备。1923年开始出版的《百科小丛书》，以西洋最新的学术思想为介绍对象。"本丛书创意与主编者为王云五君，迄今已出版者多至400种，其后续出国学、师范、自然科学、医学、体育、农学、商学、工学、史地各种小丛书，虽系分科编辑，体例实与此大同小异。"[1]这两件事无疑都汲取了胡适考察商务提出的改革编译所的意见和编辑《常识小丛书》的计划。徐铸成谈及胡适对王云五的影响时说："那时，胡适虽主讲北大，而不时来南方公出，除中美文化基金委员会等要他主持外，商务印书馆的王云五先生虽年龄较长，而奉之如名师。事无大小，都要向胡博士请教——如朱经农出任商务印书馆编辑部长，就是胡博士推荐的。"[2]王建辉指出，胡适系学界领袖，王云五为商务印书馆主政人，二者的交谊实现了思想文化与出版的沟通，在某种程度上决定了20世纪20年代至40年代中国文化的走向。说张元济在商务印书馆的精神支柱是蔡元培，王云五在商务印书馆的精神支柱是胡适，是有一定道理的。[3]

胡适对商务印书馆的影响，不仅体现在王云五执掌商务后，商务出书的重点由教科书、工具书和影印旧书转向系统地传播西学新知，而且体现在商务出版古籍的思路也发生了变化。一方面张元济仍大力影印善本、侧重文献保存，而王云五则开创了排印国学要籍、普及传统文化的新路。王云五整理出版古籍的思路明显留有胡适整理国故理论和方法的痕迹。王云五古籍出版理念和实践的研究至今空白。胡适整理国故的理

---

[1]《本馆四十年大事记》，载《商务印书馆九十五年》，商务印书馆，1992年，第691页。
[2] 徐铸成：《徐铸成回忆录》，生活·读书·新知三联书店，1988年，第2页。
[3] 王建辉：《文化的商务》，商务印书馆，2000年，第198页。

论与方法对其古籍出版实践的作用,也没有得到辨析。下文对这一问题作详细论述。

(1)胡适整理国故理论与王云五的古籍出版理念

五四新文化运动期间,胡适激烈批判传统文化,但不是简单排斥传统文化,而是强调对旧文化采取评判的态度,重新估定其价值。在批判传统文化的同时,胡适把整理国故视为再造文明的一个必不可少的步骤,也是新文化运动的一个组成部分。胡适认为,"有系统和带批评性的整理国故——是'中国文艺复兴运动'中的一个部门"。[1]

胡适整理国故的理论主要见于1923年发表的《〈国学季刊〉发刊宣言》。在总结清代学者整理国学成绩的基础上,提出进一步推动国故研究工作的意见。他主张:

> 提倡古学的研究,应该注意这几点:
> (1)扩大研究的范围。(2)注意系统的整理。(3)博采参考比较的资料。

三点中,"注意系统的整理"与古籍整理有直接的关联。怎样才是"注意系统的整理"呢?胡适以为:"学问的进步不单靠积聚材料,还须有系统的整理。"系统的整理可分三步:(甲)索引式的整理。(乙)结账式的整理。(丙)专史式的整理。最后,胡适提出了国学研究的三个方向,即:第一,用历史的眼光来扩大国学研究的范围。第二,用系统的整理来部勒国学研究的资料。第三,用比较的研究来帮助国学的材料的整理与解释。[2]

胡适开创了以西学的方法来研究国学和整理中国旧籍的新法门,使国学研究渐预世界学术分科研究的潮流。现代许多学者如顾颉刚、罗尔纲、孙楷第、吴文祺等均承受了胡适的影响,而走上自己的学问之路。

---

[1] 唐德刚译注:《胡适口述自传》,华东师范大学出版社,1993年,第235页。
[2]《国学季刊发刊宣言》,《国学季刊》,1923年1月,第1卷第1号。

王云五虽然不以学术研究为职业,但也接受了胡适的整理国故的观点。1946年,王云五在中央大学发表演讲,题目为《旧学新探》,可见王云五的旧学观点。王氏把自己对于研究旧学的新方法,归纳为六项,就是:

(一)高处俯瞰 ……对于旧学的全貌先从高处俯瞰,具体言之,就是从目录学入手,因为目录学可以助人认识学术的全貌。

(二)细处着眼 研究国学,一方面固须从大处入手,他方面还须在细处着眼;……细处着眼的方法,莫如编制和利用书籍的索引。……我国图书,除了新近出版的书籍间有索引外,所有旧日刊行的书籍皆无索引。近十几年来,对于旧日刊行的工具书和国学书籍增刊索引的,商务印书馆倡议之于前,燕京大学引得社及其他出版家继之于后。……

(三)淘沙见金 我国古籍多非有系统的著作。除经史两部之大部分及子部一部分之性质尚分明外,他如子部中之杂家小说家类,与集部中之别集类,内容复杂细碎,殆无所不包,如欲就其中选取需要之参考资料,殆如淘沙见金。且不仅一书之内容如此,即一部丛书所收之各书除专科丛书外,性质亦相去甚远。欲就其中选读所当读之书,亦须经过同样的淘金手续。关于后者,我编印《丛书集成》就以此为主要目的,而谋有助于读书界。……

(四)贯珠成串 我国古籍的内容,既如上述,大多数复杂细碎;欲就其中搜罗一系的资料,自非采取贯珠成串的方法不可。换句话说,仿佛按上述淘沙见金的方法,将淘得的金沙,变为有用的珠子,而把一条线将他们贯串起来。……

(五)研究真相 ……

(六)开辟新路 ……我在十几年前费了几年工夫,开辟一条关于检查字书辞书所编制索引的新路,就是发明了四角号码检字法,在初时颇有些人反对,但十几年来,至少已有五百万人利用此法检查字书辞书和索引,而感觉其易学速检。[1]

从上面的文字,尤其是王氏总结的第二点和第三点,可以看出与胡适20年代整理国故的思想毫无二致。王云五"对于旧学研究很浅",其在国学方面的见解,受到胡适整理国故理论的熏陶。王云五不仅个人接受了胡适整理国故的观点,更是凭借自己掌握了全国最大的教育机关——商务印书馆的便利,将其实施于出版规划,从而使胡适的观点能够扩散开来,获得更广泛的受众,尤其是教育的进步培育出的日益增长的青年学子,学术风气也为之一变。近代出版一方面极力追逐学术潮流的变化,另一方面也影响了学术研究的新潮流。这一点,从胡适整理国故理论和王云五古籍出版的实践得到了很好的印证。

(2) 胡适整理古籍的方法与《学生国学丛书》的编纂

1904年,中国近代新教育制度确立后,中国学生和学校数量到1937年前一直持续增长,构成了一个庞大、稳定、利润丰厚的教育用书市场。教科书和教育辅导用书成为出版家竞争的主要目标。新出版业的格局基本由出版家所占的教科书市场份额决定,而历次教育制度的改革更使出版业的格局重新划分,书写了新出版业自身的发展演化史。

1932年,陆费逵回顾60年来中国的出版业与印刷业,把前30年称为"萌芽时期",后30年称为"苞胎时期"。苞胎时期"之发轫,在于前清之废科举,兴学校"。[2] 蔡元培亦说:"教育制度既革新,第一需要的,为各学校的教科书。旧式刻版法,旷日持久,不能应急;于是新式的印刷业,应运而兴。"[3]

兴办学校亟需新式教科书,这一时期,编纂教科书的有文明书局、

---

[1] 王云五:《旧学新探》,载《岫庐论学》(增订三版),台湾商务印书馆股份有限公司,1975年,第95—97页。
[2] 陆费逵:《六十年来中国之出版业与印刷业》,载《陆费逵与中华书局》,中华书局,2002年,第475页。
[3] 蔡元培:《三十五年来中国之新文化》,载《蔡元培文集》(卷三教育下),台湾锦绣出版事业股份有限公司,1995年,第527页。

商务印书馆、清政府学部等家。商务版教科书以内容精审、各科完备风行国内，占领了大部分市场，成为这场教科书竞争的大赢家。商务借此业务得到长足发展，确立了自己在新出版业中的优势地位。辛亥革命前夕，时任商务印书馆出版部部长的陆费逵，预料革命必将成功，暗中编印以共和政体为内容的新教科书，而商务对教科书未作改编。1912年，中华民国甫造，从商务离职的陆费逵创办中华书局，及时推出新教科书，一时赢得大部分教科书的市场，打破商务教科书一统天下的局面。中华书局也异军突起，在一二年间享誉海内，成为与商务印书馆并称的大出版企业。

从1904年清政府颁布中国近代第一个全国性法定学制系统——"癸卯学制"，到1922年新学制颁布前夕，教育制度一直处在调整和改革的过程中。第一次世界大战后，因庚子赔款留美的早期学子陆续回国，他们以美国教育为典范，努力推动中国的教育改革。1921年，全国教育联合会在广州举行第七届会议，讨论学制改革。1922年11月，新学制诞生，亦称"壬戌学制"。后来虽然有多次学制改革，但变动不大。学制改革意味着20年代新一轮教科书市场竞争的启动。

新学制颁布后，学校课程设置作了相应调整，各科课程纲要重新制订。其中与古籍出版相关者为中学国语一科的课程纲要的重新制订。新文化运动之前，中学国文教材全为文选式的文言文章。经过五四新文化运动的洗礼，废除文言文，倡导白话文的观念深入人心，语文课程受到了一次革命性的冲击。1920年北洋政府发布训令，决定从1920年秋季起，中小学国文科逐步采用白话文，小学改称"国语"，教科书全部采用白话文；初中国文教科书和高中国文教科书白话和文言按比例编排。传统的语文教育开始向现代的转变。

新学制国语教材中，古文仍在教材中占有较大的比重，对中学毕业生古文的程度仍有相当的要求。[1]

---

[1] 可参见本书第二章相关内容。

1930年，国民政府教育部颁布的中学国文课程标准中，初中选文白话和文言比率的规定是：初一，七比三；初二，六比四；初三，五比五。到1940年教育部公布修订中学国文课程标准，初中各年级国文课本课程标准选文的白话同文言的比率分别是四比六、五比五、三比七，文言比例有了进一步的提高。[1]民国时期高中语文课本主要是文言。[2]中学语文课程中关于文言的要求为古文读物保留了一个庞大的市场。

新学制课程纲要颁布前后，教育界就中学国文的教学目标、教法、教材等问题展开了热烈的讨论。胡适也就这一问题，写有《中学国文的教授》(1920年)及《再论中学国文的教学》(1922年)两文，提出自己对中学国文教学的意见。胡适以为，一个中学国文的理想标准是："(1)人人能用国语(白话)自由发表思想，——作文，演说，谈话，——都能明白通畅，没有文法上的错误。(2)人人能看平易的古文书籍，如《二十四史》、《资治通鉴》之类。(3)人人能作文法通顺的古文。(4)人人有懂得一点古文文学的机会。"[3]

胡适的国文教学兼顾白话和文言，把语言文字的训练和传统文化的涵养结合起来，应该说颇有见地，对今天的语文教学仍不无借鉴的价值。关于古文的教材和教授法，胡适主张中学四年中第一年专读近人的文章，后三年应该多读古人的古文。但当时"白话文还有一些材料可用，到是古文竟没有相当的教材可用"，原因是古书"现在还不曾经过一番相当的整理。古书不经过一番新式的整理，是不适宜于自修的"，胡适说："我提倡学生自读古书，但是有几部古书可以便于自修呢？我曾举《资治通鉴》，但现行的《资治通鉴》，——宋本，百衲本，局本，

---

[1] 北京师范学院中文系汉语教研组编著：《五四以来汉语书面语言的变迁和发展》，商务印书馆，1959年，第60页。

[2] 北京师范学院中文系汉语教研组编著：《五四以来汉语书面语言的变迁和发展》，商务印书馆，1959年，第59页。

[3] 胡适：《中学国文的教授》，载《胡适文集》2，北京大学出版社，1998年，第153页。原载《新青年》，1920年9月1日，第8卷第1号。

石印，——那一部可以供普通中学学生的自修呢?"[1]

针对古书未经新式整理的现状，胡适提出了一个简略的整理古书的方法，具体为：

(1) 加标点符号。
(2) 分段。
(3) 删去繁重的，迂谬的，不必有的旧注。
(4) 酌量加入必不可少的新注。
(5) 校勘用古本善本校勘异同，订正讹脱。
(6) 考订真假。
(7) 作介绍及批评的序跋　每书应有详明的序跋，内中至少有下列各项：
(a) 著作人的小传。
(b) 本书的历史　如序《书经》，应述"今古文"的公案。
(c) 本书的价值　如序《诗经》，应指出他的文学价值。[2]

胡适以为，有了这一番整理的工夫，就可以有一套《中学国故丛书》。他还提出了一个包括《诗经》等31种古籍在内的大略书目，这样中学古文的教授便没有困难了。

胡适整理旧书的新方法和编纂《中学国故丛书》的计划得到王云五的赞同，王云五后来用新法整理古书，排印出版《学生国学丛书》、《国学基本丛书》、《丛书集成初编》，方法即得自胡适。胡适的文章8月底发表后，王云五9月中旬即致信胡适，说："关于整理旧书一段，不但裨益教育，并且确是一大利源。又所开七条件，也很周密妥善。我以为

---

[1] 胡适：《再论中学的国文教授》，载《胡适文集》3，北京大学出版社，1998年，第605—606页。
[2] 胡适：《再论中学的国文教授》，载《胡适文集》3，北京大学出版社，1998年，第607页。

商务亟当照此进行。"对《中学国故丛书》的编纂，王云五亦提出自己的见解：

（一）本丛书内，宜编著关于经学、史学、诸子、文学、小说、词章各种概论，一律作语体，以为入门的预备。

（二）本丛书所选著作，如篇幅较繁，且不是全体有价值的，不妨酌加删节。但只可删全篇，不可于一篇之中删去某段。后种办法最易失作者精意，致冤枉古人。

（三）注释删繁就简，自系正当办法；但向例注释均置于正文之下，最易淆乱句读，使读者不能够贯穿全篇。我以为当照外国书体例，所有注释都依（次）标明次序，放在每页之下方。

（四）较难的段落，除却注释、标点外，当斟酌诸家的说，在每段下附以语体文，用较小的字体印刷。但不必每段都附译文。

（五）古代文物，和现今多不同；于必要时加入图画。

（六）本丛书不仅供中学生之用；所以书名用《国故丛书》就够，不必加入"中学"两个字。[1]

其中第三条是对传统注释方法的改良，方便了读者的阅读。经过讨论，《中学国故丛书》的选目、整理方法已臻成熟。1925年，商务印书馆开始刊印《学生国学丛书》。该丛书"编辑主干"为王云五和朱经农，读者对象为未涉国学藩篱的中学或中学以上程度学生。分为总类3种，哲学14种，社会科学5种，文学54种，史地17种，至1940年共陆续刊行93种。所选皆为国学要籍。每一书选择精要内容，分段标点，详加注释，并在书前导言纂写作者生平，略叙书的内容提要，示读者以研究门径，便利读者阅读、利用。选注的作者有陈彬龢、周予同、叶绍钧、庄适、陈柱、沈德鸿、傅东华、胡怀琛、吕思勉等，均系知名学

---

[1]《王云五致胡适信》，1922年9月14日，载《商务印书馆九十年》，商务印书馆，1987年，第596—597页。

者。其《编例》说明了编辑缘起、选书范围、收录标准、整理方法,内容如下:[1]

一、中学以上国文功课,重在课外阅读,自力攻求,教师则为之指导焉耳。惟重篇巨帙,释解纷繁,得失互见。将使学生披沙而得金,贯散以成统,殊非时力所许;是有需乎经过整理之书篇矣。本馆鉴于此,遂有《学生国学丛书》之辑。

二、本丛书所收,均重要著作。略举大凡:经部如《诗》、《礼》、《春秋》,史部如《史》、《汉》、《五代》,子部如《庄》、《孟》、《荀》、《韩》,并皆刊入;文辞则上溯汉、魏,下迄近代,诗歌则陶、谢、李、杜,均有单本,词则多采五代、北宋,曲则撷取元、明大家,传奇、小说,亦选其英。

三、诸书选辑各篇,以足以表见其书、其作家之思想精神、文学技术者为准。其无关宏旨者,概从删削。所选之篇类不省节,以免割裂之病。

四、诸书均分段落,作句读,以便省览。

五、诸书均有注释。古籍异释纷如,则采其较长者。注释刊载每页之末按检至便。

六、诸书较为罕见之字,均注音切,述作者生平、本书概要,凡所以示学生研究门径者,不厌其详。

七、编者识力有限,固陋在所难免。当世学人宠而教之,无不乐承。

用新式标点符号分段标点古籍,在正文前撰写导读或研究性文章,《学生国学丛书》并非首创,与胡适渊源极深的亚东图书馆最早采用。1920年8月,亚东图书馆第一次用新式标点排印出版《水浒》,书前刊

---

[1] 载庄适选注:《吕氏春秋》,商务印书馆,1927年。

有胡适的长文《〈水浒传〉考证》，大获成功。由于新文化运动后白话文和新式标点符号应用日广，新法标点古书渐渐流行。各书局所出的古书，竞相以"新式标点"、"白话详解"招徕顾客。但是各家点校排印的古书，以小说等文学类书籍为主，多单本零册，不能使国学入门者略窥传统典籍的面貌。以丛书的形式，选辑国学要籍，涵盖经史子集四部，规模体系兼备，指示学生国学研究的门径，则《学生国学丛书》为新式方法排印古籍的第一次。接踵者有大东书局1931年至1933年出版《国学门径丛书》8种，文殿阁书庄1933年至1937年出版《国学文库》35种，中央书店1935年至1936年出版《国学基本文库》11种，国学研究社1935年至1936年出版《国学珍本丛书》10种。

王云五、朱经农主持刊行的《学生国学丛书》，开辟了商务印书馆用新式标点、分段、注释、导读等新法整理古书的路数。古书的难读、难解是时人的共识。不仅新一代学人胡适对此屡有烦言，旧学大师梁启超亦深有同感："中国书没有整理过，十分难读，这是人人公认的。"[1]用新方法整理旧书，减少古书阅读的困难，适应20年代整理国故运动兴起后，群趋国学研究的青年读者的需求，势在必行。《学生国学丛书》分段、句读，用白话文作简要的注释，把注释刊载在每页之下，罕见的字注音，每种读本有一篇切实而浅明的白话文导言，叙述作者生平、本书概要，帮助学生，处处便利读者浏览、利用。《学生国学丛书》造成了一种经过整理、易读、易解的经典读本，扫除古书难读的障碍，扩大了读者的范围，使古代经典能够为更多国民所理解、接受，在一个更广的层面上得到普及，亦即传统文化获得了更长久的生命力。

《学生国学丛书》用的是排印的方法。张元济影印善本，保存文献，影印古籍，流传珍本，在学术研究和文化传承方面均为功甚巨。但影印的新版旧书，虽较宋椠元刊远为廉价，但是对于民国时期大众薄弱的购买力来说，仍不免价格昂贵。诚如陆费逵所说："当兹四海困穷之时，

---

[1] 梁启超：《治国学杂话》，载《胡适文集》3（附录二），北京大学出版社，2013年，第107页。

能以千元购书者,究有几人?非普及之道也。"[1]郑振铎曾论及影印和排印的优劣,以为:"石印法不改变原书行列款式,不会有什么错字,这是其便利、妥善处。然卷帙过于繁重,费工费时过多,售价过高,非一般人所能有,此是其弊。铅印法,比较的省篇幅省纸张,定价可以便宜些。此是其利。然其弊,则在校对疏忽,错字太多。"[2]

影印和排印各有所长,各有适用的范围。二者一般来说,珍本秘籍,影印则可保持原貌,订正流传中产生的文字讹误,为学术研究提供可靠资料;排印有定评的常见本,可以对古籍加以注释或翻译,降低价格,使古籍适于现代读者的需要,有利文化普及。《学生国学丛书》定位的读者对象是学生,从学生经济和知识水平的角度考虑,版式自然以排印为宜。

张元济主持的古籍,整理方法是中国固有的版本校雠之学,基本采用影印。对王云五用新法整理旧籍,排印《学生国学丛书》,张氏心存怀疑。王云五致胡适信中说:"我个人以为对于这部丛书,以为纵不能办得美满,总该尝试尝试。但是菊生等对于旧学研究较深的,却稍存慎重怀疑的态度。"[3]开明的张元济并不干涉王云五所为。后来王云五打破传统的四部分类法,用自己所发明的中外统一分类法来部别《丛书集成初编》。王云五通过《学生国学丛书》的编纂,确立了用新方法来整理排印古籍的出版途径,使古籍更为普及化和平民化。这种整理出版古籍的方式后来又应用于王云五主编的《国学基本丛书》和《丛书集成初编》,成为王云五主持商务,有别前任张元济的出版特色之一。标点、白话注释与翻译整理排印古籍和影印原本至今仍是古籍出版的两种主要方法,从这一点来看,《学生国学丛书》的编纂是有开创之功的。

---

[1] 陆费逵:《〈古今图书集成〉影印缘起》,载《陆费逵与中华书局》,中华书局,2002年,第458页。
[2] 郑振铎:《向翻印"古书"者提议》,《文学》,1934年6月,2卷6号。
[3] 王云五:《致胡适信》,1922年9月14日,载《商务印书馆九十年》,商务印书馆,1987年,第596—597页。

(3)《国学基本丛书》

王云五用新式方法整理古籍的思路,继《学生国学丛书》之后,贯彻于《国学基本丛书》和《丛书集成初编》之编印。20年代中期,国内图书馆运动盛起,而因经费支绌、图书馆人才缺乏、图书难求,成绩不大。王云五为解决建设图书馆上述的三项困难,遂在新出的百科小丛书的基础上,整理扩充,而有《万有文库》的编纂。《万有文库》目的是:

> 一方在以整个的普通图书馆用书供献于社会,一方则采用最经济与适用之排印方法,俾前此一二千元所不能致之图书,今可以三四百元致之。更按拙作中外图书统一分类法,刊类号于书脊;每种复附书名片,依拙作四角号码检字法注明号码。[1]

《万有文库》共二集。第一集1000种,于1929年开始分批推出,1931年10月出齐。第二集700种,1935年开始分批推出。第一集内含《国学基本丛书》100种。第二集含《国学基本丛书》300种。丛书包括中等以上学生必须参考或阅读之国学基本书籍。所据版本,以注释精当、讹字绝少者为准。诸书均加句读,并校正讹字。初集按王云五中外图书统一分类法分为21类,二集分为56类。

《国学基本丛书》特点在于:一、选目科学。国学书籍浩如烟海,《基本丛书》所收仅400种,去取的标准是编纂者不能不考虑的问题。王云五亦说:"第二集书目在草拟时最感困难者,莫如《国学基本丛书》。盖国学书籍既多,当读者亦不少;万有文库目的在依适当进程,先其所急。第二集所收虽多至三百种,究属有限,选择标准既不敢凭少数人之主观,亦不宜据片面之判断。"王云五以近人13种国学入门书目为参考依据,斟酌损益,"结果三百种中未见于各家入门书者只十四种,

---

[1] 王云五:《印行〈万有文库〉缘起》,载《〈万有文库〉预约样本》,商务印书馆,1929年,第1页。

此即为求各科各类之具备，不得不补充诸家入门书目者也"。[1] 这样处理的结果是《国学基本丛书》选目客观、科学。

二、按照王云五的中外图书统一分类法分类。我国古代图书分类法，以经史子集四部来部勒图书。近代西方图书传入后，传统的四部分类法已经不适合时代发展的需要。而国外的图书分类法无法归类所有中国的书籍。图书馆界和文化界人士为了解决中外图书统一编目的问题，20年代有多种图书分类法的发明。王云五的中外统一图书分类法即其中之一。该法以美国杜威十进制分类法为蓝本，增加了三个符号，以便包容中外图书。《国学基本丛书》是王云五将其1927年完成的中外图书统一分类法用于商务的古籍出版的实践，具有探索的意义。有学者认为中外图书统一分类法在古籍出版上的应用推迟到《丛书集成初编》，不确切。

王云五印行《万有文库》，"一以购书者精力与金钱之经济为主要条件"，最终是"想把整个的大规模东方图书馆化身为千万个小图书馆，使散在于全国各地方、各学校、各机关，而且可能还散在许多的家庭"。[2] 从《万有文库》的销售看，确实达到了他的初衷。《文库》初期销售并不理想，后经商务努力在各大报刊大作宣传广告，国内学术界和文化界也注意到丛书的价值，才销路大开。至1934年底，销售3851部，各省购买数字如下，[3] 亦可见民国时期省域之间文化和经济发达程度的差别：

　　黑龙江1；吉林18；辽宁229；察哈尔22；绥远8；河北255；山西94；山东345；陕西47；宁夏3；甘肃12；青海2；新疆2；四

---

[1] 王云五：《岫庐八十自述》，台湾商务印书馆股份有限公司，1967年四版，第114页。
[2] 王云五：《印行〈万有文库〉缘起》，载《〈万有文库〉预约样本》，商务印书馆，1929年，第1页。
[3] 《〈万有文库〉第一集分布国内省区图》（数字表示部数），《教育杂志》，1934年12月10日，24卷4号。

川 407；安徽 95；江苏 564；浙江 280；福建 105；江西 76；湖北 122；湖南 292；广西 239；广东 462；贵州 48；云南 123。

《万有文库》到战前第一集售出约 8000 套，第二集约 6000 套。[1]随《万有文库》行销全国各地的《国学基本丛书》，一是定价低廉，购书者容易接受；二是"藉本文库而新办之小图书馆不下二千所"。[2]图书馆公开阅览，扩大了读者面，有利文化传播和古籍的普及。以出版物的经济效益和文化效益来衡量，包括《国学基本丛书》的《万有文库》，是成功的。

(4)《丛书集成初编》

《万有文库》"非以一学科为范围，乃以全智识为范围"。[3]第一集完成后，张元济勉励王云五以同一意旨整理中国学术全貌。

> 《万有文库》甫就，张菊生君勉余以同一意旨，进而整理此无量之丛书；并出示其未竟之功以为楷式。余受而读之，退而思之，确认是为必要。半载以还，蒐求探讨，朝斯夕斯，选定丛书百部，去取之际，以实用与罕见二者为标准，而以各类具备为范围。[4]

时值文化思想界复古潮流抬头，出版界翻印古书风气大盛。商务印书馆自然不肯放过机会，遂于 1935 年 5 月发售预约《丛书集成》，原定 1937 年出齐，因抗战全面爆发中止。

《丛书集成》辑印宋、元、明、清名贵丛书 100 部，综计子目约

---

[1] 王建辉：《文化的商务》，商务印书馆，2000 年，第 110 页。
[2] 王云五：《岫庐八十自述》，台湾商务印书馆股份有限公司，1967 年四版，第 154 页。
[3] 王云五：《印行〈万有文库〉缘起》，《〈万有文库〉预约样本》，商务印书馆，1929 年，第 1 页。
[4] 王云五：《辑印〈丛书集成〉序》，载《岫庐论学》（增订三版），台湾商务印书馆股份有限公司，1975 年，第 160 页。

6000种，去其重复，还有4107种，实际出书3467种，多数以铅字排印，并加以断句，少数用影印。该书在编排上依照王云五氏中外图书统一分类法先分为总类、哲学、宗教、社会科学、语文学、自然科学、应用科学、艺术、文学、史地等十大类，再区分为541小类，分装4000册。各类包括的子目种数为总类368种，哲学451种，社会科学322种，宗教34种，自然科学158种，应用科学225种，语文学145种，艺术285种，文学1216种，史地883种。本书收编了四部以外的笔记、丛钞、杂说等单本、孤本书籍，可补四部书之不足。

为说明《丛书集成》的特点，商务印书馆将之与《四库全书》从内容、时代、种数、字数、分类、售价六方面加以比较，并列表如下：[1]

表四 《丛书集成》与《四库全书》之比较

	四库全书	丛书集成
内容	四库内容虽称浩博，但当时选书标准，完全以清廷主观的眼光为依归，名作未予著录者不少	刊刻丛书，各有主旨，即各有选书之标准。丛书集成选辑最实用最名贵之丛书百种，其全部取材之范围极广。四库未收之书辑入本书者，为数甚多。故欲窥见本国学术之全部体系者，惟有求之于本书
时代	四库全书第一部成书于清乾隆四十七年	丛书集成所收丛书，直至清末为止。四库成书后百余年内之著述亦多经收入
种数	四库著录之书计三千四百六十种	丛书百种之子目约六千种，去其重复，实存四千零八十七种，较四库著录诸书之种数约多十分之二
字数	四库全书约七万万字	丛书集成约二万万字，约当四库全书字数三分之一

---

[1]《〈丛书集成〉与〈四库全书〉之比较》，《申报》，1935年6月24日。

（续表）

	四库全书	丛书集成
分类	四库全书分类简略，不便检查	丛书集成子目四千零八十七种，依王云五氏中外图书分类法先分十大类，以下再析为五百四十一小类。门类具体而正确，决无模糊影响之弊
售价	四库全书成七部，迄今完好无缺者不及半数，其价值非金钱所可估计	丛书集成采用最经济之印刷方法，以排印为主，影印辅之。全书分装四千册，在本月内定购，只收五百元（自七月一日起改收五百四十元）。另订分期交款办法。亦以早日定购为廉

从上面所列各项可以看出，《丛书集成》在选书的体系性、收录著作的完整、收书的种数、分类的科学性和售价的低廉上均胜出《四库全书》一筹。其中罕见者有元刊《济生拔萃》，明刊《范氏奇书》、《今献汇言》、《百陵学山》、《两京遗编》、《三代遗书》，清刊《学津讨源》等，为海内孤本。《丛书集成》将"七百年来丛书重估新价，将四千余种专著理清头绪，将中国百科学术显出全貌"，[1] 其价值在今天仍为人称道。

三、商务印书馆古籍出版的特点及文化贡献

出版家以供给社会优质的出版物赢得名声。商务的古籍出版，经过两代出版家的努力，出版了大批善本珍籍和国学要籍。民国时期商务印书馆刊刻的古籍丛书见表五：[2]

---

[1]《〈丛书集成〉广告》,《出版周刊》，1935年6月，新131号。
[2] 据《中国丛书综录》、《中国丛书综录补正》、《中国丛书广录》、《中国近现代丛书目录》、《商务印书馆图书目录（1897—1949）》统计。

表五　商务印书馆出版古籍丛书目录

书名	类别	刊印时间	种数	卷数
五种遗规	子	1911 年	5	
痛史	史	1911—1917 年	21	
明季稗史续编	史	1912 年	6	
御纂医宗金鉴	子	1912 年	15	
唐人四集	集	1914 年	4	
唐六名家集	集	1914 年	6	
唐人八家诗	集	1914 年	8	
五唐人集	集	1914 年	5	
十三经	经	1914 年	13	
涵芬楼秘笈	丛书	1916—1921 年	50	
影印殿本二十四史	史	1916 年	24	
元曲选	集	1918 年	100	
续古逸丛书	丛书	1919—1938 年	46	
学海类编四百三十三种	丛书	1920 年	433	
四部丛刊	丛书	1920—1922 年	323	
学津讨原二十集	丛书	1922 年	172	
别下斋丛书	丛书	1923 年	27	
续藏经	子	1923 年		7140
道藏附续道藏	子	1923—1926 年	1476	
正统道藏医书十种	子	1923 年	10	
佚存丛书	丛书	1924 年	17	
涉闻梓旧	丛书	1924 年	25	
汉魏丛书	丛书	1925 年	38	
顾氏文房小说四十种	集	1925 年	40	
学生国学丛书	丛书	1925—1940 年	93	

（续表）

书名	类别	刊印时间	种数	卷数
果报类编	集	1926年	4	
元人十种诗	集	1926年	10	
宋人小说	集	1926年	29	
道藏举要	子	1926年后	176	
说郛一百卷	集	1927年		100
论画辑要	子	1928年	8	
奢摩他室曲丛	集	1928年	35	
全相平话四种	集	1929年	4	
百衲本二十四史	史	1930—1936年	24	
国学基本丛书第一集	丛书	1929—1931年	100	
国学基本丛书第二集	丛书	1934—1937年	300	
四部丛刊续编	丛书	1934年	75	
四部丛刊三编	丛书	1935—1936年	70	
十通	史	1935—1937年	10	
旧小说	集	1935年	392	
四库全书珍本初集	丛书	1935年	232	
影印四库全书四种	丛书	1935年	4	
选印委苑别藏	丛书	1935年	40	
丛书集成初编	丛书	1935—1937年	3467	
国学基本丛书简编	丛书	1935—1947年	50	
景印元明善本丛书十种	丛书	1937—1940年	620	
国立北平图书馆善本丛书第一集	丛书	1937年	12	
子汇二十四种	子	1937年	24	
两京遗编十二种	丛书	1937年	12	

（续表）

书名	类别	刊印时间	种数	卷数
古今逸史五十五种	史	1937年	55	
评注诸子菁华录	子	1939年	18	
百家词	集	1940年	87	
孤本元明杂剧	集	1941年	144	
广东丛书	丛书	1946年	19	
净土津梁十三种	子	不详	13	

商务印书馆的古籍出版，首先开以石印技术影印四部群书风气之先。近代石印术传入后，同文书局等书坊曾用石印法影印《二十四史》、《古今图书集成》等书。但书坊翻印古书，主要为小说类休闲书或常见之书。有鉴于此，缪荃孙、王秉恩建议张元济影印四部书籍。

> 海通而后，远西石印之法，流入中原，好事者取一二宋本书，照印流传。形神毕肖，较之影写付刻者，既不费校雠之日力，尤不致摹刻之迟延。艺术之能事，未有过于此者。惟其所印者未能遍及四部，成为巨观。江阴缪艺风荃孙、华阳王息尘，怂恿张菊生同年元济以商务印书馆别舍涵芬楼，征集海内藏书家之四部旧本书，择其要者为《四部丛刊》，即以石印法印之。[1]

商务辑印《四部丛刊》，包含四部要籍，反映中国传统学术全貌，实为影印古书之创举。

其次是规模宏大。民国时期总共翻印古籍约27000种，商务一家翻印仅丛书就有53种，含子目8992种。另有《说郛》100卷，《续藏经》7140册。合计占民国时期全部翻印数的1/3强。《丛书集成初编》、《四

---

[1] 叶德辉：《书林清话·书林余话》，岳麓书社，1999年，第289页。

部丛刊》、《道藏》、《续道藏》、《续藏经》、《国学基本丛书》等皆为宏编巨制。《四部丛刊》甚至与《永乐大典》、《四库全书》并称，日本汉学家武内义雄称之"实为中国空前之一大丛书"。[1] 而《丛书集成初编》较《四库全书》著录之种数约多十分之二。

再次，对中国古籍和传统文化进行了全方位整理。《四部丛刊》、《丛书集成初编》、《国学基本丛书》皆包容经史子集四部。《百衲本二十四史》则汇集存世乙部善本，校勘审订，补缀而成，实为清代学者未能做到之大工程，在正史的校勘整理上超越了清代学者的成就，为辑印正史承前启后之巨帙。佛教则有《续藏经》，道教则有《道藏》、《续道藏》。此外，还对清人著作加以整理出版。《四库全书》修纂于清乾隆四十六年（1781），之后的清人著作则未能系统整理出版。而《丛书集成初编》所收丛书，直至清末为止，《四库全书》成书后百余年内之著述亦多经收入。商务出版《丛书集成初编》，清人著作之流传有赖于之。

再次，开创了影印和排印两种古籍整理出版方式。汇集孤本珍籍，以版本校雠之学加以整理出版，则始自张元济。以新法整理古籍，解决古书难读难解的问题，用最经济的排印方式出版，为普通大众提供廉价、易解之读本，普及传统文化和国学知识，则始自王云五。商务开创的这两种古籍出版方式，成为古籍出版的范式。

最后，分层次出版也是商务出版古籍的特色。商务出版古籍，注意满足不同层次读者之需要。保存古籍原貌，影印善本秘籍之《四部丛刊》、《涵芬楼秘笈》、《续佚存丛书》、《四库全书珍本初集》等，提供真实可靠、极具版本价值之文献，以经济条件较为优越之图书馆、学者、藏书家为读者对象；排印国学要籍，价廉质优之《学生国学丛书》、《国学基本丛书》，着眼于文化普及，以购买能力有限之学生和普通大众以及经费支绌之小图书馆为对象。两类古籍均以流通古籍为目的，而互为辅助，并行不悖。

---

[1] 叶德辉：《书林清话·书林余话》，岳麓书社，1999年，第294页。

中国文化延续数千年而不中断，与历代官方和民间对文献的搜访、收藏、整理、编纂和刊刻关系极大。但是政府在整理文献的过程中，为了维护统治，对文献屡有割裂剪裁之举，以合于政治的需要，体现出政治对学术领域的侵蚀。而商务印书馆以民营出版家的身份整理文献，则尽力还原典籍真相，影印出版上古至清朝传统典籍，为学术研究提供可靠的资料，满足图书馆建设和藏书家的需求，为阅读传统经典提供高质量和廉价的古籍读本，其学术意义和文化传承、普及的功绩自不待言。

第三节　中华书局的古籍出版

民国时期出版界争夺图书市场，以商务印书馆和中华书局之间为烈。30年代就有人观察到了这一现象："中华书局与商务印书馆为吾国最有悠久历史与规模最宏大之印刷机关；双方虽志同道合，而以营商业手段行传播文化事业，故常不免有同业互竞之举；虽不见显揭旗帜，然其角逐之痕迹固历历在明眼人目中也。"[1] 双方竞争的图书领域除了教科书、工具书、杂志外，古籍也是一个方面。

1912年，时任商务印书馆出版部部长的陆费逵编辑一套《中华教科书》，脱离商务，创办中华书局。中华书局初期的营业主要是教科书、工具书和杂志。古籍方面在1914年选印有古书精华如《史记》、《汉书》、《老子》、《庄子》、《列子》、《墨子》、《文选》、《古文辞类纂》等十余种。商务印书馆出版《四部丛刊》成功后，中华书局也起而效仿，开始注意大部古书。中华书局针对《四部丛刊》只重版本、不切实用的弱点，注重常见、常用、带注的古籍，尤其是清代学者注疏本，并利用自己手中的一套聚珍仿宋铅字，排印《四部备要》。陆费逵谓聚珍仿宋铅

---

[1] 慕骞：《对于中华商务两大书局影印珍籍之意见》，《浙江省立图书馆馆刊》，1934年2月，第3卷第1期。

字"方形欧体，古雅动人，以之刊行古书，当可与宋椠元刊媲美"。[1] 1922年《四部备要》开始发售预约，1927年出齐。《四部备要》收古籍351种，11305卷。初以连史纸和赛宋纸两种纸张印刷，线装12开，分订2500册（1934年又有线装5开本印行）。1936年出洋装缩印本。中华书局为推销《四部备要》，曾在《申报》上多次刊登广告，现摘录一则，以见《四部备要》之特色：

（一）分量　全书共三百四十九种，计壹万壹千三百四十九卷，凡一百五十兆言；

（二）工作　主持者三人，覆校者十五人，排印订工作者二百余人，三百人工作十年约合壹百万工；

（三）时期　壬戌年（1922年）着手，现已将五年，方排成一半，辛未年（1931年）可以全功告成，前后计十年；

（四）成本　排校费三十万元，千部纸张印订费三十万元，共计六十万元，千部售完尚不敷成本；

（五）名誉　第一集约一千部早已售完，各省学校图书馆购者极踊跃。奉天教育厅以省款购五十部发给省立学校并通饬各县采购，政界军界学界商界名人预约者甚重，五集全预约已七百余部；

（六）特色　选有用之书采精善之本为读书所必备，用丁氏聚珍仿宋版精印，字体优美，墨色艳洁。全书二千余册，木版原书约五千册，非二三万金不办且不易求。书根均印书名、册数，并不加价；

（七）预约办法　一、本书五集，计二千余册。连史纸定价一千二百元，预约一次缴者六百元，分五次缴者每次缴一百三十元；赛宋纸定价八百元，预约一次缴者四百元，分五次缴者每次缴九十

---

[1] 陆费逵：《校印〈四部备要〉缘起》，载《陆费逵与中华书局》，中华书局，2002年，第447页。

元;二、已购一二集只需购后四集或三集者,照预约价扣算;三、本书年出一集,丁卯年底出第一集,至辛未年底五集出全;四、预约以一千部为限,限满截止;五、本书每集制有雅式书箱二只,连架一座,实收银十四元,五集木箱七十元。[1]

《四部丛刊》和《四部备要》两大丛书,前者以版本胜,后者以实用胜。二者不仅卷帙浩繁,而且都注重选择,汇刊古籍中最基本、最必要的书籍,为学术研究提供便利。《四部丛刊》所收"皆四部之中,家弦户诵之书",而《四部备要》"择吾人应读之书,求通行善本,汇而集之。……提纲挈领,取便研求;廉价发行,以广传布"。[2] 两书各有所长,学术界则受益良多。

影印《古今图书集成》是中华书局整理出版古籍的另一大工程。1933年,出版界翻印古书之风盛行。中华书局亦开始筹划影印《古今图书集成》和《各省通志》。商务印书馆其时也有影印《古今图书集成》之计划,两家遂起冲突。后商务印书馆总经理王云五主动退让,由中华书局影印《古今图书集成》、商务影印《各省通志》而使冲突圆满解决。王云五记其事曰:

> 闻伯鸿某日向彼此互有交谊之某君表示,对余复兴商务印书馆之努力与成功备加赞许,独于竞印《古今图书集成》一事,颇咎余过甚。余闻此语,即语某君,以同业竞争过烈,难免两败俱伤,中华对《古今图书集成》之筹备影印,既早于商务,商务不妨放弃,以专让中华为之。惟盼能藉此关系,今后彼此合作,以免不必要之损失。伯鸿闻之,至为欣慰,前嫌一时尽释。商务放弃《图书集成》之后,即专印各省通志,不及一年,已出版者六省。设非抗战

---

[1] 《〈四部备要〉:古书空前大工程》,《申报》,1926年11月12日。
[2] 陆费逵:《校印〈四部备要〉缘起》,载《陆费逵与中华书局》,中华书局,2002年,第447页。

军兴，各省通志定可完全景印。[1]

　　《古今图书集成》是我国现存最大的一部类书。清康熙四十年（1701）由陈梦雷倡议和主持编纂，雍正即位后，经筵官、户部尚书蒋廷锡受命重辑。全书正文（附图记）收古书 6000 余部，计 1 万卷，16000 万言。内多珍贵史料，亦为国际学术界重视，有"康熙大百科全书"的美誉。《古今图书集成》最早有清雍正六年（1728）内府的铜活字本，共印 64 部。1884 年，上海图书集成局采用扁宋体铅活字排印，共印 1500 部，惜讹误不可胜数。1890 年，同文书局照原书大小影印 100 部，分存京沪。沪本不久即遭火灾。到 20 世纪 20 年代，市面上已经流传甚少。1933 年冬，广东中山旅沪富商陈炳谦以中华书局为传播文化所需，因将所藏康有为旧藏殿版铜活字本赠与作底本之用。其中 62 册抄本和同文版所附石印本考证 24 卷，皆从浙江省立图书馆借印。该书 1934 年 10 月开始第一批出书，到 1940 年 2 月全部出齐，共影印 1500 部，每部 16 开 808 册。其中博物汇编、艺术典等，因需求较多，影印了 2500 部。

　　中华书局还排印了普及性的古籍读本。20 年代有：新文学社编辑的《通俗文类钞》第一册，翌年续出第二、三册；浦薛凤编《白话唐人七绝百首》，次年续出凌清善编《白话唐诗五绝百首》、《白话唐诗古体诗百首》、《白话宋诗七绝百首》等，[2] 响应白话文运动，为白话文运动助阵。1929 年，聚珍仿宋版《袖珍古书读本》，选经史子集 30 种加句读，为研究古籍的入门书。[3] 1936 年出版有《中国文学精华丛书》，如《古诗评注读本》等，共 60 余种。全部新式标点加评注。此外，还出版了一些实用性的古文选本和古今尺牍。古文选本有张相编的《古今

---

[1] 王云五：《岫庐八十自述》，台湾商务印书馆股份有限公司，1967 年四版，第 223—224 页。
[2] 钱炳寰编：《中华书局大事纪要》，中华书局，2002 年，第 51 页。
[3] 俞筱尧、刘彦捷编：《陆费逵与中华书局》，中华书局，2002 年，第 95 页。

文综》和中华书局编辑所编的《五朝文简编》，蒋瑞藻编纂的《新古文辞类纂》。古今尺牍有姚汉章《古今尺牍大观》。

第四节　世界书局等新书业的古籍出版

民国时期，书业中人，对规模较大的商务印书馆、中华书局、世界书局、大东书局、开明书店这五家，简称为"商、中、世、大、开"，这是以印售中小学教科书数量之多寡而排列次序的，也是五家实力强弱的比照。世界书局由沈知方创办于1921年，1950年结束。大东书局1916年创立，1949年结束，创办人为吕子泉、王幼堂、沈骏声、王幼卿4人。开明书店1926年创立，主要创办者为章锡琛，为一家同人书店，1953年并入中国青年出版社。这三家出版社出书内容各有特色，前期均很少涉足古籍。但20世纪30年代初，长江流域发生了空前的大水灾，读者的购买力又因经济恐慌而更为削减，同时因"九一八"事变，失去了广大的东北市场，书业萧条，而翻印古书便宜，成本低，市场相对平稳。在这种情况下，新书业的注意力不能不被吸引到古籍上来，形成1934—1937年翻印古书风潮。上面三家新书业在这一阶段均有大部头古籍的编纂出版。

世界书局"以科学化经济化而从事国学书籍之整理，一年一年的努力，一期一期的出版，务使读者于最经济之原则下，最短少之时间，而坐拥国学之书城"。[1] 世界书局早期的古籍出版为标点旧小说，后来影印了一些经史子集必读书籍，如《资治通鉴》、《续资治通鉴》、《四史》、《文选》、《龚定庵全集》等。影响较大的是1935年出版的三期国学名著。第一期为《阮刻十三经注疏》，优点有五：一、版本最善；二、便利检索；三、增加圈句；四、校勘符号；五、增加细目。第二期为《诸子集成》；第三期书目有《王安石评传》、《王临川全集》、《花间集》、

----

[1]《优待第一期国学名著定户办法》，载《景印十三经注疏》附页，世界书局，1935年。

《绝妙好词笺》、《玉台新咏》、《古文辞类纂》、《八贤手札》、《美化文学名著丛刊》、《文心雕龙》、《诗品》、《史通通释》、《文史通义》、《十八家诗钞》、《郑板桥全集》、《艺林名著丛刊》、《袁中郎全集》。[1] 1936年又影印殿版《四书五经》读本和刊行《经籍籑诂》。同年裘庆元精选善本、孤本，纂辑《珍本医书集成》90种，陈存仁辑《皇汉医学丛书》72种，各装订14巨册，由世界书局出版。

世界书局版古籍，为节约纸张减少页数，俾可降低定价，易与同业竞争起见，创用一种排在文字右旁的标点符号。而坊间一般所用的标点符号，总是圈点与人地名、书名线等符号不相连接的。这样的标点符号，既有助于表达文字的正确意思，又能达到节约成本降低售价目的。"使卷帙浩繁者，一变而为册数简单，使版本呆笨者，一变而为携带便利。向为贵族化者，今将普及于一般，故凡价值昂贵之书，皆可以低价得之。"[2] 由于这种书排印质量较高，有利于读者阅读，颇受社会欢迎。但这种排版技术上的革新，似仅世界书局出版物上有之，其他出版物尚未见到使用者。

大东书局影印的大部古书有《指海》和《中国医学大成》。《指海》为清道光中金山钱熙祚增益校补张海鹏之《借月山房汇钞》而成，收书的原则是"凡古今之书籍佚而仅存，向无刊本，及虽有而道远不易购，或板废不可再得者；又或碎金片玉，别本单行，易于散佚者；又道藏流传未经著录及近人著述有关学问、政治、风俗、人情者，皆罗而聚之"。[3]《指海》以别择校善勘精为世所宝，自洪杨兵燹后，因原版已无孑遗，致印本售价与日俱高。1935年，商务印书馆汇印《丛书集成》中的《指海》，系不全本，"盖《指海》初本为张氏《借月山房残编》，由陈氏而转入金山钱熙祚氏之手，版片多已毁灭。熙祚富于收藏；乃重

---

[1]《世界书局国学名著第三期出版》，载《申报》，1935年11月21日。
[2]《优待第一期国学名著定户办法》，载《景印十三经注疏》附页，世界书局，1935年。
[3] 刘尚恒：《古籍丛书概说》，上海古籍出版社，1989年，第105页。

加校补,增入若干种,改题《指海》,而后印行。是为十二集本。……其后八集所辑,皆梁唐迄清不经见之秘笈,及未经板行之稿本,故尤为珍罕。是刊足本之可贵亦在此"。[1] 大东书局因以重金购得二十集足本《指海》,付之影印。全书用上等连史纸印 160 册,定价 160 元,预约 100 元,以百部为限。[2]

大东书局影印的另一部大书为《中国医学大成》。近代西医传入后,中医的发展遇到阻力。民国北京政府时期,医疗卫生体制效法西方,歧视中医。1914 年,北京政府教育部拒绝将中医课程列入医学教育规程,甚至要废弃中医。南京国民政府时期中医处境有所好转。1931 年 3 月在南京正式成立中央国医馆,一些省、市、县先后设立分馆。1936 年 1 月颁布《中医条例》,中医的行医资格得到国家认可。中医理论和临床有了缓慢的发展,重要的一个方面是对祖国医学遗产的整理出版,其中曹炳章主编、大东书局出版的《中国医学大成》为近代翻印医书的巨著。该书从 5000 余种中医书中,精心选定 365 种,分医经、药物、诊断、方剂、通治、外感、内科、外科、妇科、儿科、针灸、医案、杂著 13 类,共 2088 卷,4000 余万字,搜罗宏富,被誉为"医学之渊府"。该丛书编纂,每书必选精刊初印足本,其他亦多为明刻精本、家藏孤本,悉行重加圈点,或添列名家评批,或由曹炳章自评。原文讹者正之,缺者补之,每种各撰提要一篇,以冠其首,叙明校刊年代略历及内容概要,以阐明本书之重要关键,启发后学之学医途径。其"编印《中国医学大成》缘起"曰:

> 顾医书自汉迄今,殆有万种,毕生考校,犹恐不能,若曰购备群书而读之,其最著者,则前有金之刘河间《三六书》,后有元之

---

[1]《上海大东书局影印足本〈指海〉》,《浙江省立图书馆馆刊》,1935 年 8 月,第 4 卷第 4 期。
[2]《上海大东书局影印足本〈指海〉》,《浙江省立图书馆馆刊》,1935 年 8 月,第 4 卷第 4 期。

李东垣《十书》、《朱丹溪心法》，明之王肯堂《医统正脉》、胡文焕《格致丛书》、薛立斋《医学丛书》等，亦不下千百册，其不足称述者尚多，网罗而购备之，非数千百金不办。更有其书不传，而海内仅存者，虽万金亦求之不得。他若散见于市上书肆者，或为通行本如《本草纲目》等，版本不精，或为高贵如《万密斋医学丛书》等。一书动值百十金，其能本于购者时间与财力之经济标准，兼及予读者以研究中国医学系统之概念者，实所罕见。本局以发扬中国文化为职志，鉴于中央图书馆前有整理印行国医书籍之议尚未实行，治医者又莫不切望中国医书，能择其精审而为医家必读者，辑为有系统之著述以刊行。本局重以各方之敦促，乃确定编印《中国医学大成》之计划。

今就群书万种，加以厘定，精选为365种，别为13类，曰医经、曰药物、曰诊断、曰方剂、曰……每类以作者时代为序，以便考证，全书用仿南宋字体排印，精美无与伦比。[1]

周禹锡称赞该书有"八大价值，（一）保存国粹也；（二）有统系可寻也；（三）打破私传秘诀之通病也；（四）公开禁方之秘密也；（五）统一国医学术之趋向也；（六）蔚成医校实习之专籍也；（七）造进国医高深人才也；（八）便利图书馆之设备也"。[2]

开明书店出版的古籍，虽然数量不多，但也受人注目。影响大者有《二十五史》和《二十五史补编》的刊印。1934年，开明书店开始影印《二十五史》，即在《二十四史》外再加上柯劭忞的《新元史》。《二十四史》用武英殿本，《新元史》用退耕堂本。除了《新元史》外，各史都有考证。此外，在每史之后附有参考书目，于全书之后附有人名索引。读者检阅和研究《二十五史》十分方便。

1935年，为了与《二十五史》相辅而行，开明书店又编辑出版了

----

[1]《中国医学大成总目提要》，上海大东书局印行，1936年。
[2]《中国医学大成总目提要》，上海大东书局印行，1936年。

《二十五史补编》。纪传体正史主要由纪、传、表、志4个部分构成，但《二十五史》中四者俱备的仅9种，缺表的9种，表志俱缺的7种。即有表志，或疏漏舛误，或残缺不全。历来的史学家为了弥补这种缺失，做了许多的工作。归纳起来，不外乎三类。一是补作的工作，像钱文子作《补汉兵志》、郝懿行作《补宋书食货志》等就是。二是校正的工作，像王元启作《史记月表正伪》、汪远孙作《汉书地理志校本》等就是。三是考订的工作，像梁玉绳作《汉书古今人表考》、姚振宗作《隋书经籍志考证》等就是。这三类的书籍大多分散在各种丛书里头，很少单行的本子。[1]

开明书店汇印古人和近人作的补订各史表志的书籍，编成《二十五史补编》。全书共收录255种，其中刻本约180余种，其余的为稿本，对历史研究是极大的便利。1949年后，该书仍多次被翻印。

开明书店在古籍出版方面值得一提的还有影印《二十五史》的印刷方法。之前影印古籍，追求字大悦目，因之排版疏朗，册数繁多，相应成本加重。开明借鉴石印的俗称"横行《二十四史》"版式，把殿版的九页拼做一页，每页有三栏。放大版式，并铸锌版印刷，把字体缩到新五号字那样大小。《二十五史》流行版本，平均五六百册。开明版《二十五史》缩印成9册，既便宜，又方便携带、阅览，时称"洋装"。洋装与此前古籍影印的排版方法相比，优势显而易见。再以《四部备要》为例，《四部备要》初版2500册，定价1200元，预约一次缴者600元。[2] 1935年出洋装本，版式放大，缩印成甲种100册，乙种100册，丙种180册。甲种定价720元，预约价一次付清380元。[3] 洋装本册数减少，价格要便宜得多。洋装本因为有诸多优点，当即流行开来。商务印书馆、中华书局、世界书局等竞相模仿，出版古籍丛书的洋装本。

---

[1] 开明书店编译所：《〈二十五史补编〉刊行缘起》，《二十五史补编》（第一册），开明书店，1936年。
[2] 《〈四部备要〉：古书空前大工程》，《申报》，1926年11月12日。
[3] 《洋装〈四部备要〉》，《新闻报》，1935年4月13日。

商务印书馆影印《十通》，木版在千册以上，商务版缩印成9厚册；世界版《十三经注疏》缩印成2厚册。大版式缩印古籍，携带方便，便于插架，字体不伤目力，阅读容易，降低成本，为当代影印古籍普遍采用。

新书业还有数十家书店，包括北新书局、泰东图书局、光华书局、神州国光社等一些知名出版社，均曾翻印过古书，主要是通俗旧小说和诗文集，质量良莠不齐。这一类书局著名者在民国初期有文明书局、广智书局、交通图书馆、进步书局等；20年代有亚东图书馆、群学书社、启智书局、新文化书社、梁溪图书馆等；30年代有中央书店、大中书局、经纬书局等，这几家书局翻印传统小说，以极廉价格发行，掀起30年代"一折八扣书"风潮。所谓"一折八扣"即定价若为1元的书，门售1角，批发8分。"一折八扣书"排版紧密，纸张差劣，校对粗糙，但当时国内经济凋敝，读者购买力暴跌，因而风行一时。到抗战全面爆发后，纸张奇缺，"一折八扣书"风潮才平息。

第五节 民国时期旧书业的古籍出版

有学者指出，从19世纪后期开始，新旧之争成为近代中国一个持续的现象，但新与旧的区分标准以及不同时期的新旧社会分野却随时代而变。随着时代的变迁，"新旧已另有区分的标准，而前此新旧角色又有所转换"。由于社会趋新的频率过快，"从长远看，在整个近代中国的新旧区分上，杨（荫杭）、陈（寅恪）、胡（适）等人大体都曾属于偏新的一边，而又不免相继'落伍'"。[1]

民国时期的旧书业，如前文所述，仅有数家如扫叶山房等从传统书坊迁移而来，多数为文明书局、鸿宝斋、锦章图书局等1895年后采用石印技术刷印传统典籍的新式出版商，并曾引起社会的轰动。但到1905年成立书业同业团体时，上述翻印古书的出版商已经与同时期成立的商

---

[1] 罗志田：《思想观念与社会角色的错位：戊戌前后湖南新旧之争再思》，《历史研究》，1998年第5期。

务印书馆等教科书、西学书出版商有了区分,到了20世纪20年代后期,已然被北新书局、亚东图书馆等新文化出版者视为旧书业,实则也是近代中国新旧角色转换在出版界的映射。将扫叶山房、广益书局、鸿宝斋、锦章图书局等称为旧书业,一是因为这些书局以出版古籍为主,二是沿用民国时期的出版界习语,新旧的命名并不包含价值高下的判断。

清末民初,随着科举制的废除和学堂的兴办,众多书局石印的科举用书大量积压,失去销路。翻印古籍、小说、戏曲、实用书籍的石印书局进入转型阶段。有学者认为:"民国十年(1921)以后,铅印业蒸蒸日上,但石印业并没有完全被淘汰。石印技术还在被改进,石印机器还在生产,仍然有大量的石印本被印刷出来,至民国中期,上海的石印业仍在持续发展,并将影响扩大至全国多地。"[1]

扫叶山房、千顷堂书局、文瑞楼、会文堂书局、广益书局、锦章图书局、校经山房等书局在民国时期得以存续和发展,原因在于它们紧跟市场需求的变化。其一,随着新式教育的发展,学校数量和学生人数均有了几何级数的增加,中小学国语、国文科目的设立及其在国民教育中的重要地位,使得新的国语、国文读本用书市场出现。刷印传统经史图书和诗文别集原本就是上述书局的主要业务,因此自然转向新兴的教育用书市场,为其供应国语、国文读本。以扫叶山房为例,1917年重订的书目中,其图书分类为:诗文集类、学校读本及参考书类、书牍类、子书类、词类、诗话类、说文·字学类、法帖类、书画考据类、笔记掌故类、传奇类、棋谱类、滑稽小说类、杂类。[2] 从这些类别可以看出,学校用书占有很大的比重。其二,晚清的国粹思潮、20世纪20年代的整理国故运动、30年代的中国本位文化建设等文化运动为国学书籍开辟了新的市场,扫叶山房、广益书局等旧出版商亦

---

[1] 杨丽莹:《清末民初的石印术与石印本研究:以上海地区为中心》,上海古籍出版社,2018年,第62页。
[2] 扫叶山房编印:《扫叶山房书目》,1917年重订。

紧跟文化学术思潮的变动，用新式标点、白话注解的范式对仅有句读和文言解释的古籍文本加以整理重释，以满足教育界和学术界对新文本古籍的需求。以广益书局为例，1928年的石印《四书简易解》广告语为："购读本书　好处无穷　既易领悟　又习国语　《四子书》，向来只有几种文言的注解，其解说仍不甚清白。所以本局特聘新文学名家，用新式的白话，解说《四书》中的道理，极其明瞭，极为简易。"同时出版的《四书白话解》广告语为"保存国粹　不可不读四书　要读四书　不可不读《四书白话解》"。[1] 除此之外，上海的部分书局如铸记书局等，石印《绘图蒙学千字文》等蒙学教材，供应广大内地与偏远乡村。

1887年，浙江定海人何瑞堂开设鸿宝斋石印局于上海英租界大马路抛球场旁，许静波曾整理过其1905年的书目分类和民国的书目分类，其中变化颇能说明翻印传统典籍书局对图书市场的适应性。光绪三十一年（1905）前所印《上海鸿宝斋分局发兑各种石印书籍》称"发售自印各种经史子集，兼售各局铜、铅、石印书画、图帖"，该书目有书籍300种，以四部分类，各目含书种数与百分比见表六。

表六　1905年鸿宝斋石印书目分类

分类	原书目备注	数量（种）	百分比
甲部	即经部	40	13%
小学类	附在甲部之下	26	8.7%
乙部	即史部	37	12%
谱录类	附在乙部之下	4	1%
丙部	即子部	11	4%
书画部	附在丙部之下	18	6%

---

[1]《白话论语读本》扉页广告，广益书局，1928年。

(续表)

分类	原书目备注	数量（种）	百分比
小说部	附在丙部之下	23	8%
禀牍类	本不入四部，因石印有此等书，亦附在丙部下为近	6	2%
丁部	即集部	21	7%
时文类	遵《钦定四书》例，附在丁部之下	59	20%
诗赋类	附在丁部之下	27	9%
试策类	本不入四部，以与文诗相近，故亦附在丁部之下	14	4.7%
文诗料	由为文诗之用，故亦附在丁部之下	20	6.7%

各部中以时文类所占份额最大，其和诗赋类、试策类、文诗料构成的科举用书占鸿宝斋所售书籍的40.4%，而排名第二的经部亦和科举考试密切相关，两者相加达53.4%，超过半数。[1]

民国《上海鸿宝斋书局各种书目一览表》，含书1438本，分为20个部类，各部类含书数量和占总目百分比如表七。[2]

表七　民国时期鸿宝斋书局书目分类[3]

分类	数量（种）	百分比
文学用书	237	16.5%
历史古鉴	39	2.7%

---

[1] 许静波：《石头记：上海近代石印书业研究（1843—1956）》，苏州大学出版社，2014年，第233页。

[2] 许静波：《石头记：上海近代石印书业研究（1843—1956）》，苏州大学出版社，2014年，第236—237页。

[3] 许静波整理书目分类，原始资料参见徐蜀、宋安莉：《中国近代古籍出版发行史料丛刊》（第25册），北京图书馆出版社，2003年。

（续表）

分类	数量（种）	百分比
字学用书	46	3.2%
金石古玩书画考据	20	1.3%
原碑精拓各种习字碑帖	39	2.7%
学校读本及各种新旧自修参考书	144	10%
最新出版学生用书	83	5.8%
最新女学用书	14	0.9%
最新儿童读物	6	0.4%
法政用书法律审判	16	1.1%
社会应用尺牍酬世交际	62	4.3%
楹联棋谱	36	2.5%
舆图兵法拳术	10	0.7%
社会用书卫生常识职业智术	17	1.2%
美术用书画谱	42	3%
圣教慈善道学善书青年培德	46	3.2%
医学书	187	13%
堪舆阳宅星相占卜	81	5.6%
旧小说	274	19%
新编小说	39	2.7%

鸿宝斋两种书目相比，其特点为：晚清书目中科举用书为主体，而民国书目中"学校读本及新旧自修参考书"则居第四位，实则文学用书、最新出版学生用书、最新女学用书等也以学生为对象，四类相加为33.2%，将近1/3；以社会大众为对象的旧小说和新编小说占比超过1/5，医学等实用类图书接近半数。这种图书类别的转型说明了其经营的学校转向和灵活性。

总体来看，民国时期旧书业出版古籍，与商务印书馆兼顾影印善本和普及古籍市场不同，主要是满足中小学及社会大众的经典诗文别集和通俗小说等普及性古籍的需求。石印与铅印普及性古籍的成本不高，又有不断更替的读者群体需求，因而这些出版机构虽然规模不大，但也能凭借调整与适应，得以占据一定的市场份额，有的直到20世纪50年代出版业公私合营才停业。下文根据杨丽莹的研究，列出部分主要旧书业出版机构的存在时间及出版品种表，即为表八（千顷堂书局1956年公私合营停业，下表时间有误），以见旧书业古籍出版的面貌。[1]

表八　民国时期主要旧书业出版机构简况表

机构名称	存在时间	出版品种	机构名称	存在时间	出版品种
扫叶山房	乾隆末—1952年	石印传统书籍	时还书局	约1911—1935年	石印传统书籍
文瑞楼	约1880—1937年	石印传统书籍	燹记书庄	清末—1935年	石印通俗文学为主
校经山房	约1883—1935年	石印传统书籍	尚古山房	1911—1956年	石印通俗读物、碑帖
千顷堂书局	约1883—1946年	石印线装说部、医书	沈鹤记书局	清末—1946年	石印通俗读物、碑帖
铸记书栈、书局	约1892—1922年	石印通俗文学为主	元昌书局	约1911—1946年	以石印为主
锦章石印书局（锦章图书局）	约1901—1950年	石印绣像小说和医书	新华书局	1911—1930年	通俗小说、地图
章福记书局	约1906—1922年	石印通俗文学为主	会文堂书局	1903—1949年	教材、新学

---

[1] 杨丽莹：《清末民初的石印术与石印本研究：以上海地区为中心》，上海古籍出版社，2018年，第67页。

(续表)

机构名称	存在时间	出版品种	机构名称	存在时间	出版品种
求古斋	1912—1956年	石印碑帖为主	启新书局	约1903—1922年	新学

上述16家机构中，民国时期仅有3家在20世纪20年代歇业，有5家30年代歇业，有一半40年代及之后才歇业。实际30年代歇业的数家也主要受时势的影响。以扫叶山房为代表的旧书业不仅受益于当时的保守文化思潮，也以高质量的传统典籍为中国语文教育、国学建设及固有文化的传播贡献良多，成为民国时期古籍出版的主要势力之一。

第六节　民国时期古籍出版市场竞争的启示

民国时期古籍出版者众多，市场竞争相当激烈。规模不等的从业者采取了适合自身的竞争策略。相对而言，商务印书馆的古籍出版遥遥领先于出版界。下文以居于第二位的中华书局作为比较对象，分析商务古籍出版的优势所在，借此来看民国及当代古籍出版的一般条件。

中华书局与商务印书馆竞印古籍，因是"华夏文化，先贤名著，赖以益广流传，益获阐扬，与夫承学之士从此益得窥缥缃之美富，则其功不可没矣"。[1] 用出版物来衡量，中华书局虽有《四部备要》、《古今图书集成》两大巨制，但从出版古籍的数量和社会影响两方面来看，仍无法与商务比拟。时人亦曰：

> 综观前后，似商务恒取得机先，中华则微若追步，是盖可觇两者经营手段之高下，与主持者擘划设计之工拙。……故《万有文库》教部既为之通令全国学校，应予采购，又复宠以影印库书之荣任；于是

---

[1] 慕骞：《对于中华商务两大书局影印珍籍之意见》，《浙江省立图书馆馆刊》，1934年2月，第3卷第1期。

商务馆乃益发为今日中国出版界之骄子，余子益相形见拙，碌碌不足道；而年辈相仿之中华书局，尤不无落寞之感，而有不甘雌伏之意矣。[1]

中华书局在古籍出版方面落后于商务印书馆，主要在主持者、资本和图书馆三个方面略显逊色。

一是主持者。中华书局陆费逵既未受过正规传统教育，又未入新式学校受教，仅凭其父母教育，刻苦自修，博览群书，自学成才。中华书局自1912年1月创立至1941年7月陆费逵病逝，30余年一直由陆费逵总揽。这期间国内局势动荡不安，中华书局也是几度风雨，饱经磨难，但最终都化险为夷，并发展为国内最大的两家民营出版企业之一。这不能不说与主持人陆费逵的性行才学、胆识气魄有极大关系。以学识论，陆费逵的修养主要在教育方面。而张元济为前清翰林，版本目录学自诩不让第二人，学术功力由辑印《百衲本二十四史》可见一斑。有清一代，提倡朴学，然未能汇集善本，重刻《二十四史》，实为一大憾事。"君自刊印伊始，即独任校勘之役，每一史成，辄缀跋文于后，胪列版刻之源流，举文字之同异，恒与前贤相发明或引今时之创获，其致力之精能，记问之赅博，海内人士披观而服习之久矣。"[2]张元济为壬辰科（1892年）进士，同年登科有蔡元培、叶德辉、唐文治、汤寿潜等。张氏与藏书家、版本目录学家缪荃孙、傅增湘（戊戌科进士）、刘承幹、陶湘，新式学者如胡适等皆有交往。叶德辉为影印《四部丛刊》介绍常熟瞿氏铜琴铁剑楼藏书，出力甚多，并把自己的书也借与商务。京师图书馆之书，因傅增湘之力得以相假。陆费逵自社会新兴之书业上升，其社会资源、在文化界的号召力自然无法与张元济相比，不能不影响中华书局的古籍刊印。

---

[1] 慕骞：《对于中华商务两大书局影印珍籍之意见》，《浙江省立图书馆馆刊》，1934年2月，第3卷第1期。
[2] 傅增湘序，载《张元济校史随笔》，商务印书馆，1990年，第1页。

二是资本。辑印古籍丛书，成本高，购买善本费用不菲，出版周期长，占用巨量流动资金。1925年，商务印书馆购进蒋如藻密韵楼藏书，即费银十六万两。[1] 中华书局为出版《四部备要》，购买旧版珍本，至数万元。铸版费达五十余万元。[2] 商务印书馆1922年资本达500万。而中华书局虽为第二大出版公司，1925年资本为200万元。商务印书馆资本为中华书局的2.5倍。中华资本与商务仍有不小的差距。虽然可以用预约来筹措资金，但是自身的实力仍是影印大型丛书的关键。以影印《四库全书》为例，1915年，北京有人以印行《四库全书》相商，中华书局终以卷帙浩繁、工程巨大等等原因，只有放弃。1917年，张元济接洽影印《四库全书》，中经三起三落，四次影印失败。终于1934年刊印《四库全书珍本初集》231种。商务印书馆辑印《百衲本二十四史》，自1927年选目，到1936年告竣，历时10年。商务印书馆自1920年始至1937年，除1932年因"一·二八"事变干扰外，能够逐年不间断影印大型古籍丛书，其雄厚的财力是刻书的保障。中华书局尚且如此，其他中小书局可知。

三是图书馆。张元济进馆伊始，即着力筹办图书馆。张元济收书努力至少始自1903年。[3] 1909年，图书馆命名为"涵芳楼"。次年底改称涵芬楼。1926年商务成立20年，作为纪念活动之一，经张元济提议，董事会决定，将涵芬楼改名东方图书馆，并对外开放。善本书藏于三楼，仍名涵芬楼，聘请孙毓修主持。

涵芬楼藏书的丰富，为商务印书馆大规模影印古书提供了善本的保障。1916—1921年影印的《涵芬楼秘笈》50种，即为涵芬楼自藏。1919—1922年进行的《四部丛刊》所用底本，如果说"借用国内外五十二家公私藏书，仅整部图书即达277种，占全书种数的百分之六

---

[1] 张树年主编：《张元济年谱》，商务印书馆，1991年，第263页。
[2] 《中华书局重印〈四部备要〉经过》，《申报》，1934年3月9日。
[3] 吴方：《仁智的山水：张元济传》，上海文艺出版社，1994年，第111页。

十",[1]那么涵芬楼所藏也占有相当的份量。涵芬楼藏书可说是商务影印古书的基石。

中华书局1916年始在办公楼西南隅设藏书楼，规模较小，面积不过100平方米。藏书楼归编辑所领导。1925年，藏书逐渐增加，正式改名中华书局图书馆。1930年1月，舒新城就职中华书局，任编辑所长兼图书馆长。当时藏书仅五六万册，所藏亦不够全面系统。此后才开始大量购置图书。"较为有名者有1941年购置吴兴蒋氏密韵楼旧藏。其中除宋元珍本早由东方图书馆搜购外，仍有明清时期名家著作4000余种，共5.4万余册入藏。到1949年，中华书局所藏中外文书籍报刊达50余万册，其中尤以方志、期刊报纸、中小学教科书、丛书、类书、金石书画和中外文工具书收藏最为丰富。"[2]中华书局图书馆与涵芬楼藏书，尤其是所藏善本比较，未免相形见绌。自然影印古籍也无商务的便利而落下风。

由于人才、资金、善本三个方面的劣势，中华书局在与商务印书馆竞争古籍市场上落了下风。从上面的分析可以看出，辑印古籍丛书，除开社会需求的外部因素，出版社人才、资金、善本是不可或缺的三个因素。或者说，人、财、物是辑印古籍的一般条件，也是当代出版界筹印古籍的必要前提。

---

[1] 汪家熔：《大变动时代的建设者》，四川人民出版社，1985年，第211页。
[2] 俞筱尧：《陆费逵与中华书局》，中华书局，2002年，第234页。

第六章
民国时期图书馆的版片保护与古籍出版

晚清民国时期古代书坊逐步进化为新式出版业，商务印书馆等商业出版机构在出版古籍、开拓古籍市场方面成就卓著，成为古籍出版的主体。私家刻书则延续了传统，亦为古籍的刻印传播做出了重要贡献。民国时期新式出版业和私家刻书在古籍出版方面的功绩，当前学界研究成果颇丰。民国时期图书馆在古籍收藏、保护与传播中发挥了极为重要的作用，具体有下列数端：一是接收、购买公私古籍善本，征集地方文献，守护典籍；二是保存清末官书局、书院及私家木刻书版，避免损毁散佚；三是利用馆藏珍稀文献、储存的官书局及私人刻版，刊布流通古籍。遗憾的是，直接承袭官府刻书演化而来的民国时期图书馆古籍出版这一颇具理论意义的课题，仍缺乏系统深入的研究。本章详尽论述民国时期图书馆版片保护和古籍出版的卓越功绩，以阐扬图书馆界保护版片、刊印古籍、传承固有文明的文化贡献。

民国时期，在民营出版业和图书馆之外，其他社会机构或团体如省市通志馆、中华教育社、中国营造学社、中国水利工程学会、通俗文学研究社、四存学会、国学保存会、上海市佛教青年会、渠县旅省同乡会甚至贵州省政府等，以及私人藏书家为保存文献，以免古籍沦亡，裨益学术,皆致力古籍刊刻。重要者有陕西通志馆 1934 年至 1936 年刊刻《关中丛书》54 种,山西文献委员会 1936 年刊刻《山右丛书初编》38 种,南京文献委员会 1947 年刊刻《南京文献丛刊》21 种,南京通志馆 1936 年刊刻《明金陵二名家乐府》,辽宁通志馆 1930 年刊行《满洲实录》,中央研究院历史语言研究所刊刻《校辑宋金元人词》70 种,中国医学研究社 1933 年刊刻《曾女士医学全书》6 种,孟河费氏医院刊刻《费氏食养三种》,北京中医学社 1923 年刊印《医统正脉全书》44 种,医药学报社 1918 年到 1921 年刊刻《医药百家》,三三医社 1924 年刊刻《三三医书》74 种,中国水利工程学会 1936 年至 1937 年印行《中国水利珍本丛书》10 种,复性书院 1940 年到 1948 年刻印《复性书院丛刊》21 种,贵州省政府 1940 年刊刻《巢经巢全集》18 种,广西省乡贤遗著编印委员会 1943 年刻印《陈榕门先生遗书》13 种。这些机构和团体刊印的古籍,有很高的学术价值,使民国时期的古籍出版活动更加丰富多彩。由于这些社会机构和团体刻书种类不多,故在此从略。

第一节 晚清官刻与近代图书馆体系建设

一、晚清官书局的兴办与衰落

中国古代刻书,官刻、坊刻、私刻鼎足而三。而其中官刻以官府作后盾,在刻书三大系统中一直扮演举足轻重的角色。五代冯道发起雕刻九经,刻板印卖,开后世官刻之滥觞。官刻至清极盛,最有名者为康熙初年始刻、终于光绪朝的武英殿本,"实际约有三百十二种"。[1] 晚清官刻以各地官书局为代表,统治者在镇压太平天国农民起义后,亟需"振兴文教",刊刻经史读本,因而在各地兴办官书局。官书局最早为 1859 年胡林翼在武昌设立的书局,刻有《读史兵略》、《弟子箴言》等。

---

[1] 张秀民:《中国印刷史》(上册),韩琦增订,浙江古籍出版社,2006 年,第 391 页。

最晚为1901年设置的江楚编译官书局。据统计，晚清的官书局共有26处，分为地方官书局24处，京师官书局2处，共刻书千余种，主要为经史读本、吏治之书、实用的子部书籍和学术著作。而编译新教科书则为官书局中的译书局之重要内容。官书局在清末大都被裁撤、停办或归并图书馆、通志局。[1]

1933年，朱士嘉编写《官书局书目汇编》时，在引言中对民国时期官书局的状况有一段描述：

> 官书局创始于同治，极盛于光绪，及至鼎革，摧残过半，民八以来，却因提倡国故，交了几次好运。现在怎样呢？它们已没有公私款项的补助了；倒闭的倒闭，归并的归并。……只有浙江省立图书馆附设印行所于民国九年以后，续刻了二十几种书，算为官书局挣了一点面子。[2]

云南官书局清末停办，书版归并云南图书馆；中央图书馆继承江南、淮南、江楚三书局旧刻，浙江省立图书馆继承浙江官书局旧刻，江苏省立苏州图书馆承继苏州书局，湖北省立图书馆承继武昌官书局，广东省立图书馆承继广雅书院刻本。传统的官刻在民国时期演变为以各级公立图书馆为主，兼以学校、学术团体的新型公共机构刻书。

二、近代图书馆体系的建设与古籍保存

20世纪初，我国藏书机构经私人藏书楼到公共藏书楼的过渡，完成了向近代图书馆的演变过程。1904年，湖南图书馆在长沙正式成立，它是我国第一所官办的公共图书馆。同年成立的还有湖北图书馆。清末全国十八行省中，除江西、四川、新疆外，其他都已设立有省立公共图

---

[1] 梅宪华：《晚清的官书局·晚清官书局设置一览表》，《出版史料》，1989年第3、4期合刊。
[2] 朱士嘉：《官书局书目汇编·引言》，中华图书馆协会，1933年9月，第1页。

书馆。民国以后，图书馆继续发展，并在"新图书馆运动"的推动下，逐步建立了全国性的图书馆体系。大规模创建图书馆得益于新图书馆运动的发起，新图书馆运动倡始于新文化运动期间，从1917年一直持续到1937年抗战的全面爆发。全国创建的新式图书馆，"据教育部编印的1928年《全国社会教育概况》反映，除甘肃等7省区、汉口及东北三省行政区外，达557所"。[1] 1935年，全国有各类图书馆总计5189所，我国图书馆体系已然基本建立。其类型和数量见表一。

表一　最近全国图书馆统计表（1935年）[2]

省市区	单设图书馆	民教馆图书馆	机关附设图书馆	学校图书馆（中等以上学校）	合计
浙江	54	125	21	125	325
广东	123	66	12	300	501
河北	104	163	4	229	500
四川	156	28	2	291	477
江苏	62	210	7	188	467
河南	148	72	2	194	416
湖南	151	24		181	356
辽宁	36	1	2	276	315
山东	68	108		138	314
上海市	43	1	27	178	249
山西	92	4	1	136	233
福建	46	18		148	213

[1] 邹华亨、施金炎：《中国近现代图书馆事业大事记》，湖南人民出版社，1988年，第61页。
[2] 原附注：本表所列馆数，除浙江馆数照本馆二十三年度终调查所得确数列入外，其他各省根据民国二十四年《申报年鉴》S116—117所载。资料来源：《浙江全省图书馆协会会刊》（成立大会特辑），1936年5月编印，第1期。

（续表）

省市区	单设图书馆	民教馆图书馆	机关附设图书馆	学校图书馆（中等以上学校）	合计
云南	88	51	5	68	212
安徽	31	41	1	80	156
湖北	24	65	5	69	163
江西	50	9	15	74	148
广西	46	2	2	73	123
北平市	6	1	16	89	112
陕西	69	6		38	111
甘肃	51	1		27	79
吉林	12	10	2	47	71
察哈尔	20	14	1	25	60
南京市	5	2	15	27	49
贵州	12		2	28	42
黑龙江	6	3		17	26
热河	4	5		15	24
绥远	9	6		7	22
青海	8			6	14
东省特区	2			10	12
青岛市	1	1	1	7	10
宁夏	2	1		3	6
西康	3			2	5
新疆	1			3	4
威海卫	1			3	4
总计	1534	1041	144	3100	5819

中国近代图书馆的开办，除开启民智外，一个重要的目的，就是保存国粹。1902年，罗振玉在《京师创设图书馆私议》中说："保固有之国粹，而进以世界之知识，一举而二善备者，莫如设图书馆。方今欧、美、日本各邦，图书馆之增设，与文明之进步相追逐，而中国则尚阒然无闻焉。"[1]《京师及各省图书馆通行章程摺》（1910年）第一条为："图书馆之设，所以保存国粹，造就通才，以备硕学专家研究学艺，学生士人检阅考证之用。以广征博采，供人浏览为宗旨。"[2] 保存中国旧籍的图书馆思想在民国时期得到图书馆界人士的继承。20年代末，蒋镜寰把其时图书馆的使命归纳为四点：一、宣扬党义；二激励国耻；三、介绍学术；四、保存国粹。[3] 都建华亦认为，图书馆不仅是一种辅助教育机关，"图书馆对于人类社会的贡献，不仅如此而已。它还负有发扬文化和保存文化的使命，一方面发扬新的文化，一方面又须保存旧的文化，使其互相调和，藉此可以提高文化的水准"。[4] 新式图书馆不能轻视旧书的保存，"近代图书馆公开阅览，推进社会教育，固不仅以保存图书为已足，但不有保存，于何公阅？则保存二字固犹是新式图书馆之重要职责也。而尤以有关地方之文献为然"。[5] 在西学日盛、旧籍沦亡的时代潮流下，近代图书馆成为保存古籍、传承文明的一个关键机构。

中国近代图书馆事业成熟的标志是1925年中华图书馆协会的成立。协会的宗旨是研究图书馆学，发展图书馆事业，并谋图书馆之间的协助。而对古籍的保存、调查和展览是其发挥图书馆功用的一个重要方

---

[1] 李希泌、张椒华编：《中国古代藏书与近代图书馆史料（春秋至五四前后）》，中华书局，1982年，第123页。
[2] 李希泌、张椒华编：《中国古代藏书与近代图书馆史料（春秋至五四前后）》，中华书局，1982年，第130页。
[3] 蒋镜寰：《图书馆之使命及其实施》，《中华图书馆协会会报》，1929年6月，第4卷第6期。
[4] 都建华：《图书馆在近代教育上之重要性》，《中央军校图书馆月报》，1934年3月，第7期。
[5] 查客：《图书馆与地方文献》，《浙江全省图书馆协会会刊》（成立大会特辑）第1期，1936年5月编印。

面。1929年1月,中华图书馆协会召开第一次年会,行政组议决通过系列议案,关于古籍的议案如下:

  一、呈请国民政府防止古籍流出国境并明令全国各海关禁止出口案,中央大学区图书馆联合会北平图书馆协会,李小缘原案;

  二、本会调查登记国内外公私所藏善本书籍编制目录以便筹备影印案,国立中央大学国学图书馆,河北省立第一图书馆,刘纯原案;

  三、调查及登记全国公私板片编制目录案,刘纯、袁同礼原案。[1]

第一次年会后,中华图书馆协会执行委员会"为执行年会会议决案,及共同研究学术起见,特组织各项专门委员会。现已成立者,有分类,编目,索引,检字,编纂,建筑,善本调查,板片调查,各委员会;及季刊、会报两编辑部"。[2]

协会聘请的宋元善本书调查委员会和板片调查委员会人员如下:

  宋元善本书调查委员会
  主席 柳翼谋 书记 赵万里
  傅增湘(北平) 张元济 董康(上海) 徐鸿宝(森玉)(北平国立图书馆) 周叔弢(天津) 陈乃乾(上海新闸路) 瞿启甲(江苏常熟) 单丕(上海国立中央研究院) 杨立诚(浙江省立图书馆) 欧阳祖经(江西省立图书馆) 周延年(浙江吴兴南浔嘉业藏书楼)

  板片调查委员会
  徐鸿宝(主席)

---

[1]《中华图书馆协会会报》,1929年2月,第3卷第2期。
[2] 中华图书馆协会执行委员会编:《中华图书馆协会会务报告(一):执行委员会第一次报告·五各委员会之组织》,《中华图书馆协会会报》,1929年10月31日,第5卷1、2期合刊。

王重民（书记）（北平北海图书馆） 庄严（北平古物保管委员会） 杨立诚 赵鸿谦（南京中央大学国学图书馆） 柳翼谋（南京中央大学国学图书馆） 陈乃乾 欧阳祖经 胡广诒（安庆安徽省立图书馆） 侯鸿鉴（福州福建省教育厅） 徐绍棨（广州中山大学） 何日章（开封河南图书馆） 聂光甫（太原山西省立图书馆）[1]

善本调查委员会和板片调查委员会成立后，立即开展工作，在协会学术刊物《图书馆学季刊》上刊登启事，调查国内善本书籍和现存版片。《中华图书馆协会善本调查委员会启事》曰：

谨启者：故籍湮沦，旧闻放失，纤儿薪爨，异域航藏；匪惟笃古之士所嗟，抑亦立国于世之耻。敝会爰有调查善本之议。意在周知国宝，协卫书林，昭名实之存亡，谋公私之补救。仅负博访旁收之责，绝无巧偷豪夺之怀。薄海英贤，谅同赞许。谨拟表式，乞赐鉴裁。标目不厌求详，填注但期得实。庶几汇为一编，垂之千祀。官非杨慎，翼永保夫缣缃，业绍陈农，倘增光于《流略》。此启。表格请向南京国学图书馆柳翼谋，或国立北平图书馆赵万里函索均可。[2]

《中华图书馆协会板片调查委员会启事》曰：

启者：版籍尚矣，萌始于隋唐，大盛于五季；闽雕蜀刻，传古香于后世；坊刻监本，播嘉惠于士林。溯元迄明，士夫不学，读书而义愈晦，刻书而书愈亡。有清朴学独炽，订伪补佚，必以宋刻为征，于是百宋一廛之赋，宋元行格之表，见重于世矣。独叹夫藏书

---

[1]《本会新组织之各委员会》，《中华图书馆协会会报》，1929年4月，第4卷第5期。
[2] 中华图书馆协会编：《图书馆学季刊》，1930年6月，第4卷第2期。

之家，网罗珍密，校订之士，考索源流，而于板片反多忽略焉！宜乎，五百年后，欲求勤有堂陈道人之刻书掌故者，已云不易，况板片乎？及《汲古阁刻板存亡考》一书，亦因时尚不远，故得存千百于什一，若再五百年后，亦将有如勤有堂陈道人者矣。中华图书馆协会有鉴于此，特组织板片调查委员会，拟及时广为调查，详为登记，板片不限新旧，一概著录。同人等谬膺重寄，惟恐限于人地，有未周者，念国人当不乏好古同志，若肯就地调查，邮筒相寄，将来得共汇一编，不惟敝会所私庆，抑亦全国学术之幸也。敝会现制有板片调查表，请向国立北平图书馆徐鸿宝君或王重民君，函索当奉上不误。敬祈公鉴！

中华图书馆协会板片调查委员会谨启[1]

各省立图书馆，尤其是藏书家渊薮的浙江和江苏两省立图书馆，以保存地方文献为号召，积极征求藏书家之图书和版片。保存地方文献意义在于"非徒裕一馆之收藏，壮一馆之观瞻，而实有三年蓄艾之深意存焉。盖网罗丰备，足使览者起故家乔木之思，发敬恭桑梓之意，一也；守先待后，为来日修邑乘者作未雨之绸缪，二也；而蒐藏遗籍，能传先哲菁英，为图史续命，抑犹其次焉"。[2] 浙江省立图书馆还制订《奖励捐赠图书版片及文献物品办法》和《收受寄存图书版片及文献物品办法》，鼓励藏书家捐赠图书版片，对不愿捐赠者，浙江省立图书馆可以代为收受寄存。由此办法，浙江省立图书馆收得不少藏书家捐赠的版片，如振绮堂汪氏、复堂谭氏、八千卷楼丁氏等，使其免于散佚。近代图书馆保存文献之功，可见一斑。

民国时期图书馆界人士为弘扬图书馆之社会作用，促进文献对社会影响不遗余力。除便利读者阅览图书，辅助社会教育外，还开办图

---

[1] 中华图书馆协会编：《图书馆学季刊》，1929年6月，第3卷第1、2期合刊。
[2] 查客：《图书馆与地方文献》，《浙江全省图书馆协会会刊》（成立大会特辑），1936年5月编印，第1期。

书展览会、文献观光会，陈列珍籍善本，阐扬国粹，增进爱乡卫国精神。1929年，中华图书馆协会因征集国际图书展览会之便，于4月28日在北平北海公园内举行展览预备会。参观者颇为踊跃，缥缃焕彩，美不胜收。[1] 1935年天津市立通俗图书馆亦筹办国粹观光会，筹办者以为：

> 《百衲本廿四史》、《四库全书》、《四库备要》等，犹为名贵于世，清代珍藏大内，为帝王之专制品，平民欲见庐山真面者，戛戛乎其难也。……第六图书馆积二年日程，三种全部购齐，兹为民众明了此书内容与真相起见，拟开一国粹观光会，任人浏览，藉以阐扬国粹，留作日后纪念云。[2]

1936年，浙江省立图书馆为促进全省爱国之精神，在杭州举办文献展览会，相继举办的有嘉兴、嘉善、吴兴、鄞县文献展览会，盛况空前。[3]

第二节 民国时期图书馆的版片保护

雕版印刷术的发明对中国和世界文明进程的重要性，已有卡特、张秀民、钱存训等中外多位学者的论述，得到国际学术界的公认。19世纪中期西方新式印刷术回传以前，中国使用雕版印刷术的历史长达1000余年，其对中国文化和学术的影响更是至为深远。

雕版印刷史研究一直广受国内外学术界瞩目，但当前研究集中于古代，雕版印刷传承的一个关键阶段，即民国时期却没有受到应有的重

---

[1]《中华图书馆协会会报》，1929年10月，第5卷1、2期合刊。
[2]《市立第六图书馆消息六则·筹办国粹观光会》，《天津市立通俗图书馆月刊》，1935年11月，第2卷第1期。
[3] 陈训慈：《浙江文献展览会之旨趣》，《中华图书馆协会会报》，1936年12月，第12卷第3期。

视,主要表现为:一是民国雕版印刷史研究成果较少,尤其缺乏整体性研究。张秀民所著《中国印刷史》,截止年代为19世纪末。实际上20世纪前半期雕版印刷虽然趋向衰落,但私家、社会机构如图书馆和寺庙等、内地的传统书坊刻书现象仍然十分普遍。中国雕版印刷终结的年代应为民国时期,而非19世纪末。[1]民国刻书史整体研究的阙如,导致无从构建一部自起源至终结的中国雕版印刷史。二是民国时期雕版印刷的实物——版片保护研究为雕版印刷史的空白领域。版片是书籍的母体,直接体现了中国雕版印刷文化的生产技艺、知识内容、审美标准,极具学术、艺术与文物价值,为中国文化的宝贵遗产。唐代发明雕版印刷术后,迄至民国刻印图书逾10万种,雕镌了积如山丘的版片。试举数例,宋初所雕《开宝藏》,"费时十二年,版成,凡十三万块版,共五千四十八卷";[2]明末清初常熟毛晋"在四十年内先后刊过书版逾十万块,十万九千六十七页,书约六百余种";[3]而"清内府刻书历经康熙、雍正至乾隆朝达到鼎盛,所刻书籍六百余种,所藏书版逾百万块"。[4]民国藏书大家刘承幹"刻印古籍184种,书版39172片(其中两种古籍书版数量不详),收存他人书版10种,295片,共39467片"。[5]由上述例证可见,历代官府与私人刊刻了巨量的版片。虽然刊行的版片为数可观,但由于自然侵蚀、兵火战乱、政治禁毁等原因,木刻版片的流传、保存已渐显惨淡,尤其是清末太平天国战乱,致使传统的刻书中心东南诸省"版籍多毁于火",中国典籍包括版片遭受了极为严重的破坏。

民国时期,鉴于书版损毁过甚及雕版印刷术的式微,"数十年来,

---

[1] 1949年后,只有零星的刻书和利用旧存版片刷印图书,而民国时期仍存在机构、私刻、坊刻三大刻书系统,因此从严格意义上来说,中国雕版印刷终结的年代为民国时期。——作者注。
[2] 张秀民:《中国印刷史》(上),韩琦增订,浙江古籍出版社,2006年,第62页。
[3] 张秀民:《中国印刷史》(上),韩琦增订,浙江古籍出版社,2006年,第236页。
[4] 翁连溪:《清代内府刻书研究》,故宫出版社,2013年,第295页。
[5] 李性忠:《嘉业藏书楼:二十世纪藏书文化史上的丰碑》,西安地图出版社,2000年,第97—109页。

时势推移，新刊既寡，旧藏复多零落，而漫灭蠹蚀者，尤所在多有。窃恐其或日就澌灭，或埋没终古"，[1] 社会各界尤其是图书馆界人士开始关注存世版片的保护。除私人刻书家保存了少量的版片外，民国时期主要是社会机构——公立图书馆尤其是省立图书馆和寺庙为版片保存与流传做出了重要的贡献，省立图书馆如浙江省立图书馆、江苏省立国学图书馆、江苏省立苏州图书馆、广东省立图书馆、云南省立图书馆等，寺庙如南京金陵刻经处、福州涌泉寺等均曾致力于版片的整理、收藏与保护。中国当代现存版片基本来自民国时期省立图书馆与寺庙的存藏。民国时期图书馆界版片保护的卓越贡献，最显著的例证是雕版印刷术成功申报世界人类非物质文化遗产。2009年9月，由扬州广陵古籍刻印社、南京金陵刻经处、四川德格印经院代表中国申报的雕版印刷技艺正式入选《世界人类非物质文化遗产代表作名录》。上述机构成功申报非遗成功的关键条件之一是保存的版片。其中广陵古籍刻印社的版片主要来自江苏省立国学图书馆、江苏省立苏州图书馆等机构的移交。[2] 如果没有民国图书馆保存至今的雕版实物，能否申报成功难以预测。

遗憾的是，民国时期图书馆古籍版片保护这一具有重要理论价值和现实意义的学术课题，至今未见学者研究。民国时期图书馆版片保护研究中包含的诸如版片保护概况、版片的收藏与保管、版片收藏的数量与种类、文化贡献等问题，仍为学术界的空白点。本节系统梳理民国时期图书馆版片保护的上述问题，勾勒其历史面貌，阐扬其文化贡献，为当代版片保护、传承雕版文化遗产提供借鉴和参考，并希冀填补民国雕版印刷史和民国图书馆史研究在这一领域的空白。

---

[1] 刘纯：《南京家刻版片调查初录》，《中华图书馆协会会报》，1926年，第2卷第2期。
[2] 扬州古旧书店编：《古书版片资料》，扬州古旧书店，1989年。

一、民国时期图书馆版片保护概况

中国近代图书馆肇始于晚清，伴随清末维新运动全国图书馆体系逐步建立。民国时期图书馆建设受到政府与社会重视，因而得到长足的发展。近代图书馆在输入新知与保存国故两方面发挥了不可替代的作用。保存国故主要表现为收藏古籍、刊刻文献与保存版片，使得有数千年历史的中国文化免遭断裂的危险，在传承中国文化这一点上，民国时期其他社会机构均无法与图书馆相比拟。依据社会演进对图书馆事业的影响和图书馆自身发展的历史，民国时期图书馆版片保护可分为三个阶段，一是1912—1925年，即民国初造至中华图书馆协会成立之前。二是1925—1937年，即中华图书馆协会成立后至1937年抗日战争全面爆发。三是1937—1949年，即抗日战争全面爆发至中华人民共和国成立。下面简要论述每一阶段版片保护的机构、状况及特点，以供了解民国时期图书馆古籍版片保护的概况。

1. 1912—1925年的图书馆版片保护

民国初期，由于政府提倡民众社会教育，作为社会教育重要机构的图书馆经费纳入政府财政预算，图书馆数量增长较快，公立图书馆及公私立学校图书馆纷纷设立。经费得到保障后，图书馆亦能开展购买图书、推广阅读甚至刊印典籍等多项活动。

清末至20年代初期，众多省立图书馆陆续接收了晚清官书局的刻书版片。官书局创办于同治光绪年间，全国先后成立的大小官书局共40余所，出版图书1000余种。官书局刊刻图书，内容以正统的经史子集为主，多采用雕版刷印。经费由地方自筹，来源不稳定，到了清末已经难以为继，陆续归并到各地省立图书馆，所存图书和木刻版片也一并移交，各馆设有专门部门管理。1909年，浙江书局归并浙江省立图书馆。同年，金陵书局、淮南书局、江楚编译书局的存书和版片移交江南图书馆，即江苏省立国学图书馆前身。此外，尚有江苏书局1914年并入江苏省立苏州图书馆，广雅书局1917年改隶广东省立图书馆,云南书局 1910 年附设于云南省立图书馆等。各地官书局除湖北书局改称湖北官书处,皆并入了省立图书馆。除了接收官书局、学堂等官办机构的版片,部分省立图书馆如江苏省立国学图书馆等入藏了少许私人捐赠的版片。浙江省立图书馆等还自刻了种数不多的时贤著述。

这一阶段省立图书馆接收的官书局版片,奠定了民国时期图书馆乃至当代版片存藏的基础。当代现存的木刻版片,相当数量来源于这一阶段的省立图书馆馆藏。当然,由于政局动荡,图书馆事业的发展时断时续,又缺少国家级的图书馆机构统筹规划各地的公立图书馆业务,各图书馆主要工作为保管版片不致损毁,对清末以来的公私版片,未能主动大量征集,进行有目的的保护,则为这一阶段图书馆版片保护的局限性。

2. 1925—1937 年抗战全面爆发前的版片保护

1924 年美国退还庚子赔款 600 万美元,并由中美双方共同组织中华教育文化基金董事会管理。为申请该款项扶助图书馆事业,遂在各地图书馆协会基础上,1925 年成立全国性的中华图书馆协会,成为全国图书馆界的领导机关,有力促进了现代图书馆事业的发展。1927 年国民党政府奠都南京,制定《图书馆条例》,图书馆受到社会重视,加以教育普及,图书馆事业渐入普遍发展的阶段。由于中华图书馆协会沿袭了晚清保存国故与扩充新知并重的图书馆建设思想,使得各地图书馆在中华图书馆协会的影响下,致力古籍与版片的征集与收藏,因而版片保护有了显著的进展。

中华图书馆协会作为全国图书馆界联合研究的总机关,以"研究图书馆学术,发展图书馆事业,并谋图书馆之协助"为宗旨,从事各项研究与活动,其学术活动之一即为版片调查与保护。1925 年中华图书馆协会创立之初,就有会员刘纯的"南京家刻版片调查初录",调查结果刊载于《中华图书馆协会会报》第二卷第二期。1929 年协会于南京举办第一次年会,为执行年会决议各案,及共同研究学术起见,特组织各种专门委员会,会后新组织分类、编目、索引、检字、图书馆教育、编纂、建筑、宋元善本书调查、版片调查等委员会及季刊、会报编辑部。[1] 分组会议议决案中，图书馆行政组关于版片保护的议案有两则：1.调查及登记全国公私板片编制目录案 刘纯、袁同礼原案（组织板片委员会办理）；2.各省官书局应由各省立图书馆接管并在馆内附设印行所案 江西省立图书馆欧阳祖经原案（陈请教育部采择施行）。[2] 版片调查委员会拟对全国版片广为调查，详为登记，版片不限新旧，一概著录。首先完成的有河南、江苏、江西各处。[3] 1936年青岛第三次年会，教育部特交协会议案七则，其中之一为"各县木刻古板保存办法"，[4] 协会特组委员会一再研究讨论，拟定办法如下：1.由县立图书馆集中保管（私家不能保藏之版本应归公家保管）；2.调查；3.征购；4.登记；5.保存（通风，插架，庋藏，修补，防水、火、蚀、湿设备）；6.印刷流通；7.制止流出海外。[5] 可惜第三次年会后不久抗战全面爆发，各县木刻古板保存办法是否实施及实施效果无从评估。

各省公立图书馆虽然行政上不受中华图书馆协会管辖，但业务上受其指导。在全国性机构中华图书馆协会的推动下，各级图书馆尤其是省立图书馆均将版片保护作为一项常规业务，注意访求、搜集本省所刻的古籍版片，尤其鼓励图书、版片的寄存与捐赠。北平北海图书馆、浙江省立图书馆、江西省立图书馆、湖北省立图书馆、山西省立民众教育馆等馆皆颁布章程，征求省内藏版，倡导私人将版片寄存或捐赠图书馆，并制订奖励办法，使得这一阶段图书馆集藏了多种私人捐赠或寄存的珍

---

[1] 宋建成：《中华图书馆协会》，台湾育英社文化事业有限公司印行，1980年，第37页。

[2] 宋建成：《中华图书馆协会》，台湾育英社文化事业有限公司印行，1980年，第68、72页。

[3] 宋建成：《中华图书馆协会》，台湾育英社文化事业有限公司印行，1980年，第165页。

[4] 宋建成：《中华图书馆协会》，台湾育英社文化事业有限公司印行，1980年，第105页。

[5] 宋建成：《中华图书馆协会》，台湾育英社文化事业有限公司印行，1980年，第109页。

贵版片。私家版片容易由于无力保管致使损毁散失，作为公立机构的图书馆有组织和经费的保障，对版片的保护相对妥善。20世纪前半期图书馆对私人藏书和版片的征集保存成为其传承中国文化的卓越贡献之一。

3.1937年抗战全面爆发后—1949年的版片保护

日本侵华不仅造成中国人民生命财产的巨大损失，中国文化经历了又一次惨烈的浩劫。战争中损毁的典籍不可估量，而版片沉重不好转移，导致一些图书馆收藏的版片损失惨重。国立中央图书馆"在筹备开始，即接办国学书局——即清季江南江楚淮南三书局之后身——整批书版，分经史子集，镌刻精良，间有损毁者，经整理后可印书籍，仍有一百五十种之多。西迁时以版片笨重，仓促间无法运出，遂以散佚"。[1] 1937年11月26日苏州沦陷，江苏省立苏州图书馆被日军富士部队占领，破坏极为严重，馆藏木刻书板漂满小西湖池塘，图书报刊被撕毁擦刺刀，景象凄惨。[2] 据1946年统计，所藏原江苏官书局残存木刻板166种55907片，损失22种18179片。[3] 1938年10月19日，日军飞机轰炸长沙，湖南省立图书馆定王台馆舍所藏原思贤书局30多种古籍雕版全毁。抗战胜利后，湖南省立中山图书馆对战争损失财产进行清理，对日军飞机轰炸损毁的版片进行详细的统计，共计28种，26494块版片，于1946年2月16日造册呈报给省政府。[4]

这一阶段各图书馆克服困难，尽力安置馆藏版片。湖北省立图书馆1938年西迁，版片先后运至秭归和恩施，并于1946年迁回武昌。[5] 1944年衡阳市图书馆将残缺的《船山遗书》雕版暂存于市郊九里渡。部

---

[1] 国立中央图书馆编：《国立中央图书馆概况》，《国立中央图书馆馆刊》，1947年，第1卷第3期。
[2] 苏州图书馆馆史编委会编：《苏州图书馆编年纪事》，苏州大学出版社，2004年，第27页。
[3] 苏州图书馆馆史编委会编：《苏州图书馆编年纪事》，苏州大学出版社，2004年，第37页。
[4] 沈小丁：《湖南近代图书馆史》，岳麓书社，2013年，第152页。
[5] 湖北省志《文艺志》编辑部编：《湖北省图书馆八十年纪事》，湖北省图书馆，1984年，第49页。

分图书馆如浙江省立图书馆、河南省立图书馆的版片在战争期间得到稳妥保管。1948年江苏省立苏州图书馆还积极募征版片，使得馆藏版片有了大幅增加。当代浙江省图书馆、云南省图书馆、扬州雕版印刷博物馆、湖北省博物馆等机构收藏的版片，多为民国时期公立图书馆保管流传至今。这些珍贵的版片经历战争劫难免于亡佚，不能不归功于民国时期图书馆界人士的卓绝努力。

二、民国时期图书馆版片的收藏与保管

民国时期图书馆界承继了晚清新图书馆萌芽时期保存国粹的宗旨，加上中华图书馆协会的提倡与重视，因此版片保护得到了图书馆界和社会广泛的认可，并积极执行于图书馆的典藏实践。图书馆界的版片保护工作分为收藏和保管两方面，下文分别详细叙述，从而清晰认知民国时期图书馆版片保护的成就。

1. 收藏

民国时期图书馆版片的收藏来源分为四类。一是接收清末官办机构版片，二是自刻版片，三是购买私人刻版，四是征集私人版片。

（1）接收

民国时期图书馆接收的版片，以晚清官书局版片为大宗。晚清官书局刻书向以底本精良、校雠审慎、刊刻考究、售价低廉著称，被称为"局本"，为学者所推重。官书局刻书不仅质量上乘，而且数量庞大，种类繁多，如崇文书局刻书凡320余种，江苏书局凡206种，成为官刻的代表。官书局由于经费支绌，清末陆续并入新设立的图书馆，存书和书版也由图书馆接收。民国时期图书馆接收的官书局版片，详见表二。

表二　民国时期图书馆知见接收官书局版片统计表[1]

机构	种数	版片数	来源	接收年份	保管部门	备注
国立中央图书馆	150		国学书局	1935年	木印部	
江苏省立国学图书馆	47		金陵书局、江楚编译局、淮南书局	1909年	印行部	
江苏省立苏州图书馆	196	74081	江苏官书局	1914年	官书印行所	
浙江省立图书馆		124298	浙江官书局	1909年	附设印行所	
山东省立图书馆	106	16983	山东官书局	1909年	编藏部	
河南省立图书馆	26		原河南学务公所	1933年	书版室	另有残版10余种
江西省立图书馆	82		江西官书局	1923年	版片室	
陕西省立图书馆	60多	几万片	味经官书局	1907年	不详	
			陕西官书局	1908年		
山西省立图书馆		11810	浚文书局	不详	不详	1954年清点

---

[1] 表中统计数字依据《国立中央图书馆概况》、《南京图书馆志》、《苏州图书馆编年纪事》、《浙江图书馆志》、《山东省立图书馆概况》、《河南省图书馆志略》、《江西省图书馆史》、《陕西省图书馆馆史》、《山西省图书馆史料汇编》、《湖北省〈文艺志〉资料选辑（四）·图书馆专辑》、《湖南近代图书馆史》、《福建省图书馆百年纪略》、《云南图书馆所藏版片概述》等资料整理，表中版片种数和片数为接收官书局版片的最初数量，其后在收藏过程中各图书馆存佚不一，数量变化颇大，藏版变动情况见本节表三。

（续表）

机构	种数	版片数	来源	接收年份	保管部门	备注
湖北省立图书馆		75467	崇文书局	1936年	附设崇文书局保管处	
湖南省立图书馆		数万块	思贤书局	1911年	附设图书出版部	
			湖南官书报局	1916年		
衡阳图书馆	1		金陵书局	1917年	不详	《船山遗书》332卷
广东省立图书馆	213		广雅书局	1917年	附设广雅版片印行所	1923年独立
福建省立图书馆	1		正谊书局	毁于1912年辛亥革命与1922年战事		正谊堂全书
	1		福建书局			武英殿聚珍版丛书
云南省立图书馆	10余种		云南官书局	1910年	辑刻云南丛书处	

由上表可知，各地官书局版片由当地的省立图书馆接收，个别由国立中央图书馆和市立图书馆收藏。各省立图书馆接收官书局版片，数量颇为可观。最多的浙江省立图书馆达124298块，超过万块的省立图书馆也有数家，说明官书局版片为各省立图书馆版片收藏的主要来源，奠定了各省立图书馆版片收藏的基础。除了官书局之外，河南省立图书馆接收了晚清河南学务公所的版片。

（2）自刻

民国时期公立图书馆负有搜集和传播地方文献的职责，因此部分省市立图书馆刻印本省乡贤未刊著述，以推进学术研究。其中刻印较多的图书馆有浙江省立图书馆、云南省立图书馆及河南省立图书馆。

浙江省立图书馆1912年至1923年间，刊刻《蓬莱轩地理丛书》、

《章氏丛书》等10种，其中7种共2462片，另有《台州经籍志》40卷、《老子》2卷、《庄子》10卷。[1] 1914年民国云南巡按使唐继尧筹集款项，在云南图书博物馆内成立"辑刻《云南丛书》处"，编印《云南丛书》，至1935年共编印205种，1402卷。《云南丛书》绝大部分是木刻，少数石印、铅印本，木刻种数为155种，15499片。[2] 至于《云南丛书》的书版，来历不同，可分为6种，新刻书接近三分之一，即约5000片，使云南图书博物馆成为民国时期自刻版片最多的图书馆。

1933年，河南省立图书馆馆长井俊起即以"本省名人著述未刻者颇多，深恐日久湮没。兹特登报访购，陆续校刊，汇为《中州丛刻》，以广流传"。[3] 河南省馆设刻版处刊刻本省先哲遗著，补刻存书缺版。刻版处有刻工5人。1936年刻版处取消。至此，刻成《石田野语》、《臆见随笔》、《隐山鄙事》、《书学慎余》、《算法通义》、《律吕心法》、《几何简易》等16种，《历范》仅刻半部。[4] 湖南省立图书馆则对思贤书局缺失的版片进行了补刊。由此可知，自刻亦为民国时期图书馆版片的收藏来源之一。

（3）购买

晚清同治光绪之际，中国社会出现了短暂的承平局面，亟待刻印图书，满足士子读书需求，加上张之洞、张海鹏等重臣学者劝导刻书，公私刊书之风盛行，形成中国雕版印刷史的最后一个高峰期。晚清民国之际的刊书风尚造成其时书版资源丰富，尤以私家刻书校雠审慎、写刻精工，刻成的书版为图书馆所乐意购买。江西省立图书馆"购得南城李之鼎（字振唐）《书目举要》以及《通鉴辑要》、《彭城集》、《公是集》等版片，达109种，精心保管数十年"。[5] 1935年，燕京大学图书馆购得

---

[1]《浙江图书馆志》编纂委员会编：《浙江图书馆志》，中华书局，2000年，第164—165页。
[2] 王水乔：《云南图书馆所藏版片概述》，《文献》，1990年第3期。
[3] 李和邦主编：《河南省图书馆志略》，中国致公出版社，2001年，第208页。
[4] 李和邦主编：《河南省图书馆志略》，中国致公出版社，2001年，第88页。
[5] 周建文、程春炎主编：《江西省图书馆馆史（1920—2010）》，江西人民出版社，2010年，第78页。

上元吴氏铜鼓轩重雕《悔翁笔记》、《悔翁诗钞》、《悔翁词钞》三种，补刊印行。1936年，湖南省立中山图书馆收购长沙徐氏《五大家文粹》、《景宋本脉经》、《璧合珠联集》三书版片。[1]山东省立图书馆1947年购置王蒙安著述书版10种333片。[2]可惜民国时期图书馆经费多用于图书，对于私家书版以鼓励捐赠、寄存为主，购买书版并不多见，仅知前述数例。

（4）征集

近代图书馆苦于经费不足，馆藏建设的方式灵活多样，自清末萌芽时期始，即号召私人藏书家捐助经费或藏书。受西方图书馆理念的浸润，社会普遍的藏书观念从私人收藏、保管转向公众阅览、利用，因而愿意化私为公，将私家珍藏捐赠或寄存图书馆，便于读者使用。私人愿意将书版捐赠、寄存图书馆还有社会动荡的客观原因。1931年，山东省立图书馆拟进行的工作之一为"代藏私家所刻书版"，即因"近年来本省私家所刻书版，屡经变乱，多请求本馆代为保藏"。[3]

晚清民国初期图书馆馆藏建设注重图书，忽视版片征集。除接收官书局版片之外，仅零星有私家版片捐赠给图书馆，多数图书馆缺乏主动搜寻保存公私版片的意识。这一状况在1925年中华图书馆协会成立后才得以改观。中华图书馆协会谋求图书馆事业的发展，需要了解国内图书概况，因此展开了多项调查，如图书馆调查、书店调查、版片调查、永乐大典与善本调查及期刊调查。1929年第一次南京年会更是设立版片调查委员会，对全国公私版片进行调查和保护。在中华图书馆协会的指导下，全国各图书馆访求图书之余，对木刻版片开始大力征集。

图书馆版片征集的方式有捐赠、寄存两类。19世纪20年代后期始，众多公立图书馆制订了版片捐赠、寄存规章，鼓励藏家捐赠、寄存版

---

[1]沈小丁：《湖南近代图书馆史》，岳麓书社，2013年，第90页。
[2]《山东省图书馆志》编委会编：《山东省图书馆志》，中华书局，2004年，第8页。
[3]《一年来本馆工作之回顾》，山东省立图书馆编：《山东省立图书馆季刊》，1931年，第1卷第1期。

片。1929年,北平北海图书馆订有《本馆收受寄存书板简章》七条。1931年,山东省立图书馆订立了《山东省立图书馆捐赠图书规则》,加大奖励力度,发动全国各界捐赠图书,并计划"代藏私家所刻书版",提出"详订规则,设法征集"的设想。[1] 1931年,江西省政府省务会议通过《江西省征集图书文献委员会简章》。其制订的《江西征集图书文献条例》第二条为"征集之种类如下:……⑤各种图书及版本",亦留意版片;《江西奖励捐赠图书文献条例》则根据捐物价值,分别予以奖励。[2] 1933年山西公立图书馆改名为山西省民众教育馆,拟有《本馆捐赠图书版片及陈列物品规章》,对捐赠木刻书版的个人或团体,订有奖励纪念办法,依照规章奖励。[3]

浙江私家刻书之风夙盛,浙江省立图书馆尤注重书版征访,1930年制订《浙江省立图书馆奖励捐赠图书文献物品章程》,其第二条为:"捐赠之种类如下:……二、图书版片。奖励之等差如下。"[4] 1934年制订《浙江省立图书馆奖励捐赠图书版片及文献物品办法》、《浙江省立图书馆收受寄存图书版片及文献物品办法》,规定寄存书版印售办法。[5] 1934年,浙江省立图书馆于《浙江图书馆馆刊》登载"浙江省立图书馆征求书版启事",号召浙省藏书家捐赠、寄存版片:"……本省前贤刻书,版片藏在家中不复印刷者何限。版片保藏不易,不印尤易蠹蚀,续印亦不易广售,何如捐入公家,广为印售,既不违前贤梓版之初衷,复足以策推进学术之宏效。本馆对于捐版多者,曾请教部褒奖,广播盛德,更为懿事。本馆对于版片,欢迎捐赠,寄存亦可商量,如荷家有藏版之士,将书版名称块数通函与本馆,即当走访或函接,为之保存

---

[1]《一年来本馆工作之回顾》,山东省立图书馆编:《山东省立图书馆季刊》,1931年,第1卷第1期。
[2] 周建文、程春炎主编:《江西省图书馆馆史(1920—2010)》,江西人民出版社,2010年,第76—77页。
[3] 山西省图书馆编:《山西省图书馆史料汇编》,山西人民出版社,2003年,第131页。
[4]《浙江图书馆志》编纂委员会编:《浙江图书馆志》,中华书局,2000年,第297页。
[5]《浙江图书馆志》编纂委员会编:《浙江图书馆志》,中华书局,2000年,第299页。

印行，则流泽永被，较之徒饱蠹鱼为何如乎？全省热心文教之士，幸鉴其悃忱而予以赞助焉。浙江省立图书馆谨启。"[1]

由于图书馆捐赠、寄存版片有明确的章程可循，并订立了相应的奖励办法，提升了各地藏家捐赠、寄存版片的积极性，征集书版的努力取得了显著的成效，各省立图书馆陆续访求到私家刻书的版片，其中多有名贵书版。1930年，山东省立图书馆"收入十三经板六千三百零三片，捐入《毛诗正韵》一百七十八片"。[2] 1931年，王勤生先生将家藏《论语经正录》及《筱泉先生年谱》原版490块，永久寄存国立北平图书馆。[3] 1933年安徽省政府主席刘镇华赠送给河南省立图书馆《安阳四子集》书版一套。

浙江省立图书馆捐赠、寄存版片收获最丰，1935年统计馆藏书版，"总计书版共：一六三、六九〇片，残版与不标号犹未计入。其中自刻者计：一二二、四六八片。捐赠者：四〇、一五一片。而自民元以前及民十二至十六年间因馆档未理，无从悉其有亡捐赠者，尚未计入焉。寄存者：一、〇五三片"。[4] 江西省立图书馆则接收有"捐赠胡思敬'退庐图书馆'所刻《豫章丛书》104种版片，均集中于应天禅林，由专人保管"。[5] 江苏省立国学图书馆的东院中三间"分庋缪氏艺风堂寄存书版及正定王氏捐赠之书版"。[6] 抗战胜利后的版片征集以江苏省立苏州图书馆为翘楚。1945年复馆不久，即征集到昆山赵诒琛《又满楼丛书》、吴县王氏家刊《诗学评说》、邓邦述群碧楼书版，版片从55907片增至

---

[1] 浙江省立图书馆：《浙江省立图书馆征求书版启事》，《浙江图书馆馆刊》，1934年，第3卷第4期。
[2] 山东省立图书馆编印：《山东省立图书馆概况》，山东省立图书馆，1933年，第18页。
[3] 严文郁：《中国图书馆发展史：自清末至抗战胜利》，台湾枫城出版社，1983年，第55页。
[4] 毛春翔：《浙江省立图书馆藏书版记》，《浙江图书馆馆刊》，1935年，第4卷第3期。
[5] 周建文、程春炎主编：《江西省图书馆馆史（1920—2010）》，江西人民出版社，2010年，第78页。
[6] 江苏省立国学图书馆编印：《江苏省立国学图书馆概况》，江苏省立国学图书馆，1935年，第6页。

81360片。[1] 1949年6月底，又征集有《吴中叶氏家刻》书板、叶昌炽《藏书纪事诗》书板共450片。[2]

上述捐赠和寄存版片均为近代私家刻书的精品，各省立图书馆征集收藏之后，构成自己的馆藏特色之一。更为重要的是，近代以来，中国文献典籍包括版片书厄频仍，散佚毁失严重，其中私家藏书和刻版不易保管，更是难免劫运。由此可见，图书馆征集私家藏版，私家刻书文化及中国传统文化的流传有赖于此，功莫大焉。

2. 保管

民国时期各公立图书馆收藏的版片，或继承官书局，或自刻，或征集，多为经史要籍及学术名著。同时版片材质多为梨枣等木料，如果保管不善，有虫蛀鼠害之虞，更有遗失隐患。因此，各图书馆均相当重视所藏雕版的保管与流布行世，以期书版长存，嘉惠学林。图书馆的版片保管工作，重点有二：一是设置专业部门管理，二是辟有专门馆舍储藏。

（1）设置专业部门管理

晚清官书局及其他公立机构版片为近代官刻的代表，"官书局印书，选择既慎，而剞劂之精良，校勘之缜密，尤为士林所推许"。[3] 民国时期学术文化场域中，西方学理与固有文化均是构建中国新文化的思想资源，整理国故为新旧学人所认同，而官书局刻书多为国学要籍，仍有一定的社会需求，因此接收了大宗官书局版片的省立图书馆，多设木印部等专业部门管理，整理、印行与保护馆藏版片，下面举例说明。

1909年，江苏省立国学图书馆接收金陵书局、江楚编译局、淮南书局书版，设立印行部继续印售。1914年，江苏省立第二图书馆（即江苏省立苏州图书馆）接收江苏官书局，改名为江苏省立第二图书馆官书印

---

[1] 苏州图书馆馆史编委会编：《苏州图书馆编年纪事》，苏州大学出版社，2004年，第47页。
[2] 苏州图书馆馆史编委会编：《苏州图书馆编年纪事》，苏州大学出版社，2004年，第49页。
[3] 浙江省立图书馆编刊：《浙江省立图书馆出版图书目录》，浙江省立图书馆，1936年，第1页。

刷所，共接收书版 196 种 74081 片，内容多为经史子集。1930 年陈定祥馆长进行了组织机构调整，在馆长下设四股，其中之一为印行股，"掌理保管版片印行书籍推广营业事项"，[1] 1936 年进行组织整顿，设四部一所。印行所掌理印造、刊校、发行、典板等事项。[2] 1909 年，山东高等学堂藏原山东官书局所刻书版移交山东省立图书馆管理。1930 年《山东省立图书馆组织章程》规定，暂设编藏部、阅览部、事务部三部，其中第六条编藏部之职掌为："关于本馆金石书画及各项版片之保存整理事宜。关于本馆书版印行事宜。"[3] 1909 年，浙江官书局归并浙江省立图书馆，号官书印售所，旋又改称附设印行所，"民国十八年添设铅印部，以官书局印售所分隶木印及发行部，而仍以印售木印书籍为重要事业"。[4] 1910 年云南图书馆在云南官书局基础上成立印售部，印刷发行"乡学先贤遗著和国学重要典籍"。1914 年，民国云南巡按使唐继尧筹集款项在云南图书博物馆内成立"辑刻《云南丛书》处"，校印本省出版书籍。1912 年，广东省立图书馆成立时，特设藏版楼，专门收藏广雅书局等刊刻书版。二次革命失败后，省馆停办。1917 年复办。徐信符、冯愿等受聘为董事。"逐渐清理广雅书局、学海堂所刊版片。徐绍棨拟定印书办法，参酌清代广雅书局售书章程，及浙江书局印行所办法，呈请附设专所。民国七年经省长批准，遂在馆附设广雅版片印行所，由董事徐绍棨专任其事。"[5] 1916 年湖南官书报局撤销，其经费、设备及所藏版片一并划归湖南省立图书馆，改为湖南省

---

[1] 江苏省立苏州图书馆编印：《江苏省立苏州图书馆概要》，江苏省立苏州图书馆，1930 年，第 8 页。
[2] 苏州图书馆馆史编委会编：《苏州图书馆编年纪事》，苏州大学出版社，2004 年，第 21 页。
[3] 山东省立图书馆编：《山东省立图书馆组织章程》，《山东省立图书馆季刊》，1931 年，第 1 卷 1 期，第 51—53 页。
[4] 浙江省立图书馆编刊：《浙江省立图书馆出版图书目录》，浙江省立图书馆，1936 年，第 1 页。
[5] 广东炎黄文化研究会、番禺炎黄文化研究会编：《岭峤春秋：徐信符研究文献集》，广东人民出版社，2004 年，第 158 页。

立图书馆附设图书出版部。1933年，河南省立图书馆将接收的学务公所版片，专门设书版室，刊印书刊。1934年，国立中央图书馆筹备处接办国学书局一批书版，并设木印部照前发售书籍。1936年湖北崇文书局撤销，版片移交湖北省立图书馆，局址改为湖北省图书馆崇文书局保管处。1947年，湖北省立图书馆"机构设置除保留原有总务、阅览、采编、研究辅导四个部外，并新成立特藏部，负责整理原崇文书局版片"。[1]

民国时期各图书馆所藏的版片多经通人详校，号称精本，学术价值颇高。各图书馆如浙江、山东、广东、江西等省立图书馆所设印行所或刻版处，继续刷印馆藏版片，发售典籍，嘉惠士林，推进学术。图书馆刷印出版属于版片利用这一主题，本文不再详述。

（2）辟有专门馆舍储藏

由于收藏的版片数量众多，体积庞大，需要足够的空间存放，民国时期随着各类图书馆新式馆舍的兴建，版片储藏硬件设施改善良多，加之图书馆主事者不乏积学之士，重视藏版，多数图书馆辟有专门的馆舍保管版片。1912年，广东图书馆成立时，特设藏版楼，专门收藏广雅书局等刊刻书版。浙江省立图书馆民国时期馆舍扩建为大学路总馆、孤山分馆、新民分馆三处，其版片初藏于杭州三忠祠，后移藏于孤山分馆西楼。[2]江苏省立苏州图书馆1936年"辟平屋四间为藏板库"，[3]1920年江西省立图书馆创办，1930年百花洲新馆舍落成，"馆舍成一十字形，前部四层为阅览室、办公室、员工宿舍、版片室等，后部五层为书库"。[4]其他如江苏省立国学图书馆、湖南省立图书馆、山东省立图书

---

[1] 湖北省志《文艺志》编辑部编：《湖北省图书馆八十年纪事》，湖北省图书馆，1984年，第50页。
[2] 陈训慈：《一年来之浙江省立图书馆》，载《陈训慈百年诞辰纪念文集》，北京图书馆出版社，2006年，第476页。
[3] 苏州图书馆馆史编委会编：《苏州图书馆编年纪事》，苏州大学出版社，2004年，第23页。
[4] 周建文、程春炎主编：《江西省图书馆馆史（1920—2010）》，江西人民出版社，2010年，第366页。

馆亦有特定的场所贮存版片。

从上述材料可以看出，民国时期各图书馆下设专业部门管理、辟有专门馆舍储藏版片，是版片得以妥善保管的重要原因。此外，版片的清点、整理补刻等亦为民国时期图书馆版片保护的日常工作。

三、民国时期图书馆版片收藏的数量与种类

1. 版片收藏数量

民国时期图书馆收藏的版片数量，没有全面的统计资料，中华图书馆协会1929年第一次年会版片调查议案，只得到了浙江、河南、江西、云南等省馆的响应。众多省馆如山西、陕西、福建没有及时清点，只简单记录了种数，导致版片散佚后无法统计。为了对民国时期图书馆藏版的机构、种数、版片数、来源、统计年代、存佚等情况有详细的了解，本书特根据各类资料，编制了表三。

表三　民国时期图书馆知见藏版统计表[1]

机构	种数	版片数（块）	来源	统计年份	现存	备注
国立北平图书馆	2	490	捐赠	1931年	不详	

[1] 表中统计数字依据《中国图书馆发展史：自清末至抗战胜利》、《国立中央图书馆概况》、《古书版片资料》、《江苏省立国学图书馆概况》、《江苏省立苏州图书馆概要》、《苏州图书馆编年纪事》、《浙江图书馆志》、《浙江省立图书馆藏书版记》、《浙江省立图书馆出版木印书目》、《陈训慈百年诞辰纪念文集》、《山东省立图书馆概况》、《山东省图书馆志》、《河南省图书馆志略》、《江西省立图书馆概况》、《江西省图书馆馆史》、《陕西省图书馆馆史》、《山西省图书馆史料汇编》、《湖北省〈文艺志〉资料选辑（四）·图书馆专辑》、《湖南近代图书馆史》、《湖南图书馆百年志略》、《湖南刻书史略》、《岭峤春秋：徐信符研究文献集》、《广雅版片历劫记》、《广东图书馆附设印行所书目》、《福建省图书馆百年纪略》、《书苑英华——福建省图书馆同人文选》、《云南图书馆所藏版片概述》、《中国古代藏书与近代图书馆史料（春秋至五四前后）》等资料整理。

（续表）

机构	种数	版片数（块）	来源	统计年份	现存	备注
国立中央图书馆	150		国学书局	1935年	1937年毁于抗战	
江苏省立国学图书馆	47		金陵书局、江楚编译局、淮南书局	1978年	扬州雕版印刷博物馆	丛书9种，单行本38种
江苏省立苏州图书馆	196	74081	江苏官书局	1914年		
江苏省立苏州图书馆	191	70312	江苏官书局	1930年		
江苏省立苏州图书馆		71650		1935年		
江苏省立苏州图书馆	166	55907	江苏官书局	1947年		
江苏省立苏州图书馆		81306		1948年		部分募征
江苏省立苏州图书馆	113		江苏官书局	1978年	扬州雕版印刷博物馆	丛书39种，单行本74种
浙江省立图书馆		140000余		1934年		
浙江省立图书馆		163700	浙江官书局移交和自行刊刻122496块，捐赠40151块，寄存1053块	1935年		
浙江省立图书馆	200多	175000余		1937年		
浙江省立图书馆	239	150000		2000年	浙江省图书馆	

（续表）

机构	种数	版片数（块）	来源	统计年份	现存	备注
山东省立图书馆	109	23580	山东官书局遗留，捐赠，购买	1933年	山东省图书馆	剩800余块
河南省立图书馆	26		河南学务公所等移交	1934年		残版10余种
	42		自刻16种	1936年	河南省图书馆	33种，34427块，残版10余种
江西省立图书馆	88		江西官书局82种、豫章丛书1种、购买私家版片5种	1936年	全毁	1971年报废2万余块，包括《江西通志》
		82041		1947年		
陕西省立图书馆	60多	几万片	陕西官书局、味经官书局等		1949年中华人民共和国成立时，仅剩下雍正刊本《陕西通志》的书版	"文革"中被毁
山西省立图书馆		11810	浚文书局	1954年	不详	
		12924	浚文书局，刘承幹捐赠	1955年	不详	

(续表)

机构	种数	版片数（块）	来源	统计年份	现存	备注
湖北省立图书馆		75467	崇文书局	1936年		由崇文书局移交
	1			1942年		湖北通志版片移交湖北印刷所
		40000余		1945年		接收伪湖北省图书馆
		9000余		1946年		恩施迁回版片数量
		51296		1949年	湖北省博物馆	1949年后转入
湖南省立图书馆		数万块	思贤书局移交，捐赠，购买	1936年	湖南省图书馆，4000余块	毁于1938年日军战火，现存版片为50年代收藏
衡阳图书馆	1		金陵书局	民国	衡阳市博物馆	《船山遗书》332卷
广东省立图书馆	274		广雅书局、书院、家刻	1918年	馆藏版片每部选出20块保存于博物馆，其余作木材使用	1923年独立为广雅版片印行所

（续表）

机构	种数	版片数（块）	来源	统计年份	现存	备注
福建省立图书馆	66		正谊书局		毁于1912年辛亥革命与1922年战事	正谊堂全书
	155		福建书局			武英殿聚珍版丛书
			《福建通志》662卷木刻本	1938年	福建省图书馆，4000余块	1917年入藏
云南省立图书馆	254	60777	云南官书局、书院移交、捐赠	1990年	云南省图书馆	
燕京大学图书馆	3		购买补刊	1935、1948年	不详	燕京大学图书馆丛书本
合众图书馆	5		购买家刻	1948年	上海图书馆	岢园丛书

从上表可见，民国时期图书馆收藏的版片，经历了抗战、解放战争、1949年新中国成立至当代，数量在不同时期有所变动，存毁可分为六种情况。一是大部保存，少量损毁。如浙江、河南、云南等省馆。二是毁于战乱，全毁于战乱者如福建省馆所藏版片毁于1912年辛亥革命与1922年战事，国立中央图书馆、湖南省馆所藏毁于抗战。三是毁于1949年后，如江西、广东省馆所藏版片。四是移交，如湖北省馆移交湖

北省博物馆，江苏省立国学图书馆、江苏省立苏州图书馆移交扬州古旧书店，合众图书馆移交上海图书馆等。五是毁佚时间不详，如山东、陕西省馆。六是下落不明，如国立北平图书馆、山西省馆等所藏版片。

2.版片收藏种类

民国时期图书馆收藏的版片主要来源为晚清官书局和私家藏版。官书局刻书特点有二，一是以经史为大类，如广东书局刊刻了《十三经注疏》、《通志堂经解》等数部经学巨著，广雅书局刊刻有《史学丛书》，金陵、浙江、湖北、江苏、淮南五书局合作共刊《二十四史》。二是整理刊刻地方文献，如浙江书局之刻《两浙金石志》、江苏书局之刻《苏州府志》、江西书局之刻《江西通志》等。因此，各省立图书馆收藏版片的总体特点是以经史类和地方文献为主。同时，各图书馆征集，接到的捐赠、寄存的私家藏版，也多以地方文献为主，如浙江省立图书馆接受的胡宗懋捐赠家刻《金华丛书》、《续金华丛书》版片和丁丙后裔丁序之捐赠八千卷楼全部刻版，江西省立图书馆接受捐赠的胡思敬所刻《豫章丛书》版片等。

四、民国时期图书馆版片保护的文化贡献

雕版印刷术是中国古代最伟大的发明之一，对中国文化的发展与传播起到了不可替代的作用。清末民国时期雕版印刷逐渐从实用转向保护，民国时期图书馆的版片保护在传承中国版刻艺术、中国传统文化及当代中国文化软实力建设方面做出了杰出的贡献。

民国时期图书馆收藏的版片是中国雕版印刷术在当代的实物代表，具有重要的学术、艺术及文物价值。近代雕版印刷术逐渐式微后，加上版片的自然朽蠹和战乱等人为原因，导致晚清民国时期版片损毁严重，大量版片荡然无存。

当代现存的版片，仅一百余万片，对照历代镌刻的版片数量，所存极为有限。从现存版片的年代来看，宋代的仅一片[1]，明代版片仅天一阁博物馆和故宫博物院图书馆有藏。天一阁博物馆藏有697片，残版不计。[2] 故宫博物院图书馆现藏明代内府刻书版16种。[3] 现存版片中，经民国时期图书馆收藏保存至今的有数十万片，而且均为晚清官刻或私家精刻。无论从数量还是质量而论，民国时期图书馆收藏的版片成为中国雕版印刷术的珍稀遗产，对传承中国版刻艺术具有宝贵的参考与借鉴意义。

民国时期图书馆所收藏的版片，更是中国传统文化的主要载体，版片内容也是中国传统文化的组成部分，蕴含着丰厚的精神资源。在此意义上，民国时期图书馆版片保护对中国文化的传承价值也是不可低估，亟需当代学人的研究与发掘。

雕版印刷术已经成为国家象征符号之一，由此可见，民国时期图书馆版片保护所提供的文化资源，对当代中国的文化软实力建设所发挥的重要作用。2014年，国家图书馆（国家古籍保护中心）正式启动第五批《国家珍贵古籍名录》和"全国古籍重点保护单位"集中申报评审工作，古籍版片和版片收藏单位分别被纳入申报范围。国家级的版片保护沉寂半个多世纪后，在21世纪重新得到了响应与延续，这是民国时期图书馆版片保护的文化贡献的最佳印证。

第三节 民国时期图书馆的古籍出版

一、民国时期图书馆界的文化理念

民国时期图书馆界致力刻印古籍，肇因于晚清朝野创办新式图书馆

---

[1] 胡道静：《雕板印刷的重要文物——宋雕版》，上海新四军历史研究会印刷印钞分会编：《雕版印刷源流》，印刷工业出版社，1990年，第292页。
[2] 骆兆平：《天一阁刻书续考》，上海新四军历史研究会印刷印钞分会编：《历代刻书概况》，印刷工业出版社，1991年，第343页。
[3] 翁连溪：《清代内府刻书研究》，故宫出版社，2013年，第322页。

即已确立的文化理念。近代图书馆事业的发轫,始于清末变法维新运动,宗旨有二:一为输进文明,开启民智;一为保存国粹,传承文化。民国时期由于政府提倡民众社会教育,作为社会教育重要机构的图书馆经费纳入政府财政预算,图书馆数量快速增长。尤其是1925年中华图书馆协会成立后,有力促进了图书馆事业的发展。中西并重的文化理念得到民国时期图书馆界的奉守与发扬。1927年大学院公布的《图书馆条例》、1930年教育部公布的《图书馆规程》规定公立图书馆除搜集中外书籍,还负有收集保存本地已刊未刊各种文献的责任。中华图书馆协会作为全国图书馆界联合研究的总机关,以"研究图书馆学术,发展图书馆事业,并谋图书馆之协助"为宗旨,从事各项研究与活动,在藏书建设方面,应国故与新知图书并重。各省公立图书馆虽然行政上不受中华图书馆协会管辖,但业务上受其指导。在全国性机构中华图书馆协会的推动下,各级图书馆尤其是省立图书馆均将购置古籍作为一项常规业务,注意访求本省珍本,鼓励图书、版片的寄存与捐赠。

在保存国故理念的引导下,晚清民国时期图书馆界不仅重视搜罗古籍,亦相当留意古籍刊行,以流通古籍来保持、拓展中国文化的生命力。《京师及各省图书馆通行章程摺》(1910年)第十二条规定:"京师暨各省图书馆得附设排印所、刊印所。如有收藏密笈孤本,应随时仿刊发行,或排印发行,以广流传。"[1] 民国时期中华图书馆协会共召开六次全国图书馆年会。1929年第一次南京年会中华图书馆协会在讨论全国图书馆业务时,就特别指出:"各省立及各地方图书馆应尽力收藏乡贤著作,兼应刊行掌故丛书及乡贤遗著。"[2] 1933年第二次北平年会图书馆行政组议决案为:"建议当局传抄及影印孤本秘籍以广流传案,议决通过。(陈请教育部采纳施行)"[3] 1936年第三次青岛年会议案

---

[1] 李希泌、张椒华编:《中国古代藏书与近代图书馆史料(春秋至五四前后)》,中华书局,1982年,第130页。
[2] 《中华图书馆协会致全国各图书馆书》,载中华图书馆协会执行委员会编:《中华图书馆协会会报》,1929年12月,第5卷第3期。
[3] 宋建成:《中华图书馆协会》,台湾育英社文化事业有限公司,1980年,第88页。

之一为各县木刻古版保存办法,共 7 点,第 6 点为印刷流通。[1] 直至 1948 年,教育部仍通令各省市教育厅局暨各国立图书馆,"注意收集该地方先贤遗著,或购求稿本,或传录副本,并就经费所及,择其精要刊印成书。……务期先贤遗著免于散佚,俾广流传"。[2]

中华图书馆协会印行孤本秘籍、地方文献的倡导得到了图书馆界的积极响应。民国时期各类图书馆,尤其是省立图书馆,库藏丰富,部分省图书馆如浙江、江苏、云南等还附设印行所,多以弘播文化为职责,并把刊布古籍作为襄助学术、推广文化的重要手段,"图书馆之责任不仅在图书之收藏与保存,兼须谋图书之流通与推广。盖图书之年代久远,不易购求者或著作稿本从未刊印者,与夫名著绝版孤本等咸具学术上极高大之价值而有刻印发行之必要","使外间向不易见之书,亦得人手一编,其于文化之功效不无小助"。[3] 上述文化理念成为民国时期图书馆刊刻古籍功绩卓著的思想动力。

二、民国时期图书馆界的文献资源

经历千余年的版印实践,至清代中国出版流程已臻成熟。清人刻书推重底本的学术价值,刊印须选择善本或罕见之书。清末缪荃孙云:"采书须全,删节者不录;须雅,平常者不录,习见之书或得后定本、校补本亦可刻。"[4] 由此可见,出版古籍首要条件即为文献资源。民国时期众多图书馆储藏的文献极为丰富,珍本秘籍琳琅满目,成为图书馆出版古籍的先天优势。民国时期图书馆出版古籍可资利用的文献资源包括两类,一是馆藏善本,二是馆藏版片,下面分别论述。

---

[1] 宋建成:《中华图书馆协会》,台湾育英社文化事业有限公司,1980 年,第 109 页。
[2] 《教育部通令先贤遗著择要刊印》,中华图书馆协会理事会编:《中华图书馆协会会报》,1948 年 5 月,第 21 卷第 3、4 期。
[3] 《本馆之扩充计划》,《江苏省立苏州图书馆馆刊》,1929 年 11 月,创刊号。
[4] 缪荃孙:《与张石铭刘翰怡书》,载《艺风堂文漫存·乙未稿卷三》,台湾文史哲出版社,1973 年,第 449 页。

1. 馆藏善本

清末京师图书馆及各省图书馆创立时，接收了大量政府机构调拨的图书，或者通过购买私家藏书，奠定了图书馆的藏书基础。民国时期各图书馆继承了清末图书馆可观的馆藏，尤其是国立图书馆和省立图书馆经费较有保障，通过购求、捐赠、传抄等方式搜罗古籍，使得馆藏古籍的数量急剧增长，其中不乏名抄精椠、未刊稿本，蔚为大观。例如国立北平图书馆所藏善本，1933年《国立北平图书馆善本书目》所载宋元旧刻及明版精椠共计3796种，1935年《北平图书馆善本书目乙编》收录清代精刻及名家校本、抄本共计2666种，1937年《北平图书馆善本书目乙编续目》又增补善本1357种，均为稀世之珍。[1] 又如江苏省立国学图书馆"所藏兼钱塘丁氏武昌范氏桃源宋氏三家之书，山阴薛氏之清中兴名人手札墨迹南陵徐氏之书画，并开办时调取各官书局之官书以及历年来本馆所添购公私团体中外作家所赠送"，"截至二十三年底，藏书三万零一百七十八部、四十八万二千九百七十有六卷，合二十万二千一百六十有四册"，其中"宋元旧刻精钞名校以及手稿孤本，国外之精刊不可缕计，要以购自丁氏善本书室之旧藏为大宗"。[2] 民国时期诸多公私立图书馆馆藏卷帙宏富，各具特色，奠定出版古籍的文献基础。

2. 馆藏版片

民国时期图书馆刷印古籍，依托的另一文献资源为馆藏版片。民国时期图书馆接收的版片，以晚清官书局版片为大宗。晚清官书局刻书向以底本精良、校雠审慎、刊刻考究、售价低廉著称，被称为"局本"，为学者所推重。官书局由于经费支绌，清末陆续并入新设立的图书馆，书版和存书也由图书馆接收。各地官书局版片由当地的省立图书馆接收，浙江省立图书馆达124298块，[3] 超过万块的省立图书馆也有数

---

[1] 潘美月、沈津编著：《中国大陆古籍存藏概况》，台湾学生书局，2002年，第65—66页。
[2] 江苏省立国学图书馆编印：《江苏省立国学图书馆概况》，1935年1月。
[3] 《浙江图书馆志》编纂委员会编：《浙江图书馆志》，中华书局，2000年，第164页。

家,成为各省立图书馆版片收藏的主要来源。除了接收官书局的版片,图书馆界还积极征求私家藏版。图书馆版片征集的方式有捐赠、寄存两类。20世纪20年代后期始,众多公立图书馆制订了版片捐赠、寄存规章,鼓励藏家捐赠、寄存版片。由于图书馆捐赠、寄存版片有明确的章程可循,并订立了相应的奖励办法,提升了各地藏家捐赠、寄存版片的积极性,征集书版的努力取得了显著的成效,各省立图书馆陆续访求到私家刻书的版片,其中多有名贵书版,而以浙江省立图书馆捐赠、寄存版片收获最丰。1935年浙馆统计馆藏书版,"总计书版共:一六三、六九〇片,残版与不标号犹未计入。其中自刻者计:一二二、四六八片。捐赠者:四〇、一五一片。而自民元以前及民十二至十六年间因馆档未理,无从悉其有亡捐赠者,尚未计入焉。寄存者:一、〇五三片"。[1]民国时期图书馆古籍刊刻的特色之一为木版刷印,实有赖于接收和征求的版片资源。

三、民国时期图书馆古籍出版的方式

民国时期图书馆出版古籍的方式有两种:一是自主出版,设置专门的出版部门或由图书馆组织刷印;一是与出版机构合作影印。

1.自主出版

民国时期图书馆继承了古代官刻的传统,演变为现代的机构出版。部分图书馆馆藏善本宏富,或储存有大量的木刻版片,印行古籍成为图书馆的一项常规事务,刷印古籍甚至达数百种,因此在组织架构上设置出版部门如印行所或木印部,专司印刷。民国时期图书馆自设的印行部门有国立中央图书馆木印部、故宫博物院图书馆图籍部及掌故部、浙江省立图书馆附设印行所、江苏省立国学图书馆印行部、江苏省立苏州图书馆印行所、广东省立图书馆附设广雅版片印行所、云南省立图书馆"辑刻《云南丛书》处"、湖南省立图书馆图书出版部、河南省立图书馆

---

[1] 毛春翔:《浙江省立图书馆藏书版记》,《浙江图书馆馆刊》,1935年第6期。

刻书处、江西省立图书馆印行股等。部分图书馆只有零星的出版活动，则不设置专职部门，由图书馆总体规划，如山东省立图书馆印行事务隶属编藏部。

2. 合作影印与借印

图书馆使命在于搜访图书，推广阅读，普及教育。出版不是图书馆的主要职责，图书馆也难具备出版机构所必需的资金、人才和技术条件。尤其是影印册数较巨、耗资不菲的丛书，图书馆在财力上往往捉襟见肘，无法承担。1929年，民国时期国内规模最大、藏书最多的国立北平图书馆制订《国立北平图书馆刊行珍本经籍招股章程》，拟招200股，筹款10000元。附录《北平图书馆丛书前四集拟目》，一二三集为古籍影印，多为所藏刻本、稿本、旧钞本、传钞本，极具学术价值。可惜招股后来不成功，印行珍籍之事未能实现。[1]再如浙江省立图书馆虽附设印行所，但受困于经费，"本馆以流传秘籍，夙具同情，徒因馆费拮据，遽难遂愿，仅姚振宗之《隋书经籍志考证》52卷，且印未逮半，已患竭蹶，遑论其他"。[2]因此，民国时期图书馆界为流传古籍，亦采取与国内出版巨擘商务印书馆合作影印的方式，或订立借印合同，襄助商务印书馆的古籍出版工程。江苏省立国学图书馆（其前身江南图书馆）、国立中央图书馆、故宫博物院图书馆、浙江省立图书馆等均与商务有过合作，由商务承印或借给商务影印，贡献良多。

四、民国时期图书馆出版古籍的数量、种类

民国时期出版古籍的图书馆类型众多，国立、省立、大学以及私立图书馆均有涉猎。国立和省立图书馆以储藏丰富，学者主持，因此在古籍出版方面尤为学界赞颂。下面分国立、省立和大学、私立图书馆三

---

[1]《国立北平图书馆刊行珍本经籍招股章程》，《国立北平图书馆月刊》，1929年11月，第3卷第5号。
[2]《商务印书馆商借馆藏珍本影印》，《浙江图书馆馆刊》，1934年6月，第3卷第3期。

类，分别叙述其古籍出版的数量和种类，以见民国时期图书馆古籍出版的全貌。

1. 国立图书馆

民国时期国立图书馆仅有三所，即国立北平图书馆、国立中央图书馆和国立西北兰州图书馆。其中出版古籍卓有成就者为国立北平图书馆和国立中央图书馆。国立故宫博物院图书馆因地位特殊，亦归入国立图书馆类叙述。

其一，国立北平图书馆。国立北平图书馆由原京师图书馆和北平北海图书馆合并而成。京师图书馆1909年设立，1928年改名国立北平图书馆，1929年9月北平北海图书馆并入。民国时期国立北平图书馆一直是国内规模最大、藏书最多的图书馆，诚为图书渊府、秘籍宝库。

国立北平图书馆刊印的古籍，计有《李慈铭读史札记》、《李慈铭越缦堂文集》、《北平图书馆珍本丛书》、《宋会要稿》、《办理四库全书档案》、《于文襄论四库全书札记》、《孙渊如外集》、《清初史料四种》、《大宝积经论》等9种。委托出版家代印有《国立北平图书馆善本丛书第一集》、《越缦堂日记补》等5种，为《四部丛刊三编》提供底本5种。[1]

其二，国立中央图书馆。国立中央图书馆1933年于南京设筹备处，全民族抗战爆发后转至四川江津办公，1940年正式成立，1946年迁回南京。国立中央图书馆影印古籍有两大工程，其一是中央图书馆主持选书，商务印书馆承印的《四库全书珍本初集》。据1947年国立中央图书馆编刊的《国立中央图书馆概况》载："二十三年（1934）影印《四库全书珍本初集》二百三十一种，一千九百六十册，并照《四库》原样影印经史子集各一种六册，商务印书馆承印。本馆筹备开始，即倡议选印《四库全书》中之孤本及珍籍，呈准行政院假文渊阁本，由本馆主办选其未刊本及元明虽有刊本而不易得者影印之。"《四库全书珍本初集》为《四库全书》第一次选印，所收书均三百年来未见刊本或已绝版之珍本，

---

[1] 国立北平图书馆编印：《国立北平图书馆出版书籍目录》，1939年10月重订。

至 1935 年 7 月分四期出齐。影印出版后即被国内外购置一空。

国立中央图书馆影印的另一大丛书为《玄览堂丛书》。该丛书为郑振铎所辑，共三集。初集 31 种，120 册。1941 年由上海精华印刷公司影印。《续集》20 种，120 册，1947 年影印。《三集》12 种，30 册，1948 年影印。郑氏以为："夫唐宋秘本刊布已多，经史古著传本不鲜，尚非急务，独元明以来之著述，经清室禁焚删夷，什不存一，芟艾之余，罕秘独多，所谓一时怒而百世与之立言，每孤本单传，若明若昧，一旦沦失，便归澌灭。"[1] 因此《丛书》多选印稀见明史史料，弥足珍贵。

其三，国立故宫博物院图书馆。1924 年清逊帝溥仪出宫后，北洋政府组织清室善后委员会从事点查故宫物品，1925 年成立故宫博物院。院中组织内设古物、图书两馆。图书馆中又分图书、文献二部，旋又择定寿安宫为图书馆馆址而以南三所为文献馆办公之用。1927 年后仍设古物、图书两馆，馆长袁同礼。图书馆又设图籍、掌故二部，图籍部影印善本书影，掌故部刊行掌故丛编，以广流传。

故宫博物院图书馆继承有清代宫廷、清史馆旧藏及军机处档案，馆藏宋元善本与稀见史料极为丰富，因此影印排印古籍种类众多。据 1936 年编印的《国立北平故宫博物院出版物总目》统计有：书目 1 种，丛书 1 种，史籍 13 种，史料 2 种，谱录 2 种，诗文集 5 种，杂著 2 种。由于故宫博物院图书馆所藏不乏宋元珍椠、明人精钞，刊印者或版本精善，如《天禄琳琅丛书》15 种含影宋本 5 种，影元本 3 种，影汲古阁钞本 7 种；或极为罕见，如史籍中的《明史本纪》，刻成后原藏宫中，流传绝少；或列禁毁书目，如《殊域周咨录》。

故宫博物院还委托商务印书馆影印《宛委别藏》40 种及宋袁州本《郡斋读书志》（1931 年影印）。清代学者阮元进呈四库未著录之书 174 种，嘉庆帝赐名"宛委别藏"。原书一直深藏宫中，直至 1935 年，才由故宫博物院选择未刊者 40 种，托付商务印书馆印行。因其可补《四库

---

[1]《玄览堂丛书序》，载北京图书馆善本组编：《（1911—1984）影印善本书序跋集录》，中华书局，1995 年，第 673 页。

全书》的缺佚，尤为学界重视。

2.省立图书馆

清末新政时期开办图书馆，即已注重于各省会普设图书馆。省立图书馆在民国时期图书馆界占据中心地位，举凡图书搜访、提供阅读、编纂出版等事务，皆竭力进行，对教育文化进步多有帮助。民国时期图书馆出版古籍，尤以各省图书馆成绩最为突出。其中浙江省立图书馆、江苏省立国学图书馆、江苏省立苏州图书馆、山东省立图书馆、江西省立图书馆、广东省立图书馆、云南省立图书馆等，刊布珍籍，嘉惠士林，为人称道。

其一，浙江省立图书馆。浙江省立图书馆始于1903年所建浙江藏书楼，1927年改称浙江省立图书馆。浙江省立图书馆附设印行所分为木印部和铅印部，其中木印部"现藏官书局及续雕书版达十八万余块，所出书籍逾四百余种"。[1] 铅印部1929年添设，"除印刷本馆出版物外，兼承印外界印件。设备完全，诸凡老宋仿宋等铜模，一应俱备。以旨在推广文化，辅助教育。出品迅速，取价低廉"。[2]

据1936年编刊的《浙江省立图书馆出版图书目录》统计，浙江省立图书馆出版木印书目计有：经部45种，史部75种（4种非古籍），子部37种（2种非古籍），集部48种，丛书14种（1种为章太炎著《章氏丛书》）。丛书为《玉海》200卷，《玉海十三种》20册，《蓬莱轩地理丛书》初集17种，二集13种，《二十二子》22种，《邵武徐氏丛书》初集13种，二集8种，《金华丛书》67种，《续金华丛书》59种，《半厂丛书初编》10种，《啸园丛书》58种，《富阳夏氏丛刻》7种，《武林掌故丛书》26集193种，《武林往哲遗著》60种附刻2种，《当归草堂丛书》8种，《当归草堂医学丛书》10种，《章氏丛书》12种。按丛书计算，有221种，按丛书子目作单种计算，共766种。浙江省立图书馆出版铅印书目中古籍有4种。浙江省立图书馆出版古籍，其数量之多和种

---

[1] 浙江省立图书馆编印：《浙江省立图书馆出版图书目录》，1936年。
[2] 《浙江省立图书馆附设印行所》，《图书展望》，1936年4月，第1卷第7期。

类之丰富，不逊中华书局等商业出版机构，并因富于学术价值，流传海内，蜚声书林。

其二，江苏省立国学图书馆。江苏省立国学图书馆前身为江南图书馆，始建于1908年。其后名称屡变，1929年定名江苏省立国学图书馆。国学图书馆前承江楚编译局及淮南书局之木刻铅石印书，加上馆藏"宋元旧刻，精钞名校以及手稿孤本、国外之精刊，不可缕计"。[1]复于1927年得柳诒徵长馆，一力经营，开放流通，印行孤本秘籍，广泽学者。馆内设有印行部负责刊刻书籍，"所印之书，计分四类：（一）国学图书馆影印善本；（二）盋山精舍秘笈；（三）金陵掌故丛编；（四）江苏史料"，[2] "计存38种。近7年来新印书计63种，总为101种，51866部，129518册。最近新出版之二书尚不在内"，兹分类列表四如下：[3]

表四　江苏省立国学图书馆印行书籍分类统计表

部别	经部	史部	子部	集部	丛书	总计
数量（种）	5	34	8	16	2	65

江苏省立国学图书馆古籍出版另外一大功绩是提供善本，供商务印书馆影印《四部丛刊》之用，具体描述见后文。

其三，江苏省立苏州图书馆。江苏省立苏州图书馆1914年9月成立，原名江苏省立第二图书馆。该馆"储存前江苏官书局刊刻书籍版片计有一百九十一种七万另三百十二片"，设有印行股，掌理保管版片印行书籍推广营业事项，至1930年，"印行国学图书经史子集丛计一百另二种，均系木刻精本而以《资治通鉴》、《五礼通考》、《江苏舆图》、《苏

---

〔1〕江苏省立国学图书馆编印：《江苏省立国学图书馆概况》，1935年1月。
〔2〕《江大国学图书馆印行孤本》，《申报》，1928年3月27日。
〔3〕江苏省立国学图书馆编印：《江苏省立国学图书馆概况》，1935年1月。

州府志》、辽金元三史、《唐宋金元明五朝文会》、《碑传集》及黎庶昌《古逸丛书》为尤著"。[1]

该馆20世纪30年代计划编印地方文献丛书,曾搜辑《吴中掌故丛书》、《吴中先哲遗书》,可惜未果,后于1939年至1943年铅印《吴中文献小丛书》出版。《丛书》刊行宗旨为"有关地方文献之亟待表章者,如先儒专著,寓贤琐纪,或其遗稿未经刊布,或虽刊刻而流传已少",[2]收苏州历代之著述30种(附录两种),其中含古籍29种。该丛书为苏州郡邑丛书编纂结集较早者,影响较大。

其四,山东省立图书馆。山东省立图书馆成立于1909年,馆藏以所收济南马惠阶之藏书为精品,其中不乏旧椠精抄名校及有价值之稿本。山东省立图书馆接收的山东官书局版片,"凡书一百零六种,一万六千九百八十三片",加上购入和私家捐赠版片,"共存二万三千五百八十片",[3]数量可观,刷印古籍十分便利。

山东省立图书馆致意刊刻古籍,并列入工作规划。"本馆原存书版,拟择其重要者,修补重印,并搜集孤本,善本,及本省有价值之著作,未经付刻者,分别刊行。"[4]山东省立图书馆出版古籍,主要是刷印原山东官书局存版,计49种,以经部和子部的农书、医书为重点,在省立图书馆刻书中亦颇具特色。[5]

其五,江西省立图书馆。江西省立图书馆1920年筹备,1922年正式成立。该馆藏有木刻书版88种,来源为"1.前江西官书局版片八十二种,2.豫章丛书一种,3.本馆先后购得私家版片计五种",[6]其中名贵书版如《豫章丛书》、《江西通志》、《阮刻十三经注疏》、五种《纪事

---

[1] 江苏省立苏州图书馆编印:《江苏省立苏州图书馆概要》,1930年3月。
[2] 《刊行〈吴中文献小丛书〉旨趣》,载蒋凤藻撰:《心矩斋尺牍》(卷首),江苏省立苏州图书馆校印,1941年3月。
[3] 山东省立图书馆编印:《山东省立图书馆概况》,1933年8月。
[4] 《本馆计划规程》,《山东省立图书馆季刊》,1931年3月,第一集第一期。
[5] 《山东省立图书馆出版书籍价目表》,《山东省立图书馆季刊》,1931年3月,第一集第一期。
[6] 江西省立图书馆编印:《江西省立图书馆概况》,1936年7月,第18—19页。

本末》、《黄山谷诗集》、《江西诗徵》等皆为士林所重。江西省立图书馆设三部及五个委员会，其中文献部分印行、征存两股。1933年利用《豫章丛书》版片，重印一次。《豫章丛书》为近代著名的江西地方文献，江西新昌（今宜丰）胡思敬刊刻。全书刊成于1923年，共计收书103种672卷，所收著述流传稀少，文献价值极高。

其六，广东省立图书馆。广东省立图书馆创办于1910年，1912年正式成立，特设藏版楼，专门收藏广雅书局等刊刻书版。后一度停办。1917年复办。徐信符等四人受聘为董事。1918年广东省立图书馆附设广雅版片印行所，由董事徐绍棨专任其事。

广雅版片印行所成立后，徐信符迅速组织清理，整理出一批可供刊印版片，并于1918年3月刊印《广东图书馆附设印行所书目》。该书首"售书规约"称："本印行所版片皆属前时学海堂、广雅书局、菊坡精舍，以及潘氏、武氏家刻，皆经通人详校，号称精本。现拟规复刷印，以广流布。"该书目共列图书274种，其中相当部分为广东乡贤著述和地方史料，如《东塾遗书》、《岭南遗书》、《海山仙馆丛书》、《学海堂初二三四集》等。与此同时，徐信符重点清理出广雅版片大小一律者150余种，编为《广雅丛书》，于1920年出版发行。[1] 该丛书共600册，所收以清人著作为主，以较高的学术和史料价值而享誉学界。嗣又选择丛书中史部典籍93种，编成《史学丛书》出版，内收诸史考证、辨说注疏、校勘等，深受史学界欢迎，著名学者胡适称之为"广东两大不朽名著"之一。1934年，广东省立图书馆归并入广州市立中山图书馆。以原广雅版片印行所为基础，改组成立了广东省立编印局，继续刊印广东文献。

其七，云南省立昆华图书馆。云南省立昆华图书馆前身为1909年成立的云南图书馆，后名称屡次变更。1911年，改名云南图书博物馆，1929年改名为云南省立国学图书馆。1931年改称云南省立昆华图书馆。

---

[1] 倪俊明：《徐信符与广东地方文献的搜集和整理》，载广东炎黄文化研究会、番禺炎黄文化研究会编：《岭峤春秋：徐信符研究文献集》，广东人民出版社，2004年，第158页。

1914年，云南都督唐继尧倡导于图书馆内设"云南丛书处"，辑刻《云南丛书》，赵藩任总纂，陈荣昌任名誉总纂。直至1947年改组为云南"文献委员会"。丛书处历时30余年，辑刻《云南丛书》初编、二编200余种。其中初编合计经史子集四部152种，刻印或石印或铅印的142种，另有10种待刻。二编合计69种，已编辑、刻印38种；待刻31种。[1]《云南丛书》为云南历代唯一一部涵括全省文献的郡邑丛书。收录汉代至民国初年的云南文献，使云南典籍之菁华得以保存和流传，"一省之文献具焉，使知滇者、考滇者舍此而莫由"。[2]

其八，河南省立图书馆。河南省立图书馆1909年开馆，创办之初图书较少。1932年河南知名学者井俊起接任后，锐意整理旧藏，刊布乡先贤遗著。1935年至1937年"选录河南历代著名诗人作品汇编成书，名曰《中州诗钞》，交马集文斋刻印出版。……至元代诗钞（第28卷至35卷）正缮写中，日军占领开封，工作因而中止，已刻成版片均送省图书馆保存"。[3] 井俊起又访购河南名人著述未刻者，汇为《中州丛刻》，1936年因教育厅长李敬斋不赞成木版，事遂中辍，"至此，刻成《石田野语》、《臆见随笔》、《隐山鄙事》、《书学慎余》、《算法通义》、《律吕心法》、《几何简易》等16种，《历范》仅刻半部"，[4] 极为可惜。

3.大学、私立图书馆

民国时期，大学图书馆、私立图书馆也利用自己的库藏，刊布古籍，其中燕京大学图书馆和私立合众图书馆、私立北泉图书馆最为突出。

燕京大学图书馆得到哈佛燕京学社的支持，经费充裕，广事搜罗中文古籍，并自1931年开始刊行古籍。1931年至1940年陆续出版的《燕京大学图书馆丛书》，内收《崔东壁先生知非集》、《万历三大征考》、《宋程纯公年谱》、《不是集》、《纪录汇编选刊》、《袖海楼杂著》、《蓬庐

---

〔1〕叶祖荫：《民国〈云南丛书〉概述》，载云南省新闻出版局出版志编委会主编：《云南出版史志资料第二辑》，1989年1月，第39—47页。
〔2〕林照君：《郡邑丛书之研究》，台湾花木兰出版社，2007年，第38页。
〔3〕宋学清主编：《河南图书馆事业志》，中国致公出版社，2001年，第12页。
〔4〕李和邦主编：《河南省图书馆志略》，中国致公出版社，2001年，第88页。

文钞》。此外，1935年补刻刷印《悔翁笔记》、《悔翁诗钞》、《悔翁词钞》3种，1935年至1938年铅印《佳梦轩丛著》11种，1937年铅印《乡土志丛编》10种，1937年据馆藏钞本铅印《神庙留中奏疏彙要》，1938年铅印《琬琰集删存》、《保甓斋文录》，1939年影印《翁文恭公军机处日记》，1940年影印《许郑学庐存稿》，1941年铅印《简松草堂文集》，1948年影印《庆元条法事类》。燕京大学图书馆印行的古籍以宋明清著述为主，多罕见之本，史料价值极高，如郑振铎《劫中得书记》列举清代难得之书多种，其中就有清代黄汝成所著《袖海楼杂著》，认为"是可遇而不可求之物"；再如南宋谢深甫监修《庆元条法事类》，原书共80卷，附录2卷，为南宋法律、经济资料的汇编。现存《庆元条法事类》正文缺44卷，仅余38卷，缺佚虽多，但保存的宋代史料可以补充《宋史》与《玉海》的不足，具有较高的史料价值。燕京大学图书馆于1948年10月据常熟瞿氏本印行的版本影印后，成为该书的通行本。

1939年叶景葵、张元济等人创办私立合众图书馆，刊有《合众图书馆丛书》，初集于1941年至1945年出版，所收包括《恬养斋文钞》等14种，第二集有《炳烛斋杂著》1种，1948年2月出版。1948年，"合众"征集到宗惟恭辑刻《咫园丛书》版片，重印出版。1942年成立的重庆私立北泉图书馆为邓少琴、杨家骆合办，后收购大关唐氏辑刻《怡兰堂丛书》版片，所收书8种，改名《私立北泉图书馆丛书》出版。

五、民国时期图书馆古籍出版的特点

民国时期古籍出版分为三大系统。一是商务印书馆、中华书局等商业性出版机构。二是各类社会机构或团体如公私立图书馆、省市通志馆、中华教育社、中国营造学社、中国水利工程学会、通俗文学研究社、四存学会、国学保存会、上海市佛教青年会、渠县旅省同乡会甚至贵州省政府等。三是藏书家。商业性出版机构刊刻古籍同时注重文化效应与商业利益，藏书家刻书兼具流布古书与留名后世的双重动机，与商业性出版机构和私人刻书家比较，图书馆刊印古籍目的在于宏播文化、嘉惠学术，出版特点别树一帜。

1. 刊刻善本、孤本

民国时期众多图书馆文献资源极为丰厚，主持者多学养深厚，刊印古籍慎择底本，因此形成了善本、孤本的出版特点。前文所述国立中央图书馆影印的《四库全书珍本初集》、《玄览堂丛书》等收录的均为罕见善本。再如1937年国立北平图书馆"司馆事者，以吾国古籍日就沦亡，拟择罕见孤本、佳椠名钞，汇辑影印，编为丛书"，与商务印书馆合作影印《国立北平图书馆善本丛书第一集》12种97卷，"其为清廷毁禁、《明史》所遗，舆地稗乘、秘家载籍，可以审核地理之沿革，资边陲之考镜，淬厉民智，厥功尤伟"。所收《皇明九边考》、《边政考》、《三云筹俎考》、《西域行程记》、《西域番国志》、《筹辽硕画》、《皇明象胥录》、《行边纪闻》、《朝鲜史略》、《安南图志》、《日本考》、《使琉球录》等书，均为稀见善本，由谢国桢主持刊印。[1] 国立中央图书馆、国立故宫博物院图书馆、广东省立图书馆、私立合众图书馆等均以善本秘籍为刊刻古籍的标准，出版的古籍受到民国以至当代学术界的推崇。

2. 注重地方文献

民国时期以省立图书馆为中坚的公共图书馆承担有庋集、传播地方文献的社会使命。与传统郡邑丛书以乡土情结作为出版理念不同，民国时期图书馆刊行地方文献，增添了地方文献作为国家历史构成基础的现代理念，如陈训慈所言，"地方文献不仅系一隅之故实，备方志之取裁，抑且罗今古之精英，实国史之基石。其所以辅益政教，考镜学术，关系盖至钜且远"。[2] 江苏省立苏州图书馆《吴中文献小丛书》刊行宗旨则为"有关地方文献之亟待表章者，如先儒专著，寓贤琐纪，或其遗稿未

---

[1] 谢国桢：《明代边防史乘十种跋》，载《明清笔记谈丛》，上海书店出版社，2004年，第137页。
[2] 陈训慈：《浙省图书馆对于浙江文献之蒐集与整理》，中华图书馆协会执行委员会编：《中华图书馆协会会报》，1936年，第11卷第6期。

经刊布，或虽刊刻而流传已少"。[1] 因此地方文献刊刻尤为图书馆所重视。

浙江省立图书馆历年刊印的浙江文献计有：一、"有关杭州西湖的书"，分别为"《乾道临安志》（影宋精刻本）、《咸淳临安志》、《西湖志》、《武林掌故丛编》、《武林往哲遗著》、《湖山便览》、《湖船录》、《杭女表微录》、《吴山伍公庙志》、《兵庙志略》、《杭州八旗驻防营志略》"；二、"浙江文献"，分别为"《浙江通志》、《浙西水利备考》、《平浙纪略》、《两浙防护录》、《浙江忠义录》（附续编及表）、《两浙名贤录》（附外录）、《越女表微录》、《两浙金石志》（附补遗）、《两浙輶轩录》（附补遗）、《两浙輶轩续录》（附补遗）、《金华丛书》、《续金华丛书》、《温州经籍志》、《台州经籍志》"，另有个人著述集《富阳夏氏丛刻》、《蓬莱轩地理丛书》"。[2] 此外，江苏省立国学图书馆刊刻《金陵掌故丛编》和《江苏史料》，江西省立图书馆重刷《豫章丛书》，云南省立图书馆辑刻《云南丛书》，河南省立图书馆汇刻《中州诗钞》和《中州丛刻》，均为民国时期地方丛书之力作。

3. 木版刷印较多

民国时期图书出版采用的印刷技术中，新式印刷术如影印（影印分石版和珂罗版）、铅印与传统的雕版印刷并存。商务印书馆、中华书局、世界书局等商业机构出版古籍多用石版影印和铅印。图书馆出版古籍则分两种，一种是浙江省立图书馆、江苏省立国学图书馆、江苏省立苏州图书馆、云南省立昆华图书馆、山东省立图书馆等，储藏有大量公私刻书版片，以木版刷印为主，浙江、云南、河南新镌了部分版片；一种是第一次刊行，采用影印或铅印方式，如《国立北平图书馆善本丛书第一集》为影印，《燕京大学图书馆丛书》为铅印和影印。江苏省立国学图书馆《印行部规程》规定："善本精钞本校本影印必依原式，精校本未

---

[1] 《刊行〈吴中文献小丛书〉旨趣》，载蒋凤藻撰：《心矩斋尺牍》（卷首），江苏省立苏州图书馆校印，1941年3月。

[2] 浙江省立图书馆编印：《浙江省立图书馆出版书目》，1936年。

印者及钞本之内容有价值而缮写不精者,用铅印,由主干及编辑部编校员精密校雠。"[1] 根据古籍形式美感来决定古籍采用影印或铅印的原则,颇有趣味。

六、民国时期图书馆古籍出版的文化贡献

近代中国社会内忧外患,典籍散佚严重。典籍存亡与民族、国家的命运休戚相关,而保存典籍最佳的方式无过于刊印行世,化身千亿,故出版界、图书馆界和藏书家皆积极从事古籍出版。图书馆界肩负保存、流布古籍重任,为中国文化的传承做出了杰出的贡献。

1. 刊布流通典籍,弘扬中国文化

民国时期图书馆刊印善本、稀见古籍,数量可观,学术价值高。笔者统计有民国时期图书馆出版古籍丛书,总计43种,子目1806种另318卷,详情见表五。

表五　民国时期图书馆出版古籍丛书统计表

机构	丛书名	子目（种）	年代	印刷形式	备注
国立中央图书馆	四库全书珍本初集	231	1934年	影印	商务印书馆合作
	玄览堂丛书	73	1941—1948年	影印	商务印书馆合作
故宫博物院图书馆	天禄琳琅丛书	15	1932年	影印	
	委苑别藏	40	1935年	影印	商务印书馆合作

---

[1] 江苏省立国学图书馆编印:《江苏省立国学图书馆章程·第七章·印行部规程》,载《江苏省立国学图书馆概况》,江苏省立国学图书馆,1935年1月,第30页。

（续表）

机构	丛书名	子目（种）	年代	印刷形式	备注
浙江省立图书馆	玉海	200卷		木版	
	玉海十三种	13		木版	
	蓬莱轩地理丛书	30		木版	
	二十二子	22		木版	
	邵武徐氏丛书	21		木版	
	金华丛书	67		木版	
	续金华丛书	59		木版	
	半厂丛书初编	10		木版	
	啸园丛书	58		木版	
	富阳夏氏丛刻	7		木版	
	武林掌故丛书	193		木版	
浙江省立图书馆	武林往哲遗著	62		木版	含附刻2种
	当归草堂丛书	8		木版	
	当归草堂医学丛书	10		木版	
江苏省立国学图书馆	常州词录	31卷	1935年	木版、影印	
	名家词	17			
	元明杂剧	27			
	藕香零拾	39			
	云自在龛丛书	18			

（续表）

机构	丛书名	子目（种）	年代	印刷形式	备注
江苏省立苏州图书馆	古逸丛书	26	1912—1943年	铅印、木版	征集私人刻版
	鄾郑学庐丛书	4			征集私人刻版
	峭帆楼丛书	18			征集私人刻版
	望炊楼丛书	8			征集私人刻版
	吴乘三种	3			征集私人刻版
	龙庄遗书	6			征集私人刻版
	求古斋全集	5			征集私人刻版
江苏省立苏州图书馆	求古堂日记	49			征集私人刻版
	吴中文献小丛书	30			
山东省立图书馆	农政全书	60卷	1920年代	木版	
河南省立图书馆	中州诗钞	27卷	1937年	木版	未刷印
	中州丛刻	4	1936年	木版	未刷印
江西省立图书馆	豫章丛书	103	1933年	木版	
广东省立图书馆	广雅丛书	150	1920年	木版	
	史学丛书	93	1920年	木版	广雅丛书史部单行本

（续表）

机构	丛书名	子目（种）	年代	印刷形式	备注
云南省立昆华图书馆	云南丛书	221	1914—1947年	木版、石印、铅印	41种待刻
燕京大学图书馆	燕京大学图书馆丛书	38	1931—1948年	木版、石印、铅印	
合众图书馆	合众图书馆丛书	15	1941—1948年	手写石印	
	咫园丛书	5	1948年	木版	
北泉图书馆	私立北泉图书馆丛书	8	1942年	木版	
总计	43种	1806			另318卷

民国时期图书馆界流通古籍的另外一个重要贡献是，提供底本给商务印书馆影印，例如《四部丛刊》就借用了国内多家图书馆的馆藏。《四部丛刊》1919年至1936年共出版三编，初编收书323种，1919年初印从江南图书馆借有42种，重印为36种，从国立北京图书馆借印1种；续编81种，借印图书为国立北平图书馆2种，江苏省立国学图书馆1种；三编73种，借印图书为昆山图书馆1种，国立故宫博物院图书馆2种，国立北平图书馆5种，浙江省立图书馆1种，江苏省立国学图书馆1种。[1]《四部丛刊》被誉为"现代编纂国学书中惟一之伟业"，离不开图书馆界的鼎力支持。

从上述出版丛书和借印底本可以看出，民国时期图书馆界不仅刊刻

---

[1] 商务印书馆编：《四部丛刊目录》，1920年。

古籍数量可观，种类繁多，更积极参与《四部丛刊》的出版，对古籍保存与传播以及中国文化的传承所做的贡献为人称道。

2. 对当代地方古籍丛书出版的启示

民国时期图书馆刊印地方文献，延续了明清以来的郡邑丛书传统，对当代地方文献丛书的编纂，也有直接的启示与影响。21世纪以来，国内多省市陆续编纂出版地方古籍丛书，江西省2002年起陆续出版的《豫章丛书》整理本，浙江省2006年启动《浙江文献集成》，云南省2011年整理重印《云南丛书》，苏州市2011年起出版《苏州文献丛书》等，均显示对民国时期图书馆刊印地方文献的继承与发展。

3. 保存版片遗产，传承雕版印刷术

晚清民国时期随着新式印刷术的引进，雕版印刷术逐渐衰落。民国时期图书馆继承了清末图书馆的文献资源和官书局的木刻版片，后又致力购买、征集私人所藏善本或版片，并继续刷印学术价值高的版片。2009年9月，由扬州广陵古籍刻印社、南京金陵刻经处、四川德格印经院代表中国申报的雕版印刷技艺正式入选《世界人类非物质文化遗产代表作名录》。上述机构成功申报非遗成功的关键条件之一是保存的版片。其中广陵古籍刻印社的版片主要来自江苏省立国学图书馆、江苏省立苏州图书馆等机构的移交。由此可见，民国时期图书馆刷印古籍，不仅保护了珍贵的版片，更使雕版印刷术得以流传，成为图书馆界对中国文化的又一杰出贡献。

晚清民国时期中国固有文化遭遇前所未有的危机，而民国时期图书馆界致力版片保护、刊印古籍，流通文化，使其成为中国文化传承的现代性中心，为中国文化的传承与发展做出了无可替代的贡献，体现了图书馆作为社会机构的重要文化意义，值得当代图书馆界借鉴与发扬。

第七章
民国时期藏书家的古籍出版

中国私家刻书始于五代，其后不绝如缕，尤以明毛晋刻书多而精。降至晚清，亦得发扬。清末重臣张之洞1876年刊行《书目答问》附录一《劝刻书说》曰：

> 凡有好事之人，若自揣德业学问不足过人，而欲求不朽者，莫如刊布古书一法。但刻书必须不惜重费，延聘通人，甄择秘籍，详校精雕，刻书不择佳恶，书佳而不雠校，犹糜费也。其书终古不废，则刻书之人终古不泯，如歙之鲍，吴之黄，南海之伍，金山之钱，可决其五百年中必不泯灭，岂不胜于自著书、自刻集者乎。假如就此录中，随举一类，刻成丛书，亦属不恶。且刻书者，传先哲之精蕴，启后学之困蒙，亦利济之先务，积善之雅谈也。[1]

叶德辉《书林清话·总论刻书之益》亦云："积金不如积书，积书不如积阴德，是固然矣。今有一事，积书与积阴德皆兼之，而又与积金

---

〔1〕 张之洞撰，范希曾补正：《书目答问补正》，上海古籍出版社，2019年，第296页。

无异，则刻书是也。"[1]可说是私家刻书精神寄托之所在。清末民初刻书之风大盛，与张氏的倡导很有关系。1921年，上海博古斋影印清代张海鹏《墨海金壶》，刘承幹序引用张氏的话说："藏书不如读书，读书不如刻书。读书只以为己，刻书可以泽人。上以寿作者之精神，下以惠后来之沾溉，其道更广。"刊书成为士大夫的风尚。

近代以来，由于版刻容易，书籍日多，藏书者众。这一时期除了嗜好宋刻元椠的传统藏书家外，还有一种为新型专家学者藏书。民国时期的专家学者，与传统的文人学者的区别在于，现代的学者文人从事纂述，是职业性的，学术研究是其赖以谋生的手段；而传统文人学者治学写作是业余性的，不依靠研究学术生存。专家学者藏书主要以治学所需而非古旧珍本为收藏原则，所藏多为常见书。传统藏书家由于所藏或为宋刻元椠，或为秘籍孤本，深具文献价值，多有刊行。下文所论藏书家出版古籍即指传统意义上的藏书家刻书。民国时期的私家刻书以其保存文献、裨益学术之功，广受称道。

第一节 民国时期新藏书家群体的崛起

中国历史上每一次朝代更替，波及社会面广，震荡层面深，私人藏书也随社会人事的浮沉而易手，表现为藏书旧家的中落和新藏书家群体的出现，民国时期也是如此。晚清私人藏书，以常熟瞿氏铁琴铜剑楼、山东聊城海源阁、归安陆氏皕宋楼和钱塘丁氏八千卷楼四家最为有名。清末四大家后，民国时期藏书大家继之而起。当时德化李盛铎、番禺叶恭绰、江安傅增湘、上虞罗振玉号为民国四大家。上海张钧衡、刘承幹、蒋汝藻有海上三大家之称。1928年，傅增湘与董康谈论当时藏书家群体云："抑余窃有感者，自桑海以还，新旧递嬗，而癖古嗜书一时乃成为风尚。十余年间，南北藏书家之崛起，名于世者以数十计。余每与

---

[1] 叶德辉：《书林清话·书林余话》，岳麓书社，1999年，第2页。

君静观而默数之，未尝不相顾而兴叹也。"[1]

近代社会阶层重新分化组合，新兴的工商社会阶层一跃而起，加入古籍收藏的行列，从而改变了这一时期藏书家的社会阶层结构。苏精总结民国时期私人藏书特点时认为，"向来书聚于所好的文人藏书，转成为聚于有力的富人藏书"，而藏书地点集中于"天津、上海两埠"。[2]民国藏书家中，沔阳卢靖、卢弼兄弟以实业起家，陶湘辗转工商银行界，叶揆初任浙江兴业银行董事长兼总经理近三十年。张钧衡出身盐业世家。刘承幹生长富家，祖父刘镛以丝业致富。蒋汝藻经营房地产和航运业。广东藏书家莫伯骥开设仁寿西药房于广州，以商业致富。伦明说：

> 近来银行家多喜藏书，武进陶兰泉、上海刘晦之，其最著者也。闻杭州叶揆初者，亦浙江兴业银行董事，收藏稿本、钞校本甚多。往日藏书之事多属官僚，今则移之商家。官僚中虽不乏有力者，而忙于钻营征逐，无暇及此，亦可以觇风气之变迁也。[3]

正是这一时期藏书家阶层和藏书风气转变的写照。

第二节　民国时期藏书家古籍出版概述

一、藏书家出版古籍

朱希祖1913年为张钧衡所刻《适园丛书》序曰："藏书家必刻书，已有成例。"这一时期的藏书家，以刊布古籍为己任，并因各自收藏的

---

[1] 傅增湘：《书舶庸谭序》，载《藏园群书题记附录二·藏园序跋选录》，上海古籍出版社，1989年，第1073页。
[2] 苏精：《近代藏书三十家》，台北传记文学出版社，1983年，第220页。
[3] 谭卓垣、伦明等：《清代藏书楼发展史·续补藏书纪事诗》，徐雁、谭华军整理，辽宁人民出版社，1988年，第435页。

不同，刻书特点亦不相同。这一时期古籍私刻者众多，如叶德辉、罗振玉、张钧衡、刘承幹、陶湘、董康、傅增湘、徐乃昌、丁祖荫、卢靖、卢弼、刘世珩、李盛铎、张寿镛等。代表者有如下数家。

罗振玉（1866—1940），字叔蕴，号雪堂，一生嗜古多藏，治学有乾嘉遗风，邃于经史、甲骨金石之学，尤以对敦煌遗书、殷墟甲骨的搜集、考释、刊印最为突出。先后校刊书籍 400 余种，自撰 130 余种。罗振玉收藏金石丰富，辛亥革命后旅居日本，得见日本罕传古写本，刊行书籍以敦煌遗书、所藏金石及在日本所见古佚书为主。罗振玉民国时期刊印的古籍有：《鸣沙石室佚书》18 种，1913 年刊行，为伯希和所劫走的敦煌遗书影印本；1917 年其《续编》收录宗教典籍 4 种；《宸翰楼丛书》重编本 8 种，1914 年刊刻，收录以所藏的宋元善本为主；《云窗丛刻》10 种，1914 年刊行于日本京都，汇集数种罕传之日本古写本、旧钞本及罗氏所编古代石刻冢墓遗文等；《吉石庵丛书》4 集 27 种，1914 年至 1917 年刊刻，所辑多为日本故家旧藏宋元古本及敦煌古写本，版本极为珍贵；《嘉草轩丛书》11 种，1918 年刊刻，是集汇辑罗氏日本访得古写本及所撰古器物著作；《六经堪丛书》，1924—1927 年排印，此书分三集汇刻罕传之史部、集部书籍，初集以历史、地理及敦煌文学文献为主；《东方学会丛书初集》13 种，1924 年东方学会排印，所辑为罗振玉新著和在日访得之古写本、敦煌遗书残卷；《百爵斋丛刊》14 种，1934 年刊刻，所录多为版本稀见之明清史籍与诗文别集；《贞松堂藏西陲秘籍丛残》，1939 年印行，辑录敦煌遗书残卷 35 种。王国维《雪堂校印群书叙录》曰：

> 近世学术之盛，不得不归诸刊书者之功。刊书之家，约分三等：逐利一也，好事二也，笃古三也。前者勿具论。若近世吴县之黄、长塘之鲍、虞山之张、金山之钱，可谓好事者矣；若阳湖孙氏、钱塘卢氏，可谓笃古者矣。然此诸氏者皆生国家全盛之日，物力饶裕，士大夫又崇尚学术。诸氏或席丰厚，或居官师之位，有所

凭藉，成书较易，其事业未可云卓绝也。若夫生无妄之世，小雅尽废之后，而以学术之存亡焉为己责，蒐集之，考订之，流通之，举天下之物，不足以易其尚，极天下之至艰，而卒有以达其志，此于古之刊书者，未之前闻，始于吾雪堂先生见之。[1]

序言极力彰显罗氏刻书之功。

武进陶湘不仅为实业界中藏书家的佼佼者，也为民国时期私刻中的大家。陶湘藏书自清光绪、宣统之交开始，十余年间，达30万卷，而以明版书为收藏特色，共收明版书1000余种，而明代闵氏套印本尤为宝贵。他又因嗜藏清初武英殿版开花纸所印各书，以其纸洁白如玉，墨凝如漆，富于观赏价值，而得"陶开花"的美名。陶湘刻书，与其藏书的爱好一样，讲究美观大方。刻书在类别上以美术工艺和丛书为主。据1930年出版的《武进陶氏涉园精刻印书籍目录》（庚午冬订定）统计，陶湘刻有《儒学警悟》6种，《百川学海》100种，《宋金元名家词》40种，《宋金词》7种，《托跋廛丛刻》10种，《元程钜夫全集》30卷，《营造法式》（附五色图）40卷，《宋巾箱本八经白文》8卷，《涉园墨萃》12种，《喜咏轩丛书》（甲编15种、乙编5种、丙编15种、丁编7种）42种，《百川书屋丛书》6种，《钱叔宝手抄游志续编》1种1卷，《毗陵周氏家集》5种37卷，《燕几图》1卷。其中《儒学警悟》、《百川学海》为我国最早的两部丛书。此目与《中国藏书通史》一书所载陶湘刻书略有不同，可供参考。

湖州南浔刘承幹先世以丝业致富。刘承幹凭借雄厚的财力，得以跻身民国最著名的藏书家和刻书家之列。其藏书楼"嘉业堂"为民国时期最大的私家藏书楼之一，总藏书量达到"一万二千四百五十部，二十万册，六十万卷。其中有宋本七十七种，元本七十八种，明刊本二千余种，清刊五千种，抄校本近二千种。另有《永乐大典》四十四册，方志

---

[1]《罗雪堂先生全集初编 册一》，台湾文华出版公司，1968年，第87页。

一千二百余种。以宋本《前后汉书》、《宋会要》、《明实录》、《清实录》等最为珍贵"。[1] 刘承幹以"所获既富,遂发刊辑丛书之愿"。[2] 刘承幹刊刻的古籍,据1935年重订的《刘氏嘉业堂刊印书目》(乙亥重订)统计,计有《嘉业堂丛书》56种,《吴兴丛书》64种,《求恕斋丛书》30种,《留余草堂丛书》10种,《嘉业堂金石丛书》5种,影宋四史《史记》130卷、《汉书》120卷、《后汉书》120卷、《三国志》65卷,单行本为《说文段注订补》14卷、《晋书校注》130卷、《旧五代史笺注》150卷、《明史例案》9卷、《八琼室金石补正》130卷、《金石札记》4卷、《金石祛伪》1卷、《元金石存》1卷,《危太朴云林集》2卷、《补遗》1卷、《续补》1卷、《文集》10卷、《续集》10卷、《附录》2卷,《章实斋遗书》50卷,附影印书《嘉业堂善本书影》5卷,《金刚般若波罗蜜经》1卷,附墨拓本《文徵明楷书辞金记》、《文徵明行书两桥记》,附绝版书《毛诗多识》2卷(《求恕斋丛书》本),《台学统》100卷,《睫巢集》6卷、《后集》1卷,《太谷山堂集》6卷。

此目与《刘承干与嘉业堂》一书所载刘承幹刻书比较,少《清真集》、《谪麟堂遗集》,而多《金刚般若波罗蜜经》1卷,墨拓本《文徵明楷书辞金记》、《文徵明行书两桥记》,绝版书《毛诗多识》2卷(《求恕斋丛书》本),《台学统》100卷,《睫巢集》6卷、《后集》1卷,《太谷山堂集》6卷,应是考察刘承幹刻书的重要资料。

刘承幹所刻书,多罕见之本,如《嘉业堂丛书》,收元明遗老所著及其谱状最多,其中如《安龙逸史》等为清代禁书。缪荃孙称该丛书有"三善":"一曰遵经训,一曰重孤本,一曰补佚稿。"[3]

民国时期寓居上海的刻书家还有与刘承幹同里的张钧衡。张钧衡出身盐商世家。所藏书以宋元古本、抄稿本及黄丕烈校跋本最为名贵。张

---

[1] 傅璇琮、谢灼华主编:《中国藏书通史》(下),宁波出版社,2001年,第1219页。
[2] 刘承幹:《嘉业老人八十自叙》,载《嘉业堂藏书志》,复旦大学出版社,1997年,第1048页。
[3] 转引自刘尚恒:《古籍丛书概说》,上海古籍出版社,1989年,第125页。

氏刻有《适园丛书初编》7种,《适园丛书》74种,《择是居丛书》19种,均择藏书中从未刊刻或流传不广之书影印,因而价值自现。

与江浙、上海同为东南人文渊薮的安徽,私刻有南陵徐乃昌与贵池刘世珩。徐乃昌积学斋藏书以宋元善本和清人集部为特色,刻有《积学斋丛书》、《南陵先哲遗书》等5种9部丛书,185种。刘世珩年少时即嗜好藏书、刻书,刻有《暖红室汇刻传奇》51种,《贵池先哲遗书》31种,《玉海堂景宋丛书》52种,《宜春堂景宋元巾箱本丛书》8种,《聚学轩丛书》60种及《秋浦双忠录》等。

上述江南藏书家刻书之外,北京和天津两地为北方私人刻书的中心,有傅增湘、董康及卢靖、卢弼兄弟等。傅氏毕生校书达1000部,2万卷左右,为民国时期校勘群书最多者。傅氏集收藏、校勘与传布古籍于一身,曾影印刊布所藏孤本《周易正义》,宋本《方言》、《刘宾客集》,元本《困学纪闻》等,以及《双鉴楼丛书》、《宋代蜀文辑存》100卷等。

董康藏书,除侧重宋元古本外,还广收集部的民间戏曲小说。董康不限于收藏,还"惟锐力以传古为任"。[1]他以每月收入的三分之一,长期雇养一批"手民",30年中先后刻成《诵芬室丛刊》等30余种,并有余力为吴昌绶双照楼、陶湘涉园、蒋汝藻密韵楼等家代刻。[2]傅增湘称其"如君之于书,始之以鉴藏,继之以校雠,终之以传布,好尚之专,成功之大,同时朋辈殆难比伦"。[3]所印《诵芬室丛刊》初编11种,附4种,二编包括《读曲丛刊》7种;《盛明杂剧》一集30种,二集30种;《石巢传奇四种》;单本有《新编五代史平话》残8卷,《剪灯新话》4卷,《剪灯余话》5卷,《醉醒石》15卷。向来不登大雅之堂的民间戏曲小说,经董康、王国维、吴梅等人研究、刊印提倡后,才逐渐

---

[1] 傅增湘:《藏园群书题记附录二·藏园序跋选录》,上海古籍出版社,1989年,第1074页。
[2] 苏精:《近代藏书三十家》,台北传记文学出版社,1983年,第65—66页。
[3] 傅增湘:《藏园群书题记附录二·藏园序跋选录》,上海古籍出版社,1989年,第1074页。

被重视。董康等实为研究古典通俗文学之先驱。

沔阳卢靖、卢弼兄弟为民国时期不多见的兄弟皆好藏书、刻书者。卢靖聚书,求其有用。而卢弼藏书则注重善本精钞。卢靖捐献藏书6万卷,创办南开大学木斋图书馆,又在北平创办供社会大众利用的私立木斋图书馆。卢靖不止于创办图书馆供人利用,还尽力刊刻丛书,以广流传,可谓把图书的作用发挥得淋漓尽致。卢氏兄弟刊刻主要为三部丛书:《慎始基斋丛书》11种,《湖北先正遗书》75种,《沔阳丛书》12种。由于《湖北先正遗书》卷帙繁复,虽定价极廉,但为了使寒士亦能得书,卢氏苦心孤诣,制订可分期付款、零种单购办法,便利学人。[1]

民国私刻西南成都有严遨、严谷声父子。严遨先世为盐商,他手创"贲园书库",藏书经过继子严谷声的发展,到50年代初,总数超过30万卷。藏书经、史、子、集俱备,尤其是全国各地方志和中医秘籍为两大特色。严氏父子勤于刻书,据成都镐乐书店1934年出版的《渭南严氏精刻善本书籍目录》载,严氏刻书有:《音韵学丛书初编》29种115卷,《清戴东原文集》12卷,《重校精刻稽古楼本四子书》14本,《医学初阶》5种34卷,《关中金石记》8卷,《明四子诗集》126卷,《费氏三种》,《精刻抱经堂本颜氏家训补校注》7卷,《精刻马元调本梦溪笔谈》26卷,《曾子三种》,《贲园书目辑略》,《精刻井砥廖氏重订谷梁春秋经传古义疏》11卷,《毛西河四种》,《饮虹五种曲》,《精印湘绮碎金》,《仓颉篇》3卷,《字林考逸》8卷,《大明一统志》90卷,《肇域志》。[2]尤其顾炎武的《肇域志》为海内孤本,极为重要。严氏刻书刻本精美,装帧讲究,备受中外人士称赞。美国国会图书馆、英国伦敦大英博物馆、苏联列宁图书馆都有收藏。

---

[1] 慎始基斋刊:《湖北先正遗书分售价目》,民国年间。
[2] 镐乐书店编刊(成都桂王桥西街):《渭南严氏精刻善本书籍目录》,1934年1月,北京图书馆藏。

二、私人集资出版古籍

采用集资入股，刊成后得书的形式印刷古籍，为民国时期私刻的一大特色。如太仓娄东印书学社"系二三同志集资设立，商借本邑图书馆或私家所藏精刻书版，各印若干部，除同人自取外，余书均照工料原价，略加杂费出售，以广流传。各书俱用上等毛边八开刷印，装订完美，所定价目，均实数大洋，并无折扣"。[1]

1940年，赵诒琛、上海圣约翰大学王大隆（欣夫）发起征股，集印《己卯丛编》。

> 吴县赵诒琛，上海圣约翰大学王大隆二氏，为保存流传前贤遗书，曾发起集印丛编，已刊行者有甲戌，乙亥，丙子，丁丑，戊寅五编。近又集印《己卯丛编》，预定印八百部，共集一百三十三股，每股国币十元，得书六部，现正公启征求赞助，缴款入股，俾便支配，而免股满向隅。各会员如愿收藏该丛编者，可迳与赵王二氏接洽入股。[2]

《己卯丛编》后出版10种。

集资印书在民国并不罕见，如"粤省顺德有所谓大良中和园者，近拟于明岁一月成立文献会，以汇刊古今文献为职志"。据所订征求会友简章称宗旨在"搜罗逸文，广求学问，表彰先儒，扶掖后进"。预定将来每三个月汇刊文献书一部，"即命曰《文献录》；每期分上下二编，上编载前代文献，约占全篇幅十分之六，下编则为当代文献。……文字以文言为限。印成后亦不出售，惟以分诒会友云。（入会时须缴入会储金

---

[1]《太仓娄东印书学社出售书目》，《中华图书馆协会会报》，1927年4月，第2卷第5期。
[2]《附赵诒琛王大隆发起集印〈己卯丛编〉简章及拟目》，《中华图书馆协会会报》，1940年1月，第14卷第4期。

大洋六元，嗣后每期须寄当期印费二圆）"。[1]

1935年，在刊行郡邑丛书《仙居丛书第一集》11种后，仙居李镜渠又有集资刊印第二集之构想。其缘起曰：

> 旧籍日稀，流风向尽，兹可慨也！李君镜渠，留心乡邦文献，蒐逸访遗，所得颇多；深恐世变日亟，五厄堪虞，即此劫遗，难免沦丧；爰有刊印《仙居丛书》之举。用心甚勤，惟事体大，独力难成，同人等敬恭桑梓，与有同情；除各竭绵薄赞助外，窃念醵金刊书，传为佳话；所望邦人君子，或示珍密，或襄泉布。[2]

民国藏书大家陶湘也曾有集资印书的计划。陶湘欲刊行《十三经新疏》，而"全书一千多万字，需款十万元以上，非一二人所可胜任，故望海内外好学笃学之士捐款以助其成"。[3] 可惜此计划后未果。

第三节　民国时期藏书家刊刻古籍的原因

一、刊布古籍，保存文献

近人陈登原把典籍聚散原因归结为四厄："若以性质相近，比属而论，默推典籍聚散之故：盖以一　受厄于独夫之专断而成其聚散，二　受厄于人事之不臧而成其聚散，三　受厄于兵匪之扰乱而成其聚散，四　受厄于藏弄者之鲜克有终而成其聚散。"[4] 陈氏并纵论文献散佚

---

[1]《广东大良中和园拟印前代文献》，《浙江省立图书馆馆刊》，1934年12月，第3卷第6期。

[2]《刊行〈仙居丛书〉缘起及目录》，《浙江省立图书馆馆刊》，1934年12月，第3卷第6期。

[3] 陶湘：《十三经新疏之规划》，《浙江省立图书馆馆刊》，1933年12月，第2卷第6期。

[4] 陈登原：《古今典籍聚散考》，上海书店，1983年，第16页。

之害：

> 盖文献之散佚，一固足伤国家之体面，一亦足以损民族之精神。然则预防其损失者，国家固无所辞职，匹夫亦当引负。引申此义，别为三者：一曰，孤本罕笈之急须印行也。……非可以责望于私人。……然国家固当预为计划，岁耗若干金，以赴其事。此国家对于文献之义务，亦即对人民之义务。二曰，遗著稿本之亟须收集也。……三曰，藏书家之自觉也。[1]

近代世变方殷，国学衰微，典籍沦亡，深为有识者所忧。1925年冯煦为刘世珩所刻《贵池先哲遗书》序曰：

> 欧术既东，凡流衍经籍者皆易木而石。往在汉上与梁节庵前辈云："学之有新旧，刻之有板木石印，在我为绝续之交，在彼则谓为过渡时代也。祖国旧籍若不于此时网罗掇拾，授之劂氏，不数十年将就沦亡，其祸更烈于秦燔楚炬。"节庵甚讳予言。而洞明此义，毅然为之者盱衡宙合，则贵池刘君葱石其首出也。方君少时，即嗜书若性命，见有赵宋孤本则寿之木。

傅增湘亦云："因思世变闳多，图籍沦亡，有识者所同惧。倘及今为之，合海内公私之书，尽予流传，则天水遗型，差可千帙，其有功于学术至巨，匪第炫繁博，侈观美而已。"[2] 流布孤本秘笈，使之化身千百，传之后世，为民国藏书家之共识。

---

[1] 陈登原：《古今典籍聚散考》，上海书店，1983年，第502—503页。
[2] 傅增湘：《嘉业堂善本书影序》，《藏园群书题记附录二·藏园序跋选录》，上海古籍出版社，1989年，第1076页。

二、好名之风

个人之生命有限，而典籍之流传无穷。藉典籍以传不朽，亦为民国时期藏书家刻书动机之一。董康刻《诵芬室丛刊》数十种，为士林推重，不仅为保存国粹，亦有好名之因素，其致缪荃孙书信说："唐写《文选》务恳尽力销去，以为刻书之资。质而言之，吾人之所图者惟名与利。宗社已覆，惟藉此数片梨枣，以博身后之名耳。"[1] 陶湘刻书，几散尽家资，其动力亦有来自以典籍博取身后之名。伦明《辛亥以来藏书纪事诗·陶湘》曰："君尝谓友人，欲尽鬻所有从事刻书，期之十年可成百卷，流布他日，藉以不朽云。"[2] 藉典籍以传不朽，对个人而言，无可厚非；客观上有功于文化学术，值得提倡。

---

[1]《艺风堂友朋书札·董康》，载顾廷龙校阅：《艺风堂友朋书札》（上），上海古籍出版社，1980年，第442页。

[2] 谭卓垣、伦明等：《清代藏书楼发展史·续补藏书纪事诗》，徐雁、谭华军整理，辽宁人民出版社，1988年，第368页。

第八章
民国时期古籍出版的印刷技术

图书出版是一项以印刷技术为基础的文化产业。物质技术因素不仅是图书出版的前提条件，和政治、经济、教育等社会因素结合在一起，决定了出版产业的组织形态、市场与产业规模、图书形态等特征，并与社会和思想产生互动作用，进而影响社会变迁的走向与趋势。

19世纪之前，传统中国主要使用雕版印刷术来生产图书。7世纪发明雕版印刷术后，图书出版由写本进入印本时代。印刷术的发明和应用，使得书籍的产量增加、制作迅速、成本减轻、形式统一、流传广远而留存后世的机会较多。因此，更多的读者可以获得范围较广、性质不同而售价低廉的图书。[1] 这一技术和造纸技术逐渐传播到亚洲各国和世界各地，对中国和世界文化的发展做出了重大的贡献，产生了深远的影响，这一点为众多学者所论述。张秀民称，印刷术、火药、指南针，被西人称为我国的三大发明。英国弗兰西斯·培根在17世纪曾说："这三种发明将全世界事物的面貌和状态都改变了，又从而产生无数的变化。印刷术在文学，火药在战争，指南针在航海。历史上没有任何帝国、宗教或显赫人物，能比这三大发明对人类的事物有更大的影响力。

---

[1] 钱存训：《中国古代书籍纸墨及印刷术》，北京图书馆出版社，2002年，第263页。

我们现在很清楚地知道发明是来自中国的。"若加入造纸术,则成为中国的四大发明,对人类社会作出伟大贡献,产生无比深远的影响。[1]

钱存训以为:"人类的历史,大部分多赖文字记录的流传,得以保存至今。中国人对于思想与活动的记载方式和技术,在世界文化发展史上,自有其特殊的地位。譬如现代世界上通行的书籍和读物,其基本特质是将文字用黑墨印在白纸上。在制作材料和生产方法的演进中,中国的贡献可以说是最基本也是最重要的。纸于公元前后在中国发明是人所共知的事情。远在公元7—8世纪,中国人便首先应用雕版印刷,而活字版的发明,亦远在欧洲谷腾堡(Johannes Gutenberg,约1397—1468年)之前400年。由煤烟制成的墨,可以溯源到中国远古时代,其优良的特质,尤其光泽、吸附和耐久性,向为中外人士所称颂。在纸、墨和印刷术被结合采用以后,书籍才能大量生产,流通广远。"[2]

中国的雕版和活字印刷术延用千余年,一直没有实现技术的改进和突破。包括农业等各项技术在传统中国为何没有发生类似近代欧洲的"科学革命"现象,学者们有过讨论并试图解答。印刷术也存在同样的困惑。王中忱认为,它或许印证了美国学者本尼迪克特·安德森的观点,他在《想象的共同体》一书中曾精辟分析过资本主义生产和印刷术的关系,并指出,尽管中国的印刷术发明,早于欧洲500多年,但由于当时的中国的资本主义尚未形成,这种技术终于未能对社会形成革命性冲击,同样,印刷术也因此而无法获得长足发展。清末的新式印刷,也遭遇了同样的境况。在都市读书市场尚未形成、对以新式印刷为媒介的信息流通的需求尚不急迫的时候,即使是在租界和开港城市,适于大量而快速生产的铅字活版印刷,也是没有充分的用武之地的。[3]

随着19世纪90年代国内资本主义的逐步发展,近代商人开始投资

---

[1] 张秀民:《中国印刷史》(上册),韩琦增订,浙江古籍出版社,2006年,第7页。
[2] 钱存训:《中国古代书籍纸墨及印刷术》,北京图书馆出版社,2002年,第1页。
[3] 王中忱:《新式印刷、租界都市与近代出版资本的形成:商务印书馆创立的前前后后》,《中国现代文学研究丛刊》,1999年第1期。

新式印刷企业，民营出版公司日益增多，出版才进入了一个"金属、蒸汽和化学的时代"，并引发了图书文化一连串的变动，导致了印刷、装订等方面区别于古代出版的一系列的技术变革，最终实现了从"传统书业"至"现代出版"的转变，有学者称其为"中国图书出版史上的第二次'典范转移'"。[1] 民国时期的古籍出版在出版机构、出版观念、生产技术、图书形态、市场营销手段上，逐渐呈现了以机器印刷、商业出版为主要特征的现代性。同时部分北京、上海等地的藏书家及内地的书坊，仍然使用雕版印刷技术刻印古籍。在印刷技术方面，民国古籍出版领域石印、铅印和雕版印刷共存的景观，一直延续到20世纪40年代。下文分别论述近代西方印刷技术的传入对出版业及民国时期古籍出版的影响，以及民国时期雕版刻书的概况。

第一节　近代西方印刷术的传入

从8世纪前后发明印刷术，到晚清西方印刷术传入之前，国内使用的木刻与活字两种印刷术中，木刻远比活字普遍，一直是中文印刷的主要技术。欧洲的印刷术也曾从古代中国印刷术中获得过启发，但自15世纪起却产生了惊人飞跃，尤其是德国人谷腾堡研制的字模浇铸铅字和木质印刷架、手扳印刷机，奠定了凸版活字机器印刷的基础。此后，伴随着欧洲近代产业革命、宗教改革和文艺复兴运动的兴起，这种铅字活版机器印刷很快在欧洲各国普及，改变了以抄写本为主的书籍形态，成为印刷业的主流。

清末官方的出版活动仍以雕版印刷为主。光绪中，尽管清朝许多官员在出使欧洲各国时，对铅印、石印技术都已有了一定的了解。但是，绝大多数官书局仍采用雕版印刷技术。据目前所掌握的史料，最早在上海开始使用西方铅印技术的官方机构，当为设于上海的江南制造局翻译

---

[1] 邹振环：《代序：中国图书出版的"典范转移"》，苏精：《铸以代刻：十九世纪中文印刷变局》，中华书局，2018年，第14页。

处。同治四年（1865），李鸿章、曾国藩等人在上海成立了江南制造局。同治七年（1868）于此设立翻译处，从事出版印刷。当时，翻译处印刷所有三十余人，备有铅字和印刷机，并延请传教士傅兰雅等人编译西书。但翻译处所译书籍，基本上用雕版印刷，间有铅印和石印。

19世纪初基督教传教士出于传教的需要，将西方凸版铅印和平版石印技术引介来华，逐渐取代传统的木刻印刷，图书的生产、传播、利用与保存各个方面随之改变。贺圣鼐、赖彦于在20世纪30年代写道："我国之转仿西人新印刷术，虽为近数十年间事，然溯其源，则远在19世纪之初叶。凸版印刷术输入最早，平版印刷术次之，最迟者为凹版印刷术。"[1]凹版印刷术包括雕刻铜版和影写版两种，前者用于印刷印花、邮票、纸币等，后者则复制杂志插图、风景名画。凹版印刷较少用于图书出版，因此本节兹不赘述，而是重点介绍凸版印刷术和平版印刷术的传入。

一、凸版印刷术

凸版印刷术为印版的图文部分高于非图文部分的一种印刷方式，以活字排版为代表。15世纪中叶德国谷腾堡发明金属活字印刷术后，长时间内是最主要的印刷工艺方法。19世纪初西方传教士就尝试使用西式印刷技术印制中文印刷品，并开始研制中文活字和铸字技术。经历了传教士和中国印刷商漫长的研发和改良过程，成熟的中文凸版印刷术在20世纪初才得以广泛应用。下文简要叙述中文凸版印刷术各构成要件的发展过程。

1. 中文活字

19世纪初基督教传教士来华之时，就讨论过用西式活字印刷中文。中文铅印最重要的问题，首先是铸造活字，而西式活字应用于中文印刷并不容易。欧洲"拼音文字只需打造一百多个字母、数字与符号的钢质

---

[1] 贺圣鼐、赖彦于：《近代中国印刷术》，载上海新四军历史研究会印刷印钞分会编：《装订源流和补遗》，中国书籍出版社，1993年，第368页。

字范（punch），以此敲捶出铜质字模（matrix），再按各个字母常用的频率铸出数量不等的铅活字（type）即可。相形之下，汉字为数多达数万而且笔画复杂，要逐一在只有零点几公分见方的坚硬钢材上雕出字范，实在是难以克服的障碍"。[1]

从19世纪初到中叶，西方传教士多次进行了铸造中文活字的尝试。1807年，英国伦敦布道会派遣马礼逊来中国传教。1814年，马礼逊收刻工蔡高为徒，令他和马礼逊的助手米怜在马六甲设立印刷所，刻模铸字，至1819年印成第一部中文新旧约《圣经》。遗憾的是这套铅字1856年毁于广州动乱。"从1833年戴尔（Samuel Dyer）决定开始逐字打造中文钢质字范开始，直至1869年美华书馆主任姜别利完成六套中文铅活字的修整统一为止，这36年间，经过传教士、汉学家和中外工匠的接续努力，共有六套较为完整的可供机器印刷的中文铅活字问世。它们是：戴尔大小活字两套、勒格朗（M. Marcellin-Legrand）活字一套、贝耶豪斯（A. Beyerhaus）活字一套、姜别利大小活字两套。"[2]其中尤以姜别利的电镀法铸造活字最为成功。姜别利采用的电镀法，是先用凸版（黄杨木）制出阴文正体蜡型做型版，再将蜡型置于硫酸铜溶液中镀铜制成铜凸版，省去了铸字工艺中雕铸金属字范的环节，从而大大减轻了工作强度并压低了成本。[3]姜别利活字由美华书馆大量出售给上海报馆、北京总理通商各国事务衙门及日本、英、法等国，也被称为美华字，一直沿用至20世纪30年代。到20世纪初，中国的铸字工人已经学会了姜别利的电铸版技术。

2. 华文排字架

对手工铅活字排版效率影响较大的还有活字排字架的设计。姜别利将中文铅字分为常用、备用、罕用三大类，他发明的元宝式字架，俗称

---

[1] 苏精：《铸以代刻：十九世纪中文印刷变局》，中华书局，2018年，第2页。
[2] 孙启军：《六种还是七种？——姜别利创制中文铅活字略论》，《中国出版史研究》，2018年第1期。
[3] 范慕韩主编：《中国印刷近代史（初稿）》，印刷工业出版社，1995年，第546—547页。

三角架、升斗架，"正面置字二十四盘，中八盘，装常用铅字，上八盘及下八盘均装备用字，而旁四十六盘皆装罕用铅字。每类字依《康熙字典》部首检字法分部排列。排工中立，就架取字，比过去最少快三倍"。[1]姜别利字架适合排印《新旧约》各书，排印报章及科学等书则难适用。宣统元年（1909），上海商务印书馆改进姜氏排字架，使之适用排印报章时文。1919年上海申报馆又仿日本字架，将元宝式之字架改为"统长架"，节省空间，光线充足，一架字又可供给二人排植。1922年，张菊生先生在商务印书馆，鉴于排工终日站立，奔走摘字，恐多疲劳，乃创新式排字架。"其法：将全付铅字分为繁用及冷门二类，繁用字则造塔形轮转圆盘以贮之，冷门字则设推方盘以贮之……设转椅坐。排工推转取字，圆盘高低正与坐人身眼鼻相齐，观看既便，取字亦可无劳高举其手。"[2]大大提高了中文图书的排字效率。

3. 机械铸字

机械铸字是凸版印刷中必不可少的第一步。19世纪30年代之前的活字主要由手工铸造，那时中国的手工铸字速度极慢，铅字铸成后还需铲边、磨身、刨底才可使用。工效很低，"一名熟练工每小时也不过铸10个汉字，每天工作10小时的情况下，与雕刻书版的速度相差无几"。[3]1858年姜别利将美国发明的铸字机带到中国，并进行改良用来铸造汉字。几年之内，中国的印刷商使用手动或者脚动的铸字机器每小时可以铸造700到800个汉字，并且在中文字模的基础上改进了原来的技术，进一步把速度提高到雕版印刷不可能达到的水平。[4]1913年，商务印书馆开始使用汤普森铸字机（Thompson type-caster），一天

---

[1] 张秀民：《中国印刷史》（上册），韩琦增订，浙江古籍出版社，2006年，第458页。
[2] 贺圣鼐、赖彦于：《近代中国印刷术》，载上海新四军历史研究会印刷印钞分会编：《装订源流和补遗》，中国书籍出版社，1993年，第371—372页。
[3] 芮哲非：《谷腾堡在上海：中国印刷资本业的发展（1876—1937）》，张志强等译，商务印书馆，2014年，第65页。
[4] 芮哲非：《谷腾堡在上海：中国印刷资本业的发展（1876—1937）》，张志强等译，商务印书馆，2014年，第65页。

铸字可多达1.5万个,越来越多的中国凸版印刷商开始从商务印书馆购买这种活字。各种新的"商务印书馆"字体开始渐渐取代19世纪传教士字体,逐渐在中文印刷中占主导地位。

4. 复制版技术

铅字排版后,需要由一副母版制成多副相同的复制版,这样一是相同的印刷版可用于多台印刷机同时印刷,提高印刷速度;二是拆版后铅字能够再次使用,加快铅字的周转速度;三是拆版后留存排好的版型,图书重印不需要再次排版,节约排版成本和缩短印制周期。近代使用的复制版制版工艺有泥版与纸型两种。1804年英国人史坦荷氏(Earlof Stanhope)发明泥版,泥版为石膏制成的复制版,可以用来浇铸铅版。麦都思创办墨海书馆之初,就曾自伦敦引入泥版技术,而《申报》馆创刊时即将泥版应用在报刊印刷中。纸型为法国人克劳克·切诺于1829年所发明,我国使用湿式纸型为光绪中叶。"1890年(光绪十六年),上海修文书局首先采用'纸型'浇铸铅版印书。1921年,商务印书馆采用新式制纸型机,并发展出'湿纸法'、'干纸法'等多种纸型技术。较之泥版,纸型的最大优势在于可以浇铸出圆弧形的印版以供转轮圆压圆式印刷机使用,而泥版只能浇铸平面印版。且一副泥版只能浇铸一副印版,而一副纸型却可以浇铸十余次。此外,在运输和保存上,纸型也比泥型更有优势。"[1]

5. 凸版印刷机

中国传统的雕版印刷由人工刷印,没有研制印刷机的构想与实践,因此有学者认为,"西方印刷机的到来可以被认为是同快速生产活字一样具有同等的历史重要性"。[2] 凸版印刷机共有三种基本类型:平压印刷机、平床印刷机或者滚筒印刷机(1812年)和轮转印刷机(1847—

---

[1] 许静波:《石头记:上海近代石印书业研究(1843—1956)》,苏州大学出版社,2014年,第135页。
[2] 芮哲非:《谷腾堡在上海:中国印刷资本业的发展(1876—1937)》,张志强等译,商务印书馆,2014年,第85页。

1848)。

西方最初输入中国的手扳架式平压印刷机,每日印量不过数百张。旋有自来墨架,不必手工上墨,出数较快。"1872年,上海申报馆始有手摇轮转机,每小时可出数百张。嗣后,以蒸汽引擎及自来火引擎代人力,速率较前增高一倍。至光绪二十四年(1898年)间,日人以日本仿欧式轮转机输入中国,以价值较廉,采用者颇多。"光绪三十二年(1906年)电动的沃夫德尔印刷机(被称为华富泰滚筒机)也进入上海。沪上书局购买了一台,由于它来自英国,上海的印刷界人士也称它为"大英机",每小时可以印刷1000页。"1911年申报馆购办亚而化公司(R. Hoe & Co)双轮转机,出数每小时增至2000张。1918年商务印书馆始有'米利'印刷机,出数较之'大英机'尤速,因其滚筒轮转不停,故又称为'双回轮转机'。单色米利机之外,更有双色米利机(专印彩色)及两面米利机(印刷书籍)。"[1]

滚筒印刷机为1865年包罗克氏(William Bullock)所发明,最初用于日报印刷。"1915年上海申报馆始有法国式的日本制造滚筒印刷机,出品之快,数倍于轮转机,每小时能出8000张,惟无折叠机。1921年商务印书馆购得德国阿尔贝特公司(Albert & Co)之滚筒印刷机。两旁出书,并有折叠机,每小时能出双面印8000张。其速率可抵米利印刷机10架。1924年上海日报馆购置德国冯曼格(Vomag)彩色滚筒印刷机,同时能印数色,在远东印刷界中,尚称独步。"[2]

二、平版印刷术

凸版印刷是基于物理性质的压印,平版印刷则是利用不同物质之间的化学反应原理来进行印刷。平版印刷术包括石印和珂罗版两种工艺,

---

[1] 贺圣鼐、赖彦于:《近代中国印刷术》,载上海新四军历史研究会印刷印钞分会编:《装订源流和补遗》,中国书籍出版社,1993年,第377页。

[2] 贺圣鼐、赖彦于:《近代中国印刷术》,载上海新四军历史研究会印刷印钞分会编:《装订源流和补遗》,中国书籍出版社,1993年,第377—378页。

下文分别介绍其技术特点。

1798年（嘉庆三年）德国人A.逊纳菲尔德（1771—1834）发明石印术后，19世纪30年代传入中国。"其法利用油与水不调和之原理，以石面制版，用富胶着性之药墨书字于特制之药纸上，微干，覆于石面，用强力压之，则胶性药墨已粘着石面，去纸，拭之以水，水未干时，即滚以油墨，凡石面因水之阻力不着油墨，有字画之处则否，敷纸压印之即成。"[1]

根据制版方式的不同，石印可分为两大类：第一类是手写石印制版，第二类是照相石印制版。第一类手写石印制版的方法，又分为直接上版和转写上版。第二类照相石印制版，这是利用照相技术的一种印刷术，又称为影印技术。因为制作底版材料的不同，可分为照相石印、照相铜锌版、珂罗版等。民国时期影印古籍如《四部丛刊》等丛书，主要采用的是照相石印制版法。杨丽莹所著《清末民初的石印术与石印本研究》一书详细介绍了照相石印制版法，特转述如下。

照相石印制版的方法是在照相技术发明之后发明的，也分为直接照相制版和间接照相制版。间接照相制版发明于1859年。直接照相法于20世纪初才发明。间接照相制版，是将待印的图文逐页摄制成阴文湿片，落样于涂有感光胶的胶纸上，然后按照手写制版的转写方法，将文字落样于石版。在清人著作中，所谓"照影上板"，即指此法。此法利用照相技术，可以将原稿任意缩小放大。这一技术的发明，使得图书的复制变得方便快捷，但是这种方法对于笔画较细的印刷品复制不够清晰，而且石版笨重且不易涂上感光溶液，在石版上制版比其他材质要麻烦。所以，这一方法又被不断改进。民国九年（1920年）上海商务印书馆所采用的直接照相法，就是不用胶纸，将图文摄制成阴文湿片后直接落样于锌版上，经过感光处理后成制成印版，这样即可清晰地再现原书。这种方法虽然已经不再使用石印制版，但是原理和方法都同于照相

---

[1] 张秀民：《中国印刷史》（上册），韩琦增订，浙江古籍出版社，2006年，第441页。

石印，所以在民国时仍然被称为石印。自民国以来，人们长期将这种利用照相技术进行复制印刷的书籍统一称为影印本，或者石印本。[1]

光绪初年，上海徐家汇土山湾印刷所使用的石印架，为木料所制，用人力攀转，印刷异常费力。英国人美查开设点石斋石印书局，"始有轮转石印机，但也是人工转动，每架八人，分作二班，轮流摇机。一人添纸，二人收纸，每小时仅数百张。至光绪中叶始改用自来火引擎以代人力，印数稍见增加。光绪三十四年（1908）商务印书馆乃有铝版印刷机，聘请日本人木村今朝男指导，每小时能印1500张。民国以来，上海浦东英美烟草公司印刷厂乃购多色铝版印刷机，同时套印四色，印数更加多，印刷纸烟广告品，尤为适用。"[2]

上述石印及铝版平面印刷机均系直接印刷，纸张受潮，即有伸缩，故于套色印件颇多困难。1900年，美国人罗培尔发明胶版印刷机。"此机印刷乃用间接之法，锌版先印橡皮版，由橡皮版转印纸，印刷之速率，倍于铝版机。以其由橡皮版传印，故又称之为橡皮印刷机。"[3] 1915年，商务印书馆购有海立司胶版印刷机，并聘请美国技师魏拔氏指导。1921年商务印书馆购有英国乔治门双色胶版印刷机，同时能印二色，印刷尤见迅捷。

石印书籍具有价格低廉、制版容易的特点，照相落石技术能够保持书法之美，在制作流程上与传统的雕版印刷技术有不少相似之处。"其制作工艺主要依靠化学原理，物理程序上的制作过程并不复杂。对于初学者而言，接受和利用石印术，应该不会有太大的难度。同时，石印技术是在西方铅印相对昂贵的前提下，出于经济的考虑而发明的一种技

---

[1] 杨丽莹：《清末民初的石印术与石印本研究：以上海地区为中心》，上海古籍出版社，2018年，第16—17页。
[2] 贺圣鼐、赖彦于：《近代中国印刷术》，载上海新四军历史研究会印刷印钞分会编：《装订源流和补遗》，中国书籍出版社，1993年，第380页。
[3] 贺圣鼐、赖彦于：《近代中国印刷术》，载上海新四军历史研究会印刷印钞分会编：《装订源流和补遗》，中国书籍出版社，1993年，第381页。

术,既适合低成本的手工印刷,也适合机器印刷。"[1]因此,石印传入中国后很快取代以手工为主的传统雕版印刷业。

珂锣版原为胶质印刷之义,又称玻璃版,1869年由德国人阿尔倍脱(Joseph Albert)所发明。"其法将阴文干片,与感光性胶质玻璃版密合晒印,其感光处能吸收油墨,其余印版则吸收水性,用纸印刷,即得印样。珂罗版主要用于复制名人书画、金石拓片等,极为精美。光绪初年徐家汇土山湾印刷所印刷圣母像等,即用此法。后来有正书局聘日人来沪,传授此术。文明书局赵鸿雪亦试验成功。光绪三十三年(1907)商务印书馆始有珂锣版,其彩色珂锣版尤为精美。"[2]珂罗版印刷制版工艺简便,但缺点在于印版耐印力低,一般印数不超过1000份。若使用中国宣纸或丝绢时因纤维外露,印版更易磨损,仅能印制300—500份。[3]

第二节 西方印刷术对近代出版业的影响

19世纪初叶西方铅印和石印技术传入中国,直到19世纪末20世纪初,才逐渐超越传统木刻,成为主要的图书生产方式。西方印刷术的传播尽管相对的缓慢,对于印刷、出版、图书文化却有深远的影响。西方铅印和石印技术的传入促使传统出版业发生了现代转型,现代出版业的机构和内部组织形态、图书产量与出版产业规模、图书形制等产业面貌发生了根本性的变革。

一、西方印刷术的传入与近代出版机构的创办

鸦片战争五口通商后,西方印刷术在中国的传播从中国文化的边缘地带澳门、广州,逐渐向文化中心的江南宁波、上海地区转移。许静波

---

[1] 杨丽莹:《清末民初的石印术与石印本研究》,上海古籍出版社,2018年,第21页。
[2] 张秀民:《中国印刷史》(上册),韩琦增订,浙江古籍出版社,2006年,第444页。
[3] 范慕韩主编:《中国印刷近代史(初稿)》,印刷工业出版社,1995年,第571页。

认为，上海近代书业印刷技术发展的历程，可以划分为铸先于刻（19世纪40—60年代）、石以代刻（19世纪70—80年代）、石铸并行（19世纪90年代—1956年）三个阶段。[1] 这一划分虽然未将19世纪初期的马六甲、澳门、广州等区域包括在内，但由于上海自19世纪40年代开始，逐步发展为中国印刷和出版业的中心，因此也代表西方印刷术在中国传播的特征。苏精则将19世纪铅印和石印技术在中国发展的过程，分成三个时期，"第一是尝试阶段，从1807年第一位新教传教士抵华，到鸦片战争结束；第二是奠基阶段，自鸦片战争以后到1874年同治朝结束；第三是发展阶段，从1875年光绪纪元至戊戌变法期间。可以说，在19世纪结束时，铅印和石印所代表的西方印刷术，已经超越传统木刻，成为中国主要的图书生产方式"。[2] 两种分期观点在重叠的19世纪40—90年代时间段大致相同。

西方印刷技术传入的创始和奠基阶段，即19世纪初至19世纪70年代，在中国采用铅印、石印技术的主要是传教士开办的出版机构。例如英国基督教新教伦敦会传教士麦都思，于道光二十三年（1843年）将巴达维亚的印刷所迁往上海，改名为墨海书馆。该书馆主要采用雕版和铅字印刷，在当时还不甚发达的上海出版业中逐渐占据主导地位。根据熊月之统计，1844—1860年，墨海书馆共出版各种书刊有171种，[3] 其中多采用铅印和木刻。同时期著名的教会出版机构还有华花圣经书房及美华书馆，天主教的土山湾印书馆、北京遣使会印书馆等。

这一时期虽然中文铅印技术已经有了长足的进展，但主要是传教士和教会在研制与使用，清朝官方出版机构如金陵官书局、江南制造局印书处等，传统书业如扫叶山房等仍以木板印刷为主。西方印刷术对清代社会与思想的影响极为有限。西方铅印石印技术在近代中国的使用，直

---

[1] 许静波：《何以代刻：上海近代书业技术革新多元因素考察》，《中国出版史研究》，2018年第3期。
[2] 苏精：《马礼逊与中文印刷出版》，台湾学生书局，2000年，第274页。
[3] 熊月之：《西学东渐与晚清社会》，上海人民出版社，1994年，第188页。

到19世纪七八十年代才有了改观。1878年，申报馆老板美查创办点石斋，为上海第一家私人经营的石印书局。与雕版印刷相比，石印成本低，生产周期短，印量大，利润高，印刷质量好，适合印制传统古籍。姚公鹤说："闻点石斋印第一获利之书为《康熙字典》，第一批印四万部，不数月而售罄；第二批印六万部，适某科举子北上会试，道出沪上，率购五六部，以作自用及赠友之需，故又不数月即罄。"[1]

点石斋的获利刺激了国内资本的效仿，光绪八年（1882年），徐润参股成立同文书局，开创了华人投资近代印刷产业的先河。1887年扫叶山房、文瑞楼、醉六堂、抱芳阁、文玉山房、千顷堂等传统雕版书局增添石印业务，蜚英馆、鸿文书局、石仓书局、清华书局、龙文石印书局等石印书局相继开设，"迨戊子年（1888年），石印大盛"。[2]

西方印刷术的广泛采用始自甲午战争。1894年甲午战争的失败加深了中国人的民族危机感，同时也刺激了中国人对国内与国际新闻的渴求。甲午战争之后，出版业发生了相当明显的变化，即大量采用新式印刷技术的出版机构创办。1901年清政府实施新政，政治和教育的变革促使中国的凸版印刷业开始增长，并最终超过石印业。张秀民等认为，实际西法铅印输入中国并不晚于石印，但由于铅印技术较为复杂，铅字冲模成本较高，所铸汉字铅字还不敷使用，在光绪年间，铅印业因不能满足时代需要，遂使简便易行的石印术占据了大部分市场。到光绪末年，铅印业经逐步发展，逐渐达到了与石印业旗鼓相当的水平，并且很快取代了石印业占据的部分市场。铅印取代石印还有一个原因在于，"随着留日热而产生的大量日文汉译新书，使以前的西学新学译书陈旧过时。日文书译本不仅内容新颖，其装帧也采用洋装，故而面目一新，使石印本相形见绌。1905年以后，国内所出新学著译大都采用了仿日本式的洋装。进入民国后，国内所出普通新书一般都是洋装了，而石印

---

[1] 姚公鹤：《上海闲话》，上海古籍出版社，1989年，第12页。
[2] 许静波：《何以代刻：上海近代书业技术革新多元因素考察》，《中国出版史研究》，2018年第3期。

术主要用于印刷古籍、书画"。[1]

铅印和石印成本低、投资小、利润高的特点激励了资本家和知识分子进入出版行业。1961年，文化部出版局曾委托国家版本图书馆编纂民国时期总书目。以上海图书馆的藏书作基础，补充了北京图书馆、重庆图书馆所藏，以三馆所藏民国期间出版（包括重印）的平装书编制草片，"虽因'文革'而中止，但已经统计到8000多个不同出版者。按《民国时期总书目》的体例，所收录不包括辛亥革命前已歇业，以及民国期间所出版线装书、中小学专门学校教科书、少年儿童读物、连环图画、画片。如果将这些都算上，近代出现过的出版者就要达到1万家"。[2] 这些出版者有的自设印刷部门，有的则委托印刷厂代印。

二、西方印刷术的传入与近代出版机构的组织形态

传统的坊刻往往集编辑、刷印与发行于一身，生产规模也比较小，大部分只有生产流程的分工，不需要设置部门来扩大规模与优化效率。西方印刷术的专业程度明显比雕版印刷时期更强，是一种更广泛意义的专业化。印刷技术的专业化要求出版机构内部组织形态的明确分工。在引进西方印刷技术、开办近代出版机构时，其内部组织形态也完成了相应的转变，建立了以编辑、印刷、发行为核心的组织机制。以商务印书馆为例，1897年创办，"赁小屋三椽于上海英租界江西路德昌里，购印机二具，从事印刷。……壬寅（1902年）七月不戒于火，乃建印刷所于美租界北福建路，同时设发行所于棋盘街。癸卯（1903年）正月又置编译所于蓬莱路，乙巳（1905年）于北河南路北宝山县境，建设印刷所、编译所，丁未（1907年）四月落成"。[3] 到1913年时，规模已经独步亚洲，其内部组织也井然有序，"本馆事务可分为三大纲，曰发行所，

---

[1] 张秀民：《中国印刷史》（下册），韩琦增订，浙江古籍出版社，2006年，第471页。
[2] 汪家熔：《商务印书馆史及其他》，中国书籍出版社，1998年，第334页。
[3] 《商务印书馆成绩概略·民国二年》，载汪耀华编：《商务印书馆史料选编（1897—1950）》，上海书店出版社，2017年，第3页。

曰印刷所,曰编译所",发行所总计435人,[1]"印刷所职员、职工计一千三百三十余人,在外印刷装订约千人,合计二千余人。内欧美人三名,日本人十三名"。今将各部名目,罗列如下:

  总事务部 校对部 中文排字部 西文排字部 纸版部 铅印部 铸字部 石印部 五彩石印部 钞票印刷部 照相部 绘画部 电版部 雕刻部 装订部 机械制造 仪器文具制造部。

印刷所专营印刷事业,兼制印机、铅字、铜模等件,历年俱有进步,兹将其成绩列下:

  印书机器七十九部
  订书机器十九部
  活版排字每年约七万四千页
  活版印刷每年约二十一万万页
  单色石印每年约二万五千万页
  五彩石印每年约三万二千万页
  洋式装订每年约五百余万册
  华式装订每年约三千五百余万册
  铅字每年约三十二万六千磅
  铅版每年约十二万五千余块
  铜模每年约十四万五千个

此外,照相铜版、照相锌版、玻璃版、雕刻铜版、雕刻钢版等,专

---

[1]汪耀华编:《商务印书馆史料选编(1897—1950)》,上海书店出版社,2017年,第6页。

供印刷图画及股票钞票商标之用，名目繁夥，不及备载。[1]

商务印书馆1915年设总务处，一处三所（编译所、印刷所、发行所）的组织架构成为中国现代出版机构组织形态的模板，中华书局、世界书局等大小出版社纷纷效仿。

三、西方印刷术的传入与近代出版产业的规模扩展

西方印刷术的传入意味着中国出版业进入了一个"金属、蒸汽机和化学的时代"，受日益扩大的图书市场驱动，蒸汽动力的印刷技术不断改进，图书的产量大大提高，图书的生产册数和单套图书的字数均上升到传统书业难以企及的水平，产业化生产方式降低了成本，利润相应增长，进而吸引更多的资本进入书业，出版机构的资本总额持续增加，出版的产业化、规模化扩张成为晚清民国时期出版业的特征之一。

近代出版业图书产量之高，传统出版不可比拟。还是以商务印书馆为例，至1913年，"活版印刷每年约二十一万万页，单色石印每年约二万五千万页，五彩石印每年约三万二千万页，洋式装订每年约五百余万册，华式装订每年约三千五百余万册"。[2] 单套图书的字数也是天文数字，以1929年出版的《万有文库》为例，"《万有文库》第一集正编一千种，分订二千册，另附重要图书十巨册，内容共约一万一千五百万字"。[3]《永乐大典》和《四库全书》字数过亿，但两者均为抄本。

清末民初，铅印与石印取代了传统的雕版印刷，占据了出版业的中心地位，机械化与工业化的生产方式则大大提高了出版产业的规模。据上海书业同业公会成员登记表，民国初年的书业按资本和规模大小可以分成三类，大型如商务500万、中华200万、世界70万、大东书局30

---

[1] 汪耀华编：《商务印书馆史料选编（1897—1950）》，上海书店出版社，2017年，第8—9页。

[2] 汪耀华编：《商务印书馆史料选编（1897—1950）》，上海书店出版社，2017年，第9页。

[3] 汪耀华编：《商务印书馆史料选编（1897—1950）》，上海书店出版社，2017年，第80页。

万元，均以铅印为主业，占三分之一多；10 到 20 万元以下为中型，如文明书局、泰东书局等，有铅印设备，也出版石印书；第三类为小型机构，资本大概千元乃至数万元，10 万以上的很少，主要以如石印局、旧书店以及专售新书的书店为主。[1]

四、西方印刷术的传入与近代图书形制的转型

中国传统的图书形制为单面刷印，穿孔线装。西方印刷术传入后，中国图书的主体形态也由线装转向洋装，其开本大小、封面装帧、内文版式、文本编排等形制要素均发生了根本性的变化。这一点在第九章"民国时期古籍出版的流程与形制"详细论述。

五、新式中文印刷术与民国时期古籍出版

传统坊刻翻印典籍由来已久，历代坊刻中心如建阳、四堡等地的书坊，刷印书籍的产量颇为可观，发行市场亦覆盖了国内相当广阔的地域。但与民国时期机器印刷古籍相比，仍然处于一个"前现代"的水平。新式中文印刷技术的技术优势渐趋显著，时人以为，"今之重印旧书，与以前翻版重刻，其性质完全一样。惟昔之重刻与初刊，在方法上经济上，同一艰难费事，今则不然，善本可用影印，次则可用铅字排印或石印，较之木雕，其难易相去云泥"。[2] 现代出版业追求利润最大化，需要提高图书产量以及可供印刷的书稿。历代汗牛充栋的典籍则为快速的印刷机器供给了源源不断的原料，而新式印刷术大幅度降低了印刷成本，利润不薄，致使大中小型出版机构均将翻印古书作为营业的一部分。民国时期古籍出版繁盛局面的出现，重要原因之一即在于中文印刷技术的进步。

---

[1] 杨丽莹：《清末民初的石印术与石印本研究》，上海古籍出版社，2018 年，第 69 页。
[2] 谢兴尧：《古书之翻印与旧书业的进步》，载周越然等：《蠹鱼篇》，辽宁教育出版社，1998 年，第 77 页。

第三节　民国时期的雕版刻书

雕版印刷术的发明对中国和世界文明进程产生了重大影响，"先后传入近邻的朝鲜、日本、越南、琉球、菲律宾，西传至伊朗，并影响了非洲的埃及与欧洲"，[1]"欧洲最早的雕版和活字印刷的源流中，必然直接或间接和中国的印刷术有所关联"。[2]

雕版印刷术对世界文明的进步产生了极大的作用，在中国，由于到19世纪中期西方新式印刷术回传以前，长达1000多年的时间段里一直沿用雕版印刷术刻印书籍，其影响更是至为深远。1943年，王汉章曾总结说："我国出版事业，向系专恃木刻。……虽其间印刷有初晚之异，刊刻有精粗之别，校勘有详略之判，然而数千年传统之文化，历代递嬗之学术，专家精神之寄托，胥为利赖，以资传播，亦既为历史上的发明家与纪念事业矣。"[3]

19世纪中期，随着西方新式印刷术的传入，中国印刷技术进入传统的雕版印刷术和新式铅印、石印共存的时期。雕版印刷术在与新式印刷术的竞争中逐渐落于下风。19世纪七八十年代，传入的铅印和石印技术已经较为成熟，刊书质量不逊木刻。铅活字铜版印制的书籍，文字"坚光精妙，胜木版远矣"。[4]石印图书，"用机器将原书摄影石上，字迹清晰，与原书无毫发爽，缩小放大，悉随人意"，使得国人极为惊讶羡慕，进而效仿。[5]新印刷术更在速度上远胜雕版，"盖中国印书，一

---

[1] 张秀民：《中国印刷术的发明及其影响·自序》，人民出版社，1958年，第2页。
[2] 钱存训：《欧洲印刷术的中国背景》，《中国古代书籍纸墨及印刷术》，北京图书馆出版社，2002年，第258页。
[3] 王汉章：《刊印总述》，载张静庐辑注：《中国近代出版史料二编》，群联出版社，1954年，第361页。
[4] 范慕韩主编：《中国印刷近代史（初稿）》，印刷工业出版社，1995年，第82页。
[5] 徐润：《徐愚斋自叙年谱》，载张静庐辑注：《中国近代出版史料补编》，中华书局，1957年，第89页。

印则一纸一页。西国机器印书，一印则一纸数页也"，"至巧且速矣"。[1] 新技术的优势使得国人于1881年至1882年间，纷纷转向石印和铅印出版业，开辟了中国出版业的一个新阶段。

铅石印风行后，很快取代了木版印书地位，导致叶德辉在清末即因雕版印刷的后继无人而发出"危矣哉，刻书也"的感叹。[2] 民国时期，雕版印刷更是滑向边缘的位置，"我国木刻书籍实有日趋末日之象"是民国时期对雕版印书一种普遍的观点，[3] 以至连"溺志剞劂，日与怀铅握椠之士为伍者，亦四十年于兹"，"刊布群书，久为世重"的刻书巨擘董康在20世纪30年代"自检诵芬室成书，未尝不自叹其拙"，"久有翻然变计，易雕版为活字之意"，并"将舍弃诵芬室雕版故业，而从事于仿宋字之新生活"。[4] 1946年，藏书、刻书家卢前回顾近数十年出版界状况时，发现"铅椠盛而雕版术日衰，世多不知刊刻为何事。三四十年来舍南北二京，惟武昌、开封、长沙、成都尚有刻手。然所刻书屈指可数；而雕版之技艺，能谭者已鲜。不出二十年，斯道必中绝"。[5] 在千余年中国文化传承和世界文明进步中贡献卓越的雕版印刷似乎已经走到了尽头。

雕版印刷在民国时期趋向衰落，几乎成为当今印刷史和出版史研究者的共识。其中有代表性的观点见于《中国印刷近代史（初稿）》一书。该书中把19世纪以来至当代的中国印刷史分为四个阶段，认为：19世纪的近百年间，是第一阶段，出现了传统印刷与近代印刷并存的局面；20世纪初到20世纪30年代，是印刷近代史的第二阶段，即民族

---

[1]《美华书馆述略》，载范慕韩主编：《中国印刷近代史（初稿）》，印刷工业出版社，1995年，第82页。
[2] 叶德辉：《书林清话·书林余话》，岳麓书社，1999年，第211页。
[3] 净雨：《清代印刷史小记》，载张静庐辑注：《中国近代出版史料二编》，群联出版社，1954年，第339页。
[4] 董康：《创制百宋活字序》，载张静庐辑注：《中国出版史料补编》，中华书局，1957年，第286—287页。
[5] 卢前：《书林别话》，载上海新四军历史研究会印刷印钞分会编：《装订源流和补遗》，中国书籍出版社，1993年，第440页。

近代印刷业崛起阶段。主导1200多年的传统印刷业迅即衰退，濒于被淘汰的境地。1937年抗日战争爆发到1949年中华人民共和国成立，是第三阶段。近代印刷业的发展进程夭折，处在低潮之中。1949年后进入了一个普及与提高的历史新时期。[1] 关于民国时期印刷史论者主要论述了民族近代印刷业的崛起，以为民国时期传统的雕版印刷濒临被淘汰的境地。而另外一部备受赞誉，由两岸四地学者合作撰写的《中华印刷通史》在其"近代篇"中则未提民国时期的雕版刻书。

与新式印刷术相比，雕版印刷由于费时费工，成本高，出版周期长，不能满足清末民初中国社会由传统向现代转型过程中产生的知识传播和教育普及的需要，确有陷入困境的一面。但是雕版印刷在中国已历千余年，至清代臻于巅峰，不可能遽然被废弃。本节论述了民国雕版刻书种数及质量、刻书系统、刻书地点，探讨雕版刻书延续的原因。民国时期雕版印刷刊刻的主要是古籍，作为传统印刷技术的主流，技术的使用本身就具有文化传承意义，故本节对上述内容做了详细叙述。

一、民国雕版刻书种数及质量

民国时期，虽然雕版印刷由于受到新式印刷术的冲击，与清代比较刻书相对减少，但数量亦相当可观。由于民国时期雕版刻书总数难以统计，我们可以依靠丛书数据来说明民国时期刻书概况。

民国时期刻书数量，丛书部分，据《中国丛书综录》（收录了北京图书馆等四十一个图书馆所收藏2797种丛书），[2] 以及"收录各类丛书三千二百七十九种，含子目五万零七百八十种，汰去复出亦有四万零二百二十七种，可谓相当宏富"的《中国丛书广录》[3] 和《中国丛书综录补正》统计，不包括佛学丛书，各类机构和私人刻有丛书124种，如按子目计算达4490种。这一数据仅仅收入了丛书部分，未收的单本

---

[1] 范慕韩主编：《中国印刷近代史（初稿）》，印刷工业出版社，1995年，第7—9页。
[2] 上海图书馆编：《中国丛书综录·编例》（新1版），上海古籍出版社，1982年。
[3] 阳海清编撰，陈彰璜参编：《中国丛书广录·前言》，湖北人民出版社，1999年。

书不在少数。三大丛书目录的漏收可从民国时期四川刻书情况得到印证。三大丛书目录中仅收录四川民国时期刻丛书19种，334种。而据《四川省志·出版志》下册附录的《民国时期四川雕版图书简目》，民国时期四川刻书有百余家，子目1642种。[1]该书附录的《民国时期四川编纂出版地方志简目》刻书3种。[2]附录的《清代及民国时期四川寺院刻书简目》著录民国时期寺院包括寺庙、道观、天主教会有刻书82种。[3]仅上述数字相加子目即达6000余种。各类出版史著作如《山西古籍印刷出版史志》、《江西历代刻书》、《湖南省志·新闻出版志·出版》等所列的民国刻书还有相当种数未见三大丛书目录，更不论各地书坊所刻种数和印量极为庞大的童蒙读物等类书籍。

民国雕版刻书的种数，在民国时期出版的各类中文图书124042种中所占比例甚微，[4]但仅就历代刻书比较，从民国只占38年的短暂历史来看，数量亦不容忽视。民国私家刊印如董康、刘承幹、陶湘等人，承袭清代余绪，讲求版本、校雠，刻印俱佳，为世所重。收书"悬格特严"的周叔弢对民国私刻推崇有加，一为印数稀少，如"南浔刘氏刻书甚夥，唯每种只印数十部，流传益稀，此书立庵求之数年不得"，告诫"一良勿以为近刻而忽之"；[5]一为校刻精良，如赞美吴昌绶、陶湘所刻之词，名家校订，"纸光墨彩，尤妙绝一时"。[6]可谓对民国私家刻书代表性的评价，民国刻书质量由此可见一斑。

---

[1] 据《民国时期四川雕版图书简目》统计，四川省地方志编纂委员会编：《四川省志·出版志 下册》，四川人民出版社，2001年，第603页。
[2] 据《民国时期四川雕版图书简目》统计，四川省地方志编纂委员会编：《四川省志·出版志 下册》，四川人民出版社，2001年，第638页。
[3] 据《清代及民国时期四川寺院刻书简目》统计，四川省地方志编纂委员会编：《四川省志·出版志 下册》，四川人民出版社，2001年，第587页。
[4] 数据见北京图书馆编：《民国时期总书目·综合性图书 编后记》，书目文献出版社，1995年。
[5] 弢翁：《丧服郑氏学》，李国庆编著，周景良校定：《弢翁藏书年谱》，黄山书社，2000年，第48页。
[6] 弢翁：《宋元词三十一家》，李国庆编著，周景良校定：《弢翁藏书年谱》，黄山书社，2000年，第234页。

二、刻书系统

民国时期，雕版印刷基本延续了传统的官刻、家刻、坊刻三大系统。官刻方面，清朝晚期盛极一时的官书局刻书逐渐式微，演变为社会机构刻书。社会机构刻书，以接收浙江官书局藏版的浙江省立图书馆为代表。据1934年编刊的《浙江省立图书馆出版木印书目》所载，浙江省立图书馆"现藏官局及续雕板片达十四万余块之多"，[1] 刷印的木刻书，计经部45种，史部75种，子部39种，集部48种，丛书14种，共221种。如果按丛书子目作单种计算，共766种。[2] 其所刻书，"选择既慎，而剞劂之精良，校勘之缜密，尤为士林所推许；故谈版本学者盛称浙刻"。[3] 此外，云南丛书处、河南官书局、鄂官书处、四川官印刷局、湖南丛书处、山东省立图书馆等亦有刻书之举。

民国时期雕版印书的社会机构，据《山西古籍印刷出版史志》所载，山西一地即有：阳曲第一高等小学校，刻有《霜红龛全集》，清傅山撰，刘氄补辑；长治县署1923年刻有《山海漫谈》5卷，明任环撰；河东盐运史司1929年以乾隆补版重印《关帝志》4卷，《圣帝觉世真经》1卷，清张镇撰；山西省立民众教育馆1934年以馆藏乾隆原版经山西书局补版重印《陆宣公翰苑集注》24卷，清张佩芳撰。[4]

各地新修县志，亦多有刻印者，如民国年间山西省有左云县公署纂修《左云县要览》；[5] 江西省南昌县署1919年刻有《南昌县志》16卷首1卷，瑞昌县署1915年增刻《瑞昌县志》10卷首1卷，婺源县署刻有《重修婺源县志》70卷末1卷，德兴县署1919年刻有《德兴县志》

---

[1] 浙江省立图书馆编刊：《浙江省立图书馆出版木印书目》，1934年。
[2] 据浙江省立图书馆1934年编刊的《浙江省立图书馆出版木印书目》统计。
[3] 浙江省立图书馆编刊：《浙江省立图书馆出版木印书目》，1934年，第1页。
[4] 李晋林、畅引婷：《山西古籍印刷出版史志》，中央编译出版社，2000年，第309—310页。
[5] 李晋林、畅引婷：《山西古籍印刷出版史志》，中央编译出版社，2000年，第452页。

10卷首1卷末1卷，连同其他各县刊刻者共11种。[1]

仅从上述两省资料也可看出，民国时期社会机构刻书，虽然种数多寡不齐，但是采用雕版刻书的机构有图书馆、政府、学校、民众教育馆等各种类型，涉及的社会层面较广，也可说明雕版印书社会影响之深入人心。

随着晚清以来佛学的复兴，佛教典籍刊刻成为民国雕版印刷极富特色的部分，尤其是金陵刻经处享有盛誉。"自同治五年（1866）至1966年，金陵刻经处共刻印经籍总计491种。其中晚清时期共刻印经籍253种，民国以后至1949年刻印经籍201种（含"金陵刻经处研究部"刻印经籍43种），1949年后刻印经籍36种。"[2] 传播佛典，厥功甚伟。民国时刻印经籍还有扬州江北刻经处、支那内学院、北京刻经处、天津刻经处、长沙经书印刷处等。流通经籍的著名寺庙还有被誉为"中国第一法窟"的福州涌泉寺。涌泉寺位于福州东郊鼓山，其刻经、售经活动经历明、清、民国三代，近300年。刊有经藏版364种，其中明代刻经116种，清代208种，民国40种。[3] 民国时期四川和湖南等地寺庙、道观、天主教会、善堂也有刻书。

清末重臣和学者张之洞劝人刻书，余风所及，民国时期藏书家和学者刻书亦不在少数。民国藏书大家如刘承幹、董康、陶湘、徐乃昌、刘世珩、沔阳卢氏兄弟等均致力刻书，传承文化，苏精的《近代藏书三十家》已有备述。"近三十年来，木版家刻之最精者，其在京津，以董授经（康）之诵芬室，陶兰泉（湘）之涉园，朱桂莘（启钤）之存素堂为最，而秋浦周叔弢季木昆仲次之。不惟校订精良，纸墨优美，而行款装订，均皆佳妙。其在上海，刘翰怡（承幹）之嘉业堂、求恕斋，徐积余（乃昌）之积学斋，张石琴（钧衡）之适园，刘聚卿（世珩）之聚学

---

[1] 杜信孚、漆身起：《江西历代刻书》，江西人民出版社，1994年，第338页。
[2] 罗琤：《金陵刻经处研究（1866—1966）》，上海社会科学院出版社，2010年，第157页。
[3] 林应麟：《福建书业史：建本发展轨迹考》，鹭江出版社，2004年，第659页。

轩……皆为近代中国木刻书之代表者。"[1]民国时期私人刊刻图书不局限于藏书家狭小的圈内，亦是私人出版活动的普遍行为，正如王汉章所说："至于仅印一二种之古籍，或其本身及先世遗著者，更夥涉沉沉，然亦不能不谓为出版之一。"[2]

民国时期，虽然新印刷技术已经从东南沿海向内地和北方传播，但是内地由于地域广大，人口众多，民间需要的唱本、童蒙读物、历书和年画仍有广阔的市场，为民国时期坊刻提供了生存的空间。据20世纪80年代以来编纂的出版史资料所载，民国时期坊刻在全国各省区普遍存在。四川坊刻相当发达。民国时期成都仍有木刻书坊六七十家，至于印售戏文唱词的杂书铺全川至少有一两百家，木刻书从业人员更是一个庞大的数字。[3]

三、刻书地点

民国时期雕版刻书，主要在四川、北京、南京和武昌四地。卢前曰："三四十年来舍南北二京，惟武昌、开封、长沙、成都尚有刻手。"[4]民国时期北京厂肆书坊刻书最著名者为文楷斋，创于1919年，主人刘春生，刻书主顾主要有董康、陶湘、傅增湘、卢弼等人，刻书数百种。其所刻传奇小说，字体秀丽，绘图清雅，犹有明人遗意。[5]与陶湘诸人同居天津的藏书家金钺刻书也委托文楷斋，先后刻

---

[1] 王汉章：《刊印总述》，载张静庐辑注：《中国近代出版史料二编》，群联出版社，1954年，第363—364页。
[2] 王汉章：《刊印总述》，载张静庐辑注：《中国近代出版史料二编》，群联出版社，1954年，第363页。
[3] 王孝源：《清代四川木刻书坊述略》，载四川省新闻出版局史志编纂委员会编：《四川新闻出版史料》1，四川人民出版社，1992年，第52页。
[4] 卢前：《书林别话》，载上海新四军历史研究会印刷印钞分会编：《装订源流和补遗》，中国书籍出版社，1993年，第440页。
[5] 雷梦水：《刻书家藏书家董授经与文楷斋刘春生》，《出版史料》，1987年第2期。

书十余种。[1] 文楷斋除在北京刻书外，还派人到山东堂邑承刻民间读物。

南京姜文卿，光绪年间即开始刻书，在东牌楼党家巷设有刻书铺。"姜氏所刻有合肥李氏《集虚草堂丛书》，金坛冯氏《蒿庵类稿》，宝应成氏遗书，贵池刘世珩暖红室，南陵徐乃昌《积学斋丛书》及《闺秀词》，而江阴缪艺风书为姜氏刻者尤多。"[2] 文卿之子瑞书，字毓麟，刻有《彊村丛书》及《饮虹簃丛书》。此外，江宁邓氏、宗氏、蒋氏湖上草堂、陈氏千一斋等也刊刻有《晴花暖玉词》等书。南京的金陵刻经处和支那内学院则刊印佛教典籍，成为近代刻印佛经圣地。

武昌则有清末民初四大刻工之一黄冈陶子麟开设的书肆。其刻书始于光绪初年，迄于民国中期。除少量自刻外，陶子麟广为当时藏书名家刻书。叶德辉《书林清话》云："晚近则鄂之陶子龄（即陶子麟），同以工影宋刻本名，江阴缪氏、宜都杨氏、常州盛氏、贵池刘氏所刻诸书，多出陶手。"徐乃昌、傅增湘、董康、刘承幹、甘鹏云等亦委托陶氏刻书。其刻书据不完全统计，达170余种800余卷。其中民国时期刻有54种。[3] 陶氏善刻仿宋及软体字，精妙古雅，不逊前人，有"陶家宋椠传天下"之美誉。

四川民国时期刻书中心有成都、岳池两地。成都自唐代雕版印刷术发明以来，一直以蜀本著称于世。清代刻书种类繁多，据不完全统计，从道光至宣统年间（1821—1911），四川出版的线装图书查到书目的有3282种，[4] 民国时期刻书种数见前文为1642种，其中刻于成都的有

---

[1] 名家十日谈：金钺和他刊刻的古书木版，2008年7月11日，http：//news. sina. com. cn/c/2004-07-15/21153720139. shtml
[2] 卢前：《书林别话》，载上海新四军历史研究会印刷印钞分会编：《装订源流和补遗》，中国书籍出版社，1993年，第446页。
[3] 王海刚：《近代黄冈陶氏刻书考略》，《出版科学》，2007年第6期。
[4] 四川省地方志编纂委员会编：《四川省志·出版志 上册》，四川人民出版社，2001年，第66页。

1429种，远远超过其他地区。[1]岳池私营书店集中于县城。"民国初期岳池县共有刻字铺133个，从事四书、五经和书画的刊刻。"数量颇为庞大。[2]

民国时期，刻书地点除了上述地区较集中外，据《中国丛书综录》、《中国丛书广录》等工具书所载，浙江有宁波、绍兴、秀水、杭州、嘉兴、温州、吴兴、湖州、桐乡、黄岩、永康等地，江苏有苏州、扬州、常州、常熟、江阴、丹徒、如皋、吴县、太仓等地，广东有广州、番禺、东莞、潮阳、南海、马冈等地，湖南有长沙，湖北有武昌、潜江等地，江西有南昌、金溪浒湾、南城、丰城等地，福建有福州、四堡等地。上海、天津、广西、贵州、云南、山东、山西、河南、河北等省市也均见有雕版刻书的记载。从民国刻书分布的地点来看，雕版印书仍存在于广大的区域，几乎遍及全国。

从上面列举雕版印刷的刻书数量、分布地域和社会机构刻书、家刻和坊刻的大略情况来看，民国时期雕版印刷虽然受到西方印刷术的强烈冲击，逐渐从出版中心的位置趋向边缘，但是仍然继承了悠久的刻书传统，有着丰富的内涵，并在流布典籍、传承文化、满足社会大众的知识需求方面，成为民国时期出版业不可忽略的组成部分。

四、民国雕版刻书延续的原因

1. 刻书传统

民国时期，虽然铅印技术优势显明，但雕版也有便利之处。诚如卢前所言："大量出版，铅椠诚愈于雕版，而雕版之长，有非铅椠所及者：刊刻既成，随时可以刷印，一也。印刷多少，惟君所欲，减浇版之烦劳，二也。刻版随时可以挖补，可以修改，可以抽换，皆不需重新排字，三

---

[1] 据《民国时期四川雕版图书简目》统计，载四川省地方志编纂委员会编：《四川省志·出版志 下册》，四川人民出版社，2001年，第603页。
[2] 四川南充地区新华书店编著：《南充地区图书发行志》，重庆出版社，1993年，第6页。

也。手工印刷，墨色经久，不患油渍，久而愈纯；一编在手，墨香满纸，此惟藏家能赏会之。书固不必尽以多为贵者，文章之妙，益以剞劂之精，二美辉互，不亦娱心而悦目乎？是故铅椠雕版，无妨并存。"[1] 民国雕版印刷存在的重要原因是千余年所塑造的强大刻书传统。

中国雕版印书，肇自唐朝，宋代技艺臻于成熟，而极盛于清代。版刻图书，开本铺陈，天头地脚宽大，便于批点；行格疏朗，字大宜读；纸质如玉，墨光如漆；装订轻便，阅读起来赏心悦目。石印术传入中国之初，采用新技术的民营出版机构为了降低成本，印书细行密植，字迹小如丝缕，以至1890年广西开设桂垣书局，巡抚马丕瑶坚持雕版，以为"洋板缩本，难以诵读"，后来新任巡抚张鸣岐1907年在桂林开设广西官书局，才采用机器印刷取代雕版印书。[2] 民国时期，一些传统的学者仍注重雕版，排斥厚重的铅印西书。程千帆记述20世纪30年代其老师黄侃的一次课堂情景："老师的谈锋不知怎么地一转，又谈论起中西文化和生活方式的比较来。他由木版书便于批点，便于躺着阅读等等方便，而讥讽精装西书为'皮靴硬领'。"[3]

开辟新出版业草莱，执掌商务印书馆数十年的张元济，亦云："余喜蓄书，尤嗜宋刻，固重其去古未远，亦爱其制作之精善，每一展玩，心旷神怡"，而批评当时铅印书籍制作的粗糙，说："今之为是业者，藉口于推广文化，谓出版之事，不惟其精而惟其廉。于是方寸之册，字盈亿万，纸粗墨垢，触目生厌。装制陋劣，转瞬散落，而为之者方翘然自号于众曰，吾能为贱鬻之书。呜呼！此直划灭文明而返于草昧之途耳。文化云乎哉？推广云乎哉？余读兹编，有感于怀，不知读者视之，又作何感也？"[4]

---

[1] 卢前：《书林别话》，上海新四军历史研究会印刷印钞分会编：《装订源流和补遗》，中国书籍出版社，1993年，第440页。
[2] 范慕韩主编：《中国印刷近代史（初稿）》，印刷工业出版社，1995年，第209页。
[3] 程千帆：《忆黄季刚老师》，载《学林漫录（八集）》，中华书局，1983年，第38页。
[4] 张元济：《宝礼堂宋本书录序》，载张人凤编：《张元济古籍书目序跋汇编 上册》，商务印书馆，2003年，第168页。

对雕版印书的崇尚在新出版业中非仅见于张元济一人。1908年开办上海医学书局，刊印医书，推广医学和佛学极有成绩的丁福保，曾得到一部仿宋刻蜀大字本《史记》，字大阅目，精妙绝伦。与医学书局印本比较，反觉印本差距。"余刻书喜用铅字，视此觉寒伧之甚。反本复古，梦寐思之。"[1]

喜好雕版印书一个比较极端的例子，为陈宝琛遗著《沧趣楼诗集》的刊刻。陈宝琛，同治七年（1868年）进士，光绪初年曾担任日讲起居注官，后直升到内阁学士。1935年，陈宝琛以88岁高龄辞世，遗稿久久不得成书。曾为死于戊戌政变的林旭印遗著的福建同乡李拔可，建议将陈氏诗集交商务印书馆用仿宋字排印，大约因亲友仍坚持出木刻本而未果。直到卢沟桥事变爆发，战祸蔓延，其子懋复唯恐父亲的遗著散失，多方求助，才得以在友人的帮助下，于天津雕版印成《沧趣楼诗集》一种，宣纸线装一巨册，虽是仓促之中，此书刻、印俱极精美。[2]

传统的刻书习尚，使渐呈没落景象的木刻在民国时期仍然能够延续，"第因国人习尚，仍重雕版，而木刻一线之延，亦由于此"。[3]

2. 刊布典籍、流传文化

近代西学输入后，绵延数千年的传统学术文化面临空前的危机，而有绝灭的可能。中国固有文化的传承因为西学的冲击而显得尤为迫切。典籍为传统文化之精粹，民族精神之寄托，因此刊刻、影印古籍成为民国时期保存国学、传承文化的一种有力手段。

民国时期，一些藏书家仍用雕版印书，亦出于流布典籍、传承固有文化的强烈文化危机意识。民国私人刻书家刘世珩、傅增湘等人的观念如前文所述。董康则"以影印异本书为惟一职志"。[4] 这一意识不仅为

---

[1]《圣宋九僧诗》中《九僧诗补遗》后牌记，载江庆柏：《近代江苏藏书研究》，安徽文艺出版社，2000年，第155页。
[2] 薛冰：《止水轩书影》，陕西师范大学出版社，1998年，第100—101页。
[3] 王汉章：《刊印总述》，载张静庐辑注：《中国近代出版史料二编》，群联出版社，1954年，第362页。
[4] 傅璇琮、谢灼华主编：《中国藏书通史》（下），宁波出版社，2001年，第1227页。

刻书家个人所有，而且是一种显明的集体意识，其突出表现之一是藏书家勠力合作，"各家决不珍密，而是互助，帮助刊刻流传，出己书以助之，盖是公共意识的成长和当时的国家和文化的危险处境所决定也。大家合力进行，而非仅凭一己之力"。[1]

"国变后，文献凋零，咸惧国粹湮没，购书刻书之风转盛。"[2] 民国时期雕版印书能够流传不辍，皆因有刊布典籍，保存、流传国学深层文化思潮的支撑。

3.社会大众文化需求

民国时期刻书，除了能够满足受过良好传统教育的社会上层人士的嗜好，庞大的农村和边远地区，未能接受新式学校教育的社会大众的文化需求，也是雕版印刷能够存在的重要原因之一。虽然民国时期新式教育有了长足的发展，学校数和在校学生数量持续增长，但占整个社会人口的比例极低。以1929年学校数和学生数量为例，初等教育、中等教育、高等教育学校总数214,572所，学生总数为9,252,222人。[3] 而1929年全国人口数为438,933,373人。[4] 未能接受新式教育的人口，仍然只能依靠使用传统的童蒙读物和儒家经典为教材的私塾教育，这就为价格低廉的坊刻木版书提供了生存的空间。贵州思南彭家书铺的开设就是这方面的一个案例。"民国初年……当时'私馆'学堂遍及城乡，教学内容仍继续教《三字经》、《四字经》、《女儿经》、《四书》、《五经》等孔孟书籍。为了配合当时'私塾'读书的需要，我县书店随着开设起来。……江西人彭廷福，1921年从江西来到思南，就从事手工印刷木刻版《三字经》、《四书》、《五经》。就在思南城内武官衙门（现在县工会对面），开办了第一家私营古版书店——彭家书铺。在当时交通不便、买书困难的情况下，彭家书铺，自印古版书，供应读者需要，起到

---

[1] 傅璇琮、谢灼华主编：《中国藏书通史》（下），宁波出版社，2001年，第1226页。
[2] 夏孙桐：《缪艺风先生行状》，载缪荃孙：《艺风堂文漫存》，台湾文史哲出版社影印本，1973年，第7页。
[3] 转引自王余光：《中国新图书出版业初探》，武汉大学出版社，1998年，第8—9页。
[4] 赵文林、谢淑君：《中国人口史》，人民出版社，1988年，第481页。

方便作用。"[1] 湖南在近代风气开放较早，文化也较发达，但"《三字经》、《百家姓》、《千字文》、《千家诗》、《杂字》、《增广贤文》、《幼学琼林》这类童蒙读物，在旧社会的湖南极为流行。……民国时期湖南刻印的唱本、戏文、童蒙读物、历书，不仅行销本省，而且远销湖北、广西、贵州等省"。[2]

从上文的资料和分析可以看出，民国时期教育的欠发达和亟待接受教育人口的庞大、民间文化生活的需要，使得民国时期雕版印刷仍然占据农村和边远地区的部分图书市场。

综上所述，无论从各大图书馆或私藏所见刻书的实物，还是从各类文献记载的民国刻书资料来考察民国雕版印刷，其境况并非尽如时人和当今学者的描述那样边缘，而是有着相当程度的社会影响力，发挥了独特的文化功能。当前学术界亟需加强对民国雕版刻书的研究，以较为客观的眼光来判断，给予其在出版史和印刷史上应有的地位，从而将张秀民的《中国印刷史》续写至民国时期，推进中国雕版印刷史研究。

---

[1] 车兆华、刘华森：《思南书店简史》，载《贵州出版史料》，贵州人民出版社，1988年第3期。
[2] 湖南省地方志编纂委员会编：《湖南省志·新闻出版志·出版》，湖南出版社，1991年，第37页。

第九章
民国时期古籍出版的流程与形制

民国时期印刷出版业延续了晚清以来的演变，有学者认为，这一时期不仅"在中国历史上被视为三千年未有之大变局，在印刷出版史上也可视为千年未有之大变局。举其荦荦大者，就有如下数端：一是文献范畴的扩大，其中以报纸期刊等连续出版物的登场为最大的亮点；一是印刷术的革命，石印技术的产生与照相排版的出现以及铅印技术的推广；一是印刷文献的动力由人力到机器的转变；一是出版机构由官刻、私刻、坊刻等形式的小规模生产转变为公司经营的大规模的商业出版"。[1]

民国时期的古籍出版者如前所述，可分为民营出版、公立机构、藏书家刻书三大系统。这三大系统中，公立机构如浙江省立图书馆，藏书家刻书如刘承幹等，刊刻、刷印的典籍基本延承了传统的雕版刻书特点，部分藏书家如罗振玉、蒋汝藻等亦采用了珂罗版、照相锌版等新式影印技术，但公立机构和私家复制的古籍印数不多，装帧形式沿用的是

---

[1] 周振鹤：《印刷出版史上的近代文献述略》，载关西大学文化交涉学教育研究中心、出版博物馆编：《印刷出版与知识环流：十六世纪以后的东亚》，上海人民出版社，2011年，第3页。

传统的线装。以商务印书馆等为代表的商业出版公司为民国时期古籍出版的主流，本章以民营出版机构为例，研究民国时期古籍出版的流程与形制，从出版机构的文献搜集与古籍选题的策划、古籍文本的编辑与整理、古籍的印刷方式以及最终产生的图书形态等方面论述，即从图书生产的角度考察古籍出版的文献资源建设、古籍的选题策划、文本编辑、印制与装帧流程，以见民国时期古籍出版的流程与形制特点。

第一节 民国时期古籍出版的文献资源建设

古籍出版是一种回溯式累积出版，其成败关键在于出版机构搜求古代文献资源的多寡及文献价值的高下。光绪年间近代出版业发轫，组织较为简单，"当时的石印书局，因自己不编译，专翻印古书，所以没有什么编译所的名称。大概在发行所或印刷所另辟一室，专为从事校阅。总校一人，一定要翰林或进士出身，月薪三十两。分校若干人，举人或秀才出身，月薪十两左右。搜觅到一种书，经理决定要印，便照相落石，打清样校对，校过便印订，所以出书是很快的。当时纸墨质佳而价廉，故彼时石印书，颇有极精美的"。[1] 编译所是现代出版社的灵魂与大脑，没有编译所的出版规划，清末石印书业无法跟上社会知识生产与消费的潮流，亦为石印书业影响力缩减的原因之一，而附生于编译所的图书馆或资料室自然也无从谈起。

萌芽时期的近代出版业以印刷所和发行所为主。到了20世纪初，随着西学书籍的大量翻译和新式图书如教科书的需求持续增长，出版业从翻印图书时代进入了编译图书时代，编译新书驱策出版业飞速发展。商务印书馆等出版机构开始设立专业的编辑部门，如1903年正月商务印书馆设立编译所于蓬莱路。编译新书自然发现图书资料的匮乏和设立图书馆的重要性。涵芬楼成立的缘由，张元济于《涵芬楼烬余书录·

---

[1] 陆费逵：《六十年来中国之出版业与印刷业》，载上海新四军历史研究会印刷印钞分会编：《装订源流和补遗》，中国书籍出版社，1993年，第413页。

序》中自述："余既受商务印书馆编译所之职,同时高梦旦、蔡子民、蒋竹庄诸子咸来相助。每削稿,辄思有所检阅。苦无书,求诸市中,多坊肆所刊,未敢信。乃思访求善本暨所藏有自者。"[1] 自此张元济注重藏书建设,并多方搜求古籍,编译所图书室于1909年扩大成为涵芬楼,后于1926年再扩展成为中国近代藏书数量首屈一指的东方图书馆,奠定商务印书馆的新书编译和古籍出版基础。

本馆统计,至民国20年终止,实藏普通中文书268000余册,外国文书东西文合计80000余册,凡古今中外各科学术上必需参考书籍无不大致粗备。图表、照片五千余种……本馆所藏善本书,可分旧四部各书、方志,及中外杂志报章三大类,尤足珍贵。先就旧四部各书言,计有以上四部各版本书合计总数得3745种;都35083册。其中有5000余册向寄存金城银行库中。此外本馆并购进扬州何氏藏书约共40000余册,部别版本正在整理中。本馆善本室中除藏有上述涵芬楼旧四部各书外,并藏有全国各省、府、厅、州、县志整套,较国内任何图书馆所藏为备。……以上凡22省,得方志2641种,25682册;中有元本2种,明本139种。此中除省志齐全外,全国府、厅、州、县志应有2081种,本馆已收1753种,实已达全部百分之八十四。搜罗赅备,蔚成巨观,国内殆无伦匹。[2]

影印古籍是商务印书馆另一项重要的出版活动,商务影印的古籍丛书最为著名的有《四部丛刊》、《百衲本二十四史》、《丛书集成初编》等,涵芬楼所藏古籍善本在其中起了举足轻重的作用。

中华书局1912年创立之初,地址在上海东百老汇路(今东大名

---

[1] 张人凤编:《涵芬楼烬余书录·序》,载《张元济古籍书目序跋汇编》,商务印书馆,2003年,第343页。
[2] 何炳松:《商务印书馆被毁纪略》,载《商务印书馆九十五年》,商务印书馆,1992年,第241—243页。

路），编辑部门只有三四人，参考用书并无专人负责。1916年静安寺路（今南京西路）哈同路（今铜仁路）口总厂建成，办公大楼的二楼为编辑所，分成教科图书部、新书部、英文部、杂志部、美术部、古书部等；始有二三人管理图书，地点在编辑所的西南隅，称为"中华书局藏书楼"，规模不大，面积约一百平方米，主要是供编辑工作的需要，为编辑工作服务。1920年藏书约万余册，盖用"中华书局藏书楼"印章。

1930年，著名教育家舒新城入主中华书局编辑所，同时兼任图书馆馆长。中华书局图书馆进一步加大投入，增添设备，使管理和藏书体系更加规范化、合理化。图书馆本着"收集方志、丛书、金石书、医书、类书、禁书"的原则，同时也非常重视版本，"如明清精刻本、殿本、套印本、巾箱本、老石印本，以及批校本、稿本等"，数年间即收购到2500多种，20000册以上。各省重要县份的地方志，基本上齐备。丛书类书，如佛藏、道藏，以及原版铜活字本《图书集成》等，约有1200多种，50000册以上。金石书，包括甲骨在内，约共600多种，3000多册，有关甲骨的书，差不多也齐备了。至于明代精刻本，有243种，2980册；清代精刻初印本及批校本，约300种，3000册。还有其他更珍贵的宋版和元版书。[1]

到1949年上海解放前，中华书局图书馆藏书已达50万册，其中一般图书（包括中文、英文、日文）36万册，多复本书，主要图书131500册，地方志20000册，丛书类书50000册，金石书画3000册，报纸合订本105000册，杂志合订本40000册，工具书2000册，教科图书6000册。[2]

世界书局老板沈知方也很注意搜罗书画和古籍，一是公余欣赏，一是为了积聚精品或善本影印发行。1932年沈氏在住宅三楼辟屋三大间作为粹芬阁藏书楼，将历年搜集的善本古籍珍藏此楼。其善本800余

---

[1] 周其厚：《中华书局与近代文化》，中华书局，2007年，第221页。
[2] 陈仲献、钱子惠：《有关中华书局图书馆的情况》，《回忆中华书局1912—1987》，中华书局，1987年，第174页。

种，22000多卷，计1万余册。宋元刊本极少，明本约占三分之一，计270余种，3800余册。沈氏选书目标，以书品、款式、纸张，是否精刻初印为重点，对品种不很计较。在他1934年编印的《粹芬阁珍藏善本书目自序》中亦表达了此旨。其时缩印"国学名著"，曾选用这一部分藏书作为底本，如《四史》、《资治通鉴》、《文选》等书。[1]

第二节　民国时期古籍出版的选题特征

民国时期中西文化交汇激荡，在西学潮涌而来的情势下，中国传统文化的传承自清末国粹派兴起后，历经流变，亦为政治与文化界的主流思潮之一。虽然1915年至20年代中期的新文化运动对传统文化的冲击所造成的影响，当今学术界颇多争议。实则从民国古籍出版的视角来观察，对中国文化的全面整理与研究、保存与传播恰恰始于五四时期，"文学革命运动之后，一般文学革命的领袖人物，不是努力于创作和翻译新文学，就是回头向所谓'国学'方面去努力。胡适博士也拿起从杜威学回来的实验主义，向所谓'国故'里实验——整理——了。于是所谓整理国故运动就这样兴起来"。[2]

清末扫叶山房、同文书局等新旧出版机构的古籍出版，以翻印经史著述为主。民初商务印书馆编纂有《痛史》等古籍丛书，翻印殿版《二十四史》等典籍。1915年商务印书馆在张元济的擘画下，大规模古籍丛书的出版计划开始正式启动，利用商务涵芬楼丰富的旧书收藏，辑编《涵芬楼秘笈》。《秘笈》仿鲍廷博刊《知不足斋丛书》之例，分集陆续出版，每集一函，线装本八册，辑印古籍若干种。印刷大部分用原书或原稿影印，一小部分用铅字排印。1916年11月出版第一集，以后每年有的一集，有的两集、三集，到1921年4月出版第十集为止，共收书

---

[1] 刘廷枚：《我所知道的沈知方和世界书局》，载新闻出版博物馆（筹）编：《世界书局文献史料汇编》，2017年，第103—104页。
[2] 伍启元：《中国新文化运动概观》，黄山书社，2008年，第55页。

51种，印成80册。20世纪20年代，以《四部丛刊》的编纂问世为标志，民国古籍出版进入了一个全面系统整理中国传统文化的时期。综观民国时期各机构的古籍选题策划，多在这一宗旨下进行。

民国出版古籍对中国文化的整理，以理性主义、科学主义为出版原则，成为这一时期古籍选题的第一个特征。如卢靖、卢弼兄弟刻印《湖北先正遗书》，第一辑于1924年完成。为了继续刊出第二、三辑，他们确曾继续搜求，以至"四方估客，以乡贤遗著至者，虽昂其值无不售"。只是也有例外，卢木斋认为卜筮星相，堪舆家言，都与科学相背，一概不收购不刊印。[1]

全面系统的整理为民国古籍出版的第二个特征。像商务印书馆在张元济的擘画下，以为："近三十六年来我国文化变动剧烈，思潮混杂，向所未有。本馆深知出版事业关系我国文化前途甚巨，故确定方针，一方发扬固有文化，一方介绍西洋文化，谋沟通中西以促进整个中国文化之光大。本馆因此有中外名著之系统印行。我国名著之出版者有《涵芬楼秘笈》《四部丛刊》《续古逸丛书》《续藏》《道藏》《学津讨源》《学海类编》等。近又印行《百衲本二十四史》，无不誉满海内。艺术类名著则有《宋人画册》《石渠宝鉴》《西清续鉴》《宋拓淳化阁帖》等，亦无不精美绝伦。"[2]中华书局也紧跟商务，刊印有《四部备要》、《古今图书集成》等大部古籍。

差异化的选题策略为民国古籍出版的第三个特征。各出版社根据实力的差异，选择适合自身的竞争策略。如世界书局的选题切合实用，通过寻找市场的空白点来进入古籍图书市场。世界书局在出版古籍的时候，变线装为平装普及本，低价发售，其《国学名著丛刊》化整为零，让读者可以任意选购，市场反响热烈。

---

[1] 刘行宜：《卢木斋卢慎之兄弟》，载中国人民政治协商会议天津市委员会文史资料研究委员会编：《天津文史资料选辑》（第十七辑），天津人民出版社，1981年，第127页。
[2] 商务印书馆善后办事处：《上海商务印书馆被毁记》，1932年7月编印，载汪耀华编：《商务印书馆史料选编（1897—1950）》，上海书店出版社，2017年，第104页。

第三节　民国时期古籍出版的文本整理

出版选题确定后，图书的生产就进入了文本编辑与整理的阶段，包括版本的选择、文本复制方式、文本整理方式等环节，以固定图书的内容，即通常所说的文本"齐、清、定"。

民国时期出版古籍的文本整理，根据使用的印刷技术不同，分为影印和排印两种。影印使用石印照相和照相锌版技术，整理方法是传统的版本、校勘之学，保存文献原貌，校正文字鲁鱼亥豕之误，解决古文献原本性、真实性和完整性的问题，为学术研究提供真实可靠的文献资料。影印古籍，在版式上分为原大、放大或缩小等数种，遇到模糊不清的文本则需要描润，原书缺页时则需要影抄补全，部分影印古籍则添加了新式标点符号。影印古籍校勘工作不可或缺，即便是影印本也要做校勘附校记。因此无论从印刷技术还是文本整理的角度来看，都是一种新的文本形态。

排印使用铅印技术。受印刷技术、整理国故学术思潮、白话文兴起等现代性因素的影响，除底本选择重善本的版本学传统之外，1920年后排印的整理范式也发生了根本的变化，方法包括新式标点句读、分段、白话注释、古文今译、编制索引，以及在书前撰写导读、内容提要。在胡适等执掌新文化运动话语权力的学术权威倡导之下，"以科学的方法整理国故"，古籍排印的现代整理范式广泛运用。不仅商务印书馆、中华书局、世界书局等用新式方法排印出版古籍丛书，白话注解、言文对照、新式标点等词语也常见于扫叶山房、广益书局等传统出版机构的出版物封面。从读者接受的效果来看，不仅影印的《四部丛刊》风靡一时，排印的《四部备要》，亚东图书馆新式标点的《水浒传》、《红楼梦》均获得了良好的读者口碑，上述两种方式产生了显著的"文本重组"效应。下文分影印和排印两种方式来描述民国古籍生产的文本整理方式。

一、影印

影印是利用照相石印制版的一种印刷技术，因为制作底版材料的不同，可分为照相石印、照相铜锌版、珂罗版等。照相石印制版的方法是在照相技术发明之后发明的，也分为直接照相制版和间接照相制版。间接照相制版发明于1859年。直接照相法于20世纪初才发明，照相技术的发明，使得这种原稿的完整复制变得十分简单，而且比起影刻，更能完整地复制出原稿的面貌，因而很快用于印刷古籍。黄永年认为，民国时期多采用当时通行易得的武英殿本之类摄影后付印，而不去寻求宋元旧本、善本。因为当时书商石印这些古籍仅着眼于内容，只要内容适合购买者需要就印来赚钱，而不是为了保存旧本、善本的真面目才摄影石印，这和后来影印善本古籍走的是两个路子。后来商务印书馆、中华书局等大书局大量印售古籍，精善的旧本用影印，满足好古者和专家、学者的要求；普通的用铅字排印，售价更低于石印本。[1]

1. 版本的选择

版本选择在古籍出版流程中是最主要的、起决定作用的环节。古籍在长期流传过程中，经过多次翻刻，难免讹、衍、缺、脱和窜改的错误，所谓"书经三写，乌焉成马"。因之后人刊印古籍，极其重视选择版本和校勘文字。底本不善，必然劳而无功，整理校勘的文献价值也大打折扣。如傅增湘在《校史随笔》序里所言："第旧本难致，自昔已然。……更以近事言之，合州张石卿，亦吾蜀好学之士，尝俗言欲重勘全史，持书遍谒胜流。共和之初，遇之海上，告以欲校古书，宜先求善本，否则劳而鲜获，壮志难酬。石卿不喻斯旨，矻矻廿年，取材之书不越殿本局刊，再上汲古北监而止。年逾七十，于迁史始见震泽王氏本。身后以遗稿见托，则疏失孔多，未堪问世。追惟往事，深足矜怜。可知校勘之事，良未易言。"[2] 此例足见整理古籍广求善本的重要。民国时

---

[1] 黄永年：《古籍整理概论》，上海书店出版社，2001年，第40页。
[2] 傅增湘：《序言》，载张元济：《校史随笔》，商务印书馆，1990年，第1页。

期翻印的古籍,上承乾嘉重考据、讲校雠之学风,极其重视版本的选择和校勘的精审。刘承幹刻印《嘉业堂丛书》,张钧衡辑印《适园丛书》,均请著名版本目录学家缪荃孙主持校勘一事。张元济主持商务古籍影印,千方百计搜访第一流善本,不仅求之国内公私藏家,甚至远赴海外访书,并精心校勘,清理版本源流,比较文字同异,订正文字错讹,确定版本优劣。由于张元济对目录、版本、校雠之学,有深邃造诣,他所主持影印的古籍,质量精良,如《百衲本二十四史》,被誉为"全史中最标准的本子"。[1] 民国时期影印的古籍,坊间射利之作之外,以商务为代表影印的旧籍和藏书家刻书,俱以版本一流、校勘精审为编纂特色。

2.影印的类型

古代翻印典籍,类似影印的方法称为"覆刻"、"影刻",有时也叫做"仿刻"。这种方法始于明代,流行于清代。近代影印则主要使用石印照相技术。黄永年在《古籍整理概论》中列出了照相石印的五种方法:(1)把原书摄影后按原大石印。(2)把原书摄影缩小后石印。(3)按行剪开原书,重新粘贴,把原书一页半,或两页、三页甚至更多页合并成一大页,摄影缩小后石印。这样可把原来几十本、成百本的大书缩印成几本、几十本,不仅售价低廉,而且翻检使用以至庋藏携带都大为方便。(4)不剪开原书,而把原书四页分上下栏并成一大页,或原书九页分三栏并成一大页,再摄影缩小后石印。(5)雇人将原书重新用楷书抄写后摄影石印。[2]

杨丽莹根据照相技术所能再现原书的实际效果及其与原书的文本关系,对照相石印的方法加以重新分类,将照相石印法分为原大影印、缩小影印、重排影印、抄写影印、再次印刷五种方式。[3] 这五种方式在

---

[1] 张舜徽:《中国古代史籍校读法》,上海古籍出版社,1980年,第97页。
[2] 黄永年:《古籍整理概论》,上海书店出版社,2001年,第39页。
[3] 杨丽莹:《清末民初的石印术与石印本研究:以上海地区为中心》,上海古籍出版社,2018年,第34页。

民国古籍出版中都有应用，下面分别举例说明。

（1）原大影印。这种方法是指按原书真实面貌进行照相制版，基本不改变底本的尺寸。当时坊间称之为原大影印，或原本影印。如《李太白集》，康熙五十六年（1717年）吴门缪曰芑得昆山徐氏所藏宋本，影刻行世，由于摹镌精湛，世称善本。光绪元年湖北官书局覆刻缪本，笔划行款一如其旧，每卷尾有"吴门缪曰芑武子甫重刊宋本"一行，写刻精美、古雅，传宋版神韵。上海文瑞楼则于1913年依湖北官书局原本影印。民国时期以国学图书为主的扫叶山房、文瑞楼、苏州振新书社等采用较多。

（2）缩小影印。这种方法，一般不改动原书的文字和行款，然后按一定的比例缩小原书的版框。20世纪30年代初中华书局影印《古今图书集成》，以清朝雍正年间的铜活字精印本作为底本，以原书九页裁去边框中缝，拼成一页缩小印制，版本开式仍仿照三开线装，每本加印书根、书名、册次，美观悦目。[1]

（3）重排缩印。这种方法改动了原书的行款，一般按行剪开原书，重新粘贴，把原书一页半、两页、三页甚至更多页合并成一大页，摄影缩小后石印。光绪十八年（1892年）竹简斋石印大本《二十四史》即用此办法，后中华书局于1922年再次影印发行。

（4）抄写影印。这种方法是指先在纸上抄好底本，再通过照相石印的方法或原样复制，或缩小。如《四书白话解》8册，民强书局出版，广益书局发行，1918年7月修正出版，1924年3月14版，即为抄写后石印出版，正文为楷体，注文为双行小字楷体。书籍装帧也是传统线装，书口为单鱼尾，书口文字从上而下为书名、卷数、页码和出版者。

（5）再次印刷。这种印刷方式，在方法上也是一种原大影印，但影印的底本不再是刻本，而是铅印本与石印本。如《万国药方》一书，最早于光绪十六年（1890年）由美华书馆铅印出版。此后，用石印影印技

---

[1] 孙莘人：《古今图书集成影印经过》，载中华书局编辑部：《回忆中华书局1912—1987》，中华书局，1987年，第168页。

术重印了近二十次，现藏上海图书馆的民国六年（1917年）石印本，牌记中题为十三次重印，由美华书馆托中西五彩书局石印。民国八年（1919年）本已为第十四次重印，民国十八年（1929年）石印本，为十九次重印，均由中西五彩书局承印。[1] 再如广益书局1928年出版《白话论语读本》，抄写石印，装帧为单鱼尾黑口的传统线装书形式，虽然文本已经加上了白话注解和新标点。1934年再次出版时，板框正文内容完全依照1928年版影印，只是装订由线装改为洋装，书口则裁去线装格式，只在板框外加上书名、卷数、章节名、出版者。

3.影印的工序与描润

影印的整个过程需经历多道工序。以民国影印丛书的代表《四部丛刊》和《百衲本二十四史》为例，首先，由专人对底本进行照相，获取阴文湿片，即原始的底片。因某些底本借自他处，有时还要派工作组赴当地进行拍摄。其次，将底片通过化学药剂镀写于石版或金属版上（也有称亚铅版），印成底样。然后是描润和校对程序。最后由总校即张元济本人通过，再制版获取清样，才能送至工厂付印。[2]

影印过程中最复杂的环节为描润，这是因为版片流传久远，反复刷印，迭经修补，加上水火虫鱼的侵蚀，以致某些幸存的旧刻，版多漫漶，甚至连文字都不可辨认。从版本的角度来看，尽管这些印本，存在严重的缺点，但它们的确是现存最早的古本，没有更好的本子可以替代。为便于流传和阅读，影印时，先将底样经过认真细致的描润，使它由模糊变为清朗，然后再照相制版。

曾在商务印书馆校史处的王绍曾，记录有张元济整理影印《百衲本二十四史》描润工序。描润的方法是：原书摄影后，先印底样，由校者校版心卷第叶号：有原书以原书，不可得则以别本；对校毕，如发现缺页或颠倒，加以改正。这是第一道工序。

---

[1] 杨丽莹：《清末民初的石印术与石印本研究：以上海地区为中心》，上海古籍出版社，2018年，第39页。
[2] 卢佳妮：《〈四部丛刊初编〉散考》，复旦大学硕士学位论文，2009年，第32页。

第二道工序：卷叶既定，由初修者以粉笔在底样上描润，描润时不许侵及文字。描好后复校，如发现粉笔侵及文字，把它记下来，由精修者加以纠正。对底样文字有双影、黑眼、搭痕、溢墨的加以梳剔；梳剔用粉笔，将断笔、缺笔、花淡笔，一一加以弥补，弥补用朱笔。如发现有疑问，各记于左右栏外。精修毕，进行复校，有过或不及，由精修者加以损益。

第三道工序：精修后再复校，用殿本、南北监本、汲古阁本与精修之叶对读。凡原缺或近磨灭之字，精修时没有下笔；或彼此形似疑误之字，列为举疑，注某本作某，并提出自己的看法，交总校总校。

第四道工序：总校以另一份未修之叶及各本，与既修之叶互校，再以前人校本史之书对勘，既定为某字，其形似之误，实为印墨渐染所致，或仅属点画之误，那就加以是正，否则一仍其旧；至于原缺或近磨灭之字，如原版有痕迹可资推正者，补之，否则宁缺。缺字较多，审系原版断烂，则据他本写配，于栏外记某行若干字据某某本补，再交精修者摹写。校者又以原书对校，一一如式，再由总校复校。

第五道工序：将描润底样，重新摄影，摄毕，修片；修毕，制版；制版清样成，再精校；有误，仍记所误，由总校复勘，如上例。精校少则二遍，多至五六遍，定为完善可印。总校于每叶署名，记年月日，付工厂付印。[1]

4.校勘

古籍由于成本较高和雕版印刷初印数和总印数较少，再加上中国传统社会的天灾人祸，留存的数量也稀少，因而历代有价值的古籍往往经历多次翻刻，形成庞杂的版本系统，也就出现了文字错误脱漏和不同版本内容异同等问题。为了解决古籍的上述问题，刊印古籍时就必须要校勘。

民国影印善本古籍的校勘成就亦以张元济为代表。王绍曾指出：

---

[1] 王绍曾：《近代出版家张元济》（增订本），商务印书馆，1995年，第102—103页。

"张先生整理出版古籍的第四个特点是：极端重视校勘工作。在前人校书实践的基础上，运用科学的校勘方法，厘订文字得失；从纷纭错杂的版本中，理出版本源流，确定版本价值，作为选择底本的依据。在校勘的过程中，对历代著录、题跋案断的错误，都一一予以纠正，并将校勘成果，用校勘记和跋文的形式写下来，附在原书的后面。既吸取历代校刻家的长处，又不窜乱古书，为读者提供完整的，又是经过核实的资料，对于帮助读者参校异同，斟酌是非，择善而从，以及鉴别版本的优劣，都起着良好的作用。"[1]张元济的校勘学详见于所撰《百衲本二十四史》序、跋、校勘记及《校史随笔》等著作中。

5.新式标点符号与白话注解

民国时期加新式标点符号和白话注解，主要见于铅字排印的古籍，影印古籍采用在类型上限于抄写影印，在时间上是1920年北洋政府教育部发布《通令采用新式标点符号文》和通告训令"自本年秋季起，凡国民学校一二年级，先改国文为语体文，以期收言文一致之效"。出版紧跟教育政策、学术思想与图书市场的潮流，上海各家书局的图书如教科书，均开始使用新式标点；古籍则是新式标点、言文对照或白话详解。如广益书局1925年所出的《古文观止》，封面左侧书名为《言文对照古文观止》，正文抄写影印。该书"编辑大意"详细列举了编纂体例和用意："一 白话文之趋势，近已蒸蒸日上。本书顺现代之潮流，供学者之急需。特此《古文观止》一书，演成白话，务使言文两方，得以互相对照，有融会一贯之妙。……一 本书所演之白话文，字句之间，都有据可核，绝无模糊影响之弊。且笔简而洁，实可为白话文之范本。……本书白话文之圈点，悉用新式符号。"

二、铅印

近代铅印传入国内比石印早，但光绪年间翻印古籍以石印为主。有

---

[1] 王绍曾：《近代出版家张元济》（增订本），商务印书馆，1995年，第105—106页。

学者指出，到民国初年，由于铅活字技术本身也在迅速进步，原有的缺点被弥补。活字字模数量不断增加，先进铸字炉的应用提升制拆版的效率，纸型技术便于复制印版和增加印刷速度。在印刷速度和制版效率等方面，铅活字印刷已经把石印远远甩在身后。因此许静波指出，整个民国时期上海石印出版"退居次席"。[1]

与铅印比较，照相石印的优势在于保存古籍原貌，排版校对相对简易，劣势在于古籍每页字号较大，字数较少，因而页码和册数比铅印多，印制成本高。铅印则每页可排字数多于影印，印制成本低，但排校费力。开明书店1936年编纂《二十五史补编》时，"原计划能影印的尽量采用影印以节省排校之费力，并可避免差错，但核算成本过高，至少与征订时之定价已大大不符，不得已，才决定全部排印。但校对任务之重，更是可想而知的"。[2]

中国传统图书文化中的书籍文本和装帧设计，经过数千年的发展，形成了一定的次序与结构，如书名页、书衣、牌记、序言、凡例、目录、正文、跋语等。"一本书首先是书名页，古籍称为封面或内封面，也就是现在称为扉页的。书名页之外称为书衣、书皮或护封，书衣上加绫绢签条，并且题有书名字或加盖印章。题签也有带单栏或双栏的。书名页的背面，常刻有刊记或牌记（亦称'书牌'或'木记'），记载着刊行年月、地点和刊行人，相当于现代书的版权页（版权从宋代开始）……书名页与书皮之间前后各加白纸一至二张为护页，亦称为副页……接着是序言、凡例、目录、正文及插图、附录，最后是跋语（即后记）。然后，同前面一样，有副页和书皮。这就是一般雕版印刷书籍的结构。"[3] 民国初期出版古籍石印占多数，部分新出版机构如商务印书馆和中华书局等也排印古书出版。书籍结构和整理方式与传统的书籍

---

[1] 许静波：《何以代刻：上海近代书业技术革新多元因素考察》，《中国出版史研究》，2018年第3期。
[2] 王湜华：《王伯祥传》，中华书局，2008年，第62页。
[3] 邱陵：《书籍装帧艺术简史》，黑龙江人民出版社，1991年，第45页。

结构比较，变动不大。1913 年，商务印书馆排印《诸子菁华录》共 18 种，出版动机为"我国古籍，经史而外，以子籍最为广博，古今各家学术，悉萃其中。但以卷帙浩繁，文字奥衍，学者每有望洋之叹。本馆特聘江阴张之纯先生编辑是书。依儒家、道家、法家、墨家、杂家、兵家之次序，共选十八家。就原书择尤采录，详悉评注，并细加圈点。读者得此，可以参考，可以自修。诚文学之宝筏也。合购全部，定价三元"。[1] 上述广告可以看出，该选本的整理方法还是传统的评注与圈点。

1920 年，胡适提倡用科学方法整理国故，并逐渐总结出整理古籍的新范式：（1）加标点符号。（2）分段。（3）删去繁重的，迂谬的，不必有的旧注。（4）酌量加入必不可少的新注。（5）校勘用古本善本校勘异同，订正讹脱。（6）考订真假。（7）作介绍及批评的序跋。（详见前文第五章第二节"商务印书馆的古籍出版"）

古籍整理的新范式包括新式标点句读、白话注释、古文今译、编制索引，以及在书前撰写导读、内容提要。其中编制索引一法，系引进西方索引思想和编撰方法，以节省学者精力和时间，提高学术效率，使人人能用古书，尤为学界中人所赞同。1917 年，林语堂在《科学》杂志上发表《创设汉字索引制议》一文，首次把索引一词引入中国，揭开 20 年代索引运动的序幕。民国时期古籍索引编制，最早者为 1922 年刊行的蔡廷干的《老解老》。成绩最卓著者当属哈佛燕京学社引得编纂处。从 1931 年到 1951 年，引得编纂处出版"哈佛燕京学社汉学引得丛刊" 64 种 81 册，其中正刊 41 种 51 册，特刊 23 种 31 册。索引对象主要是群经，正史，诸子及宋、辽、金、元、明、清传记，佛、道藏子目，类书等。这套引得丛刊的问世，在学术界有较广泛的影响。它对读者提高查找古文献的效率和利用古文献的深度和广度都有极重要的作用；此外，还开创了一整套编制中国古籍索引的科学方法。商务印书馆和开明

---

[1]《史记菁华录》上册封底广告，商务印书馆，1913 年。

书店也出版了一批极具学术价值的索引。商务印书馆出版的索引，重要的有：

  钱亚新《太平御览索引》（1934年）；
  庄鼎彝《两汉不列传人名韵编》（1935年）；
  邓元鼎、王默君《宋元学案人名索引》附异名索引（1936年）；
  《佩文韵府索引》（1937年）；
  《十通索引》（1937年）；
  杨殿珣《石刻题跋索引》（1941年）。

开明书店也出版了不少重要的索引，主要有：

  叶绍钧《十三经索引》（1934年）；
  陈乃乾、陶毓英《室名索引》（1934年）；
  陈乃乾《别号索引》（1934年）；
  二十五史刊行委员会《二十五史人名索引》（1935年）；
  金步瀛《丛书子目索引》（1935年）；
  汪宏声《中国历代年号索引》（1936年）。

在哈佛燕京学社引得编纂处的影响下，1942年，中法汉学研究所（1948年后改称巴黎大学北平汉学研究所）成立通检组，从事中国古籍索引的编纂，并出版《通检丛刊》，其中主要有：《论衡通检》（1942年）、《吕氏春秋通检》（1943年）、《淮南子通检》（1944年）、《战国策通检》（1948年）、《山海经通检》（1948年）、《大金国志通检》（1948年）、《契丹国志通检》（1949年）。古籍索引的编纂和在学术界的广泛利用，体现了学术研究方法的进步，达到了索引运动的初衷，有力促进了中国现代学术建设。

民国古籍整理新范式的推广动力，除了以胡适为首的知识分子群体掌控的学术权力，教育部行政权力的支持也不可忽视。1920年2月2日，北洋政府教育部发布第53号训令——《通令采用新式标点符号文》，我国第一套法定的新式标点符号从此诞生。1920年1月12日，北洋政府教育部终于接受国语统一筹备会和全国教育联合会的函请，发布通告训令各省区："自本年秋季起，凡国民学校一二年级，先改国文为语体文，以期收言文一致之效。"[1]为广泛征集语体文书籍，教育部再次发布通告："国民学校国文科改授语体文，业经省部通行各省区在案，所需教育书及国语文法、国语词典均关重要。兹特广为征集，凡关于上列各种著述，无论已未刊印，如经送部审查，认为合用者，准由部酌给酬金并通行各省区国民学校采用，特此通告。"同时担心"各省偏远地方，容或未能周悉"，便函请各省教育厅"抄录原通告"并"转发各属县各学校，广为征集"。[2]

以新式方式整理的古书，不仅携新文化运动兴起的时尚，也与清末民初石印本密行细字、阅读效果不佳有关。添加新式标点与导读的铅印本则便利阅读，因而受到国内数量日增学生群体的欢迎。吴组缃在一篇文章中，回忆他20世纪20年代初在安徽宣城中学，读亚东版章回小说的情景：

> 我在高小的时候，看过一些小说书，都是借来的，土纸木版本，书页往往毁坏了，字也看不清。高小毕业的时候，看过石印的《金玉缘》，行款推墙杵壁，密密麻麻的字迹，看得头昏眼花。可是，我一进中学，就买到了胡适主持整理的亚东版新出的《红楼梦》，跟我以往看的那些小说从里到外都是不同的崭新的样式，白

---

[1] 转引自梁培东：《北洋时期白话文运动的官方资源研究》，河南大学硕士学位论文，2018年，第46页。
[2] 转引自梁培东：《北洋时期白话文运动的官方资源研究》，河南大学硕士学位论文，2018年，第47页。

报纸本，每回分出段落，加了标点符号，行款舒朗，字体清楚。拿在手里看看，真是悦目娱心。[1]

文本重组的白话旧小说市场反响热烈。亚东图书馆标点的旧小说定价虽然远高于同类图书，以《水浒传》为例，亚东版"洋装两册，售价大洋二元二角，平装四册，大洋一元八角"，[2]而校经山房版"大字足本全图五才子十六本洋一元四角，……绘图五才子十二本中字洋一元，八本小字洋三角"，[3]但并未妨碍亚东图书馆标点旧小说的畅销。到1922年底截止，"《水浒》，印了四版，共一万四千部。……《儒林外史》，印了四版，共一万三千部。……《红楼梦》，印二版，共七千部。《西游记》，印二版，共五千部。《三国演义》，印二版，共五千部"。[4]

追逐市场的出版界包括商务、中华、世界、大东等新书业，及以国学为出书方向的传统书商如扫叶山房、锦章图书局等，20世纪20年代中后期多舍弃了圈句、评注的方法，在保留近代石印术传入后流行的绘图、绣像、全图本小说之外，转向以新式标点、白话详解为标志的新范式。以广益书局为例，1925年目录已经列有多类新式标点旧小说、白话文法、言文对照文法等图书。[5]

第四节　民国时期古籍出版的装帧设计

中国古代书籍的装帧形制，有悠久的演变历史。大约在公元前1300年出现的简册，被认为是中国最早的书籍形式。用竹片书写的称"简"

---

[1] 吴组缃：《胡适文萃序》，转引自徐雁平：《胡适与整理国故考论：以中国文学史研究为中心》，安徽教育出版社，2003年，第277页。
[2] 汪原放：《回忆亚东图书馆》，学林出版社，1983年，第61页。
[3] 校经山房书局编印：《校经山房书局书目》，1922年新订，第32—33页。
[4] 汪原放：《回忆亚东图书馆》，学林出版社，1983年，第81—82页。
[5] 《广益书局图书目录》，载刘洪权编：《民国时期出版书目汇编》（第16册），国家图书馆出版社，2010年。

（木片称"牍"），用韦和丝将许多简编在一起，称为"策"。这种最早的装帧被称为简策制。春秋末期有缣帛写书。其后相继出现卷轴装、旋风装、经折装、蝴蝶装，直到包背装和线装，都各有不同，各具特色。如卷轴装的艺术加工，除手抄或雕版、字体及版式外，主要包括卷、轴、褾、带四个部分。带的顶端有象牙或兽骨做成的签，整个卷子外面裹以布帛，称为帙或袠。

线装书的装帧形式自明万历年间开始，到明末清初被广泛使用。《中国大百科全书》（第二版）"书籍装帧艺术"条对线装书装帧艺术进行了总结："由于长期视觉习惯为直行书写，书籍版式是直行雕版或活字排印，字体讲颜、柳、欧、赵，活字用老宋体，要求墨香纸润，雅而不俗。考究的线装书，用上好淡水绢线双眼订结，并在订口上下加包角。书的封面（又称封衣），有布、纸两种，纸多用栗壳色或瓷青纸装裱，绢、绫料则多用黄色。书衣之后为副叶（又称护叶）。其次是书名叶（现代书的扉页）。背面印有刊记或牌记，记载刊行年月、地址和刊印人，相当于现代的版权页。再后是序言、凡例、目录、绣像、正文、插画、附录等，最后为跋或后记。线装书的正文，都是单面印刷，由版口以鱼尾为准向外折为双页，右边订线。版面上下空白，称为天地。天地之间的框称为栏或匡廓、栏有朱丝栏与乌丝栏之分。线装书讲究纸质如玉，墨光似漆，软而轻，舒展卷曲自如，清心悦目，展卷自有一种书香。"[1] 线装书典雅、和谐的装帧风格，使得中国古代图书装帧独具特色，形成世界图书装帧文化中的中国流派。

近代西方思想和印刷术的输入，不仅改变了出版业的生产内容和生产方式，出版业的产品——图书形态，也发生了根本性的变化。这种变化肇始晚清，过程是渐变式的，变化的动力来自西方印刷技术和图书装帧设计理念，同时也承继了传统图书形态的部分要素。古籍是民国时期出版物的中坚类型，与晚清民国图书装帧设计的潮流一致，其形态与古

---

[1] 《书籍装帧艺术》，载《中国大百科全书》总编委会：《中国大百科全书》（第二版）第20册，中国大百科全书出版社，2009年，第429页。

代图书形态比较，既有保留也有差异，呈现为中西合璧的景象。

现代出版业中书籍装帧设计，首要考虑的问题是开型，即采用什么开本。其次是编排，即书籍正文及其有关部分的格式（版式）设计。然后是装订方法，即用什么材料。[1]下文主要从开本、装帧和装订方法三个方面论述民国时期出版古籍形制，借以展现其整体形态。

一、开本

开本指出版物幅面的大小。中国古代图书的开本大小不一，原因之一为雕版印刷为手工业，主流亦非商业出版，因此很难用图书生产的商业化、标准化来降低成本。原因之二在于受儒家意识形态和皇权思想的影响，如清代殿本图书，"根据不同的内容，清代殿本图书有大、中、小等各种开本。大开本一般用于刻写儒家经典等；中开本多用于各种典则、方略、钦定之书；小开本的特点是便于携带，亦称'巾箱本'"。[2]

19世纪末20世纪初铅石印刷机器普及后，图书开本趋向标准化。以石印为例，"印石的尺寸，不能像木版那样可以随意调整尺寸大小。印石的尺寸根据不同的石印机器，有不同的类型。一般有大中小三种类型。中等大小的长宽约为60×90厘米，将要印刷的书稿按大小在印石上排开，如果正好印六面则称六开，印八面则称八开，排三行可印九面，则为九开，数字越大开本越小，所需要的纸张就越少"。[3]机器印刷可以说是现代图书开本大小的决定因素。有学者认为："铅石印传入后，书籍的开本可谓是大小并存，并逐渐向小的方向过渡。大相当于中国古代的雕刻本，小则与现在的32开相当。……清末图书开本尚未统一，但从大到小这一趋势却越来越明显。待两面印刷、洋式装订引进

---

[1] 许力以主编：《中国出版百科全书》，书海出版社，1997年，第357页。
[2] 大江：《殿本图书的装帧（清宫典籍文化简介之六）》，《古典文学知识》，2008年第6期。
[3] 杨丽莹：《清末民初的石印术与石印本研究：以上海地区为中心》，上海古籍出版社，2018年，第19页。

后,图书的开本便逐渐定格在 32 开或大 32 开上。"[1]

从笔者所藏的图书实物来看,无论是石印还是铅印,民国时期出版普通古籍的开本多以 32 开为主,如 1913 年商务印书馆铅印的《史记菁华录》、1914 年商务印书馆铅字排印《旧小说》20 册、1916 年中华书局铅印的《评注古文读本》、1925 年上海广益书局抄写影印的《古文观止》、1930 年扫叶山房排印的《万首唐人绝句选》等。

民国时期印行的大部古籍,开本大小则有区别。1920 年商务印书馆发售预约《四部丛刊》,为六开线装,即现在的大 32 开。铅印的如中华书局 1927 年《四部备要》初版亦为六开本,1934 年重印为五开大本,天地放宽,书品阔大,1935 年改印洋装本,至 1936 年出齐。[2] 开本较大的有中华书局 1934 年影印的《古今图书集成》,为减轻成本,陆费逵、张相、金兆梓等人商定,全书用 3 开本影印(即将原书 9 页裁去边框中缝,拼成 1 页缩小印制),每本加印书根、书名、册次,分订 800 册,每册定价 1 元。[3]

二、装帧

此处的装帧为狭义,分为封面装帧和版式设计两个部分。晚清西方印刷术传入后,中文图书的装帧进入了一个转变的时期,即从传统装帧向西方装帧演化,并融合为民国时期的现代样式。晚清至民国的中文图书装帧,大致可以分为两个时期。第一个时期为 19 世纪初至 1920 年,以传统装帧为主,掺入西方装帧要素的时期。第二个时期是 1920 年至 1949 年,以西方装帧为主,保留了传统装帧要素的时期。两个时期以 1920 年亚东图书馆将新式标点符号用来标点旧小说为分期的标准,而商务印书馆 1922 年将新式标点符号,版心印书名、册数、页码和出版

---

[1] 张志强:《西方现代印刷技术与中国图书装帧的变化》,《中国图书馆学报》,1996 年第 6 期。
[2] 周其厚:《中华书局与近代文化》,中华书局,2007 年,第 210 页。
[3] 周其厚:《中华书局与近代文化》,中华书局,2007 年,第 219 页。

者等现代设计应用于其《新学制教科书》。

晚清民国的书籍装帧中,封面装帧、版式设计、装订方式往往保持一致性,即以传统装帧为主的图书,封面多为左端题签书名、版式为鱼尾、边框,装订多为线装;以西式装帧为主的图书,封面多为图案加文字,或文字居中,版式为切口或天头处排印书名、章名、页码,装订多为平装或精装。这一点实际也容易理解,装帧风格的混搭会损害整体的美学效果,读者也难以接受。

需要说明的是,晚清民国中文图书装帧的分期,只是为了描述这一时期的整体趋向,具体到出版机构和图书,并非截然迥异,仍然存在共存的现象。第一个时期已经有西方装帧形式的图书,第二个时期仍有传统装帧形式的图书,下文具体说明。

1. 封面装帧

清末民初的中文图书在装帧形式上,基本上是沿用古籍线装书的题签形式。邱陵归纳过数种该时期图书装帧的范例,如1899年素影书屋铅印出版的《巴黎茶花女遗事》(林琴南译),即线装书形式,题签有文武线边框,楷书题字,扉页用格线分割,中国书法题字。1886年美华书馆出版《万国药方》,为铅排石印,扉页后题有"功程浩大,装潢精巧",也是用古籍形式的封面题签的。还有1902年南洋公学译书院铅印的亚当斯密斯的《原富》(严复译)和赫胥黎的《天演论》以及从大学用书(如《化学卫生》、《通物电光》、《金石识别》、《求矿指南》、《金工教范》等)以至小学课本(如绘图《蒙学课本》首集、澄衷蒙学堂《字课图说》,学部第一次编纂高等小学《国文》教科书等),大都是以古籍线装题签形式出版的。[1]

1920年至1949年的封面装帧,多以西式风格为主,最突出的标志为有图案加文字,纯文字的封面书名也多移至封面中间位置。如1920年亚东图书馆的《水浒传》,封面为印刷体书名加龙蟠火炬图案。1926

---

[1] 邱陵:《书籍装帧艺术简史》,黑龙江人民出版社,1991年,第53页。

年商务印书馆的《学生国学丛书》，封面中间为丛书名和书名，四周为汉代画像石图案，辅以爵、马等图案。扫叶山房1930年的《唐人万首绝句选》，中心为文字书名，四周佐以植物花叶图案。

2.版式设计

版式是指出版物的版面格式。张志强总结古代雕版书籍的版式为：四周有栏线，有单、双栏之分，栏内有界行，采用单面印刷，中缝折叠处有版口、版心及上下鱼尾等。采用竖排方式，自右向左按顺序排列，它与西方图书的两面印、无界行等截然不同。[1]

沈珉认为，晚清传教士出版机构和民营书业采用现代印刷技术后，一直到20世纪20年代初，中文图书版面多保留了传统样式。如清咸丰五年（1855年）墨海书馆刊印的《博物新编》，接近于现代的16开本，内文文武边栏，每面九行，每行二十四字，无界格，有"、"标点于字旁，中缝单鱼尾，上为书名，下为页码。文字部分为铅活字排印，插图以木质雕镂，竹纸线装。[2] 1883年点石斋石印的《康熙字典》，内文缩印为上下三栏，中缝为上下双鱼尾，中缝上为集名，下为部首和笔画。其布局样款，亦为中国样式。其后，国人自办的出版机构登上出版舞台。同文书局、商务印书馆等在这一时期出版的图书，亦以传统装帧样式为主。如1885年同文书局石印的《陆批四书》，书名题签粘贴封面左端，再为副书名页和牌记，中缝从上到下依次为书名、单鱼尾、卷数、页码。正文直行竖排，无界行，不加句读，单面印刷，线装。商务印书馆1913年排印的《史记菁华录》，书名题签粘贴封面左端，封二为牌记"上海商务印书馆铅字版印行"，单线边栏，书眉有批注，正文有界行，中缝与传统版式略异，无鱼尾，从上到下依次为书名、册数、页码与出版者。单面印刷，线装。

---

[1] 张志强：《西方现代印刷技术与中国图书装帧的变化》，《中国图书馆学报》，1996年第6期。
[2] 沈珉：《现代性的另一副面孔：晚清至民国的书刊形态研究》，中国书籍出版社，2015年，第17页。

这一时期也有极少数西式装帧的中文图书。如《中学适用算术教科书》，连江陈文编辑，科学会编译部刊行，该书译编自日本教科书，1905年印刷于日本东京以文堂，1909年八版发行。该书除书名为竖行外，完全为西式，正文横排，内文采用了逗号、句号、省略号、数字序列点等西方标点符号，无中缝，正文单页为章名及页码，天头双页为书名及页码，正文后附版权页。双面印刷，皮面精装。类似书籍在《西方现代印刷技术与中国图书装帧的变化》一文中列有多种。商务也有少量双面印刷西式装订的图书，如1914年排印的《旧小说》20册，封面分为三栏，右栏为分册书名，中间为丛书书名，左栏为出版者商务印书馆名，均竖排。边栏四周有植物图案装饰。印刷则为双面印刷，版心外书口从上至下印书名、册数、页码。正文竖排，有传统的句读。装订则为洋装的平装。

1920年至1949年中文图书的版式整体趋向西式风格，出版的古籍也是如此。1920年出版《水浒》的亚东图书馆，为新式标点旧小说的第一家。《水浒》整体装帧为西式，正文竖行排印，无界行，无栏线，书口处印书名和回次，双面印刷，平装。1926年商务印书馆刊印《学生国学丛书》，版式也与亚东图书馆版《水浒》相似。虽然以传统国学用书为主营业务的扫叶山房、广益书局、锦章图书局等在20年代中后期仍有石印的传统版式图书，如1925年广益书局印行的《言文对照古文观止》，封面仍是左端题签书名，正文四周单栏，版心为单鱼尾，无界行，双面印刷，线装。但到30年代，出版古籍的石印书商多换成铅印，图书装帧多为西方版式，由书名和图案组成封面，洋装。

清末民国图书装帧的演化与融合，最好的例证为商务印书馆的教科书。从1906年编纂最新教科书始，到1912年的共和国教科书、1922年的新学制教科书、1927年始的新时代三民主义教科书，商务印书馆教科书不仅追随教育和政治的潮流，也为观察图书装帧演变提供了实物资料。以国文教科书为例，1906年版和1912年版封面左端书名题签，正文以传统版式为主，铅印，单面印刷，线装。版权页为西式，放置正文之后。1922年新学制教科书则是书名位于封面中间居上，正文仍有栏线，但版心已为西式。双面印刷，平装。之后的教科书装帧均为西式。商务印书馆教科书装帧的演化，证明了上述分期的合理性。还需说明的是，无论中文图书装帧风格为中式或西式，除了极少数图书，书的翻法必须是从左向右，亦即版口在左，订口在右，俗称"中国翻身"。

三、图书装订

清末中文图书的装订从传统线装变为西式洋装。如前文所述，洋装成为主流始自20年代，一方面是西式印刷技术和图书装帧持续输入的结果，另一方面来自于新式公共图书馆的要求。传统藏书目的在于保藏，而新式图书馆目的在于使用。线装书纸张较薄，不耐翻阅。因此，1918年图书馆界已经不满出版界的图书装订方式，"各省有仍用旧式者，有未经研究及此者，有间有知应改良者。盖图书装订，重在永远保存，便于检阅。中国书壳，纸张绵薄，不耐摩擦，出入频繁，最易破坏。书头虽可注书名卷数，层累堆集，碍难检查。不若西式装订，壳面坚厚，颠扑不破，便于保存。各书平行竖立，背面注明书名，著者名，标题，排列整齐，一望明瞭。且依类粘贴号数，依号取书，极形简捷，此中书装订所宜改良也"。[1] 市场需求推动出版界改进装订方式。

洋装分为平装和精装两种。"早期书刊形态最主要的不同是洋装与中装之间的区分。而随着铅印的发达，这对矛盾也渐渐弱化，1920年代，替之以起的是平装书与精装书的区分。"[2] 精装成为新的市场竞争手段。其中最为成功的是世界书局所出的精装国学名著，如影印《十三经注疏》、《经籍籑诂》、《说文解字段注》、《说文通训定声》、《四史》、《资治通鉴》、《昭明文选》以及《诸子集成》、《元曲选》、历代古文诗词

---

[1] 沈绍期：《中国全国图书馆调查表》，载李希泌、张椒华编：《中国古代藏书与近代图书馆史料（春秋至五四前后）》，中华书局，1982年，第198页。
[2] 沈珉：《现代性的另一副面孔：晚清至民国的书刊形态研究》，中国书籍出版社，2015年，第59页。

专集等，精选善本，加上圈句，或加校勘记，或加评述，使卷帙浩繁的线装书，变成洋装普及本，便于翻检阅读和携带，并廉价发售，故颇受读者欢迎。该局总经理陆高谊说："人家出版几千册几百册的大部头书，是供购买者作厅堂装饰用，装在精美的书橱书箱里的，非有财力者不办。我们出版的古书，是选择重要的缩印成精装几册，可以随身携带，大小房间都可放置，是方便学习参考用的。有一个比喻，他们好比如全桌筵席，我们好比是点吃名菜。"郑振铎称赞世界书局的中国古典图书："价廉方便有用处。"[1]

---

[1] 朱联保：《世界书局》，新闻出版博物馆（筹）编：《世界书局文献史料汇编》，2017年，第82页。

第十章
民国时期古籍出版物的数量与类别

书籍所承载的书本知识在古代"国家文化与政治精英身份和合法性的认定中占据中心地位",因而"书籍对于中国的社会、政治和思想史……有着深刻的影响"。[1] 中华书局创办人陆费逵总结书业与国家、社会的关系时亦说:"我们希望国家社会进步,不能不希望教育进步;我们希望教育进步,不能不希望书业进步。我书业虽然是较小的行业,但是与国家社会的关系,却比任何行业大些。"[2] 虽然两者的社会作用近似,但古代书籍在影响社会的深度上,仍然无法与近代相比。

对社会影响深度的差异根源在于近代印刷技术的进步,以及因此而导致的图书数量呈现几何级数增长。有学者认为,"19世纪以及直至1914年大战前的时代是书籍胜利的时代,正如马丁·莱昂斯所写的那样:印刷品的生产以惊人的比例增长,并且在深度上重新定位,而传播和阅读的种类被彻底地改变了。……虽然印刷品仍然不为人们熟悉,它

---

[1] 周绍明:《书籍的社会史:中华帝国晚期的书籍与士人文化》,何朝晖译,北京大学出版社,2009年,第4页。
[2] 陆费逵:《〈书业商会二十周年纪念册〉序》,载俞筱尧、刘彦捷编:《陆费逵与中华书局》,中华书局,2002年,第440页。

还是成了一种日用品。一方面，它的发行不再被限制在扫盲的少数或富裕的少数，而是更好地触及了，它应该，也可能触及的每一个人"。[1]这一现象同样出现在中国这样的后发现代国家。古籍出版物的数量大幅度增长与类别的涵盖广泛，体现了清末民初出版业采用新式技术的现代性；同时，数量大幅度增长与类别的涵盖广泛，使得古籍出版物进入了现代中国的文化、学术场域以及大众日常生活领域，在社会空间中占据了显要的位置。本章论述民国时期古籍出版物的数量与类别特征，以映证其文化价值。

第一节 民国时期古籍出版物的数量

评价民国时期古籍出版的成就，首先需要考察历代著作部数和存世的古籍数量。我国历代著述繁多，存佚情况复杂，对其数量很难作出精确的统计。中国历代著述的数量，前文王余光据杨家骆的《中国古今著作名数之统计》一文统计，历代总著作部数为181755部，总卷数为2367146卷。以上统计，仅是图书的数量，不包括甲骨文献、简牍、金石、档案等文献。[2]

除了少量未刊刻的稿本外，由于文献散佚严重，当代统计的存世古籍部数远远少于著作统计部数。当代统计的存世古籍数量估计如下：

（一）上海图书馆编《中国丛书综录》收录丛书2797部，子目7万种，去其重复，计有单种文献38891种；

（二）清代乾隆以前没有收入丛书的古籍单行本至少有1万种；

（三）清代乾隆以后没有收入丛书的古籍单行本，据孙殿起《贩书偶记》与《贩书偶记续编》著录，计有1.6万种；

（四）中国科学院北京天文台主编的《中国地方志联合目录》

---

[1] 巴比耶：《书籍的历史》，刘阳等译，广西师范大学出版社，2005年，第378页。
[2] 王余光：《中国文献史》（第一卷），武汉大学出版社，1993年，第49页。

共著录方志 8200 种；

（五）佛经单种文献 4200 种；

（六）道藏单种文献 1500 种；

（七）据全国 59 个图书馆联合编制的《中医图书联合书目》著录，中医单种文献约有 7661 种；

（八）碑帖、舆图不少于 1 万种；

（九）少数民族语文图书不少于 1 万种；

（十）通俗小说、戏剧唱本、弹词、宝卷、家谱等不少于 2 万种。

以上数字相加，共得 126452 种，去其重复（还有少数现代著作、平装图书等），总数当不少于 10 万种。[1]

再以传统的经史子集四部分类来统计，则数字又大幅度下降，四部部数如下：

1. 经部。据统计，清纪昀等编《四库全书总目》和近人孙殿起编《贩书偶记》及其《续编》总共著录经书 4275 部、42393 卷。[2]

2. 史部。清纪昀等编《四库全书总目》著录 2053 种和近人孙殿起编《贩书偶记》及其《续编》中有 2938 种，二者合计共 4991 种；再加上方志 10000 种左右，总计当有 15000 余种，如果再加上谱牒、舆图等，实际数字当远远超出此数。[3]

3. 子部。清纪昀等编《四库全书总目》（含存目）著录 2984 种，孙殿起编《贩书偶记》及其《续编》著录 3259 部，共 6243 部。[4]

4. 集部。总计现存历代文集约有 8000 种。[5]

四部古籍共约 23500 部，方志、谱牒、舆图约 1 万种除外。民国时

---

［1］ 曹之：《中国古籍版本学》，武汉大学出版社，1992 年，第 1—4 页。
［2］ 曹之：《中国古籍编纂史》，武汉大学出版社，1999 年，第 400 页。
［3］ 吴枫：《中国古典文献学》，齐鲁社，1982 年，第 99 页。
［4］ 吴枫：《中国古典文献学》，齐鲁书社，1982 年，第 111 页。
［5］ 吴枫：《中国古典文献学》，齐鲁书社，1982 年，第 112 页。

期出版的古籍，仅就丛书所含种数统计，约 3 万种（见第三章《民国时期古籍出版的历程》）。与吴枫和曹之两家统计的四部部数大致相当。这一数字说明，在民国短短的 38 年内，实则是在更短的 1912 年至 1937 年全民族抗战爆发前的 25 年内，因为抗战全面爆发后所出版的古籍为数甚少，出版业刊印了传统四部类分的主要古籍。历代经典在西方文化的冲击和中国社会在由传统向现代转型造成的社会震荡的双重困境下得以流传。从这一点来看，中国文化在 20 世纪的传承和创造，出版业为功甚巨。

民国时期印制的古籍出版物与四部典籍总数相当，从数量的总数维度证明了民国古籍出版的文化价值。而从印刷册数的维度来看，民国古籍出版物的印刷册数及传播空间，也反映了古籍出版物影响社会的深度和广度。

以商务印书馆的《四部丛刊初编》为例，其第一次辑印，"始于 1919 年，止于 1922 年。1920 年初夏发行预约，分六次出齐。付款后凭券领书，需邮寄者，费用另计。全书共 323 种（二十四史另行出版，不算在内），8548 卷（4 种无卷数），2100 册。……预约发售 1000 部，其中连史纸 300 部，分四次付款，每次 150 元（按当时计价单位）；毛边纸 700 部，分四次付款，每次 120 元（同上）"。[1] 1929 年《四部丛刊》抽调 21 部书的底本后重新编印，为第二版，"收书总数仍为 323 种，但卷数增至 8573 卷，2112 册。此次出版，同样为六开（今 32 开）线装，版式装帧皆与初版相同，分连史纸和毛边纸两种印刷"。[2] 两版《四部丛刊》，虽售价达数百元之高昂，但市场销售供不应求，销量巨大。1934 年商务印书馆在《申报》刊载广告称"上海商务印书馆，于民国八年印行《四部丛刊》，所收皆四部中世不经见之善本，以是先后两版，销数达五千部之钜。出版以后，中外学人翻印续编去书要求者，亘

---

[1] 卢佳妮：《〈四部丛刊初编〉散考》，复旦大学硕士学位论文，2009 年，第 3 页。
[2] 卢佳妮：《〈四部丛刊初编〉散考》，复旦大学硕士学位论文，2009 年，第 4 页。

十余年不绝"。[1]

古代图书的印数受制于技术局限,数量则低得多。清代官刻的代表武英殿刻书,"发行渠道大致有六个方面:一是专供皇帝阅览的呈览本,又称黄册或样本。一般为每种一部,是书中的极品;二是供内廷苑囿陈设用书,亦称陈设本。每种刷印十至二十部不等,为书中精品;三是用做颁赏用书,亦称颁赏本。一般每种刷印六十至一百五十部左右;四是颁发各省督抚学政作为样书,也可令其照式翻刻颁发通行;五是招募书商乡绅等人自备纸墨、工费,利用原有书板和各省翻刻书板重印流通或依式翻刻售卖;六是售卖流通"。[2] 其流通售卖的部分,乾隆九年(1744年)奏准,于武英殿修书处下设立通行书籍售卖处,并设专人管理。从现有资料看,规模还是相当大的,"用于售卖的书籍,多则近千部,少则数十部"。[3] 这个数字,在当时是很可观的。

古代雕版刻书的印数资料流传极少。据当代学者推算,"在古代中国,由于雕版间歇刷印的特性,加之市场需求相对有限,书版又具有随需随印的优点,因此单次印数一般不会很多,普遍在数十、数百部之间",而"雕版之累计最大印数可至万部以上",具体到坊刻,"因意在牟利,亦不重质量和书版之保存,印数可以很大。如《小五义》和匡超人编选的科举用书,印数达数千甚至上万"。[4] 现存的书坊批发书籍资料也证明坊刻印数多在数十到数百部之间。如光绪年间福建四堡的一户书坊账本,就记录了11次批发图书的种类、套数和收入银两,其中批发数量最大为257套,批发金额最大为银14两7钱5分。[5]

新式印刷的民国古籍出版物,随着交通体系和发行网络流通到了近

---

[1]《〈四部丛刊初编〉预约》,《申报》,1934年3月1日。
[2] 翁连溪:《清宫武英殿刻书》,《中国典籍与文化》,2000年第4期。
[3] 翁连溪:《清代内府刻书研究》,故宫出版社,2013年,第341页。
[4] 何朝晖:《试论中国传统雕版书籍的印数及相关问题》,《浙江大学学报》(人文社会科学版),2010年第1期。
[5] 吴世灯:《清代四堡刻书业调查报告》,《出版史研究》(第二辑),中国书籍出版社,1994年,第141页。

代中国社会的广阔空间。包筠雅在研究四堡出版商时指出，清代"雕版印刷和书籍文化在地理上向外扩散至华南腹地，在社会层面向下渗入教育程度最低的阶层。在其发展过程中，他们在华南大多数省份出售其文本——不仅在江西、湖南和广东的某些重要商业和行政中心，而且在这些省份的落后地区，进而延伸至广西、云南和贵州的边疆地区。他们的顾客有书院的教师、教育官员、知县、地方文人以及私塾和义学。至迟到19世纪后期，他们的出版物已渗入地理、社会和文化上都远离重要教育基地和行政中心的民众中间"。[1]

即使清代坊刻已经取得了突出的成就，但与民国商业出版相比，后者对近代中国社会的影响则更为深刻。创办于1904年的广益书局，"自建筑印刷厂，所备办各新式石印铅印彩印机器，精制经史子集，医卜星相，图画法帖等类，力求完美"，1925年称"又于北京、广州、汉口、开封、长沙、江西各要区，设立分局，俾各处爱购本局书籍者，得有就近采择之便利"。[2]大成书局"开设上海，历有年所，自备上等印机，订购名厂纸料，精印各种学堂应用书籍，经史子集、医卜星相、地理诸书、五彩画谱、名人尺牍、新旧小说，名目繁多"，销售地域"北至奉吉，南至闽广，西达滇黔，东则鲁皖，各省无不流传殆遍"。[3]从地域来看，古代坊刻的发行范围仍为区域性的，民国古籍出版物的传播则遍及全国，产生这种差异的原因之一在于新式印刷技术所带来的出版物数量变化。

---

[1] 包筠雅：《文化贸易：清代至民国时期四堡的书籍交易》，刘永华、饶佳荣等译，北京大学出版社，2015年，第375页。
[2] 《广益书局启》，载《广益书局图书目录》，1925年，载刘洪权编：《民国时期出版书目汇编》（第16册），国家图书馆出版社，2010年，第2页。
[3] 《推广营业广告》，载《大成书局图书目录》，1924年，载刘洪权编：《民国时期出版书目汇编》（第15册），国家图书馆出版社，2010年，第588页。

第二节　民国时期古籍出版物的类别

古代向以经史子集四部类分典籍，辨章学术。经学以君主专制政体为依托，以科举制度的运转作为动力而取得独尊的地位，成为传统学术的一大特点。曹伯韩20世纪40年代论及中国学术源流曾总结说："中国学术，以周秦诸子时代最为发达，当时诸子百家，各有专长，不相剿袭。自汉代表彰六经，儒家定于一尊，诸子之学衰落，而经学成为惟一的学术。两千年来，除解释经书外无学问。"[1] 以经学为中心，其他学科为附庸的学术态势左右了四部各类的著作种数。经学研究范围虽相对窄小，但著作种数与史部、子部、集部不相上下。1905年，科举制度废除。民国肇造，经学附丽的君主专制政体崩解，传统学术重心趋向兴起的新史学。民国时期北平图书馆刊行的《国学论文索引》四编里类目的设置和统计的各科论文数，清晰显示了传统学术重心转移和学科布局重新构建的大致脉络。

书业一向追赶学术文化潮流，学术风气的转变自然影响到四部书价高低与销售的好坏。谢兴尧把1921—1937年的民国书肆划分为两个阶段，"自民国十年后至十五六年（1921—1927），书业的内容与作法，可谓率由旧章，亦可谓正统派之末期。其内容以板本书为正宗，大都注重经部及诗文集"，"十六至民二十六事变（1927—1937）前，则为书业之转变期，然仍为书肆之黄金时代。所谓转变者，即是时东西科学，潮涌而入，一切学问，均高唱科学方法，于是学重实际，书尚考据，以前所注重之经部文集，渐无人顾，史子两类，乃大盛行"。[2] 经学在民国时期的衰落还表现在清代编纂经学专科丛书极盛，而民国时期经学丛书的重印受到冷落。如王先谦的《正续经解》、纳兰成德的《通志堂经解》、

---

[1] 曹伯韩：《国学常识》，生活·读书·新知三联书店，2002年，第2页。
[2] 谢兴尧：《书林逸话》，载周越然等：《蠹鱼篇》，辽宁教育出版社，1998年，第64页。

阮元所辑皇皇1400卷的《皇清经解》、钱仪吉的《经苑》等均无民国重印本。除综合性丛书内包含的经部典籍和翻刻常见的《四书五经》外，民国时期重印的经学专科丛书，仅见1914年商务印书馆、1935年世界书局影印的阮元《十三经注疏》，1915年扫叶山房重印《宋本十三经注疏》，1934年开明书店的《十三经经文》。民国时期翻印四部旧籍，受学术思潮转变的影响，总的趋势是经部古籍的翻刻稀少，而史部、子部、集部的小说和戏曲旧籍的翻印，有学术研究的提倡而开辟的市场需求，而为出版家所看重。民国时期翻印古籍的成绩，亦以史部、子部和集部三类旧籍为大。下面把民国时期翻印的古籍，分为综合性丛书、经部、史部、子部、集部五类，分别择要介绍，以见这一时期古籍出版的总成绩。

一、丛书

近代综合性古籍丛书，民营出版业刊刻的主要有商务印书馆的《四部丛刊》、《丛书集成初编》、《四库全书珍本初集》、《涵芬楼秘笈》、《续古佚丛书》、《元明善本丛书》，中华书局的《四部备要》；私刻主要有刘承幹的《嘉业堂丛书》，张钧衡的《适园丛书》，董康的《诵芬室丛刊》，陶湘的《喜咏轩丛书》；图书馆刊刻的主要有故宫博物院图书馆的《天禄琳琅丛书第一集》等。

除上述已于前文介绍的丛书外，其他各家机构和个人还出版了不少，主要有1915年四川马湖卢树楠所刻《增订汉魏丛书》96种；1915年上海石竹山房石印《士礼居黄氏丛书》23种；1917年潮阳郑国勋刊刻《龙溪精舍丛书》64种，分经、史、子、集四部，多先秦汉魏六朝古书之清人精校；1918年至1924年，常熟瞿启甲刻印《铁琴铜剑楼丛书》10种；1919年至1949年至德周氏刊印《周氏师古堂所编书》26种；1922年上海文明书局石印《宝颜堂密笈》229种；1923年北平直隶书局木刻《抱经堂丛书》17种；1924年上海文学山房刊印《江氏聚珍版丛书》28种；1925年钱塘汪氏刻印《食旧斋丛书》32种；1926年陈乃乾慎初堂刊印《经典集林》30种；1934年江都朱长圻翻刻《黄氏逸书考》

290 种；1935 年南海黄氏据旧版汇印黄肇沂所辑《芋园丛书》134 种；1935 年林集虚刊印《藜照庐丛书》15 种；1944 年吴兴周延年刊刻《邈园丛书》26 种。

民国时期刊印的综合性古籍丛书中，比较有特色的是郡邑丛书的编纂。郡邑丛书收录历代有关一地之著述。一地之范围不限，可以是一县、一州，也可以是一省。明代万历间樊维城的《盐邑志林》，辑录三国至明代浙江海盐人之经子杂说 40 种附录 1 种，为郡邑丛书之始。清代中后期，郡邑丛书刊刻增多，尤以经济、文化发达的江浙地区为著。仅浙江一省，即先后刊刻有《金华丛书》、《台州丛书》、《武林先哲遗书》、《四明丛书》等近 30 种。缪荃孙总结郡邑丛书价值有三："士大夫居乡，收拾先辈著作，寿之枣梨，以永其传，有三善焉：一邑读书之士能著述不过数十人，著述而能存者不过数人，吉光片羽，蟫本为巢，及今传之，俾不湮没，其善一也；土风民俗之迁革，贤人才士之出处，贞义士女之事实，耳目近接，纪载翔实，是传一人之诗文，即可传数人之行谊，其善二也；乡曲末学，志趣未定，贻以准则，牖其心思，俾志在掌故者既可考订，以名字工于词章者，亦能编纂而成集，佩实衔华，闻风兴起，其善三也。"[1] 民国时期，以乡土观念和史志意识为核心编刊郡邑丛书的风尚有增无减。这一时期，编刊的郡邑丛书有 48 种，分布全国 14 省。其中江苏、浙江最多，各有 12 种。现将民国时期刊刻的郡邑丛书列表如下。[2]

表一　民国时期辑刻郡邑丛书一览表

书名	种数	辑刻时间	辑刻者	省别
横山草堂丛书	18	1913—1919 年	陈庆年	江苏

---

[1] 缪荃孙：《江阴先哲遗书序》，转引自刘尚恒：《古籍丛书概说》，上海古籍出版社，1989 年，第 51—52 页。
[2] 资料来源：据《中国丛书综录》、《中国丛书综录补正》、《中国丛书广录》统计。

(续表)

书名	种数	辑刻时间	辑刻者	省别
金陵丛书	39	1914—1916年	翁长森、蒋国榜	江苏
虞山丛刻	11	1915—1919年	丁祖荫	江苏
庐阳说苑	32	1917、1932年	丁祖荫	江苏
海陵丛刻	20	1919—1925年	韩国钧	江苏
楚州丛书第一集	20	1921年	冒广生	江苏
锡山先哲丛刊	12	1922—1931年	侯鸿鉴等	江苏
太昆先哲遗书首集	4	1928—1930年	俞庆恩	江苏
扬州丛刻	24	1930—1934年	陈恒和	江苏
江阴先哲遗书	5	1933—1934年	谢鼎镕	江苏
吴中文献小丛书	32	1939—1943年	江苏省立苏州图书馆	江苏
江阴丛书	38	不详	金武祥	江苏
吴兴丛书	64	1913—1929年	刘承幹	浙江
赤城遗书汇刊	16	1915年	金嗣献	浙江
台州丛书后集、己集	25	1915、1919年	杨晨	浙江
武原先哲遗书初编	8	1921年	海盐谈氏	浙江
续金华丛书	60	1924年	胡宗楙	浙江
敬乡楼丛书	38	1928—1935年	黄群	浙江
四明丛书	178	1932—1948年	张寿镛	浙江
处州丛书	39	1933年	端木梅邻等	浙江
义乌先哲遗书	3	1933年	黄侗	浙江
仙居丛书第一集	12	1935年	李镜渠	浙江
檇李丛书	9	1936年	金兆藩	浙江
南林丛刊	9	1936年	周延年	浙江
泾川丛书	51	1917年	瞿凤翔等据清本景印	安徽
贵池先哲遗书	31	1920年	刘世珩	安徽

（续表）

书名	种数	辑刻时间	辑刻者	省别
安徽丛书	25	1932—1935年	安徽丛书编审会	安徽
南陵先哲遗书	5	1934年	徐乃昌	安徽
豫章丛书	99	1915—1920年	豫章丛书编刻局	江西
宜黄丛书第一辑	3	1947年	宜黄县文献委员会	江西
沔阳丛书	12	1922—1925年	卢弼	湖北
湖北先正遗书	72	1923年	卢靖	湖北
罗田王氏校印乡哲遗书	4	1931年	王葆心	湖北
湖南丛书	8	1925—1926年	湖南丛书处	湖南
海南丛书	21	1935年	海南书局	广东
广东丛书	19	1946年	广东丛书编印委员会	广东
蜀阜文献汇刻	7	1927年	不详	四川
黔南丛书	55	1922—1943年	任可澄等	贵州
云南丛书	270	1914—1923年	云南丛书处	云南
宣威丛书	4	1946年	缪秋沈	云南
辽海丛书	18	1931—1934年	金毓黻	辽宁
山阳丛书	23	1917年	不详	陕西
关陇丛书	9	1922年	张鹏一	陕西
泾阳文献丛书	11	1925年	柏堃	陕西
关中丛书	54	1934—1936年	陕西通志馆	陕西
潍县文献丛刊	7	1933、1936年	丁锡田	山东
雪华馆丛书	19	1916年	牛诚修	山西
山右丛书初编	38	1936年	山西文献委员会	山西

民国时期编刊的郡邑丛书汇集了大量历代本地人的著述，于保存和传播地方文献，为功尤巨。

二、经部

经部古籍包括《十三经》和历代解释《十三经》的著述。经部古籍除《嘉业堂丛书》、《四部丛刊》等一些综合性丛书内有翻印外，如前文所述，总的来说刊刻种数较少，类别为经典原文和音韵训诂即传统的小学类著作。民国时期辑印的经学丛书仅见陶湘1926年所刻《宋巾箱本八经》、宋氏卷雨楼所刻《仿宋相台五经附考证》等。清代刊刻的经学专书也极少翻刻，商务印书馆1914年、世界书局1935年翻印阮元《十三经注疏》。1915年，扫叶山房觅得脉望馆底本，重印《宋本十三经注疏》40册。[1]《十三经》合刊还有开明书店1934年辑印的《十三经经文》，施肇曾1924年编的《十三经读本》。朱熹的《四书集注》民国时期有三友书局、光亚书局、中国古书流通处、大达图书供应社、古闽曾氏翻刻。《大学》、《中庸》、《论语》、《孟子》、《孝经》、《礼记》等经典原文或者白话注解经典翻印的版本较多，说明经典具有长久的生命力，在民国时期仍然读者较多。除了传统的《十三经》原文外，经部古籍被翻印的还有小学类著作。民国时期刊刻的重要小学著作有：

> 《六书分类十二卷》，1921年上海锦文堂刊印；
> 《说文古籀疏证六卷》，1922年上海图书公司翻印；
> 《说文解字注三十卷》，1925年扫叶山房刊印；
> 《骈雅训纂十六卷首一卷》，1926年中原书局印行；
> 《说文解字段注考证》，1927年吴县冯氏刊；
> 《音学四种》，1930年南通翰墨林书局刊刻；
> 《许学四书》，1931年刊行；
> 《续方言二卷》，1932年中央研究院历史语言所刊刻；
> 《说文钥六种》，1933年锡山丁氏印；

---

[1] 扫叶山房主人编刊：《扫叶山房图书汇报》，1915年。

《广韵五卷》，1934年来熏阁翻刻；

《江氏音学十书》，1928年中国书店印行；

《声韵要刊》2种，松筠阁刊刻；

《音学五书》，分别有上海鸿章书局和文瑞楼刊本；

《经传释词十卷》，上海古书流通处印行；

《经词衍释十卷补遗一卷》，上海古书流通处印行。

三、史部

民国时期史部古籍的刊刻类别繁多，纪传体、编年体、专史、政书、历代史料、金石、方志等均有刊刻，而以纪传体正史整理出版成绩为大。张元济独力校勘中国历代的正史《百衲本二十四史》，1930—1936年由商务印书馆出版，为正史整理出版史上的一个里程碑。其整理过程和学术贡献已为多家学者所称道，兹不赘述。清武英殿本《二十四史》在民国期间也多次被影印。商务印书馆、中华书局曾全书影印过殿版《二十四史》。开明书店据殿版《二十四史》影印有《二十五史》，还排印《二十五史补编》与之配套，极有价值。前四史《史记》、《汉书》、《后汉书》、《三国志》合刊有刘承幹影宋本和世界书局排印本。《史记》的单刊本较多。

编年体史书方面，《资治通鉴》（194卷）和《续资治通鉴》（220卷）有大中书局1926年和世界书局1935年翻刻本；《宋会要辑稿不分卷》，1936年国立北平图书馆出版；《明实录》，1941年江苏省立国学图书馆刊本；《三朝辽事实录十七卷首一卷》，1931年江苏省立国学图书馆刊印；《清太祖高皇帝实录稿本三种》，1933年北平史料整理处出版；《满洲实录》，辽宁通志馆辑，刊刻年代不详。

专史有《痛史》21种，商务印书馆1917年出版；《古今逸史五十五种》，商务印书馆1937年出版；《历代小史一百五卷》，商务印书馆1940年出版；《中国内乱外祸历史丛书》98种，神州国光社1947年出版；

《中国历代逸史丛书》10种，1941—1942年神州国光社出版。

政治制度史籍主要有商务印书馆1935年至1937年影印的《十通》2721卷（《皇朝续文献通考》排印），即唐杜佑《通典》200卷、宋郑樵《通志》200卷、元马端临《文献通考》348卷、乾隆官修《续通典》150卷、《皇朝通典》100卷、《续通志》640卷、《皇朝通志》126卷、《续文献通考》250卷、《皇朝文献通考》300卷、刘锦藻《皇朝续文献通考》400卷。《十通》收入《万有文库》，装订20册，另有《十通索引》1册。《十通》可资稽考上自远古、下至宣统三年（1911年）清朝灭亡前的典章文物制度，成为研究中国数千年政治制度发展演变的系统文献资料。

史料方面，明代主要有《明季辽事丛刊》4种，1936年伪满日文化协会出版；《明季史料丛书》20种，郑振铎辑，1934年圣泽园影印本。《玄览堂丛书》3集71种，郑振铎辑，1941年至1948年影印，收明代罕传史料。清代史料主要有《清初史料四种》，1933年国立北平图书馆出版；《史料丛刊初编》22种，1924年上海东方学会出版，收录内容为清代档案。太平天国史料主要有谢兴尧编《太平天国丛书》10种，1938年出版；《太平天国丛书第一集》22种，1935年国立编译馆编辑；《太平天国史料第一集》10种，1926年北京大学出版部出版。

金石丛书主要有《嘉业堂金石丛书》、《百一庐金石丛书》、《遁庵金石丛书》、《顾氏金石舆地丛书第一集》、《石鼓文研究丛刊》、《缀遗斋彝器考释三十卷》、《簠斋藏古目十二卷》、《宁寿鉴古录十六卷》、《古泉丛话》、《恪斋集古录不分卷》等。

方志重印亦小有成绩。方志记载着我国各地方行政区域的政治、经济、文化、社会、地理、自然等的历史状况，是我国独特的地方百科全书。我国方志截至1949年，据《中国地方志联合目录》收录，共8200多种。[1]其中民国时期的方志有1571种。[2]两个数字相减，得出

---

[1] 中国科学院北京天文台主编：《中国地方志联合目录·凡例》，中华书局，1985年。
[2] 《民国方志分省统计表》，载来新夏主编：《中国地方志综录》，黄山书社，1988年。转引自许卫平：《中国近代方志学》，江苏古籍出版社，2002年，第103页。

1911年以前编纂的方志为6600余种,在古籍中占有一个相当的比例。民国时期旧志重印单种或汇刊皆有,但种数不多。关于民国时期旧志的重印,许卫平在其著作《中国近代方志学》里已有论述。[1] 但该书缺漏了商务印书馆30年代后期影印的六省通志即《湖南通志》、《浙江通志》、《广东通志》、《畿辅通志》、《湖北通志》、《山东通志》。方志的学术价值在近代为学界所重,公私图书馆皆大力收罗。商务涵芬楼收藏颇富,唯以营业上之考虑,未能及时影印。后所藏在"一·二八"事变中付之一炬,殊为可惜。

四、子部

子部书是以先秦诸子学说为主的所谓"九流十家",即儒家、墨家、道家、名家、法家、阴阳家、纵横家、农家、杂家等9个学术思想流派和1个小说家流派为主体,形成和发展起来的。后来子部范围不断扩大,文献数量也不断增多。诸子著作在民国时期汇刊的有:

> 《子书二十八种》,1913年上海育文书局石印;
> 《百子全书》,1914年扫叶山房据1875年湖北崇文书局刻本石印;
> 《子书三十二种》,1916年竹石山房石印;
> 《子书四十八种》,1920年上海五凤楼石印本;
> 《评点百二十子》,1925年上海会文堂刊印;
> 《诸子集成》28种,1935年世界书局排印,收清代及近人集解本;
> 《子汇二十四种》,1937年商务印书馆刊印。
> 《评注诸子菁华录》18种,1939年商务印书馆选辑。

---

[1] 许卫平:《中国近代方志学》,江苏古籍出版社,2002年,第160—161页。

兵家汇刊的主要有《武经七书》，宋何去非辑，7种，25卷，收《孙子》3卷，《吴子》2卷，《司马法》3卷，《唐太宗李卫公问对》3卷，《尉缭子》5卷，《黄石公三略》3卷，《六韬》6卷。该书民国刊本有1933年军用图书社本，1942年军学编译社本，1926年张氏百忍堂本。此外，兵书汇刊还有《评注七子兵略》7种，有益新书局本和1917年鸿文斋石印本；《七子兵略》有1926年扫叶山房石印本。大同书店和国民党第九战区司令部刻有《古代兵经》10种。

中医古籍是一份宝贵的文化遗产，是中医药学赖以流传发展的物质载体。现存的中医古籍数量不下5000种。[1]民国时期，中医虽然受到西医的挑战，但是中医学有悠久的历史，在农村和城市人口中主要还依靠中医中药防治疾病。由于中医的实用价值依然存在，所以这一时期在中医古籍的编纂出版方面，取得了不少的成就。石印医籍刘惠玲、童光东据《全国中医图书联合目录》统计，从19世纪90年代至20世纪40年代总版次（同一版多次印刷计一次）约2370次，种数约1091部。其特征主要表现为地点集中在上海，出现一些大量出版石印本医籍的书局。出版的石印医籍占全部石印医籍的90%以上。上海石印过医籍的书局近百家，其中最著名的是锦章书局、广益书局、千顷堂书局、扫叶山房四家。扫叶山房60余种，锦章刊印有183种左右，广益为121种左右，千顷堂达160种之多。[2]影印本《四部丛刊》、《古今图书集成》等均收有古医书多种。单独影印的，有武进董康宋本《洪氏集验方》、1922年恽铁樵宋本《重广补注黄帝内经素问》、1937年世界书局清初刻本《本草纲目》等。

木刻医书有1914年渝城沅州书屋刻《中西汇通医书五种》，1916年绍兴医药学报社刻《医药丛书十一种》，1925年渭南严氏孝义家塾刻《伤寒论条辨》8卷，1933年成都义生堂刻《汲古医学丛书》等。此外，

---

[1] 吉文辉、王大妹：《中医古籍版本学》，上海科学技术出版社，2000年，第10页。
[2] 刘惠玲、童光东：《近代石印医籍刊印史略》，《中华医史杂志》，1998年7月，第28卷第3期。

尚有周学海《周氏医学丛书》31种,京师医局重印本《古今医统正脉全书》等。民国以后,商务印书馆、中华书局、世界书局等都铅印了许多中医古籍,如《中国医学大成》、《三三医书》、《珍本医书集成》等。《三三医书》,1923年裘元庆辑刊,三三医社出版,共3集,99种,收录以明、清为主的各种医书。1936年上海世界书局印行了裘元庆辑的《珍本医书集成》和陈存仁辑的《皇汉医学丛书》,都是收罗较广,资料较多的医学丛书。前者共收传本较少的医书90种,分为12类,精装14册;后者收日本汉医的著作72种,14类,14册。1936—1948年,上海大东书局陆续印行了曹炳章辑的《中国医学大成》,原拟印365种,后因日寇入侵,除受损失未印者外,既知已印的有128种。类书中的医籍则有《古今图书集成》医学部分和1936年蔡陆仙氏编辑《中国医药汇海》。[1]

《四库全书总目》把子部分为14大类,其中一类为艺术,包括书法、绘画、篆刻等。民国时期,这一类古籍也多有影印,其中最著者为《美术丛书》。该书系黄宾虹、邓实合编,收录美术论著270种,包括书画、雕刻、摹印、磁铜玉石、文艺及杂记等类。神州国光社1911年初版,1936年再版。其他综合性艺术丛书还有《艺术丛书》45种,1916年保萃堂出版;《王氏书画苑》44种,1922年泰东图书局影印;《艺海一勺》21种,1933年赵诒琛辑刻;《艺林名著丛刊》6种,1936年世界书局出版。绘画论著则有《画论丛刊》52种,1937年中华印书局出版;《画苑密笈》10种,吴氏画山楼刊印;《论画辑要》8种,1928年商务印书馆出版。书法论著有《涉园墨萃》9种,1927年至1928年陶湘刊刻;《十六家墨说》,1922年吴昌绶刊刻。包世臣所著《艺舟双楫》4卷,下篇2卷论述汉代以来书法用笔源流,对清中叶以后书风变革,颇有影响,民国时期刊本极多。丛书本有《翠琅玕馆丛书》、《艺术丛书》、《芋园丛书》、《艺林名著丛刊》本,单行本有1915年古今书室本、1916年

---

[1] 上述影印、木刻、排印医书见吉文辉、王大妹:《中医古籍版本学》,上海科学技术出版社,2000年,第155—161页。

有正书局本、1924年古今图书店本、1924年文艺书社本。

佛教、道教典籍亦为传统古籍重要的组成部分。民国时期佛教、道教古籍出版的成就主要体现为《大藏经》和《道藏》的影印。民国时期刊印的《大藏经》主要有：

1. 上海商务印书馆涵芬楼影印日本《续藏经》500部；
2. 南京金陵刻书处杨仁山编刻《大藏辑要》；
3. 南京支那内学院欧阳竟无和吕澂从1927年起辑印《藏要》，对藏经作了空前规模的整理；
4. 上海影印宋版藏经会于1935年影印《碛砂藏》60函，593册。初版500部，国内外订购一空；
5. 1932年，国民政府主席林森等，发起影印《龙藏》15部，分赠国内各大学图书馆；
6. 1933年，上海影印宋版藏经会影印《宋藏遗珍》，线装12函，120册。[1]

《道藏》有上海涵芬楼1923年10月至1926年4月影印的明代正统《道藏》和万历年间编成的《续道藏》。共印350部，每部1120册。其后，涵芬楼择要选印《道藏举要》10类178种，分别印行。守一子又辑《道藏精华录》10集100种，由无锡丁福保出资排印，上海医学书局发行。

五、集部

集部主要文献是指历代文学家的总集、别集等，以《楚辞》为首。除综合性丛书内的集部著作外，下面分通代诗文总集、诗、词、戏曲、小说五部分来概要介绍民国时期刊印的古代集部作品。

---

[1] 刘俊熙：《佛教大藏经及其刻印述略》，《上海大学学报》（社会科学版），2000年第1期。

其一，通代诗文总集。民国时期刊刻的通代诗文总集主要有：《文选》，我国最早的诗文选集，1926年上海会文堂书局出版；《玉台新咏》，国学整理社校勘，1935年世界书局刊印；《全上古三代秦汉三国六朝文》，清严可均校辑，收录上古至隋代的单篇文章，是《全唐文》的前接部分，1930年不知名者辑刻；《汉魏六朝百三名家集》，99种，明张溥辑，对汉魏六朝百三家其文其人，各有论述，有1917年扫叶山房石印本和1918年四川官印局印本；《汉魏六朝百三名家集选》72种，1917年都门书局印本；《汲古阁影钞南宋六十家小集》60种，宋陈起辑，1921年古书流通处影印；《宋人集》60种，1914—1923年李之鼎编刊；《中国文学精华（读本）》57种，1936—1941年中华书局出版；《中国文学珍本丛书第一辑》70种，1935—1936年贝叶山房刊印。

其二，诗和诗话。我国古代诗文集的数量很大，重要者不下数千家。民国时期刊印的诗歌总集主要有：《全汉三国晋南北朝诗》11集54卷，丁福保编，1916年印成。该书为汉代至隋诗歌的全集，可说是《全唐诗》的前接部分。《全唐诗》，康熙御纂，共收诗48900余首，作者2200余人，1926年上海校经山房据殿版影印出版。《唐人选唐诗八种》8种，唐人编选的唐诗选本，是研究唐诗的重要文献，上海医学书局影印。《唐人万首绝句选》，1930年扫叶山房辑刻。《宋诗钞初集》，清吴之振、吕留良等编，仅成初集106卷，这是宋诗总集，列诗人100家，实收84家，1914年上海涵芬楼影印。《宋诗钞补》，管庭芬等辑，为《宋诗钞》的拾补者，1915年上海涵芬楼影印。《诗慰》34种，分3集，专收明人诗作，1940年毗陵董氏刊刻。《明诗纪事》187卷，文友堂刊。此外，新文化运动期间，中华书局出版有《白话唐诗七绝百首》（1920年）、《白话唐诗五绝百首》（1921年）、《白话宋诗七绝百首》（1921年）、《白话宋诗五绝百首》（1921年），大东书局出版有《分类历代白话诗选》（1922年），为新诗的创作提供了借鉴的范本，有利于白话文运动的开展。

这一时期，诗话的刊刻主要有《历代诗话》，清何文焕辑，汇刻梁代钟嵘《诗品》以至宋、元、明诗话共27种，1927年上海医学书局出版。《历代诗话续编》，为《历代诗话》续编，收唐、宋、金、元、明诗话28种，近代丁福保辑，1916年无锡丁氏排印本。《清诗话》42种，丁福保辑，专收清代诗话，系补《续编》之遗，1927年上海医学书局排印本。《诗薮》，明胡应麟撰。20卷，是书分内篇6卷，分论古今体诗；外篇6卷，论周至元诗；杂篇6卷。续编2卷，论明代之诗。1936年开明书店排印。

其三，词和词话。20世纪中国词学研究取得了前所未有的成绩，其中包括资料的整理如词、词话的汇编和影印。民国时期刊印的词总集有：《彊村丛书》172种，汇刻唐、宋、金、元人词总集和别集，选辑严格，校雠精审，1922年归安朱祖谋辑；《唐五代宋辽金元名家词集》60种，1925年刊刻；《词综》，清朱彝尊辑，30卷，补遗6卷，是集选录唐宋元词660余家，2200余首，采集广泛，去取谨严，1936年国学整理社校勘，世界书局刊印；《宋名家词》，明毛晋辑刊，收晏殊《珠玉词》、卢炳《哄堂词》共61家，分为6集，是现存最早的宋词丛刻之一，民国年间上海博古斋影印；《校辑宋金元人词》70种，1931年中央研究院历史语言研究所辑印；《景刊宋金元明本词四十种》，近人吴昌绶、陶湘辑。1911—1917年，吴昌绶影刊词集17种，名为《仁和吴氏双照楼景刊宋元本词》；1917—1923年，陶湘续刊23种，名为《武进陶氏涉园续刊景宋金元明本词》。总称《景刊宋金元明本词》。后来陶湘又补辑三家。明代词集有《惜阴堂丛书》186种，皆明人词集，赵尊岳惜阴堂刻本。清人词集有《清名家词》134种，其中民国人物词集6种，陈乃乾辑，1937年开明书店排印；《清十一家词钞》11种，1936年正中书局刊刻；《安徽清代名家词第一集》11种，安徽丛书辑印处刊印。

宋以来，随着词的兴盛，"词话"之作亦渐多。近代词话汇刊最有名者为唐圭璋的《词话丛编》。该书收词话60种，其中含民国人物词话9种、古代词话51种，1934年排印。木石山房1916年、大东书局1921年、文宝书局分别影印有《词学全书》5种；大东书局1921

年影印《词话丛钞》10种；海盐张氏1925年刻清张思岩辑《词林纪事》；亚细亚书局1934年、文力出版社1946年分别刻有《词学小丛书》。

其四，戏曲。20世纪前期，原来居于传统文学支流的戏曲广受学者关注，现代意义上的戏曲研究开始发端。中国戏曲史的研究，从一开始就同戏曲文献的搜集、整理、研究和出版分不开。民国时期戏曲文献整理的成就，吴书荫认为主要表现在以下几个方面：[1]（一）戏曲作品集的选编和出版。1919年，刘世珩将其暖红室所藏善本戏曲编辑成《汇刻传剧》，计收《西厢记》五剧、《玉茗堂四梦》、《长生殿》、《桃花扇》等传奇及《录鬼簿》共50种，都请人校勘，配以插图，刊刻精美。早在1910年，吴梅就将吴伟业《梅村乐府二种》（即《通天台》、《临春阁》杂剧）及自著《暖香楼杂剧》辑为《奢摩他室曲丛》第一集刊印，但流传不广。1928年，他又重编《奢摩他室曲丛》，第一集收清嵇永仁传奇2种、沈起凤传奇4种；第二集收明朱有燉《诚斋乐府》24种、清吴炳《粲花别墅五曲》，由商务印书馆出版。康雍以后的杂剧，类多单本，殊鲜汇编，郑振铎担心其散佚，1913年3月，编辑影印《清人杂剧初集》，收吴伟业、尤侗等九家40种；次年又辑成《清人杂剧二集》，收徐石麒、洪昇等十三家40种。每剧都附有跋语，受到当时学术界的称赞。商务印书馆、开明书店、中华书局等还陆续出版了《元曲选》（1918年）、《盛明杂剧》（1925年）、《六十种曲》（1935年）、《缀白裘》（1940年）以及董氏诵芬室刊刻的《杂剧三集》等。

（二）发掘和搜集重要的戏曲文献。除了选编刊印古代戏曲作品外，就是对戏曲文献的发掘和搜集工作，特别有价值而引起学术界重视的有：（1）《元刊古今杂剧三十种》，这是现存最早的元杂剧剧本集。王国维重新加以编订，内有17种杂剧不见于《元曲选》，14种为海内孤本。1914年日本京都帝国大学据以覆刻，1924年上海中国书店又根据覆刻

---

[1] 吴书荫：《论二十世纪戏曲文献的整理和研究》，《中国文化研究》，2000年，冬之卷。

本石印。(2)《脉望馆钞校本古今杂剧》，又名《也是园古今杂剧》。郑氏从中挑选出144种，由王季烈编为《孤本元明杂剧》，于1941年由商务印书馆出版，供研究者使用。(3)《天一阁蓝格写本正续录鬼簿》，1937年，北京大学为悼念马廉将过录本《录鬼簿》出版。

（三）重视京剧史料的搜集和整理。如张次溪《清代燕都梨园史料》（1934年）及《续编》（1937年）、王芷章《清升平署志略》（1937年）、《清代伶官传》（1936年）、周明泰《近五十年来北平戏剧史料》、《道咸以来梨园系年小录》等，都是研究京剧的重要参考资料。

（四）戏曲论著的汇辑刊行。早在1917年，董康汇刻《读曲丛刊》，收录《录鬼簿》等7种；从1921年开始，陈乃乾编《曲苑》，不断重订增补，至1940年，任讷再编《新曲苑》收录至35种（内有任氏《曲海扬波》一种），至此曲话、曲论、曲韵、曲品、曲目之书的搜集已相当可观。

（五）南戏和元杂剧的辑佚。赵景深首先从事南戏和元杂剧的辑佚，先后出版了《宋元戏文本事》（1934年）和《元人杂剧辑佚》（1935年）。1934年12月，钱南扬在《燕京学报》上刊载《宋元南戏百一录》，后由哈佛燕京学社出版。1936年，曲谱《南曲九宫正始》影印出版，陆侃如、冯沅君又据以辑录成《南戏拾遗》二卷。他们共辑出宋元戏文残本128种，为研究者提供了许多罕见的资料。

其五，小说。中国文学史上所说的小说，大体可分为两类：（一）古小说，或称文言小说、笔记小说。在传统的四部分类法中，是子部小说家类中的一部分，所以又称为子部小说。（二）通俗小说，又称白话小说，包括宋元时期的话本和明清以来的长篇章回小说。近代由梁启超所发起和倡导的小说界革命改变了通俗小说的社会地位，使小说从文学结构的边缘向中心移动，掀起了晚清小说创作、批评、刊印与阅读的高潮，因而也带动了传统的文言小说和通俗小说的传播。传统的通俗小说本身对读者具有较强的吸引力，同时印行传统小说无需支付稿酬，书局有利可图，加之民国时期文禁稍弛，打消了书局及读者的心理顾虑，故书局乐此不疲。

民国时期汇刊的通代古代小说丛书主要有：

《古今说部丛书》，1911—1913 年，国学扶轮社排印；

《笔记小说大观》122 种，1912 年进步书局辑刻；

《古今文艺丛书》51 种，1913—1915 年，广益书局排印；

《香艳丛书》324 种，20 集，虫天子辑，以杂记、小说为主，1914 年中国图书公司和记石印；

《旧小说》392 种，吴曾祺辑，选录汉代至清代的小说，以笔记小说为主，1914 年商务印书馆初版；

《说库》174 种，王文濡辑，收录汉至清小说，1915 年文明书局石印；

《古今说海》135 种，明陆楫辑，辑录前代至明小说，多选杂记传奇，以唐、宋小说为最多，为我国最早的小说专门丛书，1915 年进步书局翻印；

《笔记小说二十种》，1923 年文明书局刊印；

《说郛一百卷》，元末明初陶宗仪辑，采辑自汉、魏至宋、元各种笔记小说，1927 年商务印书馆排印；

《五朝小说大观》410 种，1926 年扫叶山房刊印；

《唐宋传奇集》45 种，鲁迅校录，选录唐宋两代单篇传奇小说，1927 年北新书局本，1934 年联华书局本，1941 年鲁迅全集出版社本；

《古佚小说丛刊初集》3 种，陈乃乾辑，1928 年陈氏慎初堂排印；

《清平山堂话本》，明嘉靖年间洪楩编，多为宋元旧作，亦有明人作品，原书分为 6 集，每集各分上下卷，每卷 5 篇，共计 60 篇，现存 27 篇，1929 年古今小品书籍印行会影印《清平山堂话本十五种》，1934 年鄞县马廉影印《清平山堂话本二集十二种》；

《太平广记五百卷》，1934年琉璃厂文友堂影刊；

《文学笔记丛书》25种，1934—1936年大达图书供应社排印；

《汉魏小说采珍》19种，1937年中央书店排印；

《晋唐小说畅观》59种，清代马俊良辑，1937年中央书局排印。

民国时期还刊印了一些断代古代小说丛书，其中唐代主要有《唐人说荟》，1913年扫叶山房刊印；《唐人小说》，1930年神州国光社排印。宋代主要有《宋人小说》29种，涵芬楼辑，1926年商务印书馆印行；《宋人话本八种》，1928年亚东图书馆排印；《宋人小说》，1935年神州国光社排印。明代有《顾氏明朝四十家小说四十一种》，明顾元庆辑，1914年古今图书局和1915年国学扶轮社分别印行；《顾氏文房小说四十种》，1925年商务印书馆刊印；《广四十家小说四十种》1915年文明书局排印。清代有《金壶七墨》，清黄钧宰撰，该书为见闻杂记，分别有1912年扫叶山房和1923年文明书局刊本；《清人说荟》17种，民国雷瑨辑，1917年扫叶山房刊本，1929年增补为19种重刊；《清代笔记丛刊》41种，文明书局石印。

自20世纪20年代始，经新文学健将们提倡平民文学和通俗白话文学后，书局开始大量翻刻长篇通俗小说单行本，如《红楼梦》、《西游记》、《水浒传》、《三国演义》等，名目多至三四百种。30年代中期，翻印旧小说的新文化书社和广益书局，"各省各埠，同业汇款来批书的日益增加，每天盈千上万，日夜装箱打包，总是如办喜庆，忙个不停，且因来不及印造，繁销货常常断档"。[1] 尤其是四大古典名著，被刊刻极多。以《红楼梦》为例，民国时期各家刊刻的版本至少有15种，包括全本、选本、洁本和绣像本。民国时期刊刻的《红楼梦》版本知见的有1921年亚东图书馆本、1923年群学社本、1924年中央编译局本、1925

---

[1] 平襟亚：《上海滩上的"一折八扣书"》，《出版史料》，1982年第1辑。

年文明书局精华本、1931年华北书局本、1934年启智书局本、1934年新文化书社本、1934年文艺出版社本、1934年大众书局本、1935年开明书店洁本、1936年中央书店绣像本、1937年广益书局本、1937年通俗图书刊行社本、1946年古书流通社本和1948年中华书局节选本。《水浒传》、《三国演义》、《西游记》民国刊本也有10余种之多,可见旧小说刊刻之盛。

翻印的经典旧小说,对受教育程度浅或完全没有受过教育的广大国民来说,不失为道德培养、知识传授、文学熏陶的最好教科书。剧作家陈白尘小时家中有《封神演义》、《三国演义》、《水浒传》、《西游记》、《红楼梦》、《聊斋志异》和《镜花缘》等旧小说,他的最早的文学修养即来自读小说。他的第一次涂鸦之作《另一世界》,便是《镜花缘》的仿制品。[1] 胡适曾总结《三国演义》通俗教育的价值说:"《三国演义》究竟是一部绝好的通俗历史。在几千年的通俗教育史上,没有一部书比得上他的魔力。五百年来,无数的失学国民从这部书里得着了无数的常识与智慧,从这部书里学会了看书写信作文的技能,从这部书里学得了做人与应世的本领。他们不求高超的见解,也不求文学的技能;他们只求一部趣味浓厚,看了使人不肯放手的教科书。《四书五经》不能满足这个要求,《廿四史》与《通鉴》、《纲鉴》也不能满足这个要求,《古文观止》与《古文辞类纂》也不能满足这个要求。但是《三国演义》恰能供给这个要求。我们都曾有过这样的要求,我们都曾尝过他的魔力,我们都曾受过他的恩惠。我们都应该对他表示相当的敬意与感谢!"[2] 经典旧小说构筑了中国文化的小传统,影响力渗入国民生活的血液中,至今不衰。

民营出版业既是文化机关,又是追求赢利的企业,需要在文化效益和经济效益之间寻找平衡。舒新城谈及中华书局的营业方针时说:

---

[1] 陈白尘:《寂寞的童年》,生活·读书·新知三联书店,1985年,第133—135页。
[2] 胡适:《三国志演义序》,载《胡适文集》3,北京大学出版社,1998年,第592—593页。

中华书局在形式上与性质上，虽然是一个私人企业机关，但对于国家的教育和文化，同时也想顾到。因为要谋公司的生存，不能不注意于营业，同时觉着过于蚀本的东西，又非营业所宜。在这"左右为难"的境况中，我们只有两面都"打折扣"。这就是说：凡属与营业有重大利益，而与教育文化有妨碍者，我们弃而不作；反之，某事与教育或文化有重大关系，而公司要受较大损失者，也只得弃之。换句话说：我们只求于营业之中，发展教育及文化，于发展教育文化之中，维持营业。[1]

出版的两重性影响到古籍编印，不免出现求多求全、不顾是否实用等不足。即使是商务出版的古籍丛书，有时亦有此类缺点。如《丛书集成》中所选版本，有些后来有通行善本，但商务未加替换，给购买者带来利用不便。[2]但总的来说，民国时期出版的古籍版本精善，校勘严谨，于保存文献、流布古籍、促进学术进步，贡献良多。

从上述内容可以看出，印刷技术的革新、构建现代民族国家的政治需要以及传承固有文明的文化民族主义诉求，致使民国时期古籍出版物的数量增长、类别涵盖广泛。时人以为，商务印书馆辑印《四部丛刊》、《涵芬楼秘笈》等善本书籍，"其内容则经史百家，包罗万有，其价值则宋元善本，名家校藏"，"实自乾隆时纂修《四库全书》而后，数百年来，无此大成绩也"。[3]虽则褒扬商务印书馆一家，用来评价民国时期古籍出版数量和类别的总成绩，也是恰当的。

---

[1] 舒新城：《中华书局编辑所》，《图书评论》，1932年9月，第1卷第1期。
[2] 隐：《谈丛书集成》，《大公报》，1935年9月26日。
[3] 谢兴尧：《书林逸话》，载周越然等：《蠹鱼篇》，辽宁教育出版社，1998年，第78页。

第十一章
民国时期古籍出版的市场与读者

图书市场的出现早至汉代。清代初期和中期,北京、江南地区、四川、福建、江西都有较为发达的区域图书市场,但尚未形成完善的全国性图书市场。从现代出版的角度看,全国性图书市场并非仅仅是地理意义上的,而是包含了政治、技术、经济、教育、交通等一系列现代要素的市场体系。比如建立在产权保护、公司法基础上的出版企业制度,机器中文印刷技术,以版权为中心的知识产权保护制度,以学校为中心的全国教育制度,轮船、火车、公路等联结区域市场的交通体系,专业分工的发行网络等。上述要素结合在一起,促进了全国图书市场的形成、国际图书市场的出现及现代出版产业的诞生。

科举制的废除、清王朝的灭亡和传统文化的式微虽然导致古籍市场严重滑坡,但到20世纪10年代中后期,随着新图书馆运动和整理国故运动等思潮的兴起,新式教育的发展,中小学国语国文教育的重视,出现了新的古籍需求和市场。伦明即观察到民国初年古书市场需求的上涨现象,他说:"京师为人文渊薮,官于斯者,多由文学进身,乡会试之士子,比年一集。清季变法,京朝官优给月俸,科举虽废,高级学校相继立,负笈来者尤众,以故京师书业甲全国。辛亥以还,达官武人,豪于赀，雅慕文墨，视蓄书亦为挥霍之一事。而海外学者，盛倡东方文化，自大学图书馆以逮私人，所需无限量。就地之书不足给，于是搜书之客四出，始河北河南山东西，次江浙闽粤两湖，又次川陕甘肃。各省域中，先通都大邑，次穷乡僻壤，远者岁一往返，近者岁三四往返。余尝慨叹，竭泽而渔，不出十年，故书尽矣。近年往者渐稀，盖所得不偿所赀，因之相戒裹足，而书值日趋于昂，不知者诧良贾居奇，深识者信种子将绝矣。"[1]

对古书的需求自然刺激了出版界的敏感神经，民国时期新的学生和图书馆读者，加上原有的传统精英知识分子和阅读通俗读物的社会大众，构成了古籍消费的读者群体，出版业在为上述群体供给图书的同时，获得了可观的利润，也得到了长足的发展。

第一节　晚清民国时期全国图书市场的形成与国际市场的开拓

施坚雅在研究古代中国疆域概念时指出，存在行政区划和社会经济层级两种空间结构。他认为，农业中国可划分为华北、西北、东北（原书称为满洲）、长江上游、长江中游、长江下游、东南沿海、岭南、云贵九个地方大区，[2] 每个大区都发展出几个独立的城市体系；甚至直到19世纪中叶，这些独立城市体系之间的经济与行政事务关系还过于薄弱，不能把各部结合成全国范围的统一城市体系。[3] 这些大区域经济的形成主要由自然地理条件决定，并受到资源如可耕地和人口以及交通运输便利性的影响，地区之间只有脆弱的联系，因此难以出现全国性的市场。

中华帝国经济的区域性特征，也体现在古代图书市场领域。雕版印

---

[1] 伦明：《续书楼藏书记》，载《藏书纪事诗·辛亥以来藏书纪事诗》，上海古籍出版社，1999年，第124页。
[2] 施坚雅主编：《中华帝国晚期的城市》，叶光庭等译，中华书局，2000年，第245页。
[3] 施坚雅主编：《中华帝国晚期的城市》，叶光庭等译，中华书局，2000年，第9页。

刷术发明后，宋元明清均出现过地方性的刻书中心。清代福建四堡、江西浒湾、湖北汉口和北京并称为四大印刷基地，这些刻书重地往往具有数省的影响力，但区域性特征也十分鲜明，未能发展成为全国性的出版中心。以清代民国时期的四堡为例，除了一年一度的本地图书交易会，"流动销售、开设分店是邹氏、马氏在四堡之外贩书的途径。有些书商行至极偏远的地区。他们不仅去广东、江西、浙江等邻省，还前往广西、云南、贵州、湖南、湖北和江苏。这些人一般都把雾阁、马屋当作自己的大本营，可能的话，他们每年年底回到家乡，把经营所得交给书坊经理，较账，向经理报告图书的需求量——当然，他们还和家人共度春节。新年过后，他们会备足自己书坊和其他书坊的图书，踏上来年漫长的商贸旅程"。[1] 而大部分书商较为熟悉的固定售书路线大都位于客家聚居的闽粤赣边区。上述研究表明，四堡书商销售的地理范围主要是南方地区，而且销售的时间周期多为一年。

清代出版业规模也相当有限，除了清王朝政治控制、社会经济水平等诸多因素之外，交通落后难以形成全国性的图书市场也是原因之一。19世纪后期至1949年，朝野均以交通为发展经济及国家富强的根本，铁路、公路、航运、航空、电信、邮政等交通、通信建设卓有成效，国内各区域市场融合为统一的市场，地区性市场转型为全国性图书市场，甚至出现了华人聚居的东南亚和美国的国际图书市场。国际市场规模较小，因此附在此节论述。

一、国内市场

随着新式交通的拓展，民营出版机构开始在交通要地设立分支机构，1906年商务印书馆设书籍分售处的省份就有江苏（含上海）、直隶、山西、四川、山东、浙江、江西、广东、湖北、湖南、广西、福建、河南、陕西、安徽，国外则有美国旧金山开智书局、中西日报馆和日本东

---

[1] 包筠雅：《文化贸易：清代至民国时期四堡的书籍交易》，刘永华、饶佳荣等译，北京大学出版社，2015年，第135页。

京金港堂书店。[1] 1920年，中华书局各省有"北京、天津、保定、直隶、张家口、奉天、吉林、长春、绥化、济南、东昌、烟台、太原、开封、郑州、西安、南京、徐州、杭州、温州、兰州、南昌、安庆、长沙、衡州、常德、沙市、汉口、武昌、成都、重庆、福州、厦门、广州、潮州、汕头、桂林、梧州、云南、贵阳、新加坡、邢台"等42家分局，[2] 遍布新疆、西藏之外的区域。民国初年，中小型出版社包括以国学图书为主的各家书店也开拓了全国图书市场，"创自明季，迄今三百余年"的扫叶山房"每年销行各书，北至奉吉，南迄闽广，西则滇黔边徼，东则鲁皖浙各省，远而至于东西洋诸名国。邮筒往来，日必数十起。轮轨交驰，寄运灵捷"。[3] 清末创办的会文堂书局总发行所在上海，分设：北京、奉天、广东、汉口、武昌。[4] 应该说，民国时期商业出版机构为了推广营业，均组建了各自的全国性发行网络。

晚清民国出版社的营业主要由直接批发和各地自设分支机构、各地经销商组成，其中各地分支机构和经销商的营业额占据了总营业额相当大的比例。下面以商务印书馆分馆营业额和部分出版机构在湖南的营业额为例，来说明全国性图书市场的形成对现代出版业的重要作用。

商务印书馆创办于1897年，其后在夏瑞芳、张元济、王云五等人主持下，民国年间发展成为亚洲最大的出版企业。商务印书馆1903年在汉口设立了第一个分馆，其后发行网络遍布国内外。受资料所限，商务印书馆早期分馆营业额知见年为1908年至1919年，营业额详见表一，为商务发展的关键时期，足以说明各地图书市场的重要性。[5]

---

[1] 周振鹤主编：《晚清营业书目》，上海书店出版社，2005年，第254—255页。
[2] 《中华书局图书目录》，1920年，载刘洪权编：《民国时期出版书目汇编》（第4册），国家图书馆出版社，2010年，第246页。
[3] 扫叶山房编印：《扫叶山房图书汇报》封二，1915年。
[4] 《会文堂书局图书目录》，1914年，载刘洪权编：《民国时期出版书目汇编》（第10册），国家图书馆出版社，2010年，第451页。
[5] 数据来源：各年份数据依次为宋原放主编《中国出版史料近代部分》第三卷17页、20页、21页、23页、26页，《张元济全集》第4卷301页、306页、312页、325页、336页、344页、359页。

表一　1908—1919年商务印书馆申馆、分馆营业额表（单位：元）

年份	1908	1909	1910	1911	1912	1913	1914	1915	1916	1917	1918	1919
总馆（申馆）	764000余	783224	797800	857351.119	953753	1200013.506	1156695.41	1472038.812	1436293.314	1649964.483	1950147.623	2575934.04
分馆	765000	914338	934314	817152.407	865325	1588962.252	1539991.16	1598332.753	1715064.93	2122864.446	1921372.147	2648162.118
分馆数	20	21	21	21	不详	22	41	45	46	41	34	34
总计	1529000	1697562	1732114	1674503.526	1819078	2788975.758	2696686.57	30700371.565	3151358.244	3772828.929	3871519.77	5224096.158

从上述数据可以看出，商务印书馆1908年至1919年间总馆批发或零售营业额与各地分馆均较为接近，其中9年分馆营业额高于总馆，虽然总馆批发面对的也是全国市场，但由于各分馆常驻当地，直接向学校和读者推销，对区域图书市场的开发力度是总馆不能比拟的。全国图书市场开发对出版业的重要性，也可以从上海数家民营出版机构1925年在湖南的营业额和盈利得以佐证，具体数额见表二。[1]

---

[1] 数据来源：《乙丑（1925年）各业盈亏调查记》，湖南《大公报》，1926年2月24日，载黄林：《近代湖南出版史料》，湖南教育出版社，2012年，第593—594页。

表二　上海部分出版社1925年湖南省营业额和盈利表（单位：元）

出版社	商务印书馆	中华书局	世界书局	广益书局	会文堂书局	锦章图书局	泰东图书局	大东书局	鸿文书局	楚益图书局
营业额	约18万	14万	12万	约8万	约4万	约4万	约2万	约5万	约2万	约3万
盈利额	7万余	5万	3万余	3万2千	1万6千	1万6千	8千	2万	8千	1万2千

商务印书馆、中华书局、世界书局、大东书局属资本雄厚的大出版机构，其余为上海中小出版机构（楚益除外，其中广益书局、会文堂书局、锦章图书局均以古籍为主），虽然仅为1925年一年的营业，但也可以看出，无论是营业额还是盈利均相当可观。表一从商务印书馆一家机构，表二从局部的角度说明，图书市场由区域向全国的转变对出版业发展的重要性。

二、国际图书市场

国际图书市场是随着华人移民的增加、交通技术的发展及远洋航线的开辟而出现的。鸦片战争之后，大批农民和小手工业者背井离乡，寻找新的谋生机会，加上19世纪60年代中期，蒸汽机取代风帆，定期汽船开始航行于华南与南洋、美国旧金山之间，有助于中国人移居海外，导致中国发生了第一次大规模的国际移民潮。据研究者统计，从1846年到1940年，总计有超过1900万中国人离开中国前往东南亚及南太平洋和印度洋地区（McKeown，2004）。从1868年到1909年，共有34.1万人从香港前往旧金山（Sinn，1995a）。[1]

---

[1] 孔飞力：《他者中的华人：中国近现代移民史》，李明欢译，江苏人民出版社，2016年，第103页。

华人移民在东南亚和美国旧金山等地的聚居逐渐形成为华人社区。华人社群保持了对中国文化和国家的认同，中文教育得以发展。为满足东南亚等地华人社区中文教科书及其他种类图书的需求，上海商务印书馆于1913年设立了香港、澳门分馆，1916年设立了新加坡分馆，而"七年份分馆营业之有进步者，以新加坡为第一，比较六年份多销洋二万七千余元"。[1]晚清民国时期美国华人最大的聚集地——旧金山华人书店有十多家之多。旧金山华人书店所贩卖的图书，多批发于上海各家出版机构。以1918年《太平洋书庄袖珍目录》为例，目录所载的图书种类达1909种，涉及的出版社包括商务印书馆、中华书局、上海美华书馆、宝善斋、文明书局、广智书局、上海进步书局、中华图书馆、智民书局、上海平权社、上海协新书庄、会文堂书局、编译书局、循环图书翻译编辑社等。部分出版物来自广东的教育文化机构，如粤城时中学校、《新宁杂志》社、《四邑杂志》社等。[2]《太平洋书庄袖珍目录》中列有多种商务印书馆、中华书局、文明书局、进步书局、中华图书馆、会文堂书局等出版的诗文集、旧小说。

国际图书市场的出现也与世界各国对中国文化的重视有关。欧美日本人士就曾到扫叶山房购书，扫叶山房民国时期的《文艺杂志》第八期《懒笔记》中有一条"俄人购书"，"自五洲通商，彼此互译书籍以交换知识，殆全球同文之佳兆也。沪上扫叶山房书坊，以刊印旧籍，驰誉中外。每岁以诗文别集、笔记等销行东瀛者，毋虑数百箱；而欧美各国亦颇有来购经史子集者。今年春间，曾在扫叶见有西人选购书多种。每种必数十部。与之谭，操中国官音，极熟书之内容，亦能举其大概。询其名为阿利克，盖俄京大学之汉文总教也。外人之爱慕于吾国文学于此可见一斑"。[3]

---

[1] 张元济：《在民国八年商务印书馆股东常会上的报告》，载《张元济全集》第4卷，商务印书馆，2008年，第344页。
[2] 刘洪权：《民国时期美国旧金山华人书店的经营特点与社会价值》，《现代出版》，2017年第6期。
[3] 转引自杨丽莹：《扫叶山房史研究》，复旦大学出版社，2013年，第181页。

国际图书市场虽然份额较小，但对于中国现代出版业而言，具有重大的意义，一是图书销售欧美与日本，扩张了中国文化的世界影响；二是东南亚及美国华人社区中文图书的使用与阅读，增强了华人社区的凝聚力，以及对晚清民国时期祖国的认同感，尤其是这一时期国内的政治革命与社会发展得到了世界华侨的大力支持。

第二节　民国时期古籍出版的图书市场

一、清代图书市场的特点

中国古代图书市场的特点是由社会结构决定的。中国古代社会长期延续并保持了相对的统一，利用儒生阶层来组织官僚机构实现国家管理，即政治结构和意识形态结构的一体化发挥了重要作用。推动形成这种一体化结构的社会制度之一为科举制，有学者认为："从汉代发端到唐宋成熟的通过考试选官的科举制，是一项集文化、教育、政治、社会等多方面功能的基本体制（institution），在政治方面，它充分体现了'政必须教、由教及政'这一具有指导意义的传统中国政治理论。古代中国的学校，本身也是官吏养成之地，其一个主要目的即造成有良好训练的官吏。而教育和政治在制度上的连接，正落实在科举制之上。"[1]

科举考试以儒家经典为指归，围绕科举而建立的官学、私塾、书院使用的教材，"除四书为人人必读外，惟有五经为专门之学，此外所习，不过韩文、楚辞、制、诰、章、表、策、赋、经义之文；子史之妍，尚其余事。所谓学术，尽于此了"[2]。因而空疏无用。由于儒家经典是意识形态和科举制度的中心，决定了鸦片战争之前的清代图书市场的主要特点在内容上为儒家经典和科举时文的刊刻，在分类上为经、史、子、

---

[1] 罗志田：《权势转移：近代中国的思想、社会与学术》，湖北人民出版社，1999年，第161页。
[2] 陈东原：《中国科举时代之教育》，商务印书馆，1934年，第96页。

集四部。清代官刻以武英殿为代表,"康熙十二年(1673)设武英殿修书处,专刻实录、圣训、御制诗文、御纂经典、会典、方略等……这一时期的书坊,集中在南京、苏州、扬州和北京等地,所刻书多童蒙读物、士子应试及民间日常生活中的常用书籍。在清代前期的私人刻书中,一是名人刊刻自己的著作或前贤诗文,一是刊刻考据和辑佚著作"。[1]

二、民国时期知识体系的转变与古籍出版图书市场

中国传统知识系统的经史子集"四部之学",发端于秦汉,形成于隋唐,完善于明清,并以《四库全书总目》之分类形式,得到最后确定。左玉河认为:"所谓'四部之学',非指经、史、子、集四门专门学科,更不是指经学、史学、诸子学和文学等,而是指经、史、子、集四部范围内之学问,是指由经、史、子、集四部为框架建构的一套包括众多知识门类、具有内在逻辑关系之知识系统。"[2]

西学大规模输入中国是在1894年甲午战争失败之后,时人认识到向西方学习是国家富强的必由之路。梁启超1896年在《西学书目表序例》中明确指出:"国家欲自强,以多译西书为本;学子欲自立,以多读西书为功。"[3] 清末翻译的图书中包括社会科学、自然科学和应用科学,社会科学图书的比例显著增加。随着西书翻译的增多和西学传播规模的增大,西方近代分科观念及分科原则为越来越多的中国学人所接受。左玉河认为,到20世纪初,西方近代社会科学各学术门类,如政治学、法学、经济学、哲学、逻辑学、美学、伦理学、社会学、人类学、教育学、地理学等,通过翻译日书已经引入中国。[4] 这些学科在1905年始兴办新式学堂时得以确立,并逐渐成为中国知识系统的主流。

---

[1] 来新夏等:《中国近代图书事业史》,上海人民出版社,2000年,第21页。
[2] 左玉河:《从四部之学到七科之学》,上海书店出版社,2004年,第4页。
[3] 张静庐辑注:《中国近代出版史料初编》,群联出版社,1953年,第58页。
[4] 左玉河:《从四部之学到七科之学》,上海书店出版社,2004年,第278页。

而中国传统学术在西学输入和接受的过程中纳入西方现代学科体系，建构为现代中国知识体系。

晚清民国时期中文图书分类法的创制体现了这一知识体系的转型。1909年，杜威十进分类法首次被介绍到中国来，中国学者在杜威十进法启发下，开始探索将中西典籍合并分类之法。沈祖荣认为，"迄清代《四库全书》，分经史子集为四部，张南皮著《书目答问》，益以丛书合为五部，目录之学，始详备矣。虽然，五部之编定，仅足概括中国古今之书，自欧亚交通，新学发明，著书立说，浩如烟海，繁若列星，断非五部所能赅括"，四部分类法更是难以继续采用。为此，沈祖荣、胡庆生"根据新法，混合中西"，合编《仿杜威书目十类法》，用以类分中西书籍。[1]

20世纪上半叶我国编制文献分类法有90余部，[2]以沈祖荣、胡庆生编撰的《仿杜威书目十类法》、杜定友的《世界图书分类法》、刘国钧的《中国图书分类法》和皮高品的《中国十进分类法》最为著名。《仿杜威书目十类法》（1922年）将古今中外书籍分为〇〇〇经部及类书，一〇〇哲学及宗教，二〇〇社会学及教育学，三〇〇政法及经济，四〇〇医学，五〇〇科学，六〇〇工艺，七〇〇美术，八〇〇文学、语言学，九〇〇历史等10个大类。[3]

《世界图书分类法》（1925年）由大纲、类表、总表、助记表、索引等部分组成。类表分为10个大类：000总记、100哲理科学、200教育科学、300社会科学、400艺术、500自然科学、600应用科学、700语言学、800文学、900历史地理。所有类名与注释均为中英文对照。[4]

---

[1] 沈祖荣：《仿杜威书目十类法·自序》，汉口圣教书局，1917年，第1—2页。
[2] 俞君立主编：《中国文献分类法百年发展与展望》，武汉大学出版社，2002年，第166页。
[3] 俞君立主编：《中国文献分类法百年发展与展望》，武汉大学出版社，2002年，第166页。
[4] 俞君立主编：《中国文献分类法百年发展与展望》，武汉大学出版社，2002年，第167页。

《中国图书分类法》（1929年）分为九大类：000总部、100哲学部、200宗教部、300自然科学部、400应用科学部、500社会科学部、600/700史地部、800语文部、900美术部。《中国十进分类法及索引》（1934年），包括四个部分：类表、英文索引、中文索引、附录。类表分为10个大类：000总类、100哲学、200宗教、300社会科学、400语言文字学、500自然科学、600实业与工艺、700美术、800文学、900历史。[1]

民国时期知识体系的格局决定了出版业的格局，现代知识体系里传统学术由中心退居边缘，古籍出版所占图书市场份额亦随之缩减。但民国时期在思想、文化、政治、教育诸领域民族主义思潮依然强劲。思想文化领域如晚清国粹派、孔教运动、民国东方文化派、整理国故运动、中国本位文化建设运动及至新儒家思想，政治领域如读经运动、新生活运动等，教育领域如国语、国文教学纲要中古书阅读的重视等，为传统文化的传承保留了社会空间。古籍出版的份额虽然大幅缩小，但依然占有一部分民国图书市场，而且社会影响远超其市场份额，成为民国出版的显著特点之一。

第三节 民国时期出版古籍的读者与市场构成

传统图书市场的读者，一般分为两类：一是文人知识分子，"书籍的主要需求者，即购书者、读者和藏书者，一般以官僚、贵族、士绅背景的文人，以及知识分子为主。直到晚清，上述的情况并无显著的改变"。[2]一类是平民百姓，"通俗性的作品，例如神怪类小说与故事、年画、占卜、医书、民歌诗歌与戏曲、农书、类书、便览等种类，自宋朝以来就一直流行于民间，广受民众欢迎。……读者的对象多以民间一

---

[1] 俞君立主编：《中国文献分类法百年发展与展望》，武汉大学出版社，2002年，第168页。
[2] 李家驹：《商务印书馆与近代知识文化的传播》，商务印书馆，2005年，第196页。

般平民百姓为主"。[1]

张朋园在研究近代中国现代化时指出:"传统与现代化的互动关系,一面是传统在消退中,一面是现代化在进展。但传统不会在短时间内完全消失,现代性也无法完全取代传统。这一个交替的时空过程可能是漫长而持久的。"[2] 晚清民国社会政治、经济、文化领域呈现出传统与现代交替的特点,民国时期古籍市场的读者也由传统与现代性两种力量塑造而成,因此构成类型多元的用户群体。从国内市场来说,既有传统士绅演化而来的传统精英知识分子群体,也有新式教育的学生群体、城市化进程中成长的市民群体,及开启民智推动的新式图书馆市场;从国际市场来说,有海外华人移民群体,还拓展了走向世界之后的海外中国文化研究机构用户。从上述描述可知,随着近代社会的转型,民国时期出版古籍读者的构成类型,与传统图书市场读者类型比较,呈现出鲜明的现代性与多元化特征。下文按类型详细论述民国时期出版古籍的读者与市场构成。

一、传统精英知识分子群体

中国传统社会结构划分为士农工商四大社会阶层,其中绅士阶层拥有政治、经济和社会特权和做官的资格,并高居于其他社会阶层之上。进入绅士集团的主要途径是科举考试和捐纳,据张仲礼统计,绅士阶层总人数在太平天国前约为 110 万人,太平天国后为 140 万人。[3] 而为了获得功名进入绅士阶层,参加科举考试的"童生的总数可能达到近 200 万"。[4] 上述童生和绅士阶层所受的为儒家传统教育,皆可称为"读书人",阅读的书籍也基本为儒家经典。

许纪霖曾将 20 世纪的知识分子划分为六代。"以 1949 年作为中界,

---

[1] 李家驹:《商务印书馆与近代知识文化的传播》,商务印书馆,2005 年,第 197 页。
[2] 张朋园:《知识分子与近代中国的现代化》,百花洲文艺出版社,2002 年,第 8 页。
[3] 张仲礼:《中国绅士研究》,上海人民出版社,2008 年,第 91 页。
[4] 张仲礼:《中国绅士研究》,上海人民出版社,2008 年,第 75 页。

可以分为前三代和后三代，即晚清一代、'五四'一代、后'五四'一代和十七年一代、'文革'一代和后'文革'一代。"晚清一代知识分子像康有为、梁启超、严复、章太炎、蔡元培、王国维等人，"大多出生于1865—1880年间，早年受过系统、良好的国学训练，有传统的功名，但为变法图强之故，已经十分重视西学的价值"。"五四"一代像鲁迅、胡适、陈独秀、李大钊、梁漱溟、陈寅恪、周作人等，"大多出生于1880—1895年之间，是中国第一代现代意义上的知识分子。……在知识结构上，虽然幼年也诵过四书五经，但基本是在不中不西、又中又西的洋学堂中得到教育，后来又大都放洋日本或欧美留学，对西方文化有比较完整的、直接的认知"。[1] 无论从太平天国后传统的绅士阶层还是晚清、"五四"现代知识分子的代际观察，他们的知识结构或以儒家典籍为主，或有传统学术的沾溉。晚清一代与"五四"一代知识分子，有较好的旧学修养和传统的学术训练，与普及性国学阅读的二三十年代学生群体不同，构成了民国时期古籍用户的第一种类型。晚清士绅或知识分子群体有高度的文化认同感，如张元济、缪荃孙、叶德辉、刘承幹等人，致力于古籍的收藏与刊刻传播，成为民国时期善本古籍丛书的主体销售对象。19世纪20年代商务印书馆印行《四部丛刊》，其个人定户多来自这一群体。

《四部丛刊》第一次预约定户中，有张季直先生、严又陵先生、叶揆初先生、徐（世昌）总统、李孤帆先生、张菊生先生、蒋孟蘋先生、严范孙先生、黎（元洪）总统、傅沅叔先生、陶兰泉先生、梁任公先生、陈叔通先生、周叔弢先生、恽铁樵先生、高梦旦先生、孙星如先生、守尾保太郎先生等230户，团体定户24户，个人定户为206户。[2] 第二次定户中，有卢木斋先生、石滨纯太郎先生、桑田丰藏先生、胡子晋先生等119户，团体如图书馆等29户，个人90户。[3]

---

[1] 许纪霖：《中国知识分子十论》，复旦大学出版社，2004年，第82—83页。
[2] 《商务印书馆〈四部丛刊〉定户一览表》，《申报》，1920年11月16日。
[3] 《〈四部丛刊〉第二次定户一览表》，《申报》，1920年12月4日。

张元济 1918 年在测算《四部丛刊》成本时，曾有过如下预估：[1]

> 十二月十八日
>
> 编译　四部举要、梦翁拟改名丛刻。除廿四史外、尚有十七万页、二万八千四百石、每日四十石、二年完。
>
> 白纸成本二百七十元、连廿四史定四百五十两、除廿四史三百四十。　黄纸又二百十五元、又三百六十两、又二百五十两。
>
> 千部售完、余十五万元。
>
> 六百部归成本、六百部以下、每减百部搁成本三万八千余元。

中华书局《四部备要》因"选书之谨严　校对之精审　字体之优美　纸墨之佳良　颇承海内外赞许　各界定购预约　络绎不绝"，1926 年发售预约，"奉天原额百部现已超过额数十部特先为披露如左"，其定户构成与购买数量为：（一）官厅，20 部；（二）学校，29 部；（三）图书馆，9 部；（四）报馆，1 部；（五）官绅商学界个人，86 部。[2]

《四部丛刊》两次预约，由士绅演化而来的传统精英知识分子为主的个人定户多达 296 户，接近丛刊保本的半数，《四部备要》的定户"官绅商学界个人"也超过了机构购书，从中可见传统精英知识分子群体的消费能力及对民国古籍出版的市场贡献。

二、新式学生群体

清末的内政外交危机使朝野认识到，开启民智为挽救国家命运的首要途径，新式教育得到了大力的推动。尤其是 1905 年废除科举制度后，新式教育快速发展，留学风气大开，学校数量和学生人数增加迅速，国民识字率逐步提高，普通民众也有了接受教育的机会。有学者认为，晚

---

[1] 商务印书馆编：《张元济日记》（下册），商务印书馆，1981 年，第 501 页。
[2] 《中华书局〈四部备要〉定户一览表》，《申报》，1926 年 12 月 30 日。

清民国时期形成了初等教育、中等教育、高等教育、职业教育以及包括民众学校、民众补习馆、民众教育馆和图书馆在内的社会教育等一系列既有中国特色、适合国情，又吸收了西方现代教育思想的较为完善的中国现代教育体系。[1]

晚清政府、北洋政府和南京国民政府教育政策中，教育宗旨皆注重保护民族文化、发扬民族精神，尤其国语、国文教学在历次学制与课程体系中均被赋予重要地位。原因在于，国语、国文与近代以来中国民族国家建构的主题密切关联，"许多民族合为一个国家，这原型成立之原因，即基于文化之调和，而语文实文化中最大最要之一端，国与民之连锁即全赖乎此。国家成立以蠡，其立国之精神，即由语文而继续传衍，亡人之国，必灭其文字，反之，国虽亡，而语言文字不灭，文化并不因之衰歇，则古国之生命仍可永远存在"。[2]

晚清民国中小学语文教学纲要中，均对阅读古书有明确的要求。庞大的学生群体和语文课程纲要的学业规定，结合在一起，催生了国语国文教科书和补充读物的图书市场，为出版界的普及性古籍读物带来了商机。1925年，大东书局即出版《历代文读本》6种，补充国文教材的不足。编者以为，"自语体文学崇尚而后文言白话错出其间，文体淆乱。识者痛之。沿源溯流，补偏救敝，要惟纯粹浅简之国文是赖"，因此特聘文学专家兼任教务者编纂评注《历代文读本》6种，"三历寒暑。始克蒇事，并就正于经验极深之各中学教员。（金）谓程度适宜，分配合法。不独便于教授，且为自修之善本。兹举其特色如下：篇幅简短，趣味浓厚，特色一；由浅而深，循序渐进，特色二；注释详明，语语详实，特色三；评语精当，足资启发，特色四；前后衔接，六集如一，特色五"。[3]

---

[1] 许欢：《中国阅读通史·民国卷》，安徽教育出版社，2017年，第34页。
[2] 步进主编：《步进研读王森然〈中学国文教学概要〉》，高等教育出版社，2016年，第28页，此重印本以上海商务印书馆1929年版本为底本。
[3] 《文学常识》附页广告，大东书局，1925年4月初版，4月再版。

民国时期中国文学领域的新思潮也为旧白话小说拓展了学生读物的市场。小说在传统的中国文学类别中，一直居于边缘。晚清小说在国民启蒙的叙事话语之下，逐渐进入了文学领域的中心。但在小学和中学，旧白话小说还是不能得到承认，学生也只敢偷阅。著名报人徐铸成生于1907年，他回忆说："有个堂兄是小说迷，所有小城市能够买到的草本小说，他几乎都买全了。我偷偷借着看，到十一二岁时，《水浒》《三国演义》《精忠说岳传》《七侠五义》《三门街》，以及《征东》《征西》《包公案》《彭公案》《济公传》等都看过了一遍。全是有光纸印的，字体极小，往往日以继夜地看。所以，初小读完时，已是相当深度的近视。"[1]

1915年出生的贾植芳曾回忆阅读石印旧小说的情景：

> 从五岁起，就由哥哥带我，到同村一个不第的老秀才家里读私塾，每天围在一张圆桌边，跟上同学们嚎叫"人之初，性本善，性相近，习相远"，……念了半年，……家里把我送到邻村小学读书。这次是读《共和国语文》，……我真正为书籍着迷，是高小时代，同学借给我一部石印本的《封神榜》，……到省城上了初中，我因为课上听不懂先生讲的话，就沉迷于同学们借给我的各种石印本小说，使我入迷的有《水浒》、《西游记》、《薛仁贵征东》、《罗通扫北》以及《大八义》、《小五义》之类的武侠神怪小说……《红楼梦》、《西厢记》这些感情细致、谈情说爱的说部，却一时读不进去。[2]

直到1919年胡适倡导白话文革命，旧白话小说列入了新文学殿堂，才取得了学生读物的合法性。李衡之20世纪30年代评论亚东图书馆时指出，"以考证及标点旧小说而起家的亚东书局，在过去几年中委实发了一点财。……因为，新青年时代以后，胡适之正在'走红'，几本胡

---

[1] 徐铸成：《报海旧闻》，上海人民出版社，1981年，第112页。
[2] 贾植芳：《暮年杂笔》，汉语大词典出版社，1997年，第109页。

适文存是归亚东出的。同时,旧的白话小说因白话文运动而更受一般的重视,何况又加上白话运动的'发起人'胡博士的考证标点,自必更为纸贵洛阳(这种旧小说,在当时有许多,较顽固的中小学中,学生是只能偷看的,自胡博士提倡,很多被采作课外读物或补充课本)"。[1]

民国时期各书局瞄准中小学语文读物这一市场,编纂有多种丛书,笔者据《中国近现代丛书目录》统计列表三[2]如下。

表三 民国时期普及性古籍丛书一览表

书名	种数	出版者	年份
学生国学丛书	93	商务印书馆	1926—1948年
评注读本	29种	大东书局	1927年
国故学丛书	1种	上海群学书社	1930年
文艺小丛书	12种	上海文艺小丛书社	1930年
国学门径丛书	8种	大东书局	1931年
国学基本丛书	400种	商务印书馆	1932年
青年国学丛书	1种	亚细亚书局	1932年
中国学术基本丛书	2种	会文堂新记书局	1933年
国学文库	49种	北平文殿阁书庄	1933年
黎明文学小丛书	1种	黎明书局	1933年
文学笔记丛书	25种	大达图书供应社	1934年
笔记小说丛书	17种	新文化社	1934年

---

[1] 李衡之:《各书局印象记 十六 亚东书局》,《申报》,1935年6月22日。
[2] 数据来源:1.《评注读本》分古文评注读本和古诗文选本两类,见《上海大东书局图书目录》,1927年。2.《中学国文补充读本》第一集50种,内选古书节本27种,见《商务印书馆图书汇报》新七号,1937年,刘洪权编:《民国时期出版书目汇编》第三册4、5页,国家图书馆出版社,2010年。3.《国学基本刊》见《分类详解孟子读本》附页,世界书局,1941年。4.其余丛书出自上海图书馆编:《中国近代现代丛书目录》,1979年。

（续表）

书名	种数	出版者	年份
文学笔记丛书	3 种	广益书局	1936 年
国学丛书	1 种	龙虎书店	1935 年
国学珍本丛书	10 种	上海国学研究社	1935 年
中国文学珍本丛书	50 种	上海贝叶山房	1935—1948 年
国学基础丛书	2 种	大达图书供应社	1935 年
国学珍本文库	23 种	中央书店	1935 年
国学基本文库	11 种	中央书店	1935 年
中国文学基本丛书	2 种	会文堂新记书局	1935 年
诸子集成	30 种	世界书局	1935 年
美化文学名著丛刊	10 种	世界书局	1935 年
章台纪胜名著丛刊	12 种	世界书局	1935 年
中国奇书丛刊	2 种	上海千秋出版社	1936 年
中国文学精华	55 种	中华书局	1936—1941 年
世界文库	65 种	生活书店	1936—1947 年
青年国学丛书	精选文 5 种	中国文化服务社	1936 年
国文精选丛书	12 种	正中书局	1936 年
国学丛书	2 种	新文化书社	1936 年
中学国文补充读本	27 种	商务印书馆	1937 年
新中学文库	52 种	商务印书馆	1937—1948 年
国学丛书	1 种	达文书店	1937 年
国学入门丛书	9 种	春江书局	1938 年
国学基本丛刊	18 种	世界书局	1941 年

民国时期高中和大学的入学考试以及大学科系中文史哲学科的设立，也为古籍出版开辟了市场。20 世纪 30 年代，高中和大学入学考试国文科目

考察国学常识，"近年以来，高中及大学招考新生或招收插班生时，国文科目中必有所谓国学常识若干则"。[1] 1920年8月18日，汪原放携新印的《水浒》去南京高等师范贩卖，其时"第二天上午，适之兄上课讲白话文学，也讲到了《水浒》。饭后，一点还没有到，已经有人来买《水浒》了。后来，越来越多，大概不多大一会工夫，四包书已经卖完，只好收摊了"。[2] 1930年，商务出版《缩本四部丛刊》，也是考虑高中与大学学生的需求。"世界古今进化之速，无逾于今日。青年求知饥渴之殷，亦未有甚于此时者也。本馆自民国八年印行《四部丛刊》以来，国人钻研国故，日益进步，两版之后，继以单行，犹不足餍四方求书之欲望。近年手工纸张产额奇绌，非改弦易辙不足以供普遍之需求，此《缩本四部丛刊》之所由印行也。中华民国二十五年十二月商务印书馆谨识。"[3]

三、社会大众群体

民国时期古籍的读者群体还包括有社会大众。受民国时期社会人口的识字率、收入水平等因素的影响，社会大众群体的阅读对象以旧小说、鼓词、连环画等通俗作品为主，阅读的目的是为了消遣娱乐。社会大众群体的阅读对象与阅读目的，与获取知识文化和接受正规教育的前两类群体有着较为明显的差异。

社会大众读者形成的社会基础为近代人口的剧增。中国人口数量的演变有过漫长而复杂的发展过程。据文献记载，自汉代直至明代，我国人口总数一直在2000万到6000万之间停滞徘徊，清代乾隆初期，一举突破1亿大关，到鸦片战争前猛增到4亿多。[4] 民国时期人口一直保持在4亿至5亿之间。1928年始，南京国民政府多次调查统计全国人口，统计结果为：1928年，441 849 148人；1933年，444 486 537人；

---

[1] 尤墨君编述：《国学述要·编辑大意》，浙江省立杭州师范学校发行，1933年10月。
[2] 汪原放：《回忆亚东图书馆》，学林出版社，1983年，第62页。
[3] 《缩本四部丛刊初编序例》，载《缩本四部丛刊初编书录》，商务印书馆，1936年。
[4] 行龙：《人口问题与近代社会》，人民出版社，1992年，第17页。

1936年，479 084 651人。[1]

民国时期社会人口的教育程度与收入程度较低。据国民政府教育部的统计，1930年，全国的平均识字率在20％左右，"全国不识字人数，至少当在80％，就中除50岁以上12岁以下，及应受义务教育之学龄儿童外，仍余二亿零二百余万人，端赖民众学校，供其补习"。[2] 即使是工商业发达、教育普及的城市，识字率也维持在中等水平。据调查，民国时期城市市民识字率最低为15％，最高为77％。[3] 文盲和半文盲则集中在广大的农村中。构成社会大众中坚力量的工人群体中，据1930年代上海市社会局对抽样的305户工人家庭"受教育程度"的调查，表明受教育不满一年者占60％，受过1～2年教育的占12.3％，受过3年教育为11.8％，4年者8.2％，6年者3.996％，7～9年者2.6％。[4]

图书在社会消费品中属于消费弹性较大的商品，收入水平也直接决定了消费的潜力。根据国民政府工商部对于工人生活的调查统计，1928—1929年上海产业工人中的男工月工资最高为50圆，最低为8圆，一般为15.8圆；女工月工资最高为24圆，最低为7圆，一般为12.5圆；此外还有奖金、津贴等附加收入。……根据南京国民政府工商局1931年统计，当时中国城市下层一个五口之家的月均生活费为27.2圆。也就是说，这样的家庭仅能维持收支平衡，少有积蓄，经济生活相当紧张，甚至很艰难。[5]

西方学者有关的文化研究指出，印刷媒体以文字传播为主，其特性是需要读者学会阅读的技能，掌握复杂的符号，然后进行解码的过程。

---

[1] 何炳棣：《明初以降人口及其相关问题：1368—1953》，葛剑雄译，生活·读书·新知三联书店，2000年，第101页。

[2] 《教育部公报》，第2卷第2期，转引自中央教育科学研究所：《中国现代教育大事记》，教育科学出版社，1988年，第198页。

[3] 铃木将久：《三十年代上海的媒体与文学》，东京大学人文社会系研究科1996年度博士论文，转引自藤井省三：《鲁迅〈故乡〉阅读史》，董炳月译，新世界出版社，2002年，第81页。

[4] 上海市政府社会局编：《上海市工人生活程度》，中华书局，1934年，第75页。

[5] 陈明远：《文化人的经济生活》，文汇出版社，2005年，第122页。

读者的识字和文化水平是当中的关键因素。[1]如果没有接受学校的现代知识训练，即使是具备了最基本的理解字句能力的读者，也难以理解西方知识体系的社会理论书籍。

影印的善本古书、翻译或新著图书的价格也成为社会大众的消费壁垒。影印的大部头古书动则数百元，而"新书一般按照定价销售，一般的文学、社科书籍十余万字，定价大洋几角到一元不等。生活出版社出版的沈从文著《边城》精装6角，平装4角。商务印书馆出版的夏曾佑的《中国古代史》精装3元，平装上册1元，下册1元3角"。[2]翻印的旧小说或诗文集，尤其是30年代风行的"一折八扣书"价格低廉。受制于教育程度和收入水平的社会下层群体，自然难以接受高深的社会科学著作、自然科学著作或珍稀善本，而以阅读流行于民间的通俗作品为主。

中国现代城市化进程与城市的文化服务系统，也为社会大众阅读群体的成长提供了空间。民国时期，由于经济的不断成长及对外贸易的发展，中国的城市化进程大大加速。城市也从传统社会的消费、交通、教育、行政中心逐步向现代社会的生产中心、贸易中心、交通枢纽、政治中心、文化与教育中心等多功能集合体演化。现代城市发展的一个显著特征是城市人口快速增长，这一点从表四列举的国内主要城市人口变动中得以证明。

表四　1929—1936年全国主要城市户口变动统计表[3]

年份	南京	上海	北平	天津	汉口	广州	杭州	青岛
1929年	534969	1582066	1363725	1340468	610532	800927	—	—
1936年	978574	2100417	1531457	1071736	733700	1188072	582293	549710

[1] 李家驹：《商务印书馆与近代知识文化的传播》，商务印书馆，2005年，第210页。
[2] 平心：《全国总书目》，上海生活书店，1935年，第417页、525页。转引自张昊：《20世纪二三十年代上海图书读者分析》，东华大学硕士学位论文，2015年，第19页。
[3] 江沛等：《中华民国专题史》（第九卷　城市化进程研究），南京大学出版社，2015年，第366页。

现代化与商业化的发展使广大市井小民在紧张的工作之余，急切地寻找自己感兴趣的文化消费形式，与城市人口的聚居结合在一起，出现了大众化、通俗化的文化需求。城市提供的文化服务设施，在满足社会大众文化需求方面极为便利。有学者指出："城镇较之农村阅读人口相对集中，城镇尤其是大都市更是成为图书、报刊等现代传播媒介的内容生产地和聚散地，市民能够借助现代交通工具和各类公共设施，及时、便捷地阅读到想阅读的内容，了解到相关信息。这里聚集着规模和影响最大的出版社，全国数量最多、办学最成功的新型学校、格致书院，还有邮政、电报、电话、现代印刷技术、公共图书馆、戏院、电影院、公共园林等。所以，在这个意义上说，大众阅读活动也是现代城市兴起和发展的产物。"[1]

民国社会大众接触通俗图书的场所众多，主要为书店、图书馆、小书摊三类。以当时的出版中心上海为例，1935年上海市教育局第四科通俗教育股编辑的《上海市书店调查》，记载当时上海共有书店261家，除了近30家专营旧书的书店外，多数书店兼顾发行、经售各类新书等业务。经营的书籍包括经史子集、医药卫生、文艺小说、图画、西文等图书。[2]据《上海各图书馆概览》统计，1934年上海共有图书馆81家。[3]向公众开放的图书馆6家：上海市立图书馆、上海市立流通图书馆、上海县民众教育图书馆、公共图书馆、申报流通图书馆、鸿英图书馆（原名人文图书馆）。

小书摊则遍布上海各个区域，"它们同时经销并出租图书，多数摊位以出租连环画为主要业务。这些小书摊是市民读物的主要供应场所，甚至有人将其比作大多数民众的图书馆。小书摊共有一千二百处之多，

---

[1] 许欢：《中国阅读通史·民国卷》，安徽教育出版社，2017年，第41页。
[2] 上海市教育局第四科通俗教育股编：《上海市书店调查（1935年）》，上海市档案馆藏，档案号：S313-1-128-47。
[3] 冯陈祖怡编：《上海各图书馆概览》，中国国际图书馆，1934年。

广泛分布于南市、租界、闸北"。[1]他们的主要主顾是儿童、店员、妇女、工人、妓女五种人。[2]

民国时期上海出版界以传统大众读物为对象的书店分为两类，一是以鸿宝斋、广益书局等为代表的旧式书店。一是以中央书局、春明书店为代表的新式书业。他们以不同的理念来出版通俗大众读物。

民国时期鸿宝斋、中央书店等书店的顾客群下移至社会大众、普通市民。鸿宝斋民国时期书目中，经史书籍所占比重下降，小说类大幅增加，旧小说就占了19％，在"旧小说"一目下，又有女界小说、言情小说等新的文学分类。[3]中央书店廉价印售珍本，以"国学大众化"为号召，出版《国学珍本文库》。为了阐明宗旨，中央书店特编辑了一段答客问，广事宣传。[4]

> 客问：在出版界群印古书的当儿，听说你们要出版一套《国学珍本文库》，难道也是来凑热闹吗？
>
> 答：并不是的。倘是仅仅为了"凑热闹"，我们也可以不费几许本钱的随便来出版一些什么国学书，也不必费去几千元的收集费去搜罗蒐集许多"珍本"了。我们现在所以异于他人的，换句话说，也就是比他人出版的国学书更名贵的地方，就着重在这"珍本"二字。
>
> 客问：那么我倒要请教，什么才叫做珍本呢？
>
> 答：所谓"珍本"者，便是指罕有流传的许多名贵著作而言。

---

[1]《上海小书摊之调查》，载李文海主编：《民国时期社会调查丛编》（二编）文教事业卷，福建教育出版社，2014年，第849页。

[2]《上海小书摊之调查》，载李文海主编：《民国时期社会调查丛编》（二编）文教事业卷，福建教育出版社，2014年，第857页。

[3] 许静波：《石头记：上海近代石印书业研究（1843—1956）》，苏州大学出版社，2014年，第237页。

[4]《国学珍本文库·答客问》，载《国学珍本文库·样本 书目》，中央书店，1935年，第19页。

这许多极珍奇的著作，有的本来是禁书，有的仅存一二手抄本，一向为藏书家所宝藏好的；有的为书贾有心居奇索重价，穷读者无法问鼎。总之：都是向来未能流传在大众间的孤本。这许多孤本，内容都是最珍贵的种种作品，我们现在就是把已搜集到的许多珍本来编印《国学珍本文库》第一集。

客问：你们不惜钜资把这许多名贵的"珍本"编印出来，目的又何在呢？

答：我们主要的目的便是想把一向被目为私人的藏珍，现在来公之于大众面前。供给大家来欣赏。在另一方面，我们也想在"国学遗产"的发掘工作上，尽一点小力。

影响清末通俗图书市场发展的另一个因素，是由精英知识分子所提倡的启蒙运动。进入民国以后，启蒙国民与开启民智的活动仍继续深化，甚至反过头来影响着知识分子对中国文化和文学的固有看法。20世纪40年代春明书店刊行《通俗小说丛刊》，亦即这种思潮的体现。他们认为：

通俗小说是民间文学中的骨干，"文学"的效用能够"深入民间"，这就是通俗小说的伟大之处。

不过，通俗小说在坊间虽有大批的印行，然而往往不能使有识的读者感到满意。因为一般的版本，非但错字很多，并且把原书的内容任意删削，以求缩去篇幅而减少成本，于是发生了残缺不全的弊病；而标点的谬误，段落的紊乱，那尤其是不必说了。

现在我们为了要保持历史性的通俗小说起见，特地不惜工本，精密地选取了各种有价值的通俗说部，总名之曰《通俗小说丛刊》，陆续付印问世。主要的优点，我们搜集了各书木刻的善本，经过了审慎的分段，再加上确当的标点，对于原书的文字，完全保持着本来面目，决不擅为割裂；这样，我们所刊的各书，已使它都有了"善本""足本"的特长,使读者可以窥其全豹。至于校勘的严格与版式的整齐,印刷的清晰,更是处处顾到,毫不草率。

其次,对于各书的封面的印制,我们也曾费了很大的思虑,力求其画面和色彩的美观,同时更使其达到高尚古雅而独树一帜的地步。因为我们在出版方面所持的态度,是主张有优良的创造,却鄙弃着"无所用心"的模仿的。[1]

四、图书馆市场

民国时期为开发民智,达到国家富强与民族独立的目标,学校教育和社会教育受到政府和社会的重视,图书馆在学校教育和社会教育等方面的作用,深为政府和社会人士所认识。时人以为,"一国人民教育程度的高下,与图书馆发达与否大有关系。盖图书馆是学术的渊薮,也是社会教育一种最重要的机关,世界上的文明国家,莫不力求图书馆事业的发达"。[2]

在清末新图书馆运动的基础上,民国时期的图书馆事业有了长足的发展。时人曾总结说:"至清末叶,鉴于欧美图书事业有促进教育文化普及之力,有启发人群智能之功,有潜移默化国家民族至优秀之地步,并收致富致强之实效,故人群维护其发展,若其生命然。于是我国人借镜攻错,乃于教育革新之际设法开放图书,而先后都市省会之现代图书馆应运而生矣。"[3]为满足一般民众需求的公共图书馆、通俗图书馆、民众教育馆和为研究学术而设立的学校图书馆,无论是数量、分布地域、藏书册数以及阅览人数,均有显著的增长,图书馆成为推动国家建

---

[1]《〈通俗小说丛刊〉发刊献辞》,载《驻春园》附页,春明书店,1947年5月再版。
[2] 刘宝瑞、秦亚欧、朱成涛编校:《民国图书馆学文献学著译序跋辑要》,国家图书馆出版社,2012年,第10页。
[3] 刘宝瑞、秦亚欧、朱成涛编校:《民国图书馆学文献学著译序跋辑要》,国家图书馆出版社,2012年,第131页。

设的社会文化中心。

图书馆建设离不开图书搜集,"大凡图书馆的存在有三要素,就是图书、房舍、馆员鼎足而立,不可缺一,其中以图书比较上为最要紧:馆员、房舍在相当的时期中尚可无增加或扩充的变动,若图书一类,不论何种的图书馆,皆须应读者之需要,随时增加,亦如一个百货商店,为应顾主的需要,时时输进新的货物一样"。搜集图书的方法主要来自购买,"普通图书馆图书的来源不外乎选购、征求、交换、寄存、捐赠等项,然在图书的收集上,选购是基本的来源"。[1] 图书馆为了满足读者的阅读需要,在有经费保障的前提下,图书收藏为图书馆工作的首要职责。民国时期图书馆的购书方针,亦延续了清末新图书馆运动"保存国粹,输入文明"的理念,藏书西学新书和珍稀善本并重,因而图书馆成为民国出版古籍的主要市场之一。商务印书馆、中华书局等亦为满足图书馆需求,大量翻印古书。正如《〈四部丛刊〉第二次预约》所说:"……比者广建图书馆之议四方风动,学校诸生亦咸以钻研国故,贯通中外为亟。搜寻古籍不谋而合……无如旧籍消亡日甚一日,宋椠元刊杳不可观……得书既难,而以重印全书相督者乃接踵而至。"[2] 下文将详细论述图书馆市场对民国古籍出版的重要作用。

1. 民国时期图书馆的经费

民国时期图书馆的发展得益于新图书馆运动的兴起。程焕文认为,新图书馆运动大致发生在北洋政府时期(1912—1927),起于1910年武昌文华公书林的创办,以1925年中华图书馆协会成立为达到高潮的标志,以1927年韦棣华女士代表中华图书馆协会发起成立国际图书馆协会联合会为终结,上承清末新政时期的公共图书馆运动,下启南京国民政府时期西方图书馆观念、技术和方法的中国化,是中国新式图书馆从

---

[1] 田序(田为田洪都),载邢云林编著:《图书馆图书购求法》,上海正中书局,1936年。
[2] 《〈四部丛刊〉第二次预约》,《图书馆学季刊》,第1卷第3期,1926年9月。

诞生到走向世界的一个完整过程。[1]

1917年起，留美归来的沈祖荣、戴志骞、胡庆生等开始宣传"新图书馆运动"。1920年后，创办文华公书林的美国图书馆学家韦棣华多次奔赴华盛顿，为促使美参众两院通过将庚子赔款余额退还给中国的议案，以用来发展图书馆事业。1925年，美国图书馆协会主席鲍士伟博士来考察中国图书馆事业，大力鼓吹倡建"群众图书馆（公共图书馆）"，正式确定将美国退还赓款的一部分用于图书馆建设。

新图书馆运动得到了中华教育文化基金会及中英赓款董事会的资金支持。1908年5月，美国国会参众两院正式通过议案，授权美国总统退还中国部分庚款。12月14日，美国总统发布退款令，12月31日，美国驻华公使柔克义通知清政府，退还部分赔款。此次退款从1904年1月算起，美国摊得庚款多余的1078万美元，本息合计2892.2万美元。这是美国退还部分庚款的第一笔。1924年5月，美国国会参众两院再次通过议案，决定将从1917年10月算起的庚款余款1254.5万美元全部退还，此为美国的第二笔退款。两次总计为4146.7万美元。[2]中国特设"中华教育文化基金会"，也称为"中华教育文化基金董事会"来进行管理。

1925年，英国下议院通过退回中国庚子赔款议案。1931年4月，由15人组成的中英庚款董事会成立。英国退还庚款总额为英金一千多万镑（11186547镑13先令），其利息支配标准分为5类：（1）图书馆、博物馆事业及保存文化史迹、古物等，占25％；（2）补助高等教育及研究机构等，占35％；（3）考选留英学生，占15％；（4）专门著作及中小学、职业学校教科书奖励等，占1％；（5）建设模范中小学、农工职业学校、助产学校及举办农村教育等，占24％。其建设程序，侧重于偏

---

[1] 程焕文主编：《中国图书馆史·近代图书馆卷》，国家图书馆出版社，2018年，第80页。
[2] 李致忠：《中华教育文化基金会与国立京师图书馆》，《国家图书馆学刊》，2008年第1期。

远及内地省份,进而逐渐推广,及于全国。[1]

1925年,中华教育改进社图书馆教育委员会提议,将美国退还庚款的1/3建设图书馆8所,分布中国要地,为各该区域的图书馆模范。1930年开始国立北平图书馆接受中华教育文化基金董事会的资金支持,购书费为7.5万元,另经常费预算为12万元及增加建筑费22万元,经费较宽裕。国立中央图书馆经费主要来源于管理中英庚款。董事会还决定,拨款150万元作为国立中央图书馆的建筑费,会议还决定1934年国立中央图书馆经费为4.8万元。[2] 新图书馆运动也推动了南京国民政府的图书馆经费的立法保障。1928年,全国教育会议大会通过,请当时的大学院(相当于教育部)通令各学校设置图书馆,每年从全校经费中提取5%以上作为购书费。有了经费的保障,新图书馆运动取得了显著的成绩。

2.民国时期图书馆的数量

民国时期图书馆事业进入了普遍发展的阶段。1916年《教育公报》统计全国图书馆为260所;1918年,据沈祖荣调查,全国图书馆仅33所(不包括通俗图书馆),1922年再次调查为52所。1925年,中华图书馆协会第一次调查图书馆数量,表明全国图书馆数已增至502所;1928第二次调查,有图书馆622所;1929年第三次调查,有图书馆1282所;1931年第四次调查,有1527所;1935年第五次调查,有2818所。同时期《申报年鉴》和许晚成的调查数字远高于中华图书馆协会的调查。1936年《申报年鉴》调查全国图书馆数量,分为单设图书馆(包括国立、省市立、县区立、私立之单独设立者)、民众教育馆之图书馆、机关附设图书馆、学校附设图书馆共4项,合计5183所。1935年10月许晚成编《全国图书馆调查录》出版,收全国27省市共有图书馆

---

[1] 涂俊才:《庚子赔款与中国教育》,《华中农业大学学报》(社会科学版),2005年第4期。

[2] 张静茹、赵俊玲:《民国时期图书馆经费研究》,《兰台世界》,2013年第11期。

2520所，其中公立者2005所，私立者515所。[1] 上述数据表明，1937年抗日战争全面爆发前，中国图书馆事业飞速发展。

3. 民国时期图书馆的古籍购买

民国时期图书馆不仅数量有了急剧增长，藏书册数也增加很快。据统计，1927年，全国图书馆藏书总数为3192250册，[2] 而至1933年，全国仅高校图书馆藏书就达4493616册。[3] 在藏书类别上，民国时期教育部和中华图书馆协会均留意搜罗、保存文献典籍，并在图书馆法规和指导公立图书馆业务时一再强调。

1915年，教育部公布《图书馆规程》，第一条为："各省各特别区域应设图书馆，储集各种图书，供公众之阅览。各县得视地方情形设置之。"[4] 1927年，大学院公布《图书馆条例》，第六条为："公立图书馆除搜集中外各书籍外，应有收集保存本地已刊未刊各种文献之责。"[5] 这一条款保留于1930年教育部公布的《图书馆规程》。

1929年，中华图书馆协会第一次年会在致全国图书馆书中即提出："图书馆图书搜集，不外两途：一曰国故之保存，一曰新知之扩充，而其目的则为流通。"国故保存为"各大图书馆应注意搜集有清一代官书及满蒙回藏文字书籍；复应搜集金石拓片，遇必要时得设立金石部以资保存；各省立及各地方图书馆应尽力收藏乡贤著作，兼应刊行掌故丛书及乡贤遗著；图书而外，亦得斟酌各地情形添设历史博物部"。[6]

教育部图书馆法规和中华图书馆协会的倡导得到了国内图书馆界的

---

[1] 严文郁：《中国图书馆发展史：自清末至抗战胜利》，台湾枫城出版社，1983年，第110—111页。
[2] 谢灼华主编：《中国图书和图书馆史》，武汉大学出版社，1987年，第257页。
[3] 严文郁：《中国图书馆发展史：自清末至抗战胜利》，台湾枫城出版社，1983年，第106页。
[4] 福建省文史研究馆编：《福建图书馆事业志》，方志出版社，2006年，第225页。
[5] 福建省文史研究馆编：《福建图书馆事业志》，方志出版社，2006年，第226页。
[6] 中华图书馆协会执行委员会编：《中华图书馆协会会报》，1929年12月，第5卷第3期。

响应。陈训慈以为:"文献之保存,图书馆乃责无旁贷矣。"[1] 1915年,曹允源接任江苏省立第二图书馆馆长以后,提出了"葆存古学,牖启新知,二者不可偏废"的办馆方针。[2] 陕西省立图书馆藏书宗旨为:"一曰收藏旧籍,二曰广征群籍,三曰列邦新书,四曰吉金乐石。"[3]山西"截至二十一年度止,各县公立之图书馆,共有74所,私立图书馆1所。但究其内容,大致皆收藏古籍。新文化图书,除万有文库外,殊难多睹;至巡回文库,仅忻县有之"。[4]

民国初期到1937年图书馆事业的发展,以及图书馆法规和图书馆界对保存文献的重视,为出版界刊印古籍提供了个人读者之外的社会机构图书市场。商务印书馆和中华书局等编纂古籍丛书,均将各类型图书馆列为销售对象之一。被誉为"现代编纂国学书中惟一之伟业"[5] 的《四部丛刊》,其编纂出版一直瞄准图书馆市场。1920年商务印书馆借全国教育联合会在上海开会之机,即在《申报》登载广告,认为创办图书馆不可不备《四部丛刊》。广告文字如下:

> 全国教育联合会本月在沪开会,议决遍设图书馆以为教育之辅助,但购买新书较易,购买旧书则难。《四部丛刊》计三百数十种,一万余卷,凡切要之书应有尽有,创办图书馆者得此一部,于旧书一方面大体略具,实为不可不备之书。[6]

---

[1]《浙省图书馆对于浙江文献之搜集与整理》,中华图书馆协会执行委员会编:《中华图书馆协会会报》,1936年6月,第11卷第6期。
[2] 苏州图书馆馆史编委会编:《苏州图书馆编年纪事》,苏州大学出版社,2004年,第3页。
[3] 陕西省图书馆《馆史》组编著:《陕西省图书馆馆史(1909年—1988年)》,陕西人民教育出版社,1989年,第2页。
[4] 山西省图书馆编:《三十年来山西之教育》,载《山西省图书馆史料汇编》,山西人民出版社,2003年,第11页。
[5] 郑鹤声、郑鹤春:《中国文献学概要》,上海古籍出版社,2001年,第143页。
[6]《创办图书馆必备〈四部丛刊〉》,《申报》,1920年11月27日。

除了前文介绍的《万有文库》之外，商务印书馆编纂的巨制丛编如《四库全书珍本初集》、《丛书集成》等，针对市场均为部分财力雄厚的图书馆。《四库全书珍本初集》"凡二百三十一种……今悉依文渊阁所储原书、影印流通，于复兴民族、增进民智，至有关系。行政院曾通函各部会及各省市政府，转饬所属一体订购。各地机关、团体、图书馆、学校及个人定购者极为踊跃。印备之书，除分发预约定户外，所余已极为有限，惠购务祈从速，以免向隅"。[1]

《丛书集成》则为商务印书馆"历年购藏善本丛书至夥，兼多海内仅存之本。今择其尤者百部，汰其重复，整其版式，定名《丛书集成初编》。……全目今已印成，开始发售预约，图书馆及藏书家，曩斥巨资求之而不可得或不易得者，今可以原书二十分之一之代价致之，且尽人得而致之，宁非快事"。[2]

中华书局无论在教科书还是古籍市场上，都与商务印书馆针锋相对。1922年，中华书局局长陆费逵，编纂刊行"经史子集最要之书大略备矣"的《四部备要》，也是看到了国内兴办图书馆的契机。其时办理图书馆古书难求，"迩来购置善本殊艰，欲办一图书馆不第费巨且苦，无从着手"。《四部备要》"择要校印，陆续出版，既可供社会图书馆之求，又可便学者研究国学之需，或亦不无小补"。[3] 在《四部备要》发售预约的同时，中华书局还针对《四部丛刊》未收《二十四史》，抓紧影印了以殿本为底本的竹简斋本《二十四史》，"本局得竹简斋原书底本，复延通人重行校雠，费时数载，始克藏事。爰精工印行，以广流传，庶研究史学者易于购庋，而学校图书馆亦可各藏一编

---

[1]《四库全书珍本初集》广告，见《〈百衲本二十四史〉跋文样张》附页，商务印书馆，1935年重印。
[2]《丛书集成》广告，见《〈百衲本二十四史〉跋文样张》附页，商务印书馆，1935年重印。
[3] 陆费逵:《增辑〈四部备要〉缘起》，《重印〈四部备要〉样本》，中华书局，1934年。

云"。[1]

  不仅商业出版机构，私人刻书家也期望图书馆能够购买、收藏刻印的古籍。举例来说，以收藏明版和开花纸古籍闻名的陶湘，所刻丛书和词集名重一时，为士林珍视。他即在中华图书馆协会创办的第一份全国性图书馆学专业期刊《图书馆学季刊》上刊登《善本书出版预告》，以向国内图书馆界推销他的影印善本，代售处为天津传经书社。[2]同期还有卢弼辑印的《湖北先正遗书》广告及《沔阳卢氏慎始基斋寄售书目》。皆因"卷帙繁富，寒士不易购置"，故《湖北先正遗书》"廉价出售，分售零种，分期交款，便于购买"，目的在于"便于学人，以广流传"。[3]私人刻书家登载广告意在图书馆和学人购藏，回收些许图书成本，同时扩大流通范围，传藏后世，助益学术。

  20世纪20年代国内掀起创办图书馆的热潮。出版界供给的古籍无论是卷帙浩繁的丛编，还是单种零册，都为图书馆提供了便利的藏书来源。如前所述，依赖《万有文库》建立的图书馆达千所以上。售价数百元之巨的《四部丛刊》和《四部备要》，购置的图书馆亦不在少数。商务印书馆和中华书局都曾在《申报》上刊登两书的定户一览表，以广宣传。商务印书馆《〈四部丛刊〉定户一览表》中，定户有南洋公学图书馆、安徽郎溪县立图书馆、重庆巡回图书馆（预定二部）、松江图书馆、铁路协会图书室5家6部；[4]《〈四部丛刊〉第二次定户一览表》中，有南京通俗图书馆、太仓图书馆、云南图书馆售书处、武进图书馆、圣约翰大学罗氏藏书室、浙江江山图书馆6家。[5]《四部备要》的图书馆定户在

---

[1]《重印竹简斋〈二十四史〉缘起》，载《竹简斋〈二十四史〉样本》，中华书局，1922年。

[2]《善本书出版预告》，中华图书馆协会编：《图书馆学季刊》，1926年，第1卷第2期。

[3] 中华图书馆协会编：《图书馆学季刊》，1926年，第1卷第2期。

[4]《〈四部丛刊〉定户一览表》，《申报》，1920年11月16日。

[5]《〈四部丛刊〉第二次定户一览表》，《申报》，1920年12月4日。

1926年则有9家。[1]

民国时期图书馆购藏的古籍包罗了诸多出版机构的图书。以浙江省立宁波中学图书馆为例，其购买的图书包括古籍丛书、中国文学等类别，整理方式有影印、排印，既有《万有文库第二集》、《四部备要》等丛书，也有《古书读本》等普及性选本，出版者有商务印书馆、中华书局、世界书局、大东书局等大型公司，也有历史悠久的扫叶山房，还包括亚东图书馆、太平洋书店等小型新书业代表。下文列表五统计各图书种类，以见浙江省立宁波中学图书馆购买古籍的细节，直观展示图书馆古籍的来源。

表五　浙江省立宁波中学图书馆馆藏民国时期出版古籍一览表[2]

类别	书名	出版者
总类	万有文库第二集	商务印书馆
	丛书集成初编	商务印书馆
	新式标点详注十子全书	扫叶山房
	学生国学丛书	商务印书馆
语文学类	言文对照历代评注读本	世界书局
	言文对照清代文言评注读本	世界书局
文学类	明代小品文六家全集	大道书局
	词选	商务印书馆
	琵琶记	源记书庄
	今古奇观（下）	新文化书社
	虞初新志	新文化书社

[1]《中华书局〈四部备要〉定户一览表》，《申报》，1926年12月30日。
[2] 浙江省立宁波中学编印：《浙江省立宁波中学图书目录》，民国年间。

(续表)

类别	书名	出版者
文学类	大宋宣和遗事	商务印书馆
	京本通俗小说	商务印书馆
	三国演义	亚东图书馆
	水浒	亚东图书馆
	红楼梦	亚东图书馆
	儒林外史	亚东图书馆
	西游记	亚东图书馆
	镜花缘	亚东图书馆
	官场现形记	亚东图书馆
	老残游记	亚东图书馆
	二十年目睹之怪现状	世界书局
	三侠五义	亚东图书馆
	忠烈小侠五义传	商务印书馆
	醒世姻缘传	亚东图书馆
	溽南辨惑	大东书局
	阅微草堂笔记	商务印书馆
	春在堂随笔	商务印书馆
	两般秋雨庵	源记书庄
	茶余客话	商务印书馆
	陶南村辍耕录	国学丛书社
史地类	二十五史补编	开明书店
总类	四库全书总目	大东书局
	四库全书简明目录	大东书局
	皇朝经世文编	扫叶山房
	五经白文	商务印书馆

(续表)

类别	书名	出版者
总类	四书集注	商务印书馆
	经义述闻	扫叶山房
	经史问答	借树山房
	百子全书	扫叶山房
	三十六子全书	扫叶山房
	诸子菁华录	商务印书馆
	诸子文萃	商务印书馆
	四部备要	中华书局
	古书读本	中华书局
	汉魏丛书	大通书局
	平津馆丛书	不详
	滂喜斋丛书	朱槐庐
	紫阳丛书	不详
	船山遗书	太平洋书店
	舜水遗书	太平洋书店
	春在堂全书	太平洋书店
哲学类	孟子白文	商务印书馆
	评注王充论衡	扫叶山房
	庄子集释	扫叶山房
宗教类	般若波罗蜜多心经注解	金陵刻经处
语文学类	说文解字	商务印书馆
	说文解字注	裴荣书局
	段氏说文解字注	苏州保息局
	说文辨惑	崇文书局
	经传释词	文瑞楼书局
	康熙字典	商务印书馆

（续表）

类别	书名	出版者
自然科学类	算经十书	鸿宝斋书局
文学类	诗品诗式	大一统书局
	批本随园诗话	中国图书公司
	古诗源	富华书局
	玉台新咏笺注	扫叶山房
	全汉三国晋南北朝诗	丁福保
	今体诗抄	中华书局
	唐诗百名家全集	扫叶山房
	宋元明诗三百首	扫叶山房
	王逸注楚辞	大一统书局
	李太白集	扫叶山房
	杜诗详解	扫叶山房
	杜工部集	扫叶山房
	钱牧斋笺注杜诗	晬中书局
	白香山诗集	会文堂书局
	经史百家杂钞简编	商务印书馆
	正续古文辞类纂	扫叶山房
	古文观止	文瑞楼书局
	全上古三代秦汉三国六朝文	丁福保
文学类	文选	会文堂书局
	汉魏六朝百三名家集	扫叶山房
	韩昌黎集	不详
	方正学全集	共和书局
	王阳明先生全集	中华图书馆
	壮悔堂全集	中国图书公司

(续表)

类别	书名	出版者
文学类	顾仲恭文集	国学扶轮社
	洪北江先生全集	授经堂
	定庵全集	时中书局
	曾文正公全集	中华图书馆
	曾惠敏公全集	中华图书馆
	唐宋诸贤绝妙词选	商务印书馆
	白香词笺注	扫叶山房
	北词广正谱	文靖书局
	中兴以来绝妙词选	商务印书馆
	度曲须知	商务印书馆
	东周列国志	商务印书馆
	三国志演义	元昌印书馆
	石头记	不详
	水浒	海左书局
	西游记	元昌印书馆
	儒林外史	大一统书局
	镜花缘	天宝书局
	正续儿女英雄传	天宝书局
	世说新语	扫叶山房
文学类	笔记小说大观	进步书局
	苏东坡尺牍	商务印书馆
	曾文正公尺牍	商务印书馆
	曾文正公四种	商务印书馆
	困学纪闻注	守福堂
	日知录集释	述古堂
	读书杂志	扫叶山房

（续表）

类别	书名	出版者
文学类	述学	扬州书局
	求缺斋日记类钞	大成书局
史地类	历代地理志韵编今释	扫叶山房
	天下郡国利病书	敷文阁
	读史方舆纪要	敷文阁
	方舆纪要简览	红杏书屋
	水道提纲	古香阁
	汉西域图考	宝善书局
	圣贤像赞	会文堂书局
	文史通义（附校雠通义）	扫叶山房
	廿二史劄记	文瑞楼书局
	十七史商榷	文瑞楼书局
	廿四史	史学会社
	御批历代通鉴辑览	仁记
	纲鉴易知录	商务印书馆
	历朝纪事本末	慎记
	历代边事汇钞	捷记
	四史	扫叶山房
	史记	点石斋
	春秋复始	北大出版组
	新式标点白话注释春秋左传	中原书局
	左传句解	扫叶山房
	批注左传快读	上海书局
	读左补义	三多堂
	左传事纬	怀澄堂

（续表）

类别	书名	出版者
史地类	明道本国语	退补斋
	国语韦解补正	商务印书馆
	战国策补注	商务印书馆
	汉书补注	文瑞楼书局
	汉书西域传补注	宝善书局
	圣武记	正记书局

第十二章
晚清民国时期图书发行体系的现代转型

清末新政于1901年发端，1905年废除科举开办新式学堂，对西学和教科书的广泛需求为出版业带来了市场，19世纪60年代石印和铅印印刷技术的引进大大提高了图书生产效率，但新式出版业不仅迎来了机遇，也面临严峻的挑战。挑战在于位于相对有安全保障的上海租界内的出版机构，图书发行如何适应清末和民国初年国内动荡的政治和社会环境，尤其这一时期为出版业萌芽和成长的关键时期。动荡的社会环境对出版业的损害巨大，如湖南长沙，"闻去岁（1925年）商务营业约十八万，盈七万余元；中华营业十四万，盈五万余元；世界营业十二万，盈三万余元。惟盈余之数，均系外债，而各县书业，以土匪充斥，不敢下乡收债，故多未解款来省云"。[1]

1924年中华书局创办人陆费逵曾感慨说："书业在此二十年中，和天灾斗，和祸乱斗，和物价斗，和货币紊乱、交通不便……种种情形斗，却还有十倍的进步。假使各种障碍渐次减除，教育渐次发达，十年、二十年……之后，应该进步到如何程度呢！"[2]

---

[1]《乙丑各业盈亏调查记（六）新书业》，湖南《大公报》，1926年2月24日，载黄林：《近代湖南出版史料》，湖南教育出版社，2012年，第593页。
[2] 陆费逵：《〈书业商会二十周年纪念册〉序》，载俞筱尧、刘彦捷编：《陆费逵与中华书局》，中华书局，2002年，第440页。

晚清民国时期现代出版业图书发行的境况与同时期的日本比较，显得尤其困顿。日本进入明治时代后，新的铅字印刷技术的引进，义务教育的实施，邮政制度和交通机构的发展，使出版活动活跃起来，其现代出版业的产生与清末类似。与清末民国不同的是，明治大正时代日本逐渐出现了全国性的代销公司，最早为1891年成立的东京堂。1925年7月，全国性代销公司大诚堂和盛春馆（明治18年创业）以及上田屋的杂志部合并，东京堂、东海堂和北隆馆也分别投资，成立了大东馆。从此，迎来了东京堂、东海堂、北隆馆和大东馆这四大代销公司的垄断时代。在昭和（1926—1989）初期，包括以杂志为副业的文具店和杂货店在内，书店数量达1.2万家（其中专业书店3000家），四大代销公司的销售网遍布全国，促进了流通革命，日本出版进入黄金时代。[1]

清末新式出版业诞生之后，由于政局和社会环境动荡，无法形成全国性的专业图书发行公司，出版商甚至自己携带图书前往外地销售。1903年，开明书局老板夏颂莱就运送书籍去开封贩卖。这一困境随着新式交通的发展而得以缓解。清末民初有效运作的全国系统只有海关和邮政，新式出版机构利用交通邮电系统，探索了多种图书发行模式，设立了现代发行组织；与此同时，教育与出版产业的发达促进了全国书店体系的形成，最终实现了图书流通领域的现代转型。

第一节 晚清民国时期图书发行模式的现代转型

一、总发行所、分店与特约经售处模式

古代出版分为官刻、私刻和坊刻三大系统，官刻和私刻不以赢利为目的，坊刻注重市场，但规模小，多集编、印、发于一体。清末出版业由于销路日广，加上交通条件改善，虽然多数出版社尤其是大型综合出

---

[1] 村上信明：《日本出版流通及其体制》，中国书籍出版社，陈宝贵、刘秀媛译，1992年，第21页。

版社皆为自办发行，但图书发行的专业分工、规模与古代相比，已经有了本质的飞跃。不仅大型出版社如商务印书馆、中华书局、世界书局等，诸多中小型出版社如北新书局、广益书局、锦章书局等也组建了由总发行所、分店和特约经售处构成的图书发行网络，成为清末民国出版界图书发行的主流模式，同时流通环节的革命为图书市场的规模增长奠定了基础。

以商务印书馆为例，1897年创办，癸卯年（光绪二十九年，1903年）生意约计二十九万元。甲辰年（光绪三十年，1904年）生意计四十四万元。[1] 1902年设发行所于棋盘街，后来陆续在全国各地设立分馆，1903年开设汉口分馆，随后渐次增多，最多时达50余处；分馆由总馆直接派人开设，成本较高，而图书代销则成本低，因此，商务印书馆除开设分馆外，亦积极与各地可靠的图书代销商合作，铺设全国发行网络，覆盖城市与乡村市场。1906年时，商务印书馆"全国都会商埠均有发售处所"，笔者根据《商务印书馆出版教科书目》附录"商务印书馆书籍分售处"统计，全国分售处各省数字为：江苏（含上海各书庄）19处，直隶24处，山西6处，四川10处，山东6处，浙江18处，江西9处，广东17处，湖北15处，湖南9处，广西1处，福建7处，河南4处，陕西3处，安徽3处，美国2处，日本1处，除了上海共计154处。[2] 1913年时，商务印书馆在"重要之都会、商埠，既已特设分馆。此外，各地贩卖处，计一千余所。南洋群岛及东西洋美洲各巨埠，无不特设售书处，以备华侨之购求。发行机关便利，营业日渐发达"。[3]

中华书局、世界书局、大东书局、开明书店、正中书局等的图书发行模式与商务印书馆类似，也多由发行所、分支机构和经售处组成，并

---

[1] 梁长洲整理：《商务印书馆股东会记录（选）》，载宋原放主编：《中国出版史料（近代部分）》，湖北教育出版社，2004年，第6页。
[2] 周振鹤编：《晚清营业书目》，上海书店出版社，2005年，第253—255页。
[3] 汪耀华编：《商务印书馆史料选编（1897—1950）》，上海书店出版社，2017年，第6—7页。

依托各自的发行网在各省图书市场展开竞争。

二、邮购

虽然出版社的图书发行网络分布全国，但中国疆域广阔，市场分散，社会环境复杂多变，因此，出版商利用了更为便捷、网点广布、深入城乡各级市场、直达个人读者的邮政，建立了邮购发行系统。如前所述，1935年6月止，邮局的网点数达34155处，远远超出了书店数量。

由于邮局经营国内汇兑和包裹业务，读者从报纸图书广告、出版社营业书目及图书样本获得图书信息后，便可通过邮局汇款购书，出版社再将图书邮寄给读者。因此，出版社、邮局、读者三方行为构成了产品流、信息流、资金流、物流的图书交易封闭系统，使得图书交易安全高效完成。邮购成为仅次于书店发行的重要图书发行方式。

商务印书馆清末就注意邮政购书渠道，其历年营业书目均载有邮政购书章程，如1909年《商务印书馆书目提要》所刊邮政票购书章程，内容如下：

一、采购图书者务将名目及书价、寄费迳寄本馆及各分馆，得信后立即照信配齐寄奉。

一、寄递款项或由信局或由邮局，均随尊便，其兑费、汇费由购书人自理。

一、信局、邮局不能汇兑款项者，其书价及寄费可用邮票代之，办法如下：甲，邮票以一角、二角为限，如有零数可将一、二分者合足，三角以上之邮票不收。乙，邮票抵实洋以九五折计算，如寄邮票一元仅能购书九角五分。丙，邮票有污损者不收。丁，邮票不能揭开者不收。

一、书籍寄费邮局、信局各自不同，本馆特定折中办法如下：甲，寄费照书加一成，如购书一元者应加寄费一角。乙，邮局寄费至少须五分。丙，信局寄费至少一角。

一、欲得本馆书目提要者，专函示知当即寄赠。[1]

章程中邮购方法及邮寄费用详细明晰，便利读者选购。民国时期中华书局图书目录刊有外埠函购图书章程，世界书局图书目录刊有通信购书办法，其他各家中小书店如大光书局等均载有通信购书规则等，条款与商务印书馆通信购书章程大同小异。

邮购能够直达读者，简便易行，因此效果明显，甚至能够渗透到乡镇市场。如汤炳正1910年出生于山东省荣成县石岛镇张家村，地处山东最东端成山角的南侧，三面环海，背后靠山，位置偏僻。他记述少年时邮购书籍经历说：

> 有一次，我的塾师竟得到一部《百子全书》，……是一条由上海开往津沽的轮船，满载书籍等物，遇风暴，触礁沉没于近海。此书包扎严实，被海浪冲到岸上，虽已浸透而未受损。此事对我这个见闻闭塞的乡下学童，竟是一个巨大的启发。这部《百子全书》是上海扫叶山房出版，我从此就成了这家出版社的邮购主顾；后来，我跟商务印书馆、中华书局、有正书局等，都取得了联系。前后购买的大书，有《十三经注疏》、《金石萃编》、《二十四史》、《百子全书》、《汉魏六朝百三名家集》、《古文辞类纂》、《三希堂法帖》等。[2]

铁路和邮政的迅速发展，大大提高了交通联络的速度和效率，仅1901年至1910年间，信件、报纸和杂志的流通增长了25倍。[3] 民国时期"报纸、杂志、书籍等占有上海之流通总量的六成。……从上海邮

---

[1] 周振鹤编：《晚清营业书目》，上海书店出版社，2005年，第386页。
[2] 汤炳正：《剑南忆旧——汤炳正自述》，山西人民出版社，2000年，第21页。
[3] 芮玛丽（M. C. Wright）：《时代变换的高潮》，见 China in Revolution，第30页，转引自戴仁：《上海商务印书馆（1897—1949）》，李桐实译，商务印书馆，1996年，第7页。

寄的新闻出版物的数量，实际上占全国办理问题的13％以上。从当时邮政制度的具体状况中可以知道，出版物是邮政业务的主要内容，出版机构云集的上海的邮寄量占绝对多数"。[1]

邮政系统还被读者用于在知识群体中传递书籍，形成二次阅读甚至多次阅读。现代作家许钦文后来回忆五四时期《新潮》曾说："都为好学的青年所注意，报刊、书籍，已经翻阅得破破碎碎了，还是邮寄来，邮寄去。凡有新的好书，如果不寄给朋友看，好像是对不起朋友似的。"[2] 类似的记载也见于《应修人日记》等诸多史料。书籍经邮政系统投递而编织的多重阅读网络，不仅具有思想传播的意义，也扩大了书籍和杂志的潜在市场。

第二节 晚清民国时期图书发行组织的现代转型

晚清民国时期图书发行规模的扩大要求相应的部门专业化，清末民初的出版机构普遍设立了发行所和邮购部，出版业在图书流通环节得以逐步现代转型，其规模和功能均非传统的书坊发行所能相比。

一、发行所

清末官书局多设有售书处或官书坊，负责图书的销售和发行，各地书坊和书铺也有愿意代售代卖者。民营书坊则以门市销售为主，外地只有零星的分店。清末民国初年，随着全国图书市场的开拓，出版机构尤其是民营出版社内部组织开始专业化，逐步形成了编辑部、印刷所、发行所构成的现代模式，其中发行所为专业图书发行部门，规模庞大，功能强劲。以商务印书馆为例，1902年设立印刷所和发行所，1903年设

---

[1] 藤井省三：《鲁迅〈故乡〉阅读史：现代中国的文学空间》，董炳月译，南京大学出版社，2013年，第35页。
[2] 许钦文：《五四时期的学生生活》，转引自郭汾阳、丁东：《书局旧踪》，江西教育出版社，1999年，第8页。

立编译所,1915年另设总务处,成为商务的决策中心。商务"一处三所"的组织形式,亦为其他出版机构模仿,是民国出版业的主流模式。商务发行所职能为"本馆之总机关。凡营业各事,发行所总其成,各省分馆亦归其支配",1913年的办公楼为"新造洋式四层楼,占地一亩三分,下层为发行图书、杂志、仪器、文具之所;二层楼,为总、副经理室,账务室,广告部,分庄事务处,仪器文具事务处,营业部,发售印机代印图书;三层楼,为图书、仪器栈房,发行杂志事务处,标本、博物制作室及膳堂;四层楼,为图书、仪器陈列所,图书、仪器栈房,学生课室及宿舍。四层楼之上,有屋顶平台,为瞭望休息之所"。由于发行业务繁忙,发行所人员众多,"上海二百三十人、北京十二人、天津十一人、奉天十四人、广州十二人、汉口十二人、长沙十四人、开封十人、福州九人、潮州四人、南昌十四人、龙江五人、济南十四人、重庆六人、太原八人、杭州十二人、成都十人、西安七人、芜湖六人、安庆七人、桂林五人、保定七人、吉林六人",总计435人。[1]

中华书局1912年创办不久即设编辑所、营业所和发行所,同时在各省开始设分局或经理处,有北京、天津、奉天、南昌、汉口、广州、杭州、南京、温州等九处。[2] 1913年各省分局增至17处。广州、北京新顶店面,大加修理,各费洋5000元,汉口、天津均将店面扩充。[3] 1916年分店(当时称分局)增至40处。[4] 1914年全局组织分三大机关:(1)董事,议决立法及重大事件。(2)监察,监督稽查一切。(3)局长,为职员领袖,执行局务。分部办事机关有编辑所、事务所、营业所、印刷所、发行所。其中发行所下设内账课、外账课、批发课、门市课、文具仪器课、收发课、存储课。1924年改组组织机构如下:董事会董事九人,监察二人,总经理一人。下设(一)总办事处,

---

[1] 汪耀华编:《商务印书馆史料选编(1897—1950)》,上海书店出版社,2017年,第6页。
[2] 钱炳寰编:《中华书局大事纪要(1912—1954)》,中华书局,2002年,第5页。
[3] 钱炳寰编:《中华书局大事纪要(1912—1954)》,中华书局,2002年,第9页。
[4] 钱炳寰编:《中华书局大事纪要(1912—1954)》,中华书局,2002年,第28页。

(二）编辑所，（三）印刷所。其中发行所下设货栈、批发、门市三个部门，及清账、收款、推广、名片、收发、庶务六课，[1]与商务印书馆类似。

世界书局1921年正式成立后，内部机构设置也仿照商务，分为总务处、编辑所、印刷所、发行所四个系统，其发行运用与商务、中华不同的营销策略，逐步建立了全国发行网。总体而言，发行所成为晚清民国出版社的核心部门之一。

二、邮购部

清末邮政网点的扩张和邮递购书业务的增长，塑造了出版业的图书发行体制，众多出版社设立邮购部，专门负责邮递购书业务。商务印书馆发行所1906年即有函购业务，发行所1929年有"通讯现购处"，中华书局上海总店为便利内地顾客，则于1917年，添设"通讯贩卖部"，"不独本局售品可以函购，凡上海直奉江浙闽粤川汉，以及欧美日本各处货物，除危险品及有伤风化品外，亦可代买"。[2] 1928—1937年民国出版业黄金十年期间，各家出版社普遍设立了邮购部门，如开明书店函购课、光华书局函购部、百新书店函购部、联合书店邮售部、经纬书局邮售部等。

由于邮购的普及，上海不良书商利用邮购广告，欺骗内地读者，上海杂志无限公司曾在其《第二度邮市廉价书目》特别提醒内地读者注意：

> 上海是五方杂处的地方，良莠不齐，从事买卖的人们，守信义的固然很多，那不顾一切，专事欺骗内地读者上当渔利的也属不少。上海市书业同业公会中常常有内地读者写信来问，"寄了钱去，不见书来"的事情，几致无日无之。因之，同业公会曾经登过上海

---

[1] 钱炳寰编：《中华书局大事纪要（1912—1954）》，中华书局，2002年，第68—69页。
[2] 钱炳寰编：《中华书局大事纪要（1912—1954）》，中华书局，2002年，第30—31页。

各大报通告,要读者们对于函购图书时,加以审慎考虑。但是,通告还是通告,上当的还是不断上当,这是我们从事文化事业的,一件很扼腕的事。

并进而为自己新设的函购信托部宣传:

敝公司创立已达三载,曾经实业部注册股份无限公司第一六七号。为全国专门从事杂志事业之首创者。以代办代定代理发行为主要营业。三年来各地读者图书馆委托代定代办图书杂志达五十万户,莫不感觉满意,信用卓著,口碑载道。自今春起,因应各地读者同时采办图书杂志便利起见,特增设"函购信托部"。[1]

出版社成立邮购部门的效果是显明的,以致1932年至1934年上海邮政信函和印刷物及书籍业务发展极快,见表一。[2]

表一 1932—1934年上海邮政业务发展比较表

年份 业务	1932年	1933年	1934年
信函	74314400	75162200	77649700
印刷物及书籍	27763700	36778500	37833500

---

[1]《第二度邮市廉价书目》,上海杂志无限公司,1936年,载刘洪权编:《民国时期出版书目汇编》(第13册),国家图书馆出版社,2010年,第2页。
[2] 数据来源:《上海市年鉴1937年》(下),中华书局,1937年,第200—255页,转引自忻平:《从上海发现历史:现代化进程中的上海人及其社会生活》,上海人民出版社,1996年,第385页。

第三节 晚清民国时期全国书店网络的形成

中国古代早期就有了专门的书店，清代北京琉璃厂、苏州观前街等闻名全国。晚清民国时期随着新式教育、交通与出版业的发展，最终形成了全国性的书店网络。与古代书店系统相比，晚清民国时期全国书店网络有三个特征，一是各省市尤其是中心城市书店的数量有了爆发式的增长；二是县级书店数量的显著增加，主要原因是县乡广泛开办了中小学校；三是书店类型有了分化，部分书店销售图书则以新学图书为主。其中前两个特征与交通关系密切。

晚清民国时期除了偏远的新疆等地区，全国书店的数量从清末开始有了显著的增长，这是第一个特征。以明清以来的文化中心北京为例，清代知见的部分书店为200家，[1]民国时期的书店，总计共有731家。[2]与北京相邻的天津，"从清末到20年代中期以前，据档案记载的书店有100多家，其中相当部分集中在城厢及大胡同、东北角一带，推销近代铅印图书"。而从1926—1949年，据不完全统计，先后在津开业的书店达306家，从业人员累计1800余人。总体来说，抗战前，"营业区域广阔，业务情况较好"的开业书店有168家。[3]而素来文化发达的山东省，"清代专营图书发行机构为数不多，有据可查的仅25家，发售的图书主要是古籍以及年画、碑帖等，一般还兼售文具"。[4]随着胶济铁路1904年、津浦铁路1912年开通，1913年商务印书馆在济南设立分馆，"民国时期专营图书发行机构，已查有726家。其中军阀、国

---

[1] 北京市地方志编纂委员会编：《北京志·新闻出版广播电视卷·出版志》，北京出版社，2005年，第454页。
[2] 北京市地方志编纂委员会编：《北京志·新闻出版广播电视卷·出版志》，北京出版社，2005年，第481页。
[3] 天津地方志编纂委员会编著：《天津通志·出版志》，天津人民出版社，2001年，第153页。
[4] 山东省地方史志编纂委员会编：《山东省志·出版志》，山东人民出版社，1993年，第269页。

民党统治区 464 家，主要分布在县级和县级以上城市，以济南、青岛、潍坊、淄博、临沂、德州等地较多。发展较快时期是 1928 年至 1937 年。这 10 年创办的专营图书发行机构达 207 家，占总数的 44%"。[1]

中国古代县城及农村由于学校少，难以维持专门的书店，因此县乡一级的书店寥寥可数。清末民初，由于西学潮涌，学校广设，思想文化的传播深入社会基层，县级书店因此也日渐增多，这是第二个特征。如西南的四川，"1920 年初，全省有书店二百三十来家，不仅盆中地区很多县有书店，盆周山区一些边远小县也有过书店，改变了以往书店多在成都、重庆等大中城市的格局"。[2]四川南部的富顺县，"民国 5 年（1916 年）以后，县城先后出现 9 家专营图书文具的书店，20 余家兼营刻版书的笔墨纸张店。各大集镇亦有专营或兼营文具的书店"。[3]部分县级书店的业务主要也是推销商务印书馆等各大书局的教科书，如 1928 年开设的富顺县华东书局，"县外与商务印书馆、世界书局建立业务往来，县内直接对中、小学校批销，预收课本订金 30%。由于服务热情，能及时组织供应，全县 50% 的中、小学所用课本都是华东书局负责供应，并独揽城区 7 所中、小学课本"。[4]全国县级书店能够经销上海印制的图书，并数量日益增多，也是受益于清末民国交通的发达。

全国书店零售业的现代转型第三个特征关联的是图书内容，由于涉及现代转型的整体特征，在此亦简要论述。如民国时期长沙市的书店经营范围，"大致可分为八个类型：（一）以经营木版书、石印书和标点书为主要业务；（二）以经营教科书和各种参考书籍为主要业务；（三）以经销文艺书籍和人文科学书籍为主要业务；（四）以经销文具为主兼售

---

[1] 山东省地方史志编纂委员会编：《山东省志·出版志》，山东人民出版社，1993 年，第 271 页。
[2] 四川省地方志编纂委员会编：《四川省志·出版志》（上册），四川人民出版社，2001 年，第 261 页。
[3] 富顺县新华书店编：《富顺县图书发行志》，富顺县新华书店，1993 年，第 2 页。
[4] 富顺县新华书店编：《富顺县图书发行志》，富顺县新华书店，1993 年，第 9—10 页。

书籍;(五)以经销书籍为主兼售文具;(六)以经销军事书为主要业务;(七)以经销各种杂志为主要业务;(八)以经销儿童读物为主要业务。第一类书店,人们称它为旧书店;第二类书店,人们称它为新书店;第三类书店,人们称它为进步书店。长沙市图书业所辖的书店,计有一百一十八家,分属上述八个类型。不过有因时局的变化和业务的发展,由甲类型转变为乙类型,或由乙类型转变为丙类型,所以也难确定它属于那个类型"。[1] 20世纪初,成都有"洋版书房"十来家,主营"洋装书"销售,规模较木刻书坊(铺)大,陈列品种较多,书籍主要来自上海等处,如"点石斋"、"二酉山房"、"商务印书分馆"、"正谊公司"等;有的"洋装书店"兼营文化用品。[2] 这一转型在全国也是普遍现象。

第四节 晚清民国时期图书发行体系现代转型的作用

晚清民国时期由于新式交通的发展,形成了初步的全国性图书市场,出版机构的发行功能专业化和模式化,同时省市级和县级书店的显著增加形成了全国性图书销售网络,使得出版业的现代转型得以完成,最终的结果是以上海为中心的出版业规模爆发式增长,具体表现在出版社的数量、资本、营业额、图书出版种数与销售册数上。

民国时期出版界流行"商中世大开"的说法,即五家最大出版社的排序。本节从资本额、营业额、员工人数、出版物种数等方面,对五家机构做一列举,以便说明民国出版业的规模。

资本和营业额是衡量企业实力的重要数据。民国五大出版企业中,商务印书馆创办于1897年,1922年资本总额即达500万元,营业额

---

[1] 吴起鹤:《解放前的长沙图书业概况》,载黄林:《近代湖南出版史料》,湖南教育出版社,2012年,第607页。
[2] 四川省地方志编纂委员会编:《四川省志·出版志》(上册),四川人民出版社,2001年,第259页。

1912年为181.9078万元，1930年1200.5473万元。中华书局1925年资本总额200万元，1937年达400万元，营业额1912年22万元，1930年7月至1931年6月398万元。世界书局1931年资本总额近100万元，营业额200余万元。大东书局1932年增资为60万元，1930年营业额79万元。开明书店1936年累计资本额30万元，1937年以前，营业额每年达百余万元。[1]

员工人数也是企业规模的重要指标。1931年的商务印书馆，已有分厂两处（北平、香港），分支馆（分馆、支馆、支店）36处（含新加坡分馆一处），东方图书馆和尚公小学两个附属机构，上海各处职工4000多人（其中工人3500余人），各省分支馆局职工1000余人。中华书局则"沪厂员工千余人，香港厂员工2000余人。……全局员工至少在6000以上"。[2]世界书局上海一处三所（总务处、编辑所、印刷所、发行所），内部编制所分部、科、股，大致与商务、中华相同。世界书局上海职工最多时有一千数百人，故被认为次于商务、中华两家居第三位，这也是条件之一。1931年大东书局有职员150余人，工人300余人，其规模虽不及商务、中华和世界，但也仅在它们之下，位居全国第4位。上述四家均有自己的印刷厂。开明书店1934年总公司参照商务、中华的组织体系，设有3个处所、1个室、18个部、33个课和4个委员会，员工100多人。[3]

出版图书数量和内容也体现了五大出版机构的实力。从1911年算起，扣去1897年至1910年，以及年份未详者，商务的出版种数合共14885种。换句话说，民国时期，商务的出版种数约占同期全国之12%。民国期间，中华书局共出书5908种，12702册。据朱联保统计，世界书局29年时间里一共出书5580种。大东书局自创立到1930年，

---

[1] 数据根据《民国出版史》、《中华书局与近代文化》、《近现代上海出版业印象记》、《开明书店纪事》统计。
[2] 俞筱尧、刘彦捷编：《陆费逵与中华书局》，中华书局，2002年，第4页。
[3] 数据根据《民国出版史》、《中华书局与近代文化》、《近现代上海出版业印象记》、《开明书店纪事》统计。

据统计共出版图书1245种。[1] 开明书店则是20余年来，共计出版书刊1500余种。[2]

从图书的销售量来看，民国时期出版业的数字也是相当庞大的，如商务印书馆"查三年（1914年）销数，春季共和初小共七百五十九万余本。四年（1915年）销路共七百二十六万余。尚有数分馆未到，大约相等。均专教科言"。[3]

上述数据在与清代坊刻比较之后，更能彰显出版业现代转型的意义。清代刻书中心之一的福建四堡，"最大的书坊需要二三十名工人（或如一名报告人所说的那样，需'几十名'工人）"，[4] 各家书坊图书销售数量已不可考，但年利润则从侧面反映了经营规模，如四堡书坊文海楼在19世纪后期至20世纪早期繁荣一时，"据文海楼的账簿（记录于20世纪初），批发给九家书店的书籍总价为3074.937两银子。扣除'旧岁'的1800两收入，当年的收入为1274.937两（另有价值326.421两的存货）。那么，文海楼的年收入应在1275两到1800两银子之间"。[5]

总体而言，晚清民国时期西方印刷技术的采用、教育的发达、交通的改善等因素，使得新式出版业与传统出版业比较，在组织结构、印刷技术、图书内容、发行模式、营销方式等方面发生了剧变。作为民国图书出版的版块之一，古籍出版与教科书、西学、新文学等领域一样，为晚清民国时期全国图书发行体系的建立贡献良多，也受益于全国发行体系的建立。

---

[1] 数据根据《民国出版史》、《中华书局与近代文化》、《近现代上海出版业印象记》统计。
[2] 王知伊：《开明书店纪事》，书海出版社，1991年，第178页。
[3] 张元济：《张元济全集（第六卷·日记）》，商务印书馆，2008年，第38页。
[4] 包筠雅：《文化贸易：清代至民国时期四堡的书籍交易》，刘永华、饶佳荣等译，北京大学出版社，2015年，第93页。
[5] 包筠雅：《文化贸易：清代至民国时期四堡的书籍交易》，刘永华、饶佳荣等译，北京大学出版社，2015年，第104页。

第十三章
民国时期古籍出版的营销宣传与发行方式

晚清民国时期的出版业现代转型,依赖于出版业的内外部环境。晚清民国时期交通条件的改善,全国图书市场的出现,出版机构内部发行组织的建立,全国书店网络的建设,标志着图书从出版者制作,到达图书消费者即读者的物流系统的成熟。但中国地域广大,读者较为分散,出版家作为文化消费品图书的生产者,一要追踪社会大众的需求变化,二要将图书信息快速传递给读者。如果缺乏现代大众传播媒介系统将出版信息与读者需求对接,出版业仍然如同晚清以前利用图书传播,那么图书的购买必然有限,从而影响整个产业的规模。晚清民国时期报纸、杂志、电报、广播等大众传播媒介的兴起,为中国政治、经济、文化的发展提供了快捷即时的资讯,构建了整合社会的通讯系统。从出版业来说,正是有了大众传播媒介构建的信息渠道,出版家才能将图书信息快速传递给读者,并回收读者的反馈,从而在出版家和读者之间架起了沟通平台。因此,晚清民国大众传播媒介对出版业发展的作用也至关重要。民国时期出版的古籍,也依赖于报纸、杂志以及自身的媒介作用,推广宣传至社会大众,被读者阅读与消费,出版机构也得以回收资金并投入图书再生产。本章重点讨论市场化民营机构出版古籍的宣传营销与发行方式。图书馆、藏书家刊行古籍也有少量的宣传推广活动，影响较小，故暂不作论述。

第一节 民国时期的大众传播媒介与图书营销

中国古代无论官刻、家刻、坊刻，常在书前、书尾、序后、目录后或卷末刻一牌记，记录刊印者姓名堂号、雕版时间地点、所据底本等，内容具有图书广告的性质。书商也利用图书的扉页、序文、附页宣传推销。总的来说，古代中国缺少大众媒介来传播信息，始于汉唐的邸报仅在官员阶层流传。古代图书广告只能发布在本版图书上，传播范围较为狭小，传播效果较为有限。

晚清时期西方大众传播媒介如报纸、杂志、电报传入中国，甲午战争之后报纸、杂志发展迅速，发行份数扩张至千万级，发行范围则遍及全国，读者分布也深入社会中下阶层。大众传播媒介的发展为社会经济构建了一个即时性的信息传播系统，出版业得以利用报纸、杂志，也可以利用本版图书、营业书目等发布出版消息，进行图书宣传，扩展图书市场，达到促进销售的目的。下面从报纸、杂志、营业书目、图书样本、本版图书等五类大众传播媒介来阐述新式媒介对古籍营销的作用，其中前两类可称为新闻媒介，后三类可称为非新闻媒介。非新闻媒介如教科书印刷量可达数百万册，其传播效力并不逊色于新闻媒介。

一、报纸

报纸的读者对象是一般社会大众，具有发行量大、传播范围广的特点，也是民国出版界最常使用的大众传播媒介。民国创建后，"'人民有言论著作刊行之自由'，既载诸临时宪法中；一时报纸，风起云涌，蔚为大观"。[1]民初报纸"当时统计全国达五百家",虽然二次革命后报纸种数锐减,"报纸销数亦由四千二百万降至三千九百万",[2]但发行量近四千万份,依然可观。从单种报纸来看,中国近代发行时间最长、影响最大的中文报纸《申报》发行量,1875年为1200份,此后稳步上升,1936年增长到15万份。下列表一为1875—1936年《申报》销售量简表。无论是总发行量还是单种报纸发行量,均可见报纸的公众传播影响力。

表一　1875—1936年《申报》销售量简表[3]

年份	销售数	年份	销售数
1875年	1200	1920年	30000
1876年	2000	1921年	45000
1877年	5000	1922年	50000
1912年	7000	1925年	100000
1916年	14000	1926年	141440
1917年	20000	1936年	150000

报纸广告涵盖商务、社会、文化、交通等各项事务,其中书籍广告占有一定的份额。戈公振曾以1925年4月10日起积累30日,统计京津沪汉粤五地之报纸各一种之广告。笔者在戈氏表格基础上,编制表二如下。[4]

---

[1] 戈公振:《中国报学史》,生活·读书·新知三联书店,1955年,第178页。
[2] 戈公振:《中国报学史》,生活·读书·新知三联书店,1955年,第181页。
[3] 资料来源:《七十五年来本报〈申报〉的广告发行及其他》,上海档案馆:Q78-2-15745,转引自王儒年:《欲望的想像:1920—1930年代〈申报〉广告的文化史研究》,上海人民出版社,2007年,第69页。
[4] 戈公振:《中国报学史》,生活·读书·新知三联书店,1955年,第216—217页。

表二　《申报》广告面积及性质测量表（面积单位：平方寸）

分类	商事	商品	金融	物价	机器	医药	奢侈品	集会	声辩
次数	37	36	16	3	3	69	12	11	48
面积	223	243	125	22	32	758	387	74	106
分类	法律	招寻	慈善	游戏	赌博	教育	书籍	交通门	杂项
次数	21	34	3	82	15	6	15	4	15
面积	108	95	14	646	96	28	196	115	74

上表数据中，书籍广告在18类广告中次数与杂项、赌博并列第9位，广告面积居第6位。从该数据可以看出，出版商登载报纸广告是一种日常行为，也是报纸主要的广告来源之一。

二、杂志

近代杂志的迅猛发展势头不亚于报纸。《1833—1949全国中文期刊联合目录》（增订本）收录了我国50个省市级以上图书馆所藏建国前出版的中文期刊近两万种，[1]《1833—1949全国中文期刊联合目录》（补充本）收入的建国前中文期刊，为参加该目录的56个图书馆馆藏中未编入《1833—1949全国中文期刊联合目录》（增订本）的部分，总计16400余种。[2] 两个数字合计达36400余种。

杂志以其专业性的内容与报纸在大众传播媒介功能上有所区别，因而在杂志上刊登的书籍广告往往有准确的市场与读者定位。以《四部丛刊》为例，除了在报纸上发布广告之外，商务印书馆选择了图书馆学期刊作为该丛书的广告媒介。笔者简略统计了图书馆学期刊上的《四部丛刊》（包括重印本与缩印本）广告，列为表三，以见民国时期出版家利

---

[1] 全国图书联合目录编辑组编：《出版说明》，载《1833—1949全国中文期刊联合目录》（增订本），书目文献出版社，1981年。
[2] 国家图书馆、上海图书馆主编：《编例一》，载《1833—1949全国中文期刊联合目录》（补充本），中央民族大学出版社，2000年。

用杂志推销古籍的图书营销策略。

表三 图书馆学期刊登载《四部丛刊》广告简表

期刊名称	卷期	时间	期刊名称	卷期	时间
图书馆学季刊	第一卷三期	1926年9月	浙江图书馆馆刊	第三卷第四期	1934年8月
图书馆学季刊	第一卷四期	1926年12月	图书展望	第六期	1936年3月
图书馆学季刊	第九卷二期	1935年6月	中华图书馆协会会报	第十一卷第五期	1936年4月

三、营业书目

晚清民国时期没有全国性的图书发行商，出版机构多自办发行。大型出版机构如商务印书馆、中华书局等在全国各地设立分局或由当地书店代理经销，而中小型出版机构一般由当地书店代理经销。正因为图书批发渠道不畅通，各书局才热衷于编印营业书目，供读者、书店、学校及图书馆选购图书。营业书目实际就是各出版机构的征订目录。民国时期各家图书目录中，详列了图书书名、作者、册数、售价、同业批发章程、通信购书办法、代理处名单等，成为主要的非新闻大众媒介。

营业书目以商务印书馆的《图书汇报》持续时间最久。《商务印书馆成绩概略·民国二年》曰："图书汇报 本馆创业十七年，出版图书四千余。民国开幕以来，出书更多，特编成图书汇报，按月发行，凡本馆历年出版之各种书目，分门别类，一览了然。此书不作买品，专为送人之用。"[1] 据笔者考证，《图书汇报》创办于宣统三年六月（1911年

---

[1]《商务印书馆成绩概略·民国二年》，载汪耀华编：《商务印书馆史料选编（1897—1950）》，上海书店出版社，2017年，第14页。

6月），1931年4月为第122期。"一·二八"事变后重新编号，1933年1月出版"新一号"，一直到1943年7月为"新10号"，之后再没有出版接续编号的《图书汇报》。

装订成册的营业书目印制成本高，因此出版商常刷印单张营业书目，以招徕顾客。笔者藏有1934年《上海乐华图书公司书目》，正面右半张为"简明书目"，左半张为"出版消息"、"乐华书报代办部章程"、"乐华读者会章程"及《乐华少年文库》简介，背面为《当代文学读本》书目和其他实用图书。单张书目页码少，印制、邮寄成本低，民国出版家亦较多运用此类营业书目。1934年，浙江省立图书馆曾印有《浙江省立图书馆出版书目》一大张，载有所出书目，并特别注明优待各图书馆学校机关，木印书照价九折，铅印书照价八折；外部函购，寄费照定价加一计算。

营业书目一是供出版机构的分馆或经售处宣传订购，二是供读者个人邮购或书店购买。营业书目有利于读者了解图书信息，各家出版机构常备供外地读者函索或本地读者查检。19世纪20年代，尚为上海钱庄职员的应修人喜爱读书购书，常去多家书店如扫叶山房等家索取书目。如1917年9月，"一日 星期六，晴、甚热。晚偕沈彬章至望平街有正书局索书目"，[1]"十七日 星期一，阴、热。上午二兄来，持商务印书馆赠余新编《图书汇报》，与余略谈农事而去"。[2]

四、图书样本

营业书目和单张书目推销的是出版社在版图书，民国时期出版家在策划教科书或丛书时，往往先编辑预约样本，也叫样张或样章，发布教科书、丛书内容简介，以及预约销售办法，来刺探图书市场的反响，通过预约销售占领图书市场，预收出版资金，降低出版成本，提高图书利润。商务印书馆、中华书局、世界书店等出版教科书，均有教科书样本

---

[1] 上海鲁迅纪念馆编：《应修人日记》，上海书画出版社，2003年，第66页。
[2] 上海鲁迅纪念馆编：《应修人日记》，上海书画出版社，2003年，第71页。

赠阅，以便学校选用。在古籍出版方面，商务印书馆的古籍丛书如《四部丛刊》、《百衲本二十四史》、《四库全书珍本初集》、《续藏经》等，中华书局的《四部备要》、《古今图书集成》、《竹简斋二十四史》等，世界书局的《国学名著》等，均有样本发送。以《四部丛刊目录》为例，内容依次为"印行《四部丛刊》启、《四部丛刊》例言、《四部丛刊》目录、《四部丛刊》第一期书录、预约章程、《二十四史》[1]特价办法、预约定单及样本"。[2]预约提供的折扣较低，对于购买欲望强烈的读者来说，吸引力颇大。

五、本版图书

本版图书加印附页或在版权页空白处印制出版书目，也是出版者常用的营销办法，因而本版图书也成为民国时期的传播媒介。本版图书刊载书目成本极为低廉，广告效果显著。因而各家出版机构、各类图书常有附录图书广告，尤其是同类出版物广告。

第二节 民国时期古籍出版的营销宣传

民国时期以报刊和营业书目等传播媒介，构建了出版者与读者之间的信息通道。从书局创办、开办分局、设立经销处，到发布出版消息、发售预约、廉价广告、函授邮购等全部出版事务，均可通过新的报刊媒介发布传播。民国时期出版主体为市场化的民营机构，为了争夺图书市场，依托报刊平台和书目等宣传品，开展了全流程的营销推广，对书局的营业及品牌、图书的出版、发行进行全方位的宣传。民国时期出版古籍的各家书局，与出版教科书或新文学、社会科学或科学技术的书局，在利用新式媒介营销图书上没有差异，均技巧娴熟，收效也十分明显。下文从品牌推广、图书营销两方面论述民国时期出版古籍的市场营销

---

[1] 此处为商务印书馆影印的殿版《二十四史》。——作者注。
[2]《四部丛刊目录》，商务印书馆，1920年。

策略。

一、品牌推广

民国时期随着出版业的扩张,在市场竞争的驱动下,众多商业出版机构在图书出版类别如教科书、新文学和社会科学、国学、医学等开始分化,逐渐形成了各自的图书特色并占据了一定的教育、文学、学术图书市场份额。为了强调出版特色并塑造品牌形象,古籍出版机构亦注重通过刊载报纸广告,进行品牌推广。如1901年创办的锦章图书局,于1914年9月8日,在《申报》登有推广营业广告曰:"本局开设上海二十余载,自建高大厂屋,精印各种书籍,专销本埠同业,大有应接不暇之势。历承分埠纷纷函订,未能应命,殊深抱歉。今因推广营业,普及全国起见,增合资本,续添上等机器十余架,精刊各种经史子集、医卜星相、画谱尺牍、新旧小说等名目甚夥,另印书目,以备选择。倘蒙各埠同业及商学诸君惠顾,零售批发,定价极廉。外埠函购,书价请由邮政局汇票寄下最为便利。如寄邮票,概作九五扣计算,原班回件,决不有误。本局印刷所在法租界白尔格,批发所在老北门内穿心街西,新设发行所在英租界棋盘街五马路口。现正修葺,不日开幕,特聘博学硕儒编辑杂志以及最新小说、科学等书,内容佳妙,装潢精雅,出版有期,再行通告。"[1]再如扫叶山房于1915年3月17日,刊登《申报》广告,"扫叶山房分设汉号(汉口开设分店),装修竣工,择吉开张。敬启者:敝号开设苏申历年最久,素以刊印精本书籍,辱承海内赞许,现因推广营业,特在汉口黄陂街回龙寺巷口开设分号,发行精本各书以及江浙等省局版、家刻经史子集,以供两湖名士购阅之便。凡川陕甘汴诸省同业批发,亦可就近采办,至价值,自当格外克己。盖敝号意在流传国粹、输入文学起见,并非专于牟利也。特此广告,惟鉴查焉。扫叶山房

---

[1] 吴永贵:《民国图书出版史编年(1912—1949)》(上册),社会科学文献出版社,2018年,第61页。

主人谨启"。[1]

在推介书局品牌之外，出版机构还重点推出图书的品牌优点，如经纬书局《名著笔记小说》广告词为"新式标点彩色封面绣像绘图 大字足本"。[2] 大光书局刊印《史学丛书》广告词为："本局出版各史书，均用殿本广版五局本等旧版参照精校，标点正确。用新体五号字排印，字体清晰，纸张洁白，硬面精装烫金，十六开版式，并有硬匣，藉保书本。既极美观，又便阅读。研究史学者不可不读，学校图书馆尤应购备。"[3]

上述广告有的侧重介绍书局历史、图书种类、发行方式及最新动态，有的侧重介绍图书品牌与特色，力图通过广告内容的推介，转化为读者对品牌的认知，构建用户心理中的书局和图书品牌形象，达到强化出版品牌的效果。

二、图书营销

民国时期古籍出版的营销可分为营业书目营销、古籍样本营销、本版图书营销和图书广告营销四大类。营业书目、样本和本版图书营销属于常规性的营销行为，图书广告要支付报刊的广告费用，因而主要用于重点图书宣传、重大出版活动等项目。

1. 营业书目营销

民国时期出版古籍的商务印书馆、扫叶山房等机构，都印制有自己的营业书目，内收常备图书，供经销商和读者浏览。《民国时期出版书目汇编》[4] 即收录营业书目84家147种，其中包括扫叶山房、会文堂

---

[1] 吴永贵：《民国图书出版史编年（1912—1949）》（上册），社会科学文献出版社，2018年，第78—79页。
[2] 刘洪权编：《民国时期出版书目汇编》（第11册），国家图书馆出版社，2010年，第540页。
[3] 《大光书局图书总目》，1937年，载刘洪权编：《民国时期出版书目汇编》（第9册），国家图书馆出版社，2010年，第311页。
[4] 刘洪权编：《民国时期出版书目汇编》，国家图书馆出版社，2010年。

书局、大成书局、广益书局、锦文堂书局、千顷堂书局、上海朝记书庄、江东书局、文殿阁书庄等多家国学出版机构的书目。以1925年广益书局《图书目录》为例，封二为启事，后面依次为外埠购书章程、邮政章程摘要、重点图书内容简介、图书分类目录，封底为营业要目和批发广告。

2. 古籍样本营销

编印丛书样本营销，效果也相当突出。商务印书馆、中华书局、开明书店、文瑞楼书局、国医印书馆等大小书局刊行古籍，往往配有样本发售预约。如《文瑞楼书局七大预约样本》，列有《郝氏尔雅义疏》、《十七史商榷》、《顾氏音学五书》、《宋元明清学案》、《顾亭林先生遗书》、《廿二史劄记》、《增广尚有录统编》等七种丛书；《郝氏尔雅义疏》预约简章为："（一）全书分订十六册，精装二函。分甲乙两种，甲种用中国上等连史纸印，定价洋六元。乙种用洁白油光纸印，定价洋四元。（二）预定者甲种只收半价，大洋三元。乙种只收半价，大洋二元。一次收足。（三）预约期限以丙寅年四月二十日截止，四月底出版。全书告竣后，仍照定价出售。"[1]

3. 本版图书营销

本版图书附页刊载图书广告，也为民国时期出版古籍机构所常使用。以新文化书社为例，1935年出版的《封神传》，版权页就附有"新式标点各种旧小说"（顺序从左到右），兹列为表四如下。

表四　《封神传》版权页所附旧小说表

书名	册数	定价	书名	册数	定价
彭公案	洋装四册	定价二元六角	荡寇志	洋装四册	定价二元四角
济公全传	洋装四册	定价二元二角	红楼梦	洋装六册	定价二元八角

---

[1] 上海文瑞楼书局编印：《文瑞楼书局七大预约样本》，1926年。

（续表）

书名	册数	定价	书名	册数	定价
施公案	洋装四册	定价四元四角	红楼圆梦	洋装一册	定价八角
三门街	洋装二册	定价一元五角	英烈传	洋装一册	定价九角
再生缘	洋装一册	定价一元一角	乾隆游江南	洋装二册	定价一元一角
薛刚反唐	洋装一册	定价九角	隋唐全传	洋装一册	定价八角
大红袍	洋装一册	定价九角	双美奇缘	洋装一册	定价六角
小红袍	洋装一册	定价五角	平山冷燕	洋装一册	定价六角
列国演义	洋装四册	定价二元四角	四游记	洋装一册	定价一元
三国演义	洋装四册	定价二元二角	五虎平西	洋装一册	定价一元二角
水浒	洋装四册	定价二元四角	五虎平南	洋装一册	定价六角

新文化书社 1935 年出版的《十八家诗钞》，版权页则附有"新式标点各种文学书"（顺序从左到右），列为表五如下。

表五 《十八家诗钞》版权页所附文学书表

书名	册数	定价	书名	册数	定价
铜版四书集注	洋装二册	定价一元四角	文史通义	洋装二册	定价二元四角
分类注解古文辞类纂	洋装六册	定价四元八角	陶庵梦忆	洋装一册	定价三角五分
龚定庵全集	洋装二册	定价二元四角	中国创作小说录	洋装四册	定价四元

（续表）

书名	册数	定价	书名	册数	定价
饮冰室全集	洋装四册	定价五元	世界文学读本	洋装四册	定价四元
明清八大家文选	洋装二册	定价二元	女界文学读本	洋装四册	定价六元
白话注解东莱博议	洋装二册	定价一元八角	袁中郎全集	洋装六册	定价六元
王充论衡	洋装二册	定价一元二角	苏曼殊全集	洋装四册	定价三元二角
文心雕龙	洋装一册	定价九角	言文对照雪鸿轩尺牍	洋装二册	定价一元八角
陆宣公奏议	洋装一册	定价七角	秋水轩尺牍	洋装二册	定价一元一角
史记菁华录	洋装一册	定价五角	小仓山房尺牍	洋装二册	定价一元六角

上述书目有少量的非古籍。从新文化书社的例子可以看出，附页广告免费推销本版图书，读者依照书目选购同类图书，从而扩大了本版图书的销路。

4.图书广告营销

为了争夺图书市场，民国时期民营出版机构营销方式多种多样，以报纸、杂志登载图书广告为最常用的方法。民国时期出版的古籍，尤其是翻印的丛书，由于成本高昂，售价不菲，营销成本占定价的比重小，出版家更是不惜代价，连篇累牍在报刊上发布图书广告。古籍丛书的广告营销有发售预约广告、出版广告等方式。

（1）发售预约广告

民国时期出版古籍的各家书店，基本在图书印制前，开始在报刊登载广告，发布预售信息。以《四部丛刊》为例，张元济1920年"四月廿一日 公司 阅定四部丛刊预约稿件"，[1]之后于《申报》发布预约，"现售预约 一次交款 白纸五百元 黄纸四百元 期满以后即须加价 一次交足并取消分次交价办法"，"预约期满照下加价"，具体见表六。[2]

表六　《四部丛刊》预约价格表（1920年）

出书期	下月第二次出书后售价	明年五月第三次出书后售价	明年十一月第四次出书后售价	后年五月第五次出书后售价	后年十一月全书出齐后定价
连史纸	六百元	六百五十元	七百元	七百五十元	八百元
毛边纸	四百八十元	五百二十元	五百六十元	六百元	六百四十元

到1920年12月，第一次定户共计230家，包括个人订购215家，学校10家，图书馆5家6部，销售共计288部，[3]第二次定户共计120家，包括个人定户106家，学校8家，图书馆6家，销售共计123部。[4]半年时间，预约发售达411部，数量相当可观，可见报纸广告的巨大效力。

民国时期大部头古籍的出版均会采用发布预约的营销策略。如1935年5月6日，商务印书馆开始发售《丛书集成》预约。同年5月20日，中华书局发布洋装《四部备要》预约；6月2日，开明书店排印《六十种曲》，开始发售预约。1936年4月4日，世界书局发行《珍本医书集成》、《皇汉医学丛书》，征求附印，声称以2000部为限。《珍本医书集

---

[1] 商务印书馆编：《张元济日记》（下册），商务印书馆，1981年，第734页。
[2]《〈四部丛刊〉第一期书目》，《申报》，1920年12月6日。
[3]《商务印书馆〈四部丛刊〉定户一览表》，《申报》，1920年11月16日。
[4]《〈四部丛刊〉第二次定户一览表》，《申报》，1920年12月4日。

成》，裘吉生主编，精装14巨册，一万页；《皇汉医学丛书》，陈存仁主编，精装14巨册，页数一万页。1937年5月两书又分别出续编，《珍本医书集成续编》，精装14册；《皇汉医学丛书续编》，精装14册。《申报》有相关广告及报道，分别见1936年4月4日、4月5日、5月7日、5月13日、5月25日、6月14日，1937年5月8日、8月2日，1940年10月22日《申报》。[1]

(2) 古籍出版广告

前文指出，图书广告在报纸广告中位居前茅。新式媒介的报刊为出版找寻市场，出版为报刊供给资金，二者形成了相互促进的良性互助关系。民国时期新旧书业推销古籍，以刊登报纸广告为主要方式。商务印书馆和中华书局理所当然为报纸的广告大户，出版古籍的其他新书业如开明书店等，旧书业如广益书局等，均发布古籍出版广告，以吸引读者购买。如1936年1月1日，《申报》载有商务印书馆古籍广告，为"大部书籍《四库全书珍本初集》、《百衲本二十四史》及《幼童文库》均于本年继续出书或已出齐。《选印宛委别藏》四十种于本年出齐。《四部丛刊三编》、《丛书集成初编》、《万有文库第二集》及《小学生分年补充读本》均于本年开始出书。合计共出三千一百零六册，分列于次"。[2] 再如1914年1月12日《申报》图书集成局广告，内容为"图书集成局精印极大字铅版《二十四史全书》，十四史已于十号准期出版，待领后十史，二月底如期出书。发行所：广益书局、中华图书馆"。[3]

---

[1] 吴永贵：《民国图书出版史编年（1912—1949）》（中册），社会科学文献出版社，2018年，第824、824、827、865页。

[2] 吴永贵：《民国图书出版史编年（1912—1949）》（中册），社会科学文献出版社，2018年，第853页。

[3] 吴永贵：《民国图书出版史编年（1912—1949）》（上册），社会科学文献出版社，2018年，第47页。

第三节　民国时期古籍出版的发行方式

清末民初铁路、轮船、邮政等交通事业的发展，使得地方图书市场联合为全国图书市场，零散的城乡书店聚结为以上海为中心的全国书店网络。在全国书店网络与大众传播媒介构建的物流系统和信息系统的双重作用下，书局的发行网点遍及内地与边疆。民国时期各出版机构，在市场竞争的压力下，积极拓展古籍图书的发行渠道，运用多种促销手段赢得读者。下文分发行渠道和促销手段两部分来论述民国时期出版古籍的发行方式。

一、发行渠道

清末民国上海私营书业兴起后，到20世纪30年代，"上海市中心黄浦区内，东西方向的福州路、广东路，自河南中路起至福建中路一段，汉口路自河南中路至广西路一段，南北方向的河南中路、山东中路（其南段俗称麦家圈，北段俗称望平街），自延安东路至九江路一段，和昭通路（旧称交通路）短短一段，这一区域内书店、报馆林立，也多书画笺扇店、笔墨纸品店、文具仪器店，故解放前有文化街之称"。[1] 民国时期文化街书店的繁多，说明了出版业对发行渠道建设的重视。民国出版古籍的发行渠道有发行所、分局、经售处、代售处、邮购等方式。

1. 发行所

清末民初开业的书店，发行所与编辑所、印刷所并列为三大内部组织机构。中小书店可以不设印刷所，但发行所和发行渠道建设，却是不可缺失的。商务、中华、世界等大型出版机构当然有强大的发行所，中小书店也极度重视发行所和门市部。比如河南中路上就集中了多家旧书店，"自南而北，店面朝东的，有文瑞楼、著易堂、锦章图书局、校经

---

[1] 朱联保编撰：《近现代上海出版业印象记》，学林出版社，1993年，第6页。

山房、扫叶山房、广益书局、新亚书店、启新书局、文明书局、商务印书馆、中华书局、会文堂书局等，其店面朝西的，有群益书社、正中书局、审美图书馆、民智书局、龙门联合书局等"。[1] 20 世纪 20 年代应修人就有多次去扫叶山房、有正书局发行所门市部购书的记录。如 1922 年 2 月 11 日，"星期六夜和友舜到扫叶，买王琦注《李太白全集》五元六角、《剑南诗钞》一．一二元、《毛诗订诂》一．二六元、《四朝诗话》七角。又买球三角三分。到福拍球。归看李集"。[2]

2.分局

去外地开设分局（或称分馆、分庄、分号），对开拓地方图书市场极为有效。商务、中华、世界等在国内和国外开设有数十家分支机构。由于开设分局成本较高，因此分局的设立与撤销均视营业盈亏而定。从古籍发行来看，分局的销售也有重要的作用。如 1916 年，商务印书馆影印《廿四史》，至"十一月廿三日　发行　查廿四史预约售数、分馆共五十五部、总馆共五十部"。[3]

3.经售处、代售处

如前文所述，各家出版机构主要是通过与当地书店的合作，签订代销契约，来构建全国发行网络。古籍的发行亦由经售处流通全国。以开明书店为例，其特约经售处有松江新生书局等 33 处，遍布全国。[4]

部分出版机构也将图书交由一家书店代售，来解决发行的难题。如会文堂新记书局"代售各家图书目录"有新亚书店、学友图书美术社、形象艺术社、徐进画室、世界舆地学社、东方舆地学社、王华隆地学丛著、申报馆发行所、勤奋书局、中国健学社、体育书局、南华书局、东方文学社、实学研究社、新声书局、启新书局、三民图书公司、求益书社、二二五童子军书报用品社、辛垦书店、元新书局、合众书店、时代

---

[1] 朱联保编撰：《近现代上海出版业印象记》，学林出版社，1993 年，第 6 页。
[2] 上海鲁迅纪念馆编：《应修人日记》，上海书画出版社，2003 年，第 237—238 页。
[3] 商务印书馆编：《张元济日记》（上册），商务印书馆，1981 年，第 140 页。
[4] 《开明书店分类书目》，1937 年，载刘洪权编：《民国时期出版书目汇编》（第 7 册），国家图书馆出版社，2010 年，第 564 页。

图书公司、生活书店、光明书局、南强书局、乐华图书公司、长城书局、正午书局、水沫书局、湖风书局、光华书局、天马书店、新中国书局、时还书局、三友书社、女子书店、汉文正楷印书局、大众书局、亚细亚书局、前锋书店、经纬书局、百新书店、新智书局、春明书店、大夏书局、南星书店、商业书局、同声书局、美华艺术公司、明雅书店、南京书店、中西书局、医学书局、求古斋、新学会社、中学生书局、华通书局、中华新教育社、扫叶山房、文瑞楼、校经山房、大德书局、大成书局等数十家，其中不乏国学书店。[1]

4. 邮购

邮购为民国时期发行的主要方式之一，古籍发行亦仰赖于邮购，各家书店不仅设立邮购部门，还在营业书目中列出详细的邮购章程。1917年2月16日《申报》广告载，中华书局"特设通信贩卖部于上海总店，不独本局出品之件可以函购，即上海各种物品亦可代买"。[2] 商务印书馆甚至在1933年7月2日刊载《申报》广告，征求通信现购基本客户10万人。"通信购书办法，敝馆举办最早，凡僻远之区，士人学子，藉此购求图书，极感便利，以敝馆办理认真，手续周密，故信誉卓著。去年敝馆遭遇国难，复业以后，秉继续为文化奋斗之精神，积极恢复生产能力，被毁各书，现已次第重印，并自二十一年十一月一日起，日出新书一种，以尽介绍新知之职责。兹鉴于通信现购，足堪增进国人读书之机会，而为输送新知识之利器，关系文教綦重。爰就原有手续，大加整饬，于周密之中更求简捷，拟自本年七月一日起至年终止，征求通信现购基本客户，以十万户为目的。所有购书条件，均较平时特别优待，区区征忱，敬希鉴察。办法条列于后：征求期限：本年七月一日起，至十

---

[1]《会文堂新记书局目录》，约1935年，载刘洪权编：《民国时期出版书目汇编》（第11册），国家图书馆出版社，2010年，第37页。
[2] 吴永贵：《民国图书出版史编年（1912—1949）》（上册），社会科学文献出版社，2018年，第137页。

二月底止。征求户额：以十万户为目的。"[1]

二、促销手段

白吉尔指出，17、18世纪手工业的迅速发展，与各地区集市贸易的扩大休戚相关。……根据施坚雅（W. Skinner）估计，至20世纪初，地方集市已有6.3万个，以致中国农业社会已经发展成为一个极其商业化的社会。[2]商业性的促销对20世纪初年的出版商来说并不陌生，发行折扣、廉价、赠品等促销手段被熟练应用于古籍发行。

1. 折扣促销

折扣是图书市场促销最常用的方法。民国时期不同类别的图书发行零售和批发折扣也不相同，从五折到照码定价都有，情况较为复杂。汪家熔统计过商务印书馆的门市和批发折扣，兹据汪氏数据改编如表七。[3]1918年2月起折扣在此基础上略有波动，差异不大。

表七 商务印书馆出版物门市和批发折扣表（1918年前）

类别	门市折扣	批发折扣	同行实得折扣
小学课本	50%	40%	20%
中学课本	70%	60%	14.3%
英文读本、词典等	80%	70%	12.5%
期刊	100%	100%	0%

同业批发折扣则各家标准不尽相同。其中光华书局"出版各书，门市售价，不折不扣。同业批发七五折，一律无回佣。书价依照本局书目

---

[1] 吴永贵:《民国图书出版史编年（1912—1949）》（中册），社会科学文献出版社，2018年，第730页。
[2] 白吉尔:《中国资产阶级的黄金时代（1911—1937年）》，张富强、许世芬译，上海人民出版社，1994年，第16页。
[3] 汪家熔:《商务印书馆史及其他》，中国书籍出版社，1998年，第371页。

所刊之价为标准。特价、预约,实价计算"。[1] 华通书局"出版书籍杂志,门售不折不扣。外埠同业批发,一律七五折。预定杂志及特价预约各书九折。不论交易若干,概无回佣"。[2] 会文堂新记书局规定:"本局出版新书,批发皆有一定折扣。石印经史子集以及学堂读本,批发价目,划一不二。不论远近,不拘多寡,概从优待。"[3]

1927年《上海大东书局图书目录》中列有五折、六折、七折、八折、实码五种邮购折扣,其中古籍选本有《评注唐宋八大家》读本12册、《评注历代文读本》12册、《诗文选本》6种等教育用书,折扣均为七折。[4] 20世纪30年代中央书店、新文化书社、启智书局、大达供应社、大众书局等家,为迎合小市民和低收入读者的需求,翻印旧小说等古籍。多数图书定价一元,在打一折的基础上再打八折,以八分出售,被称为"一折八扣书"。因其用纸粗劣,排印马虎,错漏极多,广受批评。

2.廉价促销

民国时期各书局常用廉价广告或廉价书目的方式促销图书。如1918年6月29日《申报》载同文书局原版放大精印《康熙字典》特价广告:"《康熙字典》一书,近日坊间所售,为因价格问题,删除俗字,割截原文。全书只有三百余页,字迹模糊,阅者颇费目力。敝局去冬,曾将同文书局原底放大缩印千部,未一月而全书告罄,兼有邮寄不及,殊抱向隅之憾。刻因函购日众,今特再版千部,原价六元,以五百部仍照旧例,只收半价洋三元,以答惠顾之诚意。全书八百余页,精装十二册,加赠锦套,特价期限准阴历六月三十日截止,过期即收原价,购者幸勿

---

[1] 《优待外埠同业批发章程》,见《光华书局图书目录》,1930年,载刘洪权编:《民国时期出版书目汇编》(第10册),国家图书馆出版社,2010年,第6页。
[2] 《优待同业批发简章》,见《华通书局新书目录》,载刘洪权编:《民国时期出版书目汇编》(第10册),国家图书馆出版社,2010年,第357页。
[3] 《外埠同业批发章程》,见《会文堂新记书局图书目录》,1928年,载刘洪权编:《民国时期出版书目汇编》(第10册),国家图书馆出版社,2010年,第517页。
[4] 大东书局编印:《上海大东书局图书目录》,1927年重订。

再失此机会也。如需样本，函索即寄。总代售处：棋盘街文瑞书局、帕克路文盛书局。"[1]

各家书局也有用营业书目附录廉价书目促销。如《益新书社廉价书目》（约1929年）列有标点本文学书类等古籍，"大倾销照码一折八扣（例如《曾国藩六种》每部只售一角九分）"。[2] 目录中还有名著小说类、古本奇书类廉价古籍。再如从东方文学社演变而来的九州书局，"东方文学社始创于民国十七年，专以研究国学，宣扬文化，及攻讨合于应用之科学为宗旨"。[3] 后附录九州书局一折八扣书目录，"下列各书特别廉价，一律照码一折八扣，另加挂号邮费三成"。[4]

3. 赠品促销

为应对激烈的小说销售竞争，晚清上海地区各家新办的书局，如商务印书馆、点石斋、改良小说社、集成图书公司、均益图书公司等书局，均曾在《申报》登载过多则小说促销广告，促销手段有累计消费、分级赠礼、季节性削价、购书摸彩、发送折价券等，[5] 其中就有赠品促销的办法。

民国时期赠品促销亦屡屡运用，如兼营青年读物、大众读物和国学读物的经纬书局，为了促销就颇费心思，设计赠品办法。"凡向本局邮购部函购各种书籍，除特价优待之外，再依照所购数目多寡（一次计算），赠送下列赠品。"下列赠品为便利读者起见，可得依照比例推算，变通赠给办法如下：

---

[1] 吴永贵：《民国图书出版史编年（1912—1949）》（上册），社会科学文献出版社，2018年，第179页。
[2] 《益新书社廉价书目》，载刘洪权：《民国时期出版书目汇编》（第14册），国家图书馆出版社，2010年，第461页。
[3] 《九州书局图书目录》，1935年，载刘洪权编：《民国时期出版书目汇编》（第16册），国家图书馆出版社，2010年，第244页。
[4] 《九州书局图书目录》，1935年，载刘洪权编：《民国时期出版书目汇编》（第16册），国家图书馆出版社，2010年，第340页。
[5] 潘建国：《物质技术视阈中的文学景观：近代出版与小说研究》，北京大学出版社，2016年，第88—90页。

例如读者一次购书满洋十元，如不愿得第三组赠品之一种，可来函声明改取"第二组赠品之二种一份或一种二份"，或"第一组之赠品四种一份或一种四份"，其余皆依照比例类推。其分组和赠品如表八。[1]

表八　经纬书局赠品办法表

金额	满洋三元	满洋五元	满洋十元	满洋二十元	满洋四十元	满洋八十元
组别	第一组	第二组	第三组	第四组	第五组	第六组
赠品图书	对联精选 格言汇编 吕氏春秋 日用生活快览 现代创作小说精选	现代歌曲三百首 各科常识大全 模范汉英辞典	现代青年杰作文库 历代名人书牍精华 现代青年切身问题 最新中华六法全书	四部精华 现代百科文选 康熙字典 第三组赠品二种	第四组赠品二种 精装康熙字典 精装现代百科文选 精装四部精华	法律大辞典 辞源正续编 第四组赠品四种 第五组赠品一种
备注	赠上栏赠品（一种）	赠上栏赠品（一种）	赠上栏赠品（一种）	赠上栏赠品（一种）	赠上栏赠品（一种）	赠上栏赠品（一种）

　　警告中学生

---

[1]《赠品办法》，见《经纬书局图书目录》，1935年，载刘洪权编：《民国时期出版书目汇编》（第11册），国家图书馆出版社，2010年，第385页。

第十四章
民国时期古籍出版与 20 世纪中国

晚清西潮涌入后，中国进入了漫长的由传统向现代演进的社会转型期，经济、政治、文化诸层面发生了整体性的全方位变革。在这一转型期内，既有来自西方外部的挑战，也有源自内部传统的危机，因此政治、经济与文化领域的重建异常艰难。从鸦片战争到清末新政中国社会的变革呈现出逐渐加速的特点。尤其是甲午战争和庚子事变后，中国的沿海与内地被迫向入侵的西方列强逐步开放，在国家与民族危机加深的前提下，朝野内外的改革力量慢慢壮大，到 1901 年，涵盖政治、经济、军事、教育等方面改革的清末新政开始启动，中国社会的现代化转型全面展开。

在此转型期内，普及教育、吸收新知的潮流蔓延全国，国内出现了教科书与西学图书的巨大需求，加上新式印刷技术的运用和现代股份公司制度的保障，刺激了新式出版业的诞生与壮大。以上海为中心的机器化大生产和现代企业制度结合而产生的印刷资本主义，大大降低了图书成本，缩短了图书的生产周期，使图书成为社会文化传播最主要和最重要的媒体。有学者认为："19、20 世纪勃兴的中国近代图书出版，自然是推动近代中国文化教育、思想意识、以至社会知识和消闲阅读的最重要的传播工具。研究近代中国的历史文化,图书杂志的出版,成为必须涉及的范畴。"[1]

正如谷腾堡活字印刷技术在欧洲引发了一场"传播革命",欧洲的文艺复兴、宗教改革、科学革命等都与之相关,晚清民国新式出版业对推动中国现代化转型起了不可替代的作用。晚清民国时期图书、报刊等大众传播媒介创造了一个新的文化公共空间,这个知识生产与传播的场所成为社会的核心领域之一,而教科书、社会科学和自然科学、新文学、国学图书则以其强大的渗透力和持久的传播力,成为这个场域的支配媒体。商务印书馆1921年欲聘请胡适主持馆事,胡适虽然不愿意中断自己的学术生涯而婉拒了邀请,但也表明:"我决不会看不起商务印书馆的工作。一个支配几千万儿童的知识思想的机关,当然比北京大学重要多了。"他在4月27日的日记中写道:"此事的重要,我是承认的:得着一个商务印书馆,比得着什么学校更重要。"[2]胡适对商务印书馆地位的评价,实则也是出版业在中国现代文化建设中的作用得到了时人的高度认知。

20世纪中国的民族国家与现代文化建构必须建立在充分吸收西方文化和中国传统文化的基础上。古籍是中国传统文化的载体与象征,也是中国现代文化建构的宝贵资源。民国时期民营出版家、图书馆和藏书家等机构与个人,刊刻了大量的古籍,使得传统文化在西化思潮的冲击下,得以流通延续,为20世纪中国文化的传承、民族国家的建构、华侨的文化认同与华人社区建设、图书馆与私人藏书建设、现代学术的进步以及当代出版业发挥了重要作用,本章即详论其在上述领域的文化贡献。其中当代出版业对民国时期出版古籍的利用已经延伸到21世纪,本章为了行文的方便,仍将其归入20世纪来说明。

---

[1] 陈万雄:《时代机缘与作为:〈商务印书馆与近代知识文化的传播〉序言》,载李家驹:《商务印书馆与近代知识文化的传播》,商务印书馆,2005年,第4页。
[2] 张国功:《有所不为方有所为:从张元济、胡适对商务印书馆的不同抉择看现代知识分子的人生》,《出版广角》,2001年第5期。

第一节　民国时期古籍出版与中国文化传承

中国有悠久的文献典籍的历史，文献典籍被视为圣贤思想的结晶和文化的象征，其生产、收藏和流传广受历代统治者重视。晚清民国时期在中西融合的背景下，典籍作为中国文化的承载的意义得到新的阐释。梁启超、傅增湘、柳诒徵、郑鹤声等均将文献典籍作为中国文化的特征之一。近人黄濬亦称："吾国号称有史四千年，先民所贻留之建筑不多，所谓文化者，率系于书籍金玉文玩之类。"[1]

民国时期中国文化的传承与古籍的收藏有社会文化保守主义思潮的护持，但另一方面，清末民初由于国势衰微，作为传统文化象征的古籍遭到冷遇，社会公众将国家的落后归因于传统文化和古籍，甚至要毁掉线装书，"顾自晚清以来，国势削弱，兵力之不竞，致疑文化之堕落，学士大夫，群以科学救国相提倡，几有废绝线装书之论，以吾国固有文献，为腐败物质之渊薮，非廓而清之不为功"。[2] 清代的文化中心北京琉璃厂，在民国初年也陷于萧条。据《孅窝笔记》载："民国肇兴，初时诸事草创，殊无人注意于书籍，向售旧书各肆，叹息咨嗟，尤有不可终日之事。"[3] 素来处于东南文化中心区域的安徽，在民国初年亦藏书散佚严重，"前清末年，皖中藏书家若怀宁马氏，桐城萧氏，大雷倪氏，所藏古籍，皆煊赫一时，然未几俱以家道中落，散亡略尽。辛亥革命后，益复荡然无存。……时邓绳侯先生以乡邦硕彦，主讲皖校，恐典籍之日就沦亡，创议设图书馆以保存之"。[4] 在社会趋新大潮的映照下，个人对古籍的偏爱与风尚相悖，就显得不合潮流。太仓王保諲就说，

---

[1] 黄濬：《花随人圣庵摭忆》，"袁漱六藏书散佚无存条"，载李盛铎著，张玉范整理：《木犀轩藏书题记及书录》（附录），北京大学出版社，1985年，第433页。
[2] 郑鹤声、郑鹤春撰：《中国文献学概要》自序，上海古籍出版社，2001年，第3页。
[3] 曹尔泗：《琉璃厂记闻》，载中国人民政治协商会议北京市委员会文史资料委员会编：《文史资料选编》（第六辑），北京出版社，1980年，第189—190页。
[4] 安徽省立图书馆编：《安徽省立图书馆概况·原始》，1930年3月印行。

"世变至此，竟欲灭去文理，果尔，则数千年来之书籍，均归无用，吾辈尚在买书，可笑之至"。[1] 尤其是近代以来，国际、国内战乱频繁，欧美日本的文化掠夺都导致中国典籍散佚严重，中国传统学术文化的流传濒临中断的危险。

一、近代典籍的散佚与外流

古代中国典籍的聚藏与散佚相伴相生，原因之一在于中国社会的周期动荡性。隋代牛弘曾总结典籍的散佚现象，提出了图书"五厄论"。其后代有论述，明代胡应麟将牛弘的"五厄"扩展为"十厄"。近人祝文白以为又有五厄，分别为李自成之陷北平、钱氏绛云楼之烈焰、清高宗之焚书、咸丰朝之内忧外患，以及民国时中日之战役。[2]

近代学者陈登原曾将历代典籍聚散的原因归结为四：一、受厄于独夫之专断而成其聚散；二、受厄于人事之不臧而成其聚散；三、受厄于兵匪之扰乱而成其聚散；四、受厄于藏弄者之鲜克有终而成其聚散。[3] 近代由于国内社会动荡不安、西方国家的武力入侵和文化侵略，典籍散佚和外流的情况格外严重。

1. 国内典籍散佚

近代典籍的散佚主要源于清朝统治的腐败，加上经济凋敝，国内爆发了太平天国运动等内部动荡。内部的动荡导致社会的破坏以及官府藏书、私人藏书、寺观藏书和书院藏书的损毁。以太平天国为例，清代官府藏书"四库七阁"中的"江南三阁"遭受太平军的严重损毁。江浙向为人文渊薮、藏书宏富之地，太平天国大规模地搜书、焚书，"遂东南

---

[1] 信札底稿，1921年3月，转引自江庆柏：《近代江苏藏书研究》，安徽文艺出版社，2000年，第19页。
[2] 祝文白：《两千年来中国图书之厄运》，载徐雁、王彦均主编：《中国历史藏书论著读本》，四川人民出版社，1990年，第77—80页。
[3] 陈登原：《古今典籍聚散考》，上海书店，1983年，第16页。

藏书之家，荡然无存"，其中尤以私人藏书的重镇杭州遭劫最烈。[1]

2. 西方国家入侵造成的典籍散佚

近代中国的剧变起于西方国家的侵略，英法联军和八国联军入侵等对典籍造成了严重的破坏。如皇室藏书内廷四阁之一的文源阁，1860年英法联军入侵北京圆明园时，阁中所藏一套《四库全书》及《四库全书总目》、《四库全书考证》和《古今图书集成》诸书，即被焚毁。号称中国百科全书的《永乐大典》亦主要散亡于英法联军入侵和1900年的庚子之变，致所余无几。

3. 日本侵华战争造成的典籍散佚

1931年开始的日本侵华战争是近代中国文化的一场浩劫。仅就图书馆和图书而言，日本侵略造成的损失是毁灭性的灾难。从图书馆数量来说，"战前（1937年）全国计共有一八四八所"。全民族抗战爆发后，图书馆事业受影响最大，或被摧毁，或被掠夺，"据一九四三年之统计，全国亦仅有图书馆九百四十所，约占战前百分之五〇.八六"。[2]据1949年调查统计，我国战时文物损失数量及估价中，书籍方面，公家损失数量为2253252册，另5360种411箱44538部，估价为3804014元；私人损失数量为488856册，另18315种168箱1215部，估价为1204766元。[3]从个案来说，以对当时亚洲最大的出版机构商务印书馆及其所设东方图书馆的焚毁最为恶劣。

4. 近代典籍的外流

近代典籍的损失除了散佚，还有大量典籍被以购买或掠夺的方式外流欧美、日本。与江苏常熟瞿氏"铁琴铜剑楼"、山东聊城杨氏"海源

---

[1] 程焕文主编：《中国图书馆史·近代图书馆卷》，国家图书馆出版社，2017年，第16页。

[2] 中国第二历史档案馆馆藏档案：全宗号5，案卷号1695，见孟国祥编著：《抗战时期的中国文化教育与博物馆事业损失窥略》，中共党史出版社，2017年，第217页。

[3] 中国第二历史档案馆馆藏档案：全宗号5（2），案卷号913，见孟国祥编著：《抗战时期的中国文化教育与博物馆事业损失窥略》，中共党史出版社，2017年，第344页。

阁"、浙江杭州丁氏"八千卷楼"并称晚清四大藏书楼之一的湖州陆心源"皕宋楼"藏书,1907年售予日本岩崎氏静嘉堂文库,轰动士林,成为近代中国文化的痛楚记忆。清末民国时期通过旧书店售卖的古籍为数甚多。清末潘飞声记载说:"书贾为余言,去岁日本人来华,收去各种古籍值七万余元,美洲人亦载去十四五万元,伍氏粤雅堂丛书选刻最精,又为法人购全板片,移置巴黎博物院。"[1]到20世纪30年代,古籍外流的情形更甚,据《海关中外贸易统计年刊》所载:"民国二十一年出口书籍价值一百八十五万五千五百四十九圆,民国二十二年出口书籍价值二百九十五万三千二百三十五圆,此类书店利市不知凡几,孤本秘笈,流于异域者,亦不知凡几。"[2]典籍外流也对近代中国文化的传承危害巨大。

二、民国时期古籍出版与中国文化传承

近代典籍的散佚与外流对国家和文化的损害引发了时人的注意,陈登原即曰:"盖文献之散佚,一固足伤国家之体面,一亦足以损民族之精神。然则预防其损失者,国家固无所辞职,匹夫亦当引负。"[3]因而民国时期民营出版界、图书馆、藏书家皆致力古籍刊印,一方面有商业的目的,对出版家而言,更侧重于中国文化的传承。

出版为知识流通和传播的媒介,民国时期古籍出版对中国文化的传承,与古代出版不同,在整理国故运动和科学思潮的影响下,表现出对中国传统文化进行整理的意味,此为民国时期古籍出版对中国文化的传承特点之一。古籍出版的过程,也是重新界定中国传统文化经典著作的过程。如张元济阐述《四部丛刊》的七善,第一即为:"汇刻群书,昉于南宋,后世踵之,顾其所收,类多小种,足备专门之浏览,而非常人所必需,此之所收皆四部之中家弦户诵之书,如布帛菽粟四民不可一日

---

[1] 潘飞声序,《晨风阁丛书》,(清)沈宗畸辑刊,1909年。
[2] 邢云林编著:《图书馆图书购求法》,正中书局,1936年,第66页。
[3] 陈登原:《古今典籍聚散考》,上海书店,1983年,第502页。

缺者，其善一矣。"[1]中华书局辑印《四部备要》，亦着眼于传统学术的四部要籍，"吾国学术，统于四部。然四库著录之书，浩如烟海；坊肆流传之籍，棼若乱丝。承学之士，别择维艰；善本价昂，购置匪易。本局同人有鉴于此，爰于前年择吾人应读之书，求通行善本，汇而集之，颜曰《四部备要》"。[2]目的在于解决当时"中国书籍如此之多，学者欲研究中国学问，应读何书？何书最要？初学之人颇苦无从下手"的问题。[3]

不仅商务等以《国学基本丛书》宣传营销，世界书局等也是如此。世界书局1934年刊印国学名著《十三经注疏》和《诸子集成》，也以"国学本源"为宣传语，"夫所谓国学之本源者，何也？《六经》尚矣！本局已印行汉人之注疏，并宋人之章句集注矣！其出世稍次于经，而价值与影响，有足与经相抗衡者，则周秦诸子是已。……二千年来，我国之民族、思想、社会、文化、学者、著述，无不受诸子之影响"。[4]

民国时期古籍出版对中国文化的传承特点之二为，刊印古籍的广博性。如前所述，民国古籍的内容涉猎四部，不到四十年的时间，利用新式印刷技术和沿袭传统雕版印书，仅按丛书子目计算，即近三万种。下面以国家图书馆李蜜博士后研究工作报告《民国时期出版古籍简明目录》（2014年）数据为来源，简要列出民国时期丛书、经部、史部、子部、集部的数量表（见表一），以见民国时期古籍出版对中国文化传承的全面贡献。该目录收录规则为：1. 本目录收录民国时期出版（刊印）的古籍类图书，即1912年至1949年9月时间段内刊刻、发行、出版的

---

[1]《印行〈四部丛刊〉启例》，1920年，见张静庐辑注：《中国现代出版史料甲编》，中华书局，1954年，第351页。
[2] 陆费逵：《校印〈四部备要〉缘起》，载俞筱尧、刘彦捷编：《陆费逵与中华书局》，中华书局，2002年，第447页。
[3]《四部备要·说明书》，载俞筱尧、刘彦捷编：《陆费逵与中华书局》，中华书局，2002年，第452页。
[4]《〈诸子集成〉刊行旨趣》，载《〈诸子集成〉特价预约样本》，世界书局，1934年，第1—2页。

古籍刻印本、影印本、排印本（包括标点本、校勘本、笺释本、汇编本、辑佚本、辑录本、选注本、今译本等）；2.同一出版（刊行）者编印发行的同一种书视为同一出版品，每一种出版品列为一则，同一出版品的再版视为同种；3.暂不收录子部释家类、诸教类、新学类图书。其数据出处为《中国丛书综录》、《民国时期总书目》、《中国古籍总目》、《1911—1984影印善本书目录》、《商务印书馆图书目录（1897—1949）》、《中华书局图书目录（1912—1949）》、北京大学图书馆、中国人民大学图书馆、清华大学图书馆、北京师范大学图书馆、南开大学图书馆、复旦大学图书馆、南京大学图书馆、山东大学图书馆、中山大学图书馆、四川大学图书馆。

表一　民国时期出版古籍种数简表[1]

类别	丛书	经部	史部	子部	集部	总计（不计丛书）
种数	1085	1291	3537	3166	4453	12447

民国时期古籍出版在数量和质量上均广受赞誉。尤其是商务影印《四部丛刊》，广搜珍稀善本，为当时及后世学术界所重视。谢兴尧以为："至十余年前，商务印书馆辑印《四部丛刊》，出至三集，又《涵芬楼秘笈》，亦出至十余函。在昔时士庶之家，一部犹不可得者，至此以千余元即可集古今图书之精英，其有关学术文化之普及，与夫善本书籍之流传，影响之巨，不仅中外钦崇，实自乾隆使纂修《四库全书》而后，数百年来，无此大成绩也。"[2] 上文所述的古籍出版护持了中国传统文化在民国时期的流传而不致中断，其影响力也一直延伸至20世纪后半期和21世纪的中国社会。

---

[1] 李蜜编：《民国时期出版古籍简明目录》，国家图书馆博士后研究工作报告，2014年。
[2] 谢兴尧：《书林逸话》，见周越然等：《蠹鱼篇》，辽宁教育出版社，1998年，第78页。

第二节　民国时期古籍出版与民族国家建设

19世纪下半叶起，全球化冲击下传统社会的现代转型波澜壮阔地展开了，传统与现代的差别从文化价值系统来看，"现代性"意味着以下两种全新价值在人类社会中涌现：第一为"工具理性"成为社会行动（制度）正当性的最终根据；第二是个人权利观念的兴起。[1] 但有学者指出，个人权利与工具理性并没有规定现代社会政治共同体主权的拥有者的大小，无法组成现代国家。政治社会的组织规模需要靠认同来限定，故必须把现代（民族）认同和民族主义作为现代性的第三个基本要素，否则，没有一种力量能够把一个个孤立的个人凝聚起来。民族认同对内将个人组织成社会，规定政治共同体的形态，对外为国家主权提供正当性，现代社会一定是由一个个民族国家组成的。[2]

一、复兴民族精神与民族国家建构

从国家形态来看，现代性的世界政治体系均由民族国家组成。在民族国家建构过程中，民族认同和民族身份是首先需要厘清的问题。因为民族国家是在"民族"的基础上建立的，民族认同是民族国家合法性的文化来源。国家不能只靠暴力和行政权力，徐迅认为："现代民族国家为一种社会政治组织形式，作为社会化网络，更要依赖以法律、道德、伦理和信仰所构成的文化结构，在这个意义上，民族认同意味着对国家的认同。"[3] 在某种意义上，民族认同所内含的文化认同感比政治认同感对国家的合法性来得更重要。

近代中国在民族面临生存危机的情况下，一个强有力的国家成为现

---

[1] 金观涛：《探索现代社会的起源》，社会科学文献出版社，2010年，第6页。
[2] 金观涛：《探索现代社会的起源》，社会科学文献出版社，2010年，第21页。
[3] 徐迅：《民族、民族国家和民族主义》，载李世涛主编：《知识分子立场——民族主义与转型期中国的命运》，时代文艺出版社，2000年，第26页。

代化的必要条件。没有国家的力量,民族将难以生存。因而建设现代民族国家,清末民初在相当广泛的社会层面上成为共识。梁启超即曰:"今日欲救中国,无他术焉,亦先建设一民族主义国家而已。"[1]而近代中国国家和民族的衰微,民族精神的失落则是主因之一。因此,实现国家独立和民族建国,恢复民族精神是首要前提。孙中山极力提倡民族主义,主张用民族精神挽救中国。张君劢也认为:"民族建国之大前提,曰民族情感民族思想民族意志之融化,此一事也。""民族之知情意凝合为一,而政治家建国之业自易于成就,所谓水到渠成者,正此之谓。"[2]

二、民国时期古籍出版与民族国家建设

古籍为中华民族文化之象征,所谓典章制度,尽在图书。因此,书籍是研究国学、表现民族精神的主要手段,也是树立中国文化的信心,构建现代民族国家的重要途径。"我国有五千年之历史,自有其特异之民族精神,以为立国之基础。……此种特异之中华民族精神,发生于中华民族之思想,由是演而为种种习惯、风俗、制度、学术。虽非尽蕴蓄于书籍之中;且自古迄今之书籍,多半散失毁灭,亦不可以考见。然书籍究为储藏过去原料之一种宝库,且可为现在实测各方面之引线。欲表现民族精神,舍书籍外,无他道也。"[3]

民国时期以张元济为代表的古籍出版家,多沾染了强烈的民族主义思潮色彩,而以文化教育的方式参与近代民族国家的建构,并为民族国家的建设贡献良多。其以文化手段参与民族国家建设主要有三种方式:一是影印文献,以典籍的完善与接续来构建中国的文化与历史。《四部丛刊》印行缘起开篇即将文献流传与近代中国的命运联系在一起,认为

---

[1] 梁启超:《论民族竞争之大势》,《饮冰室文集点校》(第二集),云南教育出版社,2001年,第802页。
[2] 张君劢:《民族复兴之学术基础》,中国人民大学出版社,2006年,第5页。
[3] 马瀛编:《国学概论》,上海大华书局,1934年,第26—27页。

文献能够激发社会大众的爱国情绪。1926年张元济退休后，感于"长沙叶焕彬吏部语余，有清一代，提倡朴学，未能汇集善本，重刻《十三经》、《二十四史》，实为一大憾事"，因此集中精力搜访善本，"求之坊肆，匄之藏家，近走两京，远驰域外，每有所见，则影存之"，[1]积年累月辑印为《百衲本二十四史》，于1930年付印行世。有学者评价张元济日本访书说："这些'中土久佚'珍本的编入，使沉埋数百年之久、离散于异域的古本逸编得以复见于故土，并重新楔入中华民族的历史与记忆。它的意义绝不仅限于版本的价值，更重要的是它关系到民族记忆的修复和民族精神的再构。"[2]

二是民国时期刊行的古籍，还在1937年全民族抗战爆发之前，作为浙江、江苏等地文献展览会陈列品的一部分，借以启发民众的爱乡观念，培养民族意识，从而对民众进行社会动员，投入全民抗战。民国时期的文献展览会主要有1936年的鄞县文献展览会、浙江文献展览会，1937年的吴中文献展览会、上海文献展览会、淮海文献展览会、漳州文献展览会、建瓯文献展览会，1940年举办于香港的广东文物展览会等。浙江文献展览会由浙江省立图书馆，于1936年11月1日至18日举办于杭州。展览品分为十二陈列室，第一至四为书籍。其中第一陈列室：陈列乡贤遗书，分稿本、抄本、校本、旧刊四大类。第二陈列室：以"选举文献"（即科举制度之史料）为主，而以"档案"、"书院文献"及其他文献等附之，就中以范氏天一阁藏明代登科录最具特色。第三陈列室：以刻书与藏书文献为主，而以郡邑丛书总集金石艺文乡贤汇传附列。第四陈列室：陈列浙江方志。[3]第三陈列室陈列有浙江省郡邑丛书共27种，其中刊印于明代1种、清代17种、民国9种。[4]1937年的吴中文

---

[1]《影印〈百衲本二十四史〉序》，载《〈百衲本二十四史〉预约样本》，1930年。
[2] 周武：《张元济研究》，华东师范大学博士学位论文，2017年，第162页。
[3] 陈训慈：《浙江文献展览会之回顾》，载浙江图书馆编：《陈训慈百年诞辰纪念文集》，北京图书馆出版社，2006年，第490—491页。
[4]《文澜学报季刊·浙江文献展览会专号》，第二卷第三四期合刊，1935年，第305—307页。

献展览会，共十四陈列室。第五室所陈列者，均为市图书馆印行出版的书版片。[1]该丛书由张寿镛编集宁波乡邦文献，1931年开始印行。

上述文献展览会观众踊跃，浙江文献展览会"先后十八天，参观几达八万人，且颇多自京、平、沪各地特行来杭参观者"，[2]效果显著。吴中文献展览会于1937年2月19日在苏州可园开幕，展览共分14室，至3月1日闭幕。来自当地和外地的参观者有数万人。[3]民国时期出版古籍参与的近代文献展览会，对国难时期激发社会民众的文化认同感、增强民族自信心、抗击外来侵略具有重要的作用。

三是民国时期古籍出版以《四库全书》的影印传播，引发过世界范围的瞩目与讨论。第一次世界大战后，北洋政府在国际次序中的地位有所改善，国际地位也逐渐得到英、美、法、日等强国的承认。历史悠久的中国文化也吸引了世界各国的注意，尤其是《四库全书》以编制之早、内容之宏富使得西方学者赞叹不已。20世纪20年代法国、英国、美国、德国、奥地利、意大利、比利时、波兰、捷克九国，加上日本，倡议刊行传播。"迩者西方学子，涉足京华，获观是书，无不惊绝⋯⋯法国总揆班乐卫博士，有播通中西文化大计划，纠合各国大学校设立中国学院，研究刊行传播《四库全书》，并择要翻译。现已成立者，法国之外，有英、美、德、奥、意、比、波兰、捷克八国，大抵硕学通儒为之倡率。日本以同文之故，尤为注重⋯⋯刊印是书之说，一倡而百和。其为东西各国所引重也若是。"[4]

影印《四库全书》不仅能够增强中国文化的世界影响力，也能提升中国文化国际竞争力和民族自信心，因此成为当时北洋政府和出版界、

---

[1] 孙迎庆：《1937年吴中文献展览会》，《东方收藏》，2014年第7期。1936年的鄞县文献展览会则陈列有《四明丛书》，载鄞县文献展览会编：《鄞县文献展览会出品目录》，1936年。
[2] 浙江图书馆编：《陈训慈百年诞辰纪念文集》，北京图书馆出版社，2006年，第481页。
[3] 周生杰：《敬乡有道：近代文献展览会》，《光明日报》，2011年12月12日，第015版。
[4] 《影印〈四库全书珍本初集〉缘起》，《四库全书珍本初集样本》，商务印书馆，1934年。

文化界的热点议题。可惜商务印书馆1924年、1925年两次计划影印全书未果。1933年，文渊阁《四库全书》南运，南京国民政府教育部委托商务印书馆选印四库珍本，选书231种，装订约2000册，最终得以实现部分影印《四库全书》计划。

第三节　民国时期古籍出版与美国旧金山华人书店

人类自古以来就有人口迁移的现象，15世纪末16世纪初"地理大发现"后出现了世界性的大规模的人口国际迁移。据相关研究者统计，从那时起至18世纪末，有200万以上的欧洲人移居到新大陆。17世纪初，欧洲殖民者又在非洲兜捕黑人，将他们变成奴隶，贩卖到美洲各地去从事种植园和矿山的繁重劳动。至19世纪中叶，其人数不少于1600万。19世纪中叶至20世纪中叶100年间，世界各国间人口的迁移总数达1亿人以上，形成了世界移民史上新的移民高潮。[1]

公元前3世纪始已有中国人移居朝鲜半岛、日本和安南（越南）等地。随着发源于欧洲的资本主义生产方式全球性的扩张，19世纪中叶鸦片战争之后，中国也被卷入现代性世界体系，沦为半封建半殖民地社会，大批失去土地的农民和破产的小手工业者被迫背井离乡，寻找新的谋生机会，导致近代中国发生了第一次大规模的国际移民潮。据统计，从鸦片战争到第二次世界大战前夕的100年间，中国人口国际迁移人数多达1000万，[2] 构成了世界性大规模移民潮的一个组成部分。

晚清民国时期由于远洋航线的开通，上海出版的书籍可以运输到东南亚与美洲的华人群体中。本节以美国旧金山华人书店的经营为例，来说明民国时期出版古籍及其他类图书与华人社区认同建构的关系。

---

[1] 丘立本：《经济全球化与华侨华人研究》，载编辑委员会编：《华侨华人百科全书·总论卷》，中国华侨出版社，2002年，第52页。
[2] 丘立本：《经济全球化与华侨华人研究》，载编辑委员会编：《华侨华人百科全书·总论卷》，中国华侨出版社，2002年，第50页。

一、民国时期美国旧金山的华人移民

美国是亚洲以外当时华人人口最多的地区，华人大量移民到美国始自1848年加州的黄金大发现。在此之前，华人移民美国的寥寥无几，而此时华人在南洋地区谋生已有多年。随着19世纪中后期美国和澳洲等地黄金的发现，华人的传统流向逐渐发生变化，而美国成为华人出洋的一个新的目的地。"到1880年时，美国华人人口达到10万，之后，由于美国制订和实施排华法，美国华人人口基本上维持这个规模，达六七十年之久。"[1] 关于海外中国移民有"华侨"、"华人"、"华裔"等称谓，本书采用"美国华人"这一概念，主要是指美国华人的种族属性，包括在美的所有具有中国血统的人。

在"淘金潮"期间，华人的第一波移民来到美国后，旧金山的华人数量迅速增加，成为美国最重要的、也是规模最大的华人群体。华人移民，特别是沿太平洋的华人移民，把旧金山称为"大埠"（意思为"大城市"或"第一城市"），旧金山发展成为人们公认的华人政治、经济和文化中心。美国华人社会以其在文化上的独特性而令人瞩目。在整个美国，没有哪个华人聚居区能够比旧金山的华埠更能让白人想到"中国"。在19世纪50年代，旧金山的华埠"经常被称为'小中国'"。[2] 华人社区是培育共同历史记忆以及发展跨太平洋联系的沃土。与此同时，旧金山华人群体在美国所扎下的根也越来越深，并最终成为一个真正的跨太平洋社区。

旧金山华人群体成为跨太平洋社区，文化认同发挥了整合的作用。正如美国华人历史学家陈勇所指出的："从整体上说，华人社会在文化上继续认同中国。这种文化认同观念为他们提供了凝聚力、方向感以及理解其美国生活的意义之框架。"[3] 文化认同的保持得益于统一的汉语

---

[1] 潮龙起：《美国华人史（1848—1949）》，山东画报出版社，2010年，第2页。
[2] 陈勇：《华人的旧金山》，北京大学出版社，2009年，第121页。
[3] 陈勇：《华人的旧金山》，北京大学出版社，2009年，第153页。

书面语言,"书面语言对旧金山华人群体具有举足轻重的意义——这从人们对书面信息的强烈而长期的需求可见一斑。例如,在20世纪早期,绝对人口并不算多的旧金山华埠所发行的大型日报就达四种之多。而且这四家报纸都存在了很久"。[1] 华侨华人研究界公认,华侨华人报刊同华侨华人社团、华文学校一起被称为华侨华人社区的"三宝",是世界报坛独具特色的一部分。

华文报刊对海外华人社区形成所起的作用,得到了学界的肯定和广泛研究。但海外华人新闻出版事业中一个关键的组成部分——华人书店研究却长期付诸阙如。美国华侨史研究专家刘伯骥在其开创性著作《美国华侨史续编》第八章"游艺编史与藏书"中,曾对民国时期旧金山华人书店做了简要描述,可惜未展开深入的研究。

民国时期美国旧金山华人书店研究的空缺,一是研究者所见资料限制,二是研究者对华人书店的作用认识不足。下文以笔者多年来收集的十余种民国时期美国旧金山华人书店营业目录为基础,结合其他美国华人史研究资料,论述民国出版古籍及其他类别图书在华人社区认同建构中的作用和价值。

二、民国时期美国旧金山华人书店概况

美国华人移民的增长和聚居旧金山,使得旧金山华人数量20世纪初已经达到了数万人,城市化人口对教育和知识的需求出现了,新式传播媒介机构报纸和图书出版公司相继创立。1854年华埠即有中文报纸《金山日新录》,其后晚清至民国《中西日报》等多家报纸开办。晚清时期旧金山华埠也开始出版图书,但品种较少,主要服务于日常生活实用的需要,如书信、彩票、对联等。晚清民国国内出版机构采用新印刷技术印刷图书,为旧金山书店的创办准备了条件。旧金山最早的华人书店创办于何时已不可考。知见创办最早者为祥栈书庄,据其落款中华民国

---

[1] 陈勇:《前言》,载《华人的旧金山》,北京大学出版社,2009年,第4页。

十七年（1928年）的启事所载："启者本店设在金山大埠都板街，门牌九百三十号，开张五十余年，专办古今书籍，时务新书，地图法帖，笔墨纸料，对联翰笺及大小学堂教科书并各种用品，无不俱全。"[1]应该是创办于19世纪70年代。其后陆续有书店开张，至1910年至少有3家书店，《新宁杂志》1910年第18期中所列的代理处，"金山大埠就有中西日报伍盘照、发明公司、万国寄信便览公司、美国王家邮政局黄金、世界日报、大同日报、大光书林等7个代理点"。[2]"一九一二年，旧金山有大光书林（都扳街九〇四号）、发明公司（都扳街九〇三号）、少年中国书庄（企李街八八一号）。继续开业者，一九一六年有觉觉书局（都扳街八六一号）、太平洋书庄（都扳街七七四号），以后者规模较大。一九一七年，有新汉图书公司（都扳街八〇三号）；一九一九年，有新大陆图书馆（都扳街八〇三号[3]）、祥栈号（都扳街九二六号）；一九二一年，有国民书局（都扳街八二七号）；一九二五年，有雷倬之服务公司（都扳街八三一号）；一九二六年，有中华印务公司（天后骊街二一八号），皆先后开业。区区万余人口之华埠，书店竟有十间之多。"[4]

作者根据十余年收集的华人书店营业书目等资料，列表二，以供了解书店整体概况，《美国华侨史续编》提及的书店如少年中国书庄、觉觉书局、新汉图书公司、国民书局、中华印务公司等五家，由于缺少详细信息，因此未列入表中。表中的义泰公司、民众书局、悦明公司三家则《美国华侨史续编》失载。

---

[1] 《金山大埠祥栈书庄》，载《祥栈图书总目》，1931年，第1页。
[2] 姚婷、梅伟强：《百年侨刊：新宁杂志历史文化论》，中国华侨出版社，2009年，第58—59页。
[3] 与新汉图书公司地址相同，应是接替新汉者。——作者注。
[4] 刘伯骥：《美国华侨史续编》，台湾黎明文化事业公司，1981年，第411页。

表二 民国时期美国旧金山知见华人书店营业书目一览表

店名	创办人	创办年代	图书种数	兼营业务	资料来源
祥栈书庄	待考	19世纪70年代	1524	自造铜铁器具，兼办唐山伙食杂货，发售各公司唱机、唱碟	《祥栈图书总目》，1931年
大光书林	待考	不晚于1910年	129	出版	见《金山歌二集》倒数1页、2页，大光书林印行，1915年
金山发明公司	待考	不晚于1910年	不详	中西笔墨文房用品、杂货，设有印刷所	见《金山歌集合刻》版权页前1页，发明公司印行，1917年初版，1921年二版
太平洋书庄	龚显斋	1916年	1909	苏杭绸缎、仪器文具	《太平洋书庄袖珍目录》，1918年
太平洋公司	龚显斋	1916年	414		《太平洋公司时务新书价目表》[1]
义泰公司	盘景星	不详	898	家具、丝发、象牙制品	《义泰公司图书目录》，约1926年
民众书局	待考	不详	308	承印中西大小文件，精造笠巴图章	《金山大埠民众书局图书目录》，约1927年

---

[1] 即太平洋书庄，约1930年。

第十四章 民国时期古籍出版与20世纪中国

(续表)

店名	创办人	创办年代	图书种数	兼营业务	资料来源
新大陆图书馆	待考	1919 年	285		《新大陆图书馆新书目录》，1928 年
新大陆图书馆	待考	1919 年	251		《新大陆图书馆新书目录》，约 1929 年
悦明公司	待考	约 1919 年	734		《悦明公司廉价新书目录》，约 1927 年
服务公司	雷俸	1925 年	3673	文房、校具、美术（顾绣、苏裱绫对）	《服务公司图书目录》，1940 年

旧金山华人书店在第二次世界大战期间逐步衰落，美国华人书店的中心移往纽约。刘伯骥总结道："战前，旧金山只有服务公司、新大陆图书公司两家，大光书林与发明公司，已逐渐转业。纽约则有商务印书馆、建国书店、华侨书局、生活书局四家。战后，新大陆图书公司、服务公司、大光书林皆先后歇业，发明公司只发售文具，盖国事蜩螗，文运式微，书业遂一蹶不振。其后虽有道庆图书公司、中山书局、亚洲书店、新生活图书司、福民书局、益智书店，代之而兴，大多发售杂志小说，黄色及低级趣味读物，充斥窗橱，正宗书籍，无人过问，故所余者祇得三两家，此为书业最黯淡时期。纽约则异是，逐渐发展，五十年代以后，新开有友方、友联、东方、华强等书店，多至十家，购书风气，为旧金山所不及。"[1] 至此，旧金山华人书店步入了新的历史发展阶段。

----

[1] 刘伯骥：《美国华侨史续编》，台湾黎明文化事业公司，1981 年，第 411—412 页。

三、民国时期美国旧金山华人书店营业分析

清末发端的旧金山华人书店,民国时期开始兴盛发达,其规模大小不一,经售的图书种类繁多。除图书外,各家书店销售杂货,或附设印刷业务。下文就华人书店图书数量与来源、图书类别、多元经营等问题具体论述,力图清晰认知华人书店经营的内涵,勾勒出华人书店的历史轮廓。

1. 图书数量与来源

晚清民国时期西方新式印刷术传入后,与传统的雕版印刷相比,书籍生产数量大幅增长,生产周期大为缩短。以清代刻书中心之一的四堡为例,从18世纪到19世纪早期,书坊"在兹堂有107种刻版,湘山堂有87种,文海楼有251种"。[1] 而民国时期,书籍的生产和销售种数远远超过了之前。

在印刷资本主义的刺激下,晚清民国时期书籍产量的提高,使得组成图书发行网络的书店数量和书店经销图书数量相应增多。位于内地的山西晋新书社营业目录《古今书籍目录》(1922年)所载图书,已经超过了2000种。[2] 与出版中心上海远隔重洋的旧金山华人书店经销的图书,品种和数量亦相当可观。从表二来看,民国时期旧金山华人书店经售图书500种以上的有5家,其中最大的一家服务公司有3673种,500种以下的有3家,最少为1915年大光书林的129种。

旧金山华人书店所贩卖的图书,多批发于上海各家出版机构。以1918年《太平洋书庄袖珍目录》为例,目录所载的图书种类达1909种,涉及的出版社包括商务印书馆、中华书局、上海美华书馆、宝善斋、文明书局、广智书局、上海进步书局、中华图书馆、智民书局、上海平权社、上海协新书庄、会文堂书局、编译书局、循环图书翻译编辑社等。

---

[1] 包筠雅:《文化贸易:清代至民国时期四堡的书籍交易》,刘永华、饶佳荣等译,北京大学出版社,2015年,第62页。

[2] 晋新书社编印:《古今书籍目录》,山西晋新书社,1931年。

部分出版物来自广东的教育文化机构，如粤城时中学校、《新宁杂志》社、《四邑杂志》社等。

2.图书类别

民国时期旧金山华人书店经营图书的类别，受中国社会由传统向现代转型的影响，主要为新式教科书、现代自然科学及人文社会科学图书、小说、古籍等；同时也受华人社区人口结构如教育程度、人口来源地主体为广东东部移民等因素的影响，因此既与主流文化相合拍，又具有鲜明的广东地域文化特色。书店销售图书类别繁多，反映了旧金山以及美国华人整体的知识构成和阅读趋向。下文分别论述华人书店经销的教科书、小说、古籍以及龙舟歌、南音、班本类广东地方戏曲文化图书。

（1）教科书

19世纪中期中国开始融入世界现代体系后，国家形态也由帝国模式转变为民族国家模式，在这一过程中本土民族意识和文化意识启蒙。美国华人移民一方面适应美国社会，另一方面注重维持和传承中国文化，他们较早就认识到学校教育是延续中国文化的首要保证，因此美国中文学校19世纪70年代就开始出现了。"美国中文教育的目的，在知识上训练华童掌握中国的语言文字，在精神上灌输中国的道德文化，使其既具有中文能力，又具有国人的意识、观念、举止。"[1] 20世纪20—30年代，美国中文教育进入全盛时期。1934年旧金山有10所中文学校，1848名学生和47位教师。[2]

旧金山中文学校中小学的学制与国内保持一致，因国内的学制是仿照美国而设立的，因而也与美国的学制相同。其主要课程：中学有国文、历史、地理、公民、国语、文选、诗词、尺牍、译文、作文等。小学有国文、说话、写字、造句、默写、认字、覆解、常识、公民、尺

---

[1] 刘伯骥：《美国华侨教育》，华侨教育丛书编辑委员会编印，1957年，第92页。
[2] 麦礼谦：《传承中华传统：在美国大陆和夏威夷的中文学校》，肖炜蘅译，《华侨华人历史研究》，1999年第4期。

牍、故事、历史、地理、译文、作文、唱游等。[1]

许多美国华人中文学校使用的教科书包括以下几种：国文、尺牍、常识、中国历史、中国地理、修身、公民。李永认为，由于美国华人社会在中文学校教育上没有一个像中华会馆这样的统一组织来遴选教科书，所以教科书的选用很大程度上取决于校方的选择。因此，在旧金山华埠没有通用的教科书。[2]

美国华人中文学校的发展为书店提供了稳定的教科书市场，教科书成为华人书店营业目录主要的种类之一。1918年太平洋书庄所销售的教科书，包括格致理科类39种，初等共和教科书8种，高等共和教科书12种，初等最新教科书9种，高等最新教科书8种，初等简明教科书5种，高等简明教科书2种，女子初等国文教科书3种，女子中学教科书3种，中学国文读本类9种，中学历史地理教科书9种，作文造句类15种，体操歌唱类16种，算学类21种，简易科类6种，幼稚园及家庭教育类8种，美国公家学堂英文教科类7种，[3]主要为商务印书馆编纂，少量为文明书局出版，涵盖了从蒙学、初小、小学到中学四级学制的各类科目，甚至包括了美国公立学校课本。

华人学校与国内学制保持一致，国内教育改革时时发生，教材屡屡修订，华人书店推销的教材也随之更新。1940年服务公司即称："本店应华侨学校之需求，尽力搜罗合乎华侨教育各种教材编列之，但有属于过旧，如共和国、新法等虽有，因不适用故未编列，有属于太新，不合华侨教育，故亦未编。"其图书目录中所列学校教科书，主要为商务印书馆所出新学制、新撰、复兴教科书，包括高中学校用7种，初中学校用24种，高小学校用11种，初小学校用27种。另有正中书局的小学、

---

[1] 刘伯骥：《美国华侨教育》，华侨教育丛书编辑委员会编印，1957年，第51—52页。
[2] 李永：《排拒与接纳：旧金山华人教育的历史考察（1848—1943）》，华中科技大学出版社，2015年，第225页。
[3] 太平洋书庄编印：《太平洋书庄袖珍目录》，1918年。

初中、高中教科书9种。[1]

书店目录所列各级学校教材品种众多、科目齐全，有力保障了华人中文学校的教学质量。

(2) 小说

民国时期旧金山华人书店销售图书中，小说是数量最多的一类。该类图书包括中国古典小说的门类和品种，以晚清民国以来的通俗小说为主，在目录中称为"新小说"或"小说类"。范伯群在《中国近现代通俗文学史》中将通俗小说分为五编：第一编社会言情编，包括狭邪小说、娼门小说、谴责小说、黑幕小说、言情与哀情小说；第二编武侠会党编；第三编侦探推理编；第四编历史演义编，包括正史演义、宫闱秘史、名媛艳史等类；第五编滑稽幽默编。当代文学史上奉为正宗的五四以来新文学作品，直到1940年才出现在《服务公司图书目录》中，称为"新文艺小说"。从表三可见书店经售图书中小说的分量。需要说明的是，本文中所有图书的分类俱采用的是原书目分类法，而非当代图书分类法。

表三　民国时期美国旧金山华人书店小说类图书占比表（单位：种）[2]

书店	太平洋书庄	义泰公司	民众书局	新大陆图书馆	悦明公司	祥栈书庄	服务公司
总数	1909	898	308	251	734	1524	3673
小说	236	189	40	140	518	271	1433
百分比	12.36	21.05	12.99	55.78	70.57	17.78	39.01

---

[1] 服务公司编印：《服务公司图书目录》，1940年。
[2] 资料来源：据《太平洋书庄袖珍目录》、《义泰公司图书目录》、《金山大埠民众书局图书目录》、《新大陆图书馆新书目录》、《悦明公司廉价新书目录》、《祥栈图书总目》、《服务公司图书目录》统计。

从表三可见，以通俗小说为主的小说类图书在各家书店目录中均占了较高的比例，义泰、新大陆图书馆、悦明公司、服务公司等均超过了20%。晚清民国时期通俗小说的发达归因于上海及全国城市化进程加速，城市人口的急剧增长形成了需求集中的图书市场。以市民为主体的旧金山华人社区同样存在大量的读者，因此各家书店重视小说类图书的销售。

为了说明民国时期旧金山华人书店销售"新小说"的种类与数量，本节通过新大陆图书馆营业书目和服务公司书目中小说的类别和种数，来观察新小说的内涵，详见表四和表五。

表四　新大陆图书馆新书目录（约1929年，单位：种）

类别	新学识书类	新小说类									各种彩图
		香艳	言情	哀情	武侠	社会	侦探	滑稽	黑幕	笔记	
数量	89	19	49	11	18	14	9	3	7	10	22
总计	89	140									22

表五　服务公司小说类图书（1940年，单位：种）

类别	数量	类别		数量
剑侠义侠类	196	新文艺小说		200
冒险侦探类	167	性书汇集年咭样本		218
性书	64			
旧小说演义类	355	遗书补录	新文艺	32
哀情、艳情、言情小说类	394		言情	14
历史、科学、笔记小说	55		剑侠侦探	12
社会、政治、警世小说	73		性书	10

从表四、五可以看出，华人书店的小说门类众多，包括了各类通俗

小说，即使在20世纪40年代新文学作品传入了美国，通俗小说仍然是广受读者欢迎的销售种类，说明了华人社区小说阅读的偏好。当代文学史对民国时期小说史的书写和叙事，以五四新文学和纯文学为主流，与民国时期旧金山华人书店的销售状况偏差较大。从这一点来看，旧金山华人书店的营业书目对还原民国小说的传播和丰富民国小说史研究，极具史料价值和意义。

民国时期旧金山华人书店小说类图书中，性书也占据了相当大的比例。表五中服务公司的分类中就有明确的类目，列有的性书多至200余种。个别书店甚至以性书为主，如表六中列的"情海异闻"类图书。

表六　悦明公司廉价新书目录（约1927年，单位：种）

类别	新文化类	侦探及侠传类	信札类	情海异闻	医书类	国民党新书类	代理
数量	98	37	34	481	27	23	34

悦明公司经售图书中，以性知识、性教育及淫秽小说为主，借力20世纪20年代"性学博士"张竞生的书籍不在少数，皆因张竞生1926年出版的《性史》第一集风靡一时，"美的书店生意很好，经济效益十分可观。……利之所在，众所向往，群趋之恐不及，于是伪造盗印的就多了起来，许多不明来历的出版社、印书馆印造了此书，还冒用了张竞生的名字，出版了《性史》的第二集、第三集乃至到了十几集，还有性质相同的《性艺》、《性典》、《性史补》……等等题目的事。一哄而起，通过特殊的发行渠道，在社会上流散开来，成为灾祸，引起很大反响"。[1] 该公司新文化类图书中，书名含张竞生招徕顾客的有《张竞生性欲秘史》、《张竞生性欲海》、《张竞生恋爱卫生》等，有伪

---

[1] 章克标：《张竞生与性史》，载陈福康、蒋山青编：《章克标文集》，上海社会科学院出版社，2003年，第502页。

托其为作者的《性欲美》，还有张竞生《性史》的跟风书《性史批评》等；情海异闻类中亦有《性史外集》等 8 种。情海异闻类中《如意君》、《野叟曝言》、《绣榻野史》等古典禁毁小说也有经售。

性书的流行，与旧金山男女性别比例严重失衡有关。1882 年排华法案通过后，美国单方面地降低中国人移美的数量，结果造成华人两性比例失调，其程度之严重，超过任何别的种族。1860 年，在美华人的男女比例约为 20∶1，到 1890 年更上升到 27∶1。晚至 1930 年，这个比例仍为 4∶1。[1] 在某种程度上来说，性书的流行与阅读缓解了旧金山华人性的精神压力。

（3）古籍

美国华人形成跨太平洋社区并得到持续发展，对中国传统文化的认同起了粘合剂的作用。"清末民初，侨社崇尚旧学，文风颇盛。诗社林立，散联一出，各埠应者千数百人，蔚为一时之盛。诚以华侨远处异域，虽操牛马生活，仍以圣贤为心，枕经耽史，驰骋翰墨者大有人在。"[2] 华人社区对中国文化的认同植根于日常生活之中，"华侨说的基本都是粤语，平日的书信往来写汉字，舞台上表演的是粤剧大戏，阅读的是华文报刊；在婚丧嫁娶中遵循中国风俗，弹唱中国乐曲"。[3]

中国文化的传承有赖于教育。清朝政府、国民政府皆积极兴办华侨学校，旨在维系华侨与祖国的联系，教学课程和内容以传授中国语言和文化知识为主，学校图书馆购置中文图书时亦古今并重，"旧金山各侨校，如中华学校、协和学校、圣玛利学校等，皆有图书室，藏万有文库及现代图书，其中以中华学校藏书最丰富，为全美侨校之冠。计藏有十三经注疏、钦定七经、影印四部丛刊初编、四库善本丛书、上海涵芬楼影印刻本丛书、涵芬楼四部丛刊集部、国学基本丛书简编、诸子全书、廿四史、涵芬楼古今文钞、通鉴辑览、明清史料、清史、广东通志、历

---

[1] 李永：《排拒与接纳：旧金山华人教育的历史考察（1848—1943）》，华中科技大学出版社，2015 年，第 169 页。
[2] 刘伯骥：《美国华侨史续编》，台湾黎明文化事业公司，1981 年，第 404 页。
[3] 潮龙起：《美国华人史（1848—1949）》，山东画报出版社，2010 年，第 110—111 页。

代小说笔记选、章氏丛书、九朝律考、佛学丛书、大学丛书、中国文化史丛书、中国经济学社丛书、正中文库、万有文库简编第一集第二集、商务日用百科全书、少年百科全书、小学生文库、增订小学生文库、国家建设丛刊、通俗演义、文集、年鉴、医书、现代科学书，各种辞典，约有六千册"。[1]中华学校图书馆搜罗的古籍，如《四部丛刊初编》、《四库善本丛书》等，皆为商务印书馆影印的皇皇巨制。

旧金山华人书店经售图书中，古籍也为数不少，下表七为"民国时期美国旧金山华人书店营业书目古籍类图书一览表"，可见古籍的类别与数量。

表七　民国时期美国旧金山华人书店营业书目古籍类图书一览表（单位：种）[2]

太平洋书庄	类别/数量	经书子集类	中国文学类	自修文学类	古传记类	相命卜筮书
	281	66	7	14	177	17
义泰公司	类别/数量	子史经书文集类				
	66	66				
祥栈书庄	类别/数量	古传书类	经书子集精华类	卜易星相堪舆书类	善书类	
	369	218	83	48	20	
服务公司	类别/数量	名家文学诗集、文集类	古文读本类	诗书经史类	笔记、子集类	旧小说演义类	释道相卜类
	686	168	19	68	48	355	28

---

[1] 刘伯骥：《美国华侨史续编》，台湾黎明文化事业公司，1981年，第412—413页。
[2] 资料来源：据《义泰公司图书目录》、《祥栈图书总目》、《服务公司图书目录》统计。

从上述书店营业书目来看，主要是晚清民国时期上海各家出版社影印、铅印古籍，种类有经部的《五经》、《四书》、《十三经》等，史部的《纲鉴易知录》、《史记菁华录》等。子部小说类古籍也相当流行，如太平洋书庄的古传记类177种，服务公司的旧小说演义类达355种。子部术数类的相命卜筮堪舆善书等常见于营业书目。太平洋书庄、祥栈书庄、服务公司书目中亦有供给普通大众或初学者的古籍读本。

（4）龙舟歌、南音、班本等

清末民初远赴美国的华人，绝大多数来自以广州为中心的珠江三角洲，他们的生活方式、语言文化和风俗习惯，具有鲜明的广东文化特征。去中国戏院欣赏粤剧一直是旧金山华人的一项大众娱乐活动，广东传统戏曲文化的南音、龙舟歌、戏本（班本）等书籍在书店中也多有销售，其类别和数量见表八。

表八　民国时期美国旧金山华人书店营业书目广东戏曲文化类图书一览表（单位：种）[1]

书店	太平洋书庄		义泰公司			祥栈书庄		服务公司
类别	南音	戏本类	龙舟歌	南音	班本	班本	南音	南音粤讴类
数量	161	162	55	30	35	123	132	22

3.多元经营

民国时期旧金山华人书店除贩卖图书外，经营业务趋向多元化。1918年《太平洋书庄袖珍目录》刊登启事曰："本公司采办中西书籍，苏杭绸缎，新奇货品，批发各埠，取价均廉，且推广国货，经荷梓里大加欢迎。"金山发明公司则"开设金山正埠，业经多载，发行各种书籍

---

[1] 资料来源：据《太平洋书庄袖珍目录》、《义泰公司图书目录》、《祥栈图书总目》、《服务公司图书目录》统计。

簿册，以及中西笔墨文房用品、中华国货兼洋杂货应有尽有，无美不备，名驰遐迩。并承代办上海物品、苏杭绸缎、丝缎顾绣等货。暨设印刷所，专印五彩石印，中西文铅印，如书籍簿册报章传单，一切印件均可遵印"。[1] 民众书局所载业务为"外兼承印中西大小文件，精造笠巴图章，工精价廉。各界惠顾，无任欢迎"。[2] 祥栈书庄"自造铜铁器具，如洗衣馆之吹水壶、酒水升、布手揸及做厨房各种利器，日中所用等件，均皆齐备，兼办唐山伙食杂货"。[3] 1940年服务公司启事曰："本公司成立已十一年，为美洲专营书籍、文房、校具、美术者之第一间。"[4]

民国时期出版社和书店业务大多以图书为主，经营相关的印刷、教育用品等较为普遍。旧金山华人书店业务多兼营杂货，为其与中国本土书店经营差异较为显著的特点。

四、民国时期美国旧金山华人书店的社会功能

民国时期华人书店在旧金山乃至美国华人社群中承担了传播中国文化的社会功能，实则为华人社群公共文化空间的枢纽之一，下文从三个方面来详细论述。

1. 华人书店是旧金山华人传播中国文化的核心社会组织之一，它们提供了种类丰富的中文图书，满足学校和社会大众的文化需求，构建了民国时期旧金山华人的精神家园。表九列举了1940年金山大埠服务公司的图书种类和数量，以供直观了解书店经营图书多学科、多领域的内涵。

---

[1]《金山歌集合刻》封底附页，美国旧金山发明公司印行，1917年初版，1921年第二版。
[2] 民众书局编印：《金山大埠民众书局图书目录》，约1927年。
[3] 祥栈编印：《祥栈图书总目》，1931年。
[4] 服务公司编印：《服务公司图书目录》，1940年。

表九　服务公司图书分类目录（单位：种）

类别	英文目录	中文字典、辞典、字汇类	中西文字典、字汇、辞典、应用文杂类	英文小说类	名家文学诗集、文集类	古文读本类	地图风景挂图类	美术类	医学类	剑侠义侠类	冒险侦探类
数量	59	53	106	34	168	19	47	77	131	196	167
类别	诗书经史类	笔记、子集类	哲学类	佛学、宗教类	名人杂传类	商业、经济类	科学类	工业制造类	日用常识用书类	厨书、游戏类	国家政治法律类
数量	68	48	25	30	17	24	13	45	32	23	42
类别	主义与史记类	党义类	尺牍类、笺纸图	1940年4月份新书	新美女画	性书	学生应用尺牍	旧小说演义类	学校教科书类	学校用物类	学生论说、文范等类
数量	23	74	54	19	5	64	50	355	89	8	57
类别	习字帖类	儿童读物类	儿童小读物	释道相卜类	哀情、艳情、言情小说类	历史、科学、笔记、小说	奇情、滑稽类	新文艺小说	性书汇集年咭样本	军事体育类	心理伦理论理类
数量	78	11	52	28	394	55	62	200	218	37	15
类别	教育类	会计类	古今对联类	苏裱绫对	文房用具类	自来水笔毛笔类	西剧本	歌曲类	南音粤讴类		
数量	24	12	10	10	64	35	9	19	22		

2. 华人书店是有力塑造旧金山华人文化的文化机构之一。诸多书店是华人诗社的集会地点，开展了诗社雅集和征联活动，为美国华人传播中国文化提供了活动场所和表达方式。如前文所述，"清末民初，侨社崇尚旧学，文风颇盛。诗社林立，散联一出，各埠应者千数百人，蔚为一时之盛。诚以华侨远处异域，虽操牛马生活，仍以圣贤为心，枕经耽史，驰骋翰墨者大有人在。羁旅无聊，吟咏自况；以文会友，唱玉联珠。黄遵宪鼓吹于前，梁朝杰击钵于后。光绪末年有同文社，曾敦请刘庆云阅卷。侨社虽充满势利，尚有此文雅游艺之一面。直至战后，此调已成绝响"。[1] 书店设诗社有两家，一是赏奇社，"社址在旧金山都扳街大光书林，有正会，有特别会，一月一会，或一月两会。一九一〇年，特别第三会，十一月十日截卷。一九二一年第八会，由大同日报主笔蒋梦麟评阅，冠军袍金二十五元，加赏金牌一面。一九二二年特别第十二会，黎荣耀总领事评阅。以后继续一月一会，一九一六年轮到第五十八会，特别第三十二会。直至一九二七年十月为第九十四会"。[2] 一是吟风社，"社址在都扳街陈笃周之国民书局。一九二二年特别第一会，挂角格，五月十五日截卷。一九二三年二月第八会后停止"。[3] 征联活动也在华人社区颇为流行，"通常联题一出，揭登报章，应征者每比卷资应缴二三角，收比亦有额。主事者聘名儒评阅，方取信于人。评定后，冠军、第二名与殿军皆有奖格，冠军奖谓之袍金，多为二十元至二十五元之间。一九三五年以后，风气渐衰，征联停罢，只有加拿大蒙得娄之风雅联社，弦歌未歇，余音嫋嫋而已"。[4] 义泰公司曾举办征联活动，其书目载有征联结果，"义泰公司征联揭晓（达人学校教员盘熙昌先生评定）一百付"，[5] 书店的诗社雅集和征联活动有效提升了华人社

---

[1] 刘伯骥：《美国华侨史续编》，台湾黎明文化事业公司，1981年，第404页。
[2] 刘伯骥：《美国华侨史续编》，台湾黎明文化事业公司，1981年，第405页。
[3] 刘伯骥：《美国华侨史续编》，台湾黎明文化事业公司，1981年，第406页。
[4] 刘伯骥：《美国华侨史续编》，台湾黎明文化事业公司，1981年，第406页。
[5] 义泰公司编印：《义泰公司图书目录》，约1926年。

群的活力和凝聚力。

3.华人书店代理发行国内杂志,与报刊、华文学校、社团等构成了区域文化传播的社会网络,强化了美国华人的本土文化认同感,促进了跨太平洋华人社群的形成。被誉为"中国第一份侨刊"的《新宁杂志》,国内和国外都有代理发行的网点,下面列出表十,以见华人书店的贡献。

表十 《新宁杂志》旧金山代理处表[1]

年份	1912年	1919年	1928年	1932年	1934年	1935年
旧金山代理处	中西日报、世界日报、发明公司、大同日报、大光书林、美国王家邮政局黄金、万国寄信便览公司、祥栈书庄	世界日报、新大陆图书馆、中西日报、新汉公司、发明公司、大光书林	世界日报、发明公司、大光书林、新大陆图书馆、中西日报	中西日报、大光书林、新大陆图书馆、发明公司	中西日报、发明公司、新大陆图书馆	中西日报、发明公司、新大陆图书馆、服务公司

年份	1937年	1939年	1940年	1941年	1947年	
旧金山代理处	中西日报、发明公司、服务公司、广明报摊、新大陆图书馆、卓名公司	中西日报、发明公司、服务公司、新大陆图书馆、广明报摊	中西日报、发明公司、服务公司、新大陆图书馆、广明报摊	中西日报、发明公司、服务公司、新大陆图书馆、广明报摊	服务公司	

[1]《新宁杂志》旧金山代理处资料来源:见广东省立中山图书馆编:《近代华侨报刊大系》第1辑,广东经济出版社,2015年,第5册,第361—362页;第6册,第98页、505页;第7册,第119页;第9册,第121页;第10册,第122页;第12册,第245页;第13册,第124页;第14册,第464页;第17册,第460页;第19册,第223页。

表十可见20世纪10年代到40年代《新宁杂志》在旧金山的代理处主要为报社和书店，发明公司、大光书林、祥栈书庄、新大陆图书馆、服务公司等华人书店的杂志发行延续了数十年，为《新宁杂志》及台山地域文化在美国华人社区的传播起了首要作用。

民国时期美国旧金山华人书店通过发行中文图书，供给华人社区教育、现代知识、文学、传统文化等多方面的精神滋养，塑造了华人社区独特的中国文化。这一公共文化平台与报刊、社团、中文学校一起，强化了对中国国家的认同以及传统文化和地域文化的传承。对国家、传统文化、地域文化的认同，使得跨太平洋华人社群得以建立，华人成长为美国重要的少数民族族裔之一。

第四节　民国时期古籍出版与图书馆建设

图书馆是文化界与出版业关系最为密切的机构之一。关于新图书馆运动对出版业发展的推动作用，已经有学者做专门研究，并归纳为如下五个方面：其一，新图书馆运动为出版业开辟了广阔的图书消费市场；其二，新图书馆运动展现出来的无限商机成为出版社组织出版、开发选题的重要依据之一；其三，新图书馆运动为出版界创造了广泛的读者群；其四，新图书馆运动还产生了一批私人或企业出资兴办的图书馆，流风所被，出版系统也筹建了一批书局图书馆；其五，新图书馆运动在促进出版事业繁荣的同时，也极大地开拓了本行业图书出版的新局面。文章结尾简略说及出版业的繁荣也同样反哺着近代图书馆事业的发展。[1]图书馆建设离不开书籍收访。民国时期出版业不仅以图书馆为销售市场，而且因为旧书数量有限，新出版的书籍成为图书馆书籍收藏的主要渠道。特别是新建的中小图书馆，建馆依靠新书。其中新出版的

---

[1] 吴永贵、陈幼华：《新图书馆运动对近代出版业的影响》，《出版发行研究》，2000年第7期。

古籍成为图书馆藏书建设的重要资源。民国时期图书馆的长足发展，古籍出版贡献颇巨。

一、民国时期图书馆事业的发展

我国近代图书馆事业，萌始于清光绪间，当甲午战后，国人因外交失败之刺激，始知强国之务，不仅在坚甲利兵，而尤在于学以牖民智，于是以识者之倡导，各省始有"藏书楼"之设，为后来省立图书馆之滥觞。1904年，湖南图书馆在长沙正式成立，它是我国第一所官办的公共图书馆。同年成立的还有湖北图书馆。清末全国十八行省中，除江西、四川、新疆外，其他都已设立有省立公共图书馆。民国肇造，教育部设立社会教育司，掌管图书馆、通俗图书馆及巡回文库等事项；对于推动图书馆事业的改进与发展，不遗余力。首任教育总长蔡元培，尤特别重视社会教育。1919年五四以后，新文化运动勃然而起，求知的欲望普遍于全国。受当时社会潮流所激，人们更进一步认识到图书馆作为一种重要的社会机关所担负的输进知识、广博见闻、学习研究、推动社会的功能。1917年以后，在沈祖荣、戴志骞等一批学成归来的图书馆学家的大力倡议下，以仿效欧美图书馆精神来改革和发展中国近代图书馆事业的运动，便在全国开展起来，而把退还的庚子赔款用于中国的图书馆建设，将这一运动推向了高潮。1925年，中华教育改进社图书馆教育委员会提议，用美国退还庚款的1/3建设图书馆8所，分布中国诸要地，为各区域的图书馆模范。同时，美国图书馆协会代表鲍士伟来我国考察图书馆状况，提倡推广通俗图书馆等。1928年，全国教育会议大会通过，请当时的大学院（相当于教育部）通令各学校设置图书馆，每年从全校经费中提取5％以上作为购书费。有了这些经费作为保障，新图书馆运动取得了显著的成绩。

新图书馆运动的成绩主要表现在图书馆数量的快速增长上，这一点，可以从民国时期历次图书馆调查的统计数据得到说明，可参见第十一章第三节中"民国时期图书馆的数量"相关内容。前述统计数字说明，民国时期，尤其是1925—1936年，我国的图书馆得到长足的发展。其原因一在于国人对图书馆社会功能的重要性有深刻的认识，另一原因在于新出版业，其中包括新印古籍生产了丰富的书籍，为图书馆在全国的遍设提供了可能。

二、民国时期对图书馆重要性的认识

图书馆在民国时期的发展，与国人对于图书馆在社会文化功能重要性的认识有相当的关系。今天图书馆被视为资料收藏机关，并随着知识传播途径的多样化，较少有人强调图书馆的社会教育作用，而这一点在民国时期尤为图书馆界人士所强调。

> 图书馆是一种辅助教育机关。现在欧美各国的许多教育家和图书馆学家都在殚精竭虑地求谋它的发展；因为图书馆在教育事业上，无论是和家庭教育、学校教育、社会教育，都是如轮车之相倚，是绝对不能缺少的。并且，图书馆对于人类社会的贡献，不仅如此而已。它还负有发扬文化和保存文化的使命，一方面发扬新的文化，一方面又须保存旧的文化，使其互相调和，藉此可以提高文化的水准。更因图书的流通，学术也因之普及而愈加发展。这些一切，都是图书馆绝大的贡献。[1]

许晚成赞誉图书馆为"学问之府库，智识之源泉，大学之灵魂，学生之参考室，教员之研究室，理论之实验室，万事之问津处，实为无价之宝藏"。[2] 分言之，则为：一、普及国民教育；二、推动学术研究，辅助文化进步。20世纪上半叶，国民平均文化水准颇低。在谋求普及

---

[1] 都建华：《图书馆在近代教育上之重要性》，《中央军校图书馆月报》，1934年3月，第7期。
[2] 许晚成：《编行本调查录之目的与经过》，载《全国图书馆调查录》，上海龙文书局，1935年。

学校教育之外,图书馆的社会教育功能为图书馆界和文化界人士所注意和提倡。蔡元培亦曰:

> 图书关系学术,至为密切,承先哲之余绪,开后来之涂辙,体用咸备,细大不遗,实惟图书是赖。集多数图书于一处,予民众以阅览之便利,辅助文化进步,实惟图书馆之功。……至于为平民谋便利而设图书馆,则是近数十年学制革新以后始有之。[1]

强调图书馆社会教育作用在图书馆设置上体现为通俗图书馆的广泛设立。1915年10月,教育部颁布《通俗图书馆规程》,第一条即为"各省治、县治应设通俗图书馆,储集各种通俗图书,供公众之阅览"。第六条规定:"公立通俗图书馆之经费预算,适用图书馆第八条之规定。"[2]《图书馆规程》第八条为:"公立图书馆之经费,应于会计年度开始之前,由主管公署列入预算,具报于教育部。"[3] 这使得公立通俗图书馆的经费有了立法的保障。这样,以启发民智为主要目的的通俗图书馆发展非常迅猛。1918年,全国通俗图书馆为286所,1931年达到1052所,而且通俗图书馆不论在馆址设置、藏书内容,还是在开放时间、借阅方式上,均以普及民众教育为出发点,对阅览者免费开放,使图书馆的使用效率大大提高。从读者情况看,1916年,湖北44所,全年经费13800,藏书部数18000,每日阅览人数1800人。[4] 读者为数不少。无疑,通俗图书馆在扩大社会的读书人口、提高民众文化水平、普及社会读书风气方面均作出了巨大贡献。

---

[1] 蔡元培:《韦棣华女士来华服务三十年纪念》,载《蔡元培文集》(卷三教育下),台湾锦绣出版事业股份有限公司,1995年,第509页。
[2] 李希泌、张椒华编:《中国古代藏书与近代图书馆史料(春秋至五四前后)》,中华书局,1982年,第184页。
[3] 李希泌、张椒华编:《中国古代藏书与近代图书馆史料(春秋至五四前后)》,中华书局,1982年,第186页。
[4] 《各省通俗图书馆调查表》,载李希泌、张椒华编:《中国古代藏书与近代图书馆史料(春秋至五四前后)》,中华书局,1982年,第257页。

图书馆在文化机制上，向下一端是社会教育，向上一端则是学术研究。由于学术研究依赖图书馆，图书馆为学术研究聚集资料，图书馆藏书的多寡是衡量学校研究水平高低的标志之一。有学者以为，20世纪20年代初图书馆尚未普遍设立是当时学术进步缓慢的原因之一。

20年代初的中国，各种学术研究机构、图书馆尚未普遍设立，学术期刊尚未普遍发行之前，学术资讯与学者研究成果的传播，的确受到很大的限制，往往仅及于学者居住地域与人际网络所能达到的范围。学术交流的方式，主要以登门造访、函札往来、著述刊布等传统方式进行。学术资讯传播速度缓慢，范围狭小。[1] 从这一点来看，"图书馆为学校第二生命"[2] 不为过誉之辞。

学校对图书馆的重视可从学校图书馆数量的增加得到验证。1935年，全国图书馆有5819所，学校图书馆（中等以上学校）为3100所，超过总数的一半。[3] 学校图书馆成为整个图书馆系统的主体。民国时期学术体系的建立，学术水平的进步，学校图书馆的建设是不可忽视的因素之一。

三、民国时期古籍出版对图书馆建设的作用

图书馆有三个基本要素，即人员、书籍、馆舍，缺一不可。图书馆以书籍供给读者，首要工作之一即是访求图书。自清末创办京师及各省图书馆始，图书馆藏书范围定位为搜集中国古籍与海外各国图书。民国时期，图书馆收藏图书中，古籍同样占据了一个重要的位置。1925年，梁启超在中华图书馆协会成立会上演说认为，在读物方面，中国图书馆

---

[1] 陈以爱：《中国现代学术研究机构的兴起：以北大研究所国学门为中心的探讨》，江西教育出版社，2002年，第76页。
[2] 《北大图书馆之现在与将来》(1920年)，载李希泌、张椒华编：《中国古代藏书与近代图书馆史料（春秋至五四前后）》，中华书局，1982年，第350页。
[3] 《最近全国图书馆统计表（1935年）》，载《浙江全省图书馆协会会刊》，1936年5月编印，（成立大会特辑）第1期。

事业发展的路向是"收罗外国文的专门名著和中国古籍"。[1]

1929年,中华图书馆协会致全国各图书馆书中,关于图书馆采访与流通事项,亦特别提示图书馆图书收藏路向为"国故之保存"和"新知之扩充",中华图书馆协会作为权威性的图书馆团体,对全国图书馆各项工作的建议具有强烈的导向意义。在其指导下,各级图书馆均能留意古籍,包括地方文献的收藏。晚清以来,中国向现代社会的转型使得传统文化赖以生存的社会机制被破坏,而图书馆保存、流传文化的作用尤为突出。

民国初期,由于雕版印刷的旧书数量少,近代旧籍散佚严重,而民营出版业如商务印书馆等业务集中在教科书、工具书和西学新书编译上,尚未注重旧书营业。故造成图书馆搜集图书,新书容易求购,而旧书反而困难的局面。1920年,全国教育联合会于上海召开会议,呼吁创办图书馆购买商务印书馆新出的《四部丛刊》,原因即在于此。《申报》曾有一篇报道,正文如下[2]:

> 全国教育联合会本月在沪开会,议决遍设图书馆以为教育之辅助,但购买新书较易,购买旧书则难。《四部丛刊》计三百数十种,一万余卷,凡切要之书应有尽有,创办图书馆者得此一部,于旧书一方面大体略具,实为不可不备之书。

1920年前后数年,图书馆运动虽然有沈祖荣、戴志骞等前驱者的宣传,但图书馆建设进展缓慢,旧书难求为重要原因之一。1929年,王云五即曰:

> 比年国内图书馆运动盛起,而成绩不多遘。究其故,一由于经

---

[1] 梁启超:《中华图书馆协会成立会演说辞》,载《中华图书馆协会会报》,1925年6月30号,第1卷第1期。
[2] 《创办图书馆必备〈四部丛刊〉》,载《申报》,1920年11月27日。

费支绌，一由于人才缺乏，而相当图书之难致，亦其一端也。以言旧书，则精刻本为值奇昂，缩印本或竟模糊不可卒读，以言新书，则种类既驳杂不纯，系统亦残缺难完备。因是，以数千元巨资设置小规模之图书馆，而基本图籍往往犹多未备。[1]

这一状况在20年代得以改善。一方面，由于整理国故运动和新图书馆运动使得古籍社会需求大增，激发了民营出版业整理出版古籍的热忱。另一方面，出版界也注意适应图书馆收藏古籍的要求，汇集经史子集国学要籍，辑印古籍丛书，解决图书馆选择图书的难题。如商务影印《四部丛刊》，其动机之一即为图书馆解决旧书难得和选择不易两个难题。其预约广告曰：

图书馆不可不备　《四部丛刊》系就经史子集中精选人人必读之书凡三百余种，取舍斟酌，煞费苦心，所采版本，尤极精善，办理图书馆者每感选择图书之不易，如购置此书一部，则困难可免。

各学校不可不备　《四部丛刊》为国学菁华所萃，近年来各学校提倡国学，不遗余力，正宜采购此书，供师生研求参考之用，本书采用底本精善完足，非他本可及，学者从此书下手，可收事半功倍之效。

国学家不可不备　书经翻刻，难免讹误，惟用照相影印者庶免此弊。《四部丛刊》更于制版以后聘请耆旧逐叶校阅，绝无鲁鱼亥豕之误。凡研究国学者均宜备此最可依据之《四部丛刊》。

藏书家不可不备　《四部丛刊》所选底本皆经再三考订，择善而从，计得宋本42种，金元本20种，他亦均为旧刻精钞，萃海内外藏书家善本于一编，照相影印，不失原有精神，当尤为藏书家所

---

[1]《印行〈万有文库〉缘起》，载《〈万有文库〉预约样本》，商务印书馆，1929年，第1页。

爱购也。[1]

中华书局排印《四部备要》，也把图书馆作为主要的销售对象。《四部备要》汇刊"经史子集人人当备之书，用聚珍仿宋版精印，根据善本详审校勘，家庭学校图书馆允宜各置一编"。[2] 大东书局影印《中国医学大成》，价值之一为"便利图书馆之设备也。查各地图书馆职员，多属不知医者，对于选购医书，每每无裨实用，徒有其名而已，本集所采辑之三百六十五种医书，无一非先哲精英，后贤名著，合时代而切实用，各地图书馆购此一部，则其他医书，俱可从略，且有节省公帑，间接提倡医药学术之价值"。[3]

1917—1937年新图书馆运动期间，各书局刊印的大部古籍丛书主要有商务印书馆的《四部丛书》初编、续编、三编（1919年开始刊行）、《续古逸丛书》（1922年开始辑印）、《学生国学丛书》（1925年开始排印）、《百衲本二十四史》（1930年开始影印）、《四库全书珍本》（1933年开始辑印）、《国学基本丛书》（两集，包含在《万有文库》一、二集内，分别于1929年、1934年刊印）、《丛书集成初编》（1935年开始印行），中华书局的《四部备要》（1920年发售预约），世界书局的《国学名著丛刊》，大东书局的《中国医学大成》，开明书店的《二十五史》（1934年影印）、《二十五史补编》（1935年编辑出版）等。各大出版社不约而同地丛集丛刊大型古籍，系精明的出版商有意识地调整出版策略，以满足图书馆古籍收藏的需求和解决图书馆选择图书的困难。因而受到图书馆的欢迎。

当时建设图书馆面临三大困难：经费支绌、书籍难求、人才缺乏。新出版的古籍丛书，亦考虑图书馆财力有限，多以最经济与适用之方法印刷，力求定价低廉，俾使图书馆"前此一二千元不能致之图书，今可

---

[1]《〈四部丛刊〉预约》，载《图书馆学季刊》，1926年12月，1卷4期。
[2]《中华书局聚珍仿宋版印〈四部备要〉》，《申报》，1922年1月4日。
[3] 周禹锡序，载《中国医学大成总目提要》，上海大东书局印行，1936年。

以以三四百元致之"。[1]

  新出版的古籍，由于解决了图书馆经费与书籍采访的难题，使得图书馆能够以低廉的价格，得到人人当读的古籍，因此各类级图书馆购买积极。至 1926 年，中华书局《四部备要》仅在奉天一省的定户就有 145 部，购买者如下：（一）官厅，20；（二）学校，29；（三）图书馆，9；（四）报馆，1；（五）官绅商学界个人，86。其中图书馆占总定数的 6.2%。如果包括学校在内，则为 26.2%。[2]

  1934 年，国民政府行政院和教育部鉴于《四库全书珍本》和《四部丛刊续编》两书，"一则发久藏之密笈，为教育部所主持印行，一则广古籍之流传，与四库珍本有相得益彰之美。业经行政院致各都会以及各省市政府通函第五五六号，转行所属一体订购。教育部部长亦以该两书均为我国重要文献，于二月九日通函各省市教育厅局，全国专科以上学校，全国公私立图书馆等，乘现在预约期内，径向该馆订购。闻各机关及各学校向该馆订购以上两巨制，颇为踊跃"。[3] 而全国藉包含两集 400 种《国学基本丛书》的《万有文库》成立之图书馆"多至千余所"。1935 年，许晚成编辑的《全国图书馆调查录》，共计有图书馆 2520 所。其中一项为各馆藏书的调查，为"藏书总数并以何种图书为多"，其中关于中文旧书收藏，除"上海徐家汇天主堂藏书楼，中西约二十五万册，方志占多"、"上海大同大学图书馆中文书 19000 余册"、"（广东）兴宁县立第一中学北院图书馆 15000 册，经史子集为多"等图书馆因中文旧书较多，未标明图书馆古籍收藏的具体图书外，明确写明收藏民国新印的古籍丛书的图书馆收藏的古籍丛书名称和图书馆数字统计如下：[4]

---

[1]《印行〈万有文库〉缘起》，载《〈万有文库〉预约样本》，商务印书馆，1929 年，第 1 页。
[2]《中华书局〈四部备要〉定户一览表》，载《申报》，1926 年 12 月 30 日。
[3]《行政院及教育部提倡国学两巨擘——〈四库全书珍本〉、〈四部丛刊续编〉》，《申报》，1934 年 3 月 9 日。
[4] 据许晚成编《全国图书馆调查录》统计，上海龙文书局，1935 年。

仅藏《万有文库》者为134所；同时藏有《万有文库》及《四部丛刊》者有11所；同时藏有《万有文库》、《四部丛刊》及《四部备要》者有2所；同时藏有《万有文库》、《四部丛刊》、《古今图书集成》者1所；同时藏有《万有文库》、《四部丛刊》、《廿四史》者2所；同时藏有《万有文库》及《四部备要》者11所；同时藏有《万有文库》、《四部备要》及《廿四史》者1所；同时藏有《万有文库》、《四部备要》、《四库珍本》者1所；同时藏有《万有文库》、《古今图书集成》者4所；兼藏《万有文库》及《廿四史》者5所；同时藏有《万有文库》及《百衲本二十四史》者4所；兼藏《万有文库》、《四库全书》者3所；仅藏有《四部丛刊》者9所；仅藏《四部备要》者2所；兼藏《四部丛刊》、《四部备要》者1所；兼藏《四部丛刊》、《廿四史》者2所；仅藏《国学基本丛书》者6所；仅藏《古今图书集成》者2所；仅藏《廿四史》者1所；仅藏《云南丛书》者1所。

收藏上述新印古籍的图书馆共计203家。实际应大大超过这一数字。由于出版界注意解决图书馆建设收藏旧籍、经费支绌的困难，图书馆积极购买新印古籍，图书馆的数量从20年代初到1936年一直呈现迅猛增长的态势。古籍出版大大促进了民国时期图书馆建设，出版业自身也得到发展。两种之间的良性互动发展，为今天的古籍出版与图书馆藏书建设也提供了宝贵的经验。

第五节 民国时期古籍出版与中国现代学术

文献资料是保障学术研究的首要条件。现代出版业为教育与文化生产了充沛的图书，公共图书馆和学校图书馆有丰富的馆藏可供阅览，部分经济条件优越的学者还能按学术兴趣，构建自己的书房，从而获得相对自由的私人学术空间。民国时期出版的古籍不仅充实了图书馆馆藏，也为私人藏书提供了便利。公共藏书和私人藏书的丰富，保障了中国现代学术的资料基础，进而极大助力了中国现代学术的发展。

一、民国时期古籍出版与私人藏书

当代关于民国时期学者藏书总体研究,已有相当重要的研究成果发表。但一些专题,如学者藏书的构成及其与书主学术成就之关系,目前见有陈漱渝主编的《世纪之交的文化选择:鲁迅藏书研究》[1]等论著,其他学者则缺少关注。民国时期藏书学者灿若群星,这一领域将成为藏书史研究的新方向。由于这些学者研究本国学术,或传统文化是其学术修养的一个部分,藏书中多有旧籍。与实业家相比,学者虽待遇优厚,但仍属工薪阶层,无力收购孤本珍籍,而新印古籍裨益学术,定价较低,容易购得,因此学者乐意搜求。新印古籍成为学者藏书的重要来源。目前的民国私家藏书史研究,注重藏书家收藏的善本旧籍,从私家购买新印古籍的实际来看,对新印古籍的收藏研究仍付阙如。

学者所藏书,普通版本居多,其中新印古籍占有一定比例,下面以鲁迅和胡适藏书为例来说明。据统计,现存鲁迅藏书有四千余种,一万四千余册,包括中文线装书、中文平装书、俄文书、西文书、日文书等。[2]其中收藏古籍丛书可分三大类:杂丛类、自著类、郡邑类,共计97部。[3]新印丛书有上海涵芬楼影印之《汉魏丛书》、商务印书馆铅印的《说郛》;类书有刘氏嘉业堂1920年刻《类林杂说》,1923年沔阳卢氏慎始基斋影印《名义考》(《湖北先正遗书》本),清代类书有1916年广州科学书局印行《增订骈林摘艳》。[4]鲁迅晚年,陆续购进大型丛书《四部丛刊》。1936年9月8日,王蕴茹为他取回预订的《四部丛刊三编》第4期书32种150册后,鲁迅便结束了一生中购阅丛书

---

[1] 陈漱渝主编:《世纪之交的文化选择:鲁迅藏书研究》,湖南文艺出版社,1995年。
[2] 陈漱渝主编:《世纪之交的文化选择:鲁迅藏书研究》,湖南文艺出版社,1995年,第1页。
[3] 陈漱渝主编:《世纪之交的文化选择:鲁迅藏书研究》,湖南文艺出版社,1995年,第277页。
[4] 陈漱渝主编:《世纪之交的文化选择:鲁迅藏书研究》,湖南文艺出版社,1995年,第277—313页。

的生涯，历时 20 余年。40 天后，鲁迅逝世。[1]

胡适一生勤奋治学，嗜好购书，所储丰富。胡适 1948 年离开北平，其大陆的藏书，即北京大学图书馆托管的 102 箱内书籍和文件，1957 年在遗嘱中捐赠给北大。笔者在北京大学图书馆查阅资料时，意外得见胡适所藏古籍——1919 年上海扫叶山房重印的《百子全书》，1943 年 3 月胡适驻美大使卸任后移居纽约后所购。扉页上有胡适题记一段，叙购书原委：

《百子全书》本是湖北崇文书局刻的。我做小孩子时，家中有此书零种，我初读《孔子家语》等书时都是用这种本子。后来在北京，我稍稍懂得版本和校勘了，颇轻视湖北局刻本。现在我在海外，竟用二十元美金买这部扫叶山房石印本的《百子全书》！周鲠生兄说："赶快买！总比没有书好！"我也同情他的话，就记在这里。

胡适治学，涉猎范围极广，开诸多学术领域风气之先，是中国现代学术史无法绕开的中心人物。由于所治学问为中国古代哲学、历史、文学，所到之处，胡适无不留意购买新印古籍。现摘录数条如下：

1921 年 5 月 17 日　夜读《四部丛刊》中的《朝野新声太平乐府》；[2]

1921 年 10 月 6 日　买得商务影印的《庄子》；[3]

1921 年 10 月 7 日　读宋人穆修的《河南穆公集》三卷（《四部丛刊》影印述古堂景宋抄本，用曝书亭抄本校过的）；[4]

---

[1] 陈漱渝主编：《世纪之交的文化选择：鲁迅藏书研究》，湖南文艺出版社，1995 年，第 278 页。
[2] 曹伯言整理：《胡适日记全编》3，安徽教育出版社，2001 年，第 262 页。
[3] 曹伯言整理：《胡适日记全编》3，安徽教育出版社，2001 年，第 301 页。
[4] 曹伯言整理：《胡适日记全编》3，安徽教育出版社，2001 年，第 357 页。

1921年10月8日　饭后我去书摊，买得《灵鹣阁丛书》一部，《章实斋遗文》一本，《雪桥诗话》三部，《二妙集》一部，《二妙年谱》一部，《广仓丛书》一部，《雪堂丛刻》一部，《京师坊巷志》一部，《叶天寥年谱》一部，《阎古古年谱》一部，《查东山年谱》一部，《四洪年谱》一部，《绎志》一部，《宛陵集》（影宋）一部，《诸子通考》一部，《壬癸集》（初刻日本本）一部；[1]

1928年9月5日　翻看影印本《佚存丛书》五集。[2]

30年代初，胡适已经有"书架44个，每架1000册，约藏线装书4万余，西文书11架和杂志、月刊都未计算在内"。[3]胡适所藏线装书中新印古籍准确部数已无法统计，从上面所列的胡适购书情况来看，当为数不少。

民国学者，身后藏书少有如鲁迅之保持完好者。胡适藏书的命运可谓大多数学者藏书的代表，而其藏书的打散不能不说是藏书史研究的损失。

上面从个人藏书的角度探讨了古籍出版对私人藏书的贡献。而出版物的销数则是评价其社会影响的常用指标，藉此可以测知出版物被收藏及作用社会的广度。民国时期，由于古籍出版适应了当时的文化学术需求，几种重要的丛书如《涵芬楼秘笈》、《四部丛刊》、《四部备要》、《丛书集成》等均十分畅销，《四部丛刊》和《四部备要》还数次重印。《四部丛刊》初编先后两版，销数达五千部之巨。第一次定户230户，个人定户为206户，团体定户24户。个人定户包括张謇、严复、叶景葵、徐世昌、李孤帆、张元济、蒋汝藻、严修、黎元洪、傅增湘、陶湘、梁启超、陈叔通、周叔弢、恽铁樵、高梦旦、孙毓修、守尾保太郎等，多

---

〔1〕曹伯言整理：《胡适日记全编》3，安徽教育出版社，2001年，第445页。
〔2〕曹伯言整理：《胡适日记全编》5，安徽教育出版社，2001年，第263页。
〔3〕胡成业：《胡适与书》，《安徽史学》，1994年第4期。

为知名藏书家。[1]《四部备要》销售千部以上。而《丛书集成》1935年5月预约发售,到11月"竟售至二千余部"。[2] 拟收书4000余种、实际出书3000多种的《丛书集成初编》,仅半年即达如此数量。销路之好,令人惊叹。从《四部丛刊》第一次预约定户来看,个人购买在古籍销数中占有一个相当大的份额,由此可见新印古籍大大充实了当时藏书家的库藏。

二、民国时期学者文人藏书的兴盛

现代学术体系的建立要求一定量的文献积累,知识系统必须积累有关文献,才能加快新的学术著作发表、出版的速度。通过改进印刷技术,增加印数,出版商大大降低了书籍的成本,书籍在比以往广阔得多的社会层面流通。出版业的进步,有力促进了各级图书馆的建立和私人藏书数量和藏书学者人数的增长,进而提高了整体的学术研究水平。

当代私家藏书研究者一般把民国时期私人藏书分为学者文人和工商实业家两种类型。工商实业家藏书讲究版本,重收藏;学者文人藏书则结合治学,重实用。学者陈垣藏书五万余册,却说:"我不是藏书家,不重藏宋元等版本,也无力购买,只藏我阅读和实用的书籍。"[3] 学者从事学术研究,不可或缺的条件就是书籍。据范凤书统计,民国时期藏书万册以上的藏书家有187人,职位身份分布学、官、商、军界。其中学者、教授、馆长等职位的藏书家有87人,约占总数的46.5%。[4] 而

---

[1]《商务印书馆〈四部丛刊〉定户一览表》,《申报》,1920年11月16日。
[2] 张元济:《致傅增湘》,载《张元济傅增湘论书尺牍》,商务印书馆,1983年,第336页。
[3] 范凤书:《中国私家藏书史》,大象出版社,2001年,第604页。
[4]《民国时期收藏万册以上藏书家简表》,载范凤书:《中国私家藏书史》,大象出版社,2001年,第485页。

在其所列的《当代收藏万册以上藏书家简表》[1] 108 人[2]中，有些学者如顾颉刚等的藏书主要于民国时期收集，也应归入民国时期。此类学者有 49 人，相加得 136 人。此外尚有众多的学者藏书未能统计。学者藏书，是为了研究方便。虽然这一时期公共图书馆兴起，但因借阅的限制，或所藏有漏，并不能完全替代私人藏书的功能。王献唐说："书非自备，乞邻终觉不便。"[3]

民国时期学术的进步，与学者藏书风气之盛有不可分割的关连。对于出版业的发达导致学者藏书的增多与学术的进步，中国学者和西方学者皆有论述。有研究者认为："民国时期我国各个领域的学术研究蔚为壮观。这些成绩的取得，同清代的文化积累，敦煌宝藏、殷墟甲骨、西域简牍等的发现及其相关学科的建立，近代化教育体系的确立，较为自由宽松的学术氛围，以及学者对公私藏书的充分利用等大有关系。"[4]西方学者也认为，在欧洲历史上出版业曾对学术文化的进步发展产生过人所共知的巨大影响，表现为："印刷术提高了文献的准确性，有助于 16 世纪私人图书馆的发展，加快了学术变革的步伐。使传统的权威论断受到新发明的挑战。学者和教师们发现，现在要摆脱那种大规模图书所有机构的限制而独立地扩展自己的研究视野，已不是什么困难的事情。"[5]

三、民国时期古籍出版与国学研究的进步

现代中国学术转型，呈现出自传统经学向晚清新学，再至民国时期的国学演进的轨迹。国学的概念，在清末与 20 世纪二三十年代几度引

---

[1]《当代收藏万册以上藏书家简表》，载范凤书：《中国私家藏书史》，大象出版社，2001 年，第 594 页。
[2] 陈垣、栾调甫二人被重复收入两表。——作者注。
[3] 王献唐：《双行精舍书跋辑存·跋世语》，载范凤书：《中国私家藏书史》，大象出版社，2001 年，第 572 页。
[4] 傅璇琮、谢灼华主编：《中国藏书通史》（下），宁波出版社，2001 年，第 1174 页。
[5] 艾尔曼：《从理学到朴学》，赵刚译，江苏人民出版社，1997 年，第 100 页。

起争论，因界定含糊，分歧太大，无法统一。"一种有代表性的意见是：相对于新学指旧学，相对于西学指中学。引申而言，即中国传统学术。"[1]国学虽指中国传统学术，但并非传统学术的简单延续，而是中国学术在近代西学的影响下由传统向现代转型的过渡形态。近代国学发端于1902年梁启超所办的《国学报》。其后，在辛亥革命时期国粹主义思潮推动下，日渐高涨。从20世纪20年代整理国故运动开展后到20世纪30年代，是国学研究的鼎盛期。随后为分科性的西方学术体系取代，到20世纪40年代初，朱自清即谓："有一个时期通行'国学'一词，平等地包括经史子集。这只是个过渡的名词。……现在已经不大有人用了。"[2]

国学兴起有西风东渐后，藉国学以抗欧化的背景。倡导者意图用近代的科学方法清理、挽救中国传统学术文化。民国时期，越来越多的学者以西方学术的眼光，来整理研究中国旧有的典籍和历史文化，加快了中国学术向西方现代学术体系转化的进程，使中国学术合于世界学术体系。在这一过程中，国学教育和研究机构竞相设立。桑兵指出，自1922年北京大学成立文科研究所国学门之后，清华、厦门、燕京、齐鲁等大学相继组建国学研究所或国学院，辅仁、厦门、东北、西北、大夏、中国、齐鲁、国民、正风等大专院校成立或改建了国学系或国学专修科，昆明、长沙等地则开办国学专修馆或国学专修学校。[3]国学由于研究方法的进步和研究机构的建设，水平有了长足的进步。就研究水准而言，国学略高于现代学术其他学科。1925年，顾颉刚在评论当时国学研究的状况时，认为"现在中国能够有一点科学规模的研究，还是算国学"，原因在于国学研究材料是"非常的多，采取甚便，故亦容易兴起"，"国学既有此丰富的材料，又能承受西洋的研究方法，又有人提

---

[1] 桑兵：《晚清民国时期的国学研究与西学》，《历史研究》，1996年第5期。
[2] 朱自清：《部颁大学中国文学系科目表商榷》，载朱乔森编：《朱自清全集》第2卷，江苏教育出版社，1996年，第10页。
[3] 桑兵：《晚清民国的国学研究》，上海古籍出版社，2001年，第11页。

倡，又有成绩贡献，故觉得非常热闹""至于他种科学，则因在中国素不发达，一时无从得到许多材料，又没有经费可以供人专心研究，故兴起的时期只得后一点了"。[1]

在顾氏眼里，材料的丰富是国学发达的一个重要原因。而供给材料，则有赖出版界的参与。古籍出版的高峰从1920年胡适发起整理国故运动延续到1937年全民族抗战爆发，与国学研究的兴盛时间几乎成两条平行线。这一阶段，仅以国学命名的丛书，商务印书馆就有《学生国学丛书》、《国学基本丛书》、《国学小丛书》，另有大东书局的《国学门径丛书》，文殿阁书庄的《国学文库》，中央书店的《国学基本文库》，国学研究社的《国学珍本丛书》。大至商务、中华辑印的丛书，小到各书局零星翻印的旧籍，无不以国学为广告词。各书局翻印旧书，推动了国学研究的进展，自身也获利丰厚。诚如陈以爱所说："20年代以后，整理国故运动之所以迅速席卷全国，学术机构与出版机构之互相配合，是一个不容忽略的因素。……近代学术文化发展与出版事业之间，确实有着紧密的依存关系。"[2]

古籍出版对现代学术的贡献，可从国学研究的实例得到验证。如梁启超1920年出版的《清代学术概论》中"顾炎武与清学的'黎明运动'"一节，即引用了当时新出的《四部丛刊》本《亭林文集》。[3] 潘光旦写作《明清两代嘉兴的望族》，在叙述"本篇的资料由来与作法"中有商务影印《涵芬楼秘笈》中彭孙贻的《彭氏旧闻录》和《太仆行略》，并称"也很有几分用处"。[4] 书后"参看作品"列有《成都氏族谱》，为张钧衡《适园丛书》本。胡适从事学术研究，翻刻的古籍是他常用的资料。下面从1998年北京大学出版社出版的12卷本《胡适文集》摘录出胡适引用的新刻古籍，兹列表十一如下。

---

[1] 顾颉刚：《青年必读书》，《京报副刊》，1925年3月1日。
[2] 陈以爱：《中国现代学术研究机构的兴起：以北大研究所国学门为中心的探讨》，江西教育出版社，2002年，第302页。
[3] 梁启超：《清代学术概论》，上海古籍出版社，1998年，第9页。
[4] 潘光旦：《明清两代嘉兴的望族》，上海书店，1991年，第8页。

表十一　胡适引用新印古籍表

文章名	引用书名	版本	文集卷数	页码
水浒传考证	宣和遗事	商务印书馆本	2	410
	元曲选	商务印书馆本	2	410
	杂剧十段锦	董康影印本	2	410
记李觏的学说	直讲 李先生集	商务印书馆 《四部丛刊》本	3	25
费经虞与费密	弘道书	成都唐氏怡兰堂1920年 《费氏遗书》本	3	41
梁任公 《墨经校释》序	墨经	《四部丛刊》 翻印嘉靖癸丑本	3	124
几个反理学 的思想家	颜李遗书	《畿辅丛书》本	4	70
	颜李全书	四存学会本	4	70
跋宋刻本《白氏文集》影本	白氏文集	《四部丛刊》本	4	267
中国中古思想史长编	淮南王书	《四部丛刊》本	6	512
章实斋先生年谱	章氏遗书	浙江省立图书馆本 刘承幹刻本	7	23
读曲小记（二）	皇元风雅	《四部丛刊》本	10	74
记金圣叹刻本 《水浒传》里避 讳的谨严	金圣叹批刻 本《水浒传》	1934年中华书局影印本	10	86

民国时期国学学科体系的建立和研究成果的大量涌现，亦从总体上说明了古籍出版对学术研究的贡献。著作方面，据《民国时期总书目》载，这一时期汉语类著作有2495种（《语言文字》分册），中国医学类

著作有 901 种（《自然科学·医药卫生》分册），中国哲学著作有 1138 种（《哲学心理学》分册），中国古代兵法类著作有 94 种（《军事》分册），中国经济思想历史有 35 种（《经济》分类），中国文学 15687 种（《中国文学》分册），丛书、类书 2543 种（《综合性图书》分册），中国史（辛亥革命前）1267 种，中国人物传记 2513 种，中国地理 1701 种，中国文物考古 273 种（《历史地理分册》）。

在论文方面，由于杂志和报章上属国学研究的文章越来越多，致使国立北平图书馆从 1929 年到 1936 年，先后编辑了《国学论文索引》、《续编》、《三编》和《四编》。北京图书馆 1955 年编辑了《国学论文索引五编》。《国学论文索引》"之编纂，闻始于民国十四年夏。……断自十七年七月，前后共得杂志八十二种，论文三千数百十篇。此外虽未见之杂志尚多，而关于国学之重要杂志，大概已备"。[1]《续编》"采集杂志报章八十余种，得论文与前编略相等"。[2]《国学论文索引三编》"所收中国杂志报章共一百九十二种，约由民国十七年至二十二年五月止"，[3] 收论文 4333 篇（作者据《三编》统计）。《国学论文索引四编》"所收论文，约四千余。……本编所收杂志，约二百二十余种，……编中所包括杂志报章约自廿三年一月至廿四年十二月止"。[4]《国学论文索引五编》"乃继四编而作，所收期刊以二十六年六月以前出版者为限"，[5] 收期刊 361 种，论文 6308 种。[6]

《国学论文索引》之编纂，"因论文以立目，集众目而成类；览此总

---

[1] 王重民：《〈国学论文索引〉后记》，载《国学论文索引》，中华图书馆协会，1929 年 7 月。
[2]《〈国学论文索引续编〉后记》，载《国学论文索引续编》，中华图书馆协会，1931 年 7 月。
[3]《〈国学论文索引三编〉例言》，载《国学论文索引三编》，中华图书馆协会，1934 年 10 月。
[4] 刘修业：《〈国学论文索引四编〉后记》，载《国学论文索引四编》，中华图书馆协会，1936 年 6 月。
[5]《〈国学论文索引五编〉例言》，载《国学论文索引五编》，北京图书馆编，1955 年油印本。
[6] 作者据《国学论文索引五编》统计。

目，即不啻一中国学术史大纲也"。在分类上，"近人谈分类学者，或宗四部，或主欧美，因其原理上有不同之点，故二者不得兼用，此所分类，既有文学科学之类，复具群经诸子之名，故牴牾之处，在所不免，在此过渡时期，而亦莫可如何也"。[1] 五编的分类，变动不大。下面以《国学论文索引四编》为例，列举其分类类目和每类论文数（每类论文数为作者统计），从中可见1936年前我国国学研究之趋向和每类学科研究的进展。其分类和论文数如下：

一、总论，103；

二、经类（1）通论，26；（2）石经，5；（3）易经，31；（4）书经，52；（5）诗经，73；（6）礼，35；（7）春秋，28；（8）孝经，5；（9）四书，47（总数302篇）；

三、语言文字学（1）通论，35；（2）六书附甲骨文，31；（3）声韵附方音，54；（4）方言，27；（5）专著，36；（6）训诂与释字，40；（7）国语，15；（8）文法与修辞，53（总数291篇）；

四、考古学（1）通论，12；（2）甲骨，12，（3）金石，122；（4）杂考，49；（5）杂记，17（总数212篇）；

五、史学（1）通论，36；（2）专著（A）正史，57；（B）杂史，74；（3）历代史料，59；（4）中外关系，69；（5）近代档案，53；（6）太平天国，62；（7）官制与兵制，58；（8）民族，120；（9）传记，232；（10）杂考，72（总数892篇）；

六、地学（1）通论，46；（2）专著，56；（3）各省地理，73；（4）地理沿革，59；（5）方志与舆图，61；（6）河流山脉与矿产，50；（7）交通，20；（8）游记，93；（9）杂考，46（总数504篇）；

七、诸子（1）通论，55；（2）专论，251；（3）杂著，110（总数416篇）；

---

[1] 王重民：《〈国学论文索引〉叙例》，载《国学论文索引》，中华图书馆协会，1929年7月。

八、文学（1）通论，91；（2）文学家评传，168；（3）文集，37；（4）辞赋，49；（5）诗，171；（6）词，99；（7）戏曲，216；（8）小说，106；（9）小品文，31（总数 968 篇）；

九、科学（1）通论，5；（2）天文与历法，20；（3）算学，14；（4）气象，13；（5）医学，22；（6）动、植物学及其他，13（总数 87 篇）；

十、政治（1）政治史，41；（2）政治思想，44；（3）外交，9；（4）法律，29；（5）吏治与其他，13（总数 126 篇）；

十一、经济学（1）经济史，48；（2）经济思想，19；（3）货币，41；（4）工商业，44；（5）赋税，65（总数 217 篇）；

十二、社会（1）社会史，67；（2）社会思想，16；（3）社会问题的研究，209；（4）民俗，49；（5）杂考，41（总数 382 篇）；

十三、教育（1）教育史，16；（2）教育思想，16；（3）书院，16；（4）近代教育，19；（5）考试制度，9（总数 76 篇）；

十四、宗教（1）通论，11；（2）佛教，123；（3）其他，15（总数 149 篇）；

十五、艺术（1）通论，13；（2）书画，135；（3）建筑，30；（4）竹刻及其他，10（总数 188 篇）；

十六、音乐，48 篇；

十七、图书馆学目录学（1）通论，18；（2）各地图书馆概况，20；（3）目录学，31；（4）检字、索引与辞典，26；（6）印刷与版本，19；（7）校勘学，5；（8）书目，153；（9）四库全书附丛书集成，22（总数 294 篇）。

在出版界的积极扶助下，国学研究进展较快。传统历史文化研究成为中国现代学术的优势和特色之一，并以其立足于世界学术之林。民国时期出版的古籍不仅嘉惠了当时的学术界，尤其是影印的善本丛刊，也为当代学术界广泛利用，对学术的滋养将是民国出版家的恒久贡献。

第六节　民国时期古籍出版与当代出版业

民国时期出版的书籍中，古籍翻印构成民国出版业一个重要的出版现象。在西学东渐，与传统文化交流、激荡的大背景下，出版家们印刷古籍，于典籍的流传、传统文化的延续、现代学术研究的进展、图书馆以及私家藏书建设等方面贡献良多。然而，民国时期古籍出版的意义不仅局限于当时。由于民国时期出版的古籍具有高度的学术和文化价值，20世纪后半期以至当今，民国古籍已成为当代出版业可资利用的出版资源。众多出版社，尤其是古籍专业出版社，翻印民国出版的古籍，在其出版物中占有不可忽视的份额。除了传统的纸质出版，新兴的电子出版和网络出版制作文本也利用了民国出版的古籍，使古籍数字化变得容易方便，延续了传统文化在网络时代的生命力，也使民国古籍出版的文化贡献在21世纪具有更丰富的内涵。

民国时期古籍出版对当代古籍出版的文化贡献，至今无专文研究。本节通过对20世纪50年代以来，当代出版业刷印民国出版古籍的历程，以及民国古籍出版对当代古籍出版作用的梳理，论述民国古籍出版对当代古籍出版的文化贡献。[1]

探讨民国古籍对当代古籍出版的文化贡献，不仅强化对民国出版业的认识，明了当代出版业的渊源。更深层次的意义在于，追往事，思来者，建立对出版前贤的尊重与理解，严肃思考当代出版业的使命，以期建立一种历史的坐标轴和意义指向，在历史感中，塑造当代出版业的理念和灵魂。

一、当代出版业刷印民国出版古籍的历程

1949年中华人民共和国成立后至今，当代出版业已经走过了七十余年的历程，大致可划分为四个阶段：1.1949—1956年，为当代出版业

---

[1] 本节当代古籍出版统计时间截止至2005年。

的过渡阶段，标志是1956年6月出版业的社会主义改造基本完成；2. 1956年7月—1966年"文化大革命"开始前，为当代出版业的初建阶段，公有制计划经济下的出版制度开始运转；3. 1966—1976年，为当代出版业的特殊阶段，即"文化大革命"时期；4. 1977年至今，为当代出版业的发展阶段。为了论述的方便，我把当代出版业对民国古籍的利用分为三个时期，即1949—1965年、1966—1976年、1977年至今。下面即分别叙述三个时期翻印民国古籍的概况。

1. 1949—1965年

1949年中华人民共和国成立后建立的出版制度，与民国时期的出版制度截然不同。1956年6月，随着私营工商业的全行业改造，除少数几家宗教性质的以外，出版单位已全部改造完毕。[1]公有制、中央和地方两级建构的国家专营出版体制初步建立。

1953年抗美援朝战争结束后，社会渐趋安定，重心亦转向社会经济和文化建设上来，出版渐渐不能满足需求，学术界、文化界呼吁增加出书品种。"当前出版工作中一个很重要的缺点是书籍的品种太少，许多过去出版的有价值的译著没有重印，不能满足人民日益增长着的文化知识的各方面需要。专家学者感到缺乏研究资料，他们埋怨我们，说我们一方面提倡学术研究，另一方面却不供给他们研究的资料。一般文化工作者、机关工作干部，迫切要求解决参考书的问题，以丰富自己的知识，更好地进行自己的工作。"为此，1954年，出版总署下发文件，组织重印古籍和学术图书。"我们正在组织中华书局与商务印书馆出版一些古籍及他们出版过的比较有价值的近代学术著译、文化知识读物。"[2]古籍出版渐有起色，1954年达85种，1955年达174种。[3]

---

[1] 刘杲、石峰主编：《新中国出版五十年纪事》，新华出版社，1999年，第49—50页。
[2] 出版总署：《应该组织重印一些有价值有内容的近代学术著译、文化知识读物》，1954年，载文化部出版事业管理局办公室编印：《出版工作文件选编》，1982年，第91—92页。
[3] 据国务院古籍整理出版规划小组办公室编：《古籍整理图书目录（1949—1991）》，中华书局，1992年。

50年代中后期,与出版密切相关的教育和图书馆事业有了很大发展。学生人数和图书馆数量持续增长。两者极大刺激了图书市场,其中包括古籍,以致"1956年在我们科学研究工作中出现了一种新的现象,许多学校、研究机构为了尽多掌握研究资料,都派有专人从事搜求古书工作。这就出现了对古书'盲目抢购'的现象,造成一种古书供不应求人为的紧张局面"。[1]

国有出版制度建立后,为了加强古籍整理出版工作的计划性,1958年2月9日至11日,国务院科学规划委员会在北京召开古籍整理出版规划小组成立大会,中宣部副部长周扬作了关于古籍整理出版的方针和做法的重要讲话,各地专家和有关机构负责人百余人参加会议。会议确定了当前古籍整理出版的六个重点:一、整理和出版中国古代名著基本读物;二、出版重要古籍的集解;三、整理和出版总集或丛书;四、出版古籍的今译本;五、重印、影印古籍;六、整理和出版阅读和研究古籍的工具书。

同年4月,文化部决定中华书局出版方针和计划受古籍整理出版规划小组指导,为古籍整理出版规划小组办事机构。1958年6月,由文学、历史、哲学三个小组分头起草的《整理和出版古籍计划草案》完成,其中文学部分3383种,历史部分2095种,哲学部分1313种,合计6791种。1960年10月调整后的《三至八年(1960—1967)整理和出版古籍的重点规划》(草案)完成,规划分为"干部和学生读物"、"科学研究工作者和教学工作者的参考书"两个部分,列入古籍选题500种。

古籍市场需求的增长和专业古籍出版机构、古籍整理出版规划小组的成立,使得古籍出版1954年后增加较快。1949—1965年出版的种数,共1785种。[2]

---

[1] http://www.booyee.com.cn/bbs/thread.jsp?threadid=132958&forumid=0
[2] 据国务院古籍整理出版规划小组办公室编:《古籍整理图书目录(1949—1991)》,中华书局,1992年。

表十二　1949—1965年出版古籍种数表

年份	1949	1950	1951	1952	1953	1954	1955	1956	1957
种数	2	9	16	6	28	85	174	161	265
年份	1958	1959	1960	1961	1962	1963	1964	1965	总计
种数	271	292	76	67	114	137	48	34	1785

由于国务院古籍整理出版规划小组办公室编的《古籍整理图书目录（1949—1991）》没有标明古籍出版依据的版本，而《中华书局图书目录（1949—1991）》等目录没有按年代顺序编排，给检索这一时期出版的古籍依据民国古籍重印的比例带来相当大的困难。现参考《全国解放后出版的古籍目录（草稿，1949—1958年4月止）》来统计，该目录根据文化部出版局的样书编制，未注编者。

表十三　全国解放后已出版的古籍分类统计表

（草稿，1949—1958.4）（单位：种）[1]

类别	重印	新印	总数
总类	10	17	27
学术思想	21	35	56
历史地理	31	62	93
文学	86	235	321
农书	5	21	26
医药	84	112	196

---

[1] 原注：统计种数时，以书籍的发售单位计算，如《诸子集成》、《四部备要（第八辑）》、《六十种曲》、《古本戏曲丛刊》等都各算一种。

(续表)

类别	重印	新印	总数
科技其他	5	4	9
语文	4	32	36
总计	246	518	764

从上表可以看出，即使简单从统计种数来看，在1949年10月至1958年4月间，重印的民国出版古籍占总出版数的32.1%（学术思想类中有一种《章氏丛书续编》，为今人著述，统计时不计入内）。由此可见民国古籍作为一种出版资源，对五六十年代出版业复苏所起的作用。在学术文化重建和出版资源相对缺乏的当时，已有的出版资源贡献可见一斑。

2.1966—1976年

1966年"文化大革命"爆发，古籍整理出版工作几乎陷入停顿，其间状况可从统计数据得到验证。

表十四　1966—1976年出版古籍数量表（单位：种）[1]

年份	1966	1967—1970	1971	1972	1973	1974	1975	1976
数量	7	0	2	3	12	22	29	20

上表数据说明了1966—1976年古籍出版的惨淡。即便在此大情势下，民国古籍出版对当代古籍出版的作用也不可忽略，例如其间最大的古籍整理工程《二十四史》的点校（中华书局1959年至1977年出版）。点校古籍最重要的是选择善本，而《二十四史》的点校利用最多的就是1930年至1936年商务印书馆影印的《百衲本二十四史》。中华书局本

---

[1] 据国务院古籍整理出版规划小组办公室编：《古籍整理图书目录（1949—1991）》，中华书局，1992年。

《二十四史》,除《史记》和《明史》外,其他 22 种的点校都利用了《百衲本二十四史》。利用分三种情况:一是直接用为工作底本,共有《后汉书》等 12 种;一是作为对勘本,有《三国志》等 6 种;一是作为校本,有《汉书》等 4 种。[1] 点校本《二十四史》与《百衲本二十四史》的优劣姑且不论,由上述材料可见,如果没有《百衲本二十四史》,"被公认为是当前最好的本子"的点校本《二十四史》能否顺利整理以及整理质量能否保证,皆无法想象。

3. 1977 年至今

随着国家在 20 世纪 70 年代末期回归正常秩序和社会重心转向经济建设,出版业进入快速发展时期。古籍整理出版工作出现了新的转机。

1981 年 9 月 17 日,中共中央发布《关于整理我国古籍的指示》:"整理古籍,把祖国宝贵的文化遗产继承下来,是一项十分重要的、关系到子孙后代的工作。""整理古籍是一件大事,得搞上百年。"同年 12 月 10 日,国务院发布《关于恢复古籍整理出版规划小组的通知》,李一氓任组长。在李一氓的主持下,1982 年 3 月,全国古籍整理出版规划会议在北京召开。1982 年 8 月,《古籍整理出版规划(1982—1990)》经国务院批准颁布实施,并拨专款用作古籍出版补贴。1983 年 2 月,教育部召开全国高等院校古籍整理研究规划会议。各省市地方古籍出版社陆续成立,部分高校也相继建立了一批古籍整理研究机构,全国古籍整理出版工作在组织规划、人才培养和出版等方面都得到了进一步的加强,出现了前所未有的繁荣局面。

专业古籍出版社除了原来的中华书局和中华书局上海编辑所以外,20 世纪 80 年代以来,各地古籍出版社先后建立。如北京、天津、江苏、浙江的古籍出版社,河南的中州古籍出版社,山东的齐鲁书社,湖南的岳麓书社,四川的巴蜀书社,陕西的三秦出版社,安徽的黄山书社,辽

---

[1] 见点校本《二十四史》各书"出版说明"。

宁的辽沈书社，北京的中医古籍出版社等，书目文献出版社、文物出版社、各地古籍书店及高校出版社、人民出版社等也承担了一部分古籍整理出版任务，全国总计出版古籍的单位上百家，出版力量相当雄厚。

从出版古籍种数来看，建国以来共整理出版古籍 1 万余种，其中 1977 年以前出版 1147 种，1978—1994 年 6000 余种，1995—2001 年 3000 余种。[1] 近 20 年整理出版的古籍图书，占新中国古籍整理出版物总量的 80%，这个比例直接反映了改革开放以来古籍整理出版所取得的成绩。

20 世纪 80 年代以来出版的古籍中，民国时期出版的古籍，尤其是大部丛书如《四部丛刊》、《丛书集成初编》、《四部备要》、《嘉业堂丛书》、《十三经注疏》、《百衲本二十四史》、《二十五史》、《二十五史补编》、《诸子集成》、《中国医学大成》、《彊村丛书》、《盛明杂剧》、《适园丛书》等，被各家出版社翻印，不仅成为中华书局、上海古籍出版社、广陵古籍刻印社、中国书店等古籍专业出版社的品牌图书，更是缓解了 20 世纪 80 年代以来的书荒问题。翻印民国出版古籍对 20 世纪 80 年代学术界和出版界的贡献，值得我们深入研究。

二、民国出版古籍对当代古籍出版的文化贡献

民国时期出版的古籍，对当代古籍出版的贡献，体现在四个方面：一是作为出版资源，直接翻印，即影印原书或重新排印出版；二是作为新出版古籍点校的底本和校勘本；三是借鉴民国时期古籍出版的选题思路；四是为古籍数字化提供底本。下面分别论述之。

1. 翻印

后代翻印前代之书，古已有之。民国时期处于传统学术向现代学术过渡的阶段，有清一代学者本着"实事求是"的朴学精神，考证经史，在经学、小学、史学、天算学、地理学、音韵学、金石学、校勘

---

[1] 李岩：《古籍图书的结构调整与市场扩容》，载全国古籍整理出版规划领导小组办公室编：《古籍整理出版漫谈》，上海古籍出版社，2004 年，第 21 页。

学、目录学等方面，成绩极大。由于清代学者在目录、校勘、辑佚、辨伪等方面取得前所未有的进展，对历代文献整理、校雠方法与成果卓著，为民国时期出版古籍学者所借鉴，保证了民国出版古籍的质量。

民国时期古籍出版主要有三大系统：一是民营出版机构，如商务印书馆、中华书局、世界书局等；一是藏书家，如刘承幹、陶湘、张钧衡等；一是公营社会机构，如浙江省立图书馆等。民营出版家和公私藏家均由精通目录版本学者主持古籍出版，古籍出版经过整理、校勘，或以版本珍稀见称于世，或以实用为读者所宝。商务印书馆张元济主持出版的《四部丛刊》，有"七善焉"，其一为"广事购借，类多秘帙"。[1]影印出版的《百衲本二十四史》汇集存世乙部善本，校勘审订，补缀而成，实为清代学者未能做到之大工程，在正史的校勘整理上超越了清代学者的成就，为辑印正史承前启后之巨帙。而中华书局《四部备要》则"择吾人应读之书，求通行善本汇而集之"，亦流传广泛，销路颇畅。

藏书家亦以刊刻孤本、流传古籍为己任。著名藏书家刘承幹所刻书，多罕见之本，如《嘉业堂丛书》，收元明遗老所著及其谱状最多，其中如《安龙逸史》等为清代禁书。缪荃孙称该丛书有"三善"："一曰遵经训，一曰重孤本，一曰补佚稿。"[2]寓居上海，与刘承幹同里的张钧衡所藏书以宋元古本、抄稿本及黄丕烈校跋本最为名贵。张氏刻有《适园丛书初编》7种、《适园丛书》74种、《择是居丛书》19种，均择藏书中从未刊刻或流传不广之书刷印，因而价值自现。

民国时期由于主持者学有根柢，选择版本精审，整理校勘认真，出版的古籍尤其是大部丛书极富学术价值，为后来的学术界和出版界存留了宝贵的文化遗产。所以当代出版界翻印民国出版古籍屡见不鲜，成为

---

[1] 北京图书馆善本组编：《（1911—1984）影印善本书序跋集录》，中华书局，1995年，第683页。
[2] 转引自刘尚恒：《古籍丛书概说》，上海古籍出版社，1989年，第125页。

当代古籍出版重要的出版资源。

截至 2005 年，当代出版古籍达 1 万余种，其中翻印民国出版古籍的具体种数，由于各出版社书目多不标明所据版本，已无法统计。下面列表十五举出 1949 年以来各出版社翻印的民国时期出版的主要古籍丛书，以见其对当代出版业之贡献。[1]

表十五　1949 年后出版社翻印民国时期古籍丛书表

书名	种数（卷数）	出版时间	原出版者	原出版时间	备注
四部备要	351 种（11305 卷）	1989 年	中华书局	1936 年	与中国书店合出
六十种曲	60 种 120 卷	1958、1982、1990 年	开明书店	1935 年	
历代诗话续编	29 种	1983、1986 年	上海医学书局	1916 年	丁福保辑

---

[1] 本表据下列书目统计:《复制古籍目录》，北京市中国书店编印，1983 年;《中国书店图书目录（1978—1986）》，中国书店，1987 年;《中国书店》，沈望舒主编，中国书店出版社，1992 年;《中国书店图书目录（1994）》，中国书店;《中华书局图书目录（1949—1991）》，中华书局，1993 年;《中华书局图书目录（1992—2001）》，中华书局，2002 年;《文物出版社图书总目（1957—1987）》，文物出版社;《文物出版社图书目录（1988—1990）》，文物出版社编;《文物出版社图书目录（1991—1992）》，文物出版社编;《文物出版社图书目录（1998—1999）》，文物出版社编;《北京图书馆出版社图书总目（1979—1999）》，姜红编撰，北京图书馆出版社，1999 年;《商务印书馆图书目录（1949—1980）》，商务印书馆，1981 年;《图书目录》，上海古籍书店编，1963 年;《上海古籍出版社图书总目（1956—1986）》，上海古籍出版社编，上海古籍出版社，1986 年;《上海古籍出版社图书总目（1986—1991）》，上海古籍出版社编;《上海书店出版社图书目录（1978—1997）》，上海书店出版社编;《上海辞书出版社图书目录（1958—1998）》，上海辞书出版社编;《古籍书目》，江苏广陵古籍刻印社，1982 年;《广陵图书目录（一九七八至一九九八年）》广陵古籍刻印社编，1998 年;《岳麓书社第十五届全国书市征订目录（2005）》，岳麓书社编;《浙江古籍出版社图书目录（2006 年第 1 期）》，浙江古籍出版社编;《黄山书社 2006 年春季图书征订目录》，黄山书社编;《中州古籍出版社 20 年书目（1978—1999）》，中州古籍出版社，1999;《巴蜀书社图书总目（1983—1992）》，巴蜀书社编;《齐鲁书社图书目录（1979—1985）》，齐鲁书社编;《齐鲁书社图书目录（1986—1987）》，齐鲁书社编;《齐鲁书社图书目录（1988—1990）》，齐鲁书社编。

(续表)

书名	种数（卷数）	出版时间	原出版者	原出版时间	备注
二十五史补编	255 种	1955、1957、1986 年	开明书店	1935 年	
掌故丛编	10 辑	1990 年	故宫博物院	1928—1929 年	
诸子集成	28 种	1954、1993 年 8 印	世界书局	1935 年	
十三经注疏	13 种 416 卷	1980、1987 年 4 印	世界书局	1935 年	
全汉三国晋南北朝诗	54 卷	1959 年	上海医学书局	1916 年	
晚晴簃诗汇	200 卷	1990 年	徐世昌编选	1929 年	
影刊宋金元明本词	40 种	1961 年	仁和吴氏、武进陶氏合刊	1917 年始，前后约 13 年	
影刊宋金元明本词补编	3 种 9 卷	1962、1963 年	武进陶氏刊刻	民国年间	
盛明杂剧	60 种	1958 年	董康诵芬室刊	1918 年	
杂剧三集	33 种	1958 年	董康诵芬室刊	1941 年	
景汲古阁钞宋金词七种	7 种	1961 年	武进陶氏刊刻	民国年间	
左氏百川学海	100 种	1960 年	武进陶氏刊刻	1927 年	
太平御览	1000 卷	1960 年	商务印书馆	1935 年	

(续表)

书名	种数（卷数）	出版时间	原出版者	原出版时间	备注
丛书集成初编	3467册	1985年	商务印书馆	1935—1937年	
知不足斋丛书	206	1999年	上海古书流通处	1933年	
儒学警悟	6种	2000年	陶湘	1922年	
以上中华书局					
国学基本丛书	11种	1957—1958年	商务印书馆		
宋本杜工部集	1种	1957年	商务印书馆		续古逸丛书之一
以上商务印书馆					
龙溪精舍丛书	60种	1983年	潮阳郑氏	1917年	
百川学海	100种	1982年	陶湘	1917年	
屏庐丛刻	15种	1985年	金钺	1924年	
托跋廛丛刻	10种	1986年	陶湘	1927年	影宋刻本
食旧堂丛书	21种	1984年	汪大钧辑	1925年	
咫园丛书	5种	1982年	上海合众图书馆	1948年	
敬跻堂丛书	11种	1985年	古学院刻	1942—1945年	
刘凤川遗书	6卷	1983年	蒋一鹗批评本	1927年	据民国十六年(1927年)重修明万历间刻版重印

（续表）

书名	种数（卷数）	出版时间	原出版者	原出版时间	备注
明清八家文钞	20卷	1985年	徐世昌辑刻	1931年	
小鸥波馆集	4卷	1984年	岁可堂		（清）潘曾莹撰
湛然居士集	14卷	1985年			（元）耶律楚材撰
青琐高议	27卷	无出版年	近人董康据士礼居写本所刻		
悔翁笔记	6卷	1985年	据上元吴氏铜鼓轩重雕，民国二十四年版归燕京大学图书馆补刊印行		
晚晴簃诗汇	200卷	1985年	徐世昌编选	1929年	
宋六十名家词	90卷	1985年	毛晋辑		
影刊宋金元明本词	50种	1961年	由吴昌绶、陶湘两家四次所刻		
十家宫词	12卷	1981年	田中玉辑	1933年	
盛明杂剧	94卷	1985年	董康刻本	1918、1925年	
诵芬室读曲丛刊	7种	1985年	近人董康辑刻	1917年	

（续表）

书名	种数（卷数）	出版时间	原出版者	原出版时间	备注
南岳志	26 卷	1990 年	（清）李元度撰	1923 年	
粤西丛载	30 卷	1985 年	（清）汪森编		
敬跻堂经解	4 种	1985 年	郭则澐等辑	1941 年古学院刻本	
医统正脉全书	44 种	1984 年	吴勉学刻		
以上中国书店					
嘉业堂金石丛书	5 种	1981 年	刘承幹	1915—1933 年	
八琼室金石补正	130 卷	1981 年	刘承幹	1925 年	
章氏遗书	32 卷	1981 年	刘承幹	1920 年	
章学诚遗书	增补 14 篇	1985 年	刘承幹	1920 年	
嘉业堂丛书	56 种	1982 年	刘承幹	1913—1930 年	
求恕斋丛书	30 种	1984 年	刘承幹	1912—1928 年	
吴兴丛书	66 种	1988 年	刘承幹	1913—1929 年	
以上文物出版社					
百衲本二十四史	24 种	2002 年	商务印书馆	1930—1936 年	
以上北京古籍出版社					
求恕斋丛书	30 种	1963 年		1912—1928 年	

（续表）

书名	种数（卷数）	出版时间	原出版者	原出版时间	备注
嘉业堂丛书	56 种	1964 年		1913—1930 年	
龙溪精舍丛书	55 种	1962 年	潮阳郑国勋辑刊于上海	1917 年	首版售缺，即将重印
黄顾遗书	5 种	1962 年	吴县王大隆辑	1933—1935 年	王氏学礼斋原版重印
以上上海古籍书店					
资治通鉴	294 卷	1987 年	世界书局	1935 年	
崔东壁遗书	18 种	1983 年	上海亚东图书馆	1936 年	
续资治通鉴	220 卷	1987 年	世界书局	1935 年	
广东通志	335 卷	1989 年	上海商务印书馆	1934 年	
湖南通志	315 卷	1990 年	上海商务印书馆	1934 年	
道藏要籍选刊	130 余种	1989 年	上海商务印书馆		
二十五史	25 种	1986 年	商务影印武英殿本		与上海书店合作
以上上海古籍出版社					
诸子集成	31 种	1986 年	世界书局	1935 年	
东莱博议	6 卷	1988 年	世界书局	1936 年	
旧小说	15 册	1985 年	商务印书馆	1915 年	
晚明二十家小品		1984 年	光明书局	1935 年版复印	

(续表)

书名	种数（卷数）	出版时间	原出版者	原出版时间	备注
美化文学名著丛刊	12 种	1982 年	世界书局	1936 年	
疆村丛书	179 种	1989 年	归安朱氏刻本影印	1922 年	
千首宋人绝句		1987 年	商务版影印本	1935 年	
东莱博议		1988 年	世界书局	1936 年	
清名家词	100 种	1983 年	开明书店	1937 年	
考正白香词谱		1981 年	振始堂	1918 年	
虞初志合集	6 种	1986 年	扫叶、广益、商务	民国	
二十五史	25 种	1986 年	商务影印武英殿本		
嘉庆重修大清一统志	560 卷	1985 年	商务印书馆	1934 年	
陈修园医书七十二种	72 种	1988 年	中国医学书局	1936 年	
秘本医学丛书	99 种	1988 年	杭州三三医社	1923 年	
玉海	200 卷	1987 年	商务印书馆	1936 年	与江苏古籍出版社合作
四部丛刊	504 种	1985—1989 年	商务印书馆	1919—1936 年	

(续表)

书名	种数（卷数）	出版时间	原出版者	原出版时间	备注
佩文韵府	212卷	1983年	商务印书馆		万有文库本影印
以上上海书店出版社					
古今图书集成	10000卷	1985年	中华书局	1934年	
以上巴蜀书社					
扬州丛刻	24种47卷	1963、1982年	扬州陈恒和书林	1930—1934年	修版重印
黄氏逸书考	285种291卷	1984年	江都朱长圻补版	1934年	修版重印
十五家年谱丛书	15种23卷	1958、1980年	扬州陈恒和书林	民国	修版重印
幼科铁镜	6卷	1980、1983年	贵池刘世珩刻本	1920年	修版重印
笔记小说大观		1983—1984年	上海进步书局	20年代	影印加排印
峭帆楼丛书	18种55卷	1986年	昆山赵诒琛	宣统民国年间	补版补刻
又满楼丛书	16种27卷	1986年	昆山赵诒琛	民国年间	补版补刻
对树书屋丛刻	6种10卷	1986年	昆山赵诒琛	民国年间	补版补刻
双砚斋丛书	6种29卷	1980年	江宁邓氏	1922年	补版补刻
江宁邓氏家集	4种15卷	1986年	江宁邓邦述	1932年	补版补刻

（续表）

书名	种数（卷数）	出版时间	原出版者	原出版时间	备注
饮虹簃所刻曲	30种	1980年	金陵卢前	1936年	续刻30种 合出60种
彊村丛书	180种269卷	1962、1963、1980年	归安朱祖谋	1922年	修版重印
适园丛书	76种675卷	1963年	乌程张钧衡刻本	1913—1916年	修版重印
四明丛书	178种1000余卷	1980—1983年	四明张寿镛辑	1932—1948年	修版重印
续金华丛书	61种405卷	1984年	永康胡氏刻本	1924年	修版重印
玄览堂丛书	初集31种、续集30种、三集12种	1987年		1940—1947—1955年	
以上广陵古籍刻印社					
百衲本二十四史	24种	1995年	商务印书馆		
以上黄山书社					
宛委别藏	40种	1988年	商务印书馆	1935年	
锡山先哲丛刊	12种	2005年	侯鸿鉴等编刻	1922—1931年	
以上江苏古籍出版社（现改名凤凰出版社）					
豫章丛书	129种698卷	1985年	胡思敬编	1923年	
以上江西古籍书店、南昌古籍书店					
云笈七籖	122卷	1988年			

（续表）

书名	种数（卷数）	出版时间	原出版者	原出版时间	备注
十三经	13种	1992年	商务印书馆版本	1914年	
五朝小说大观	5卷	1991年	扫叶山房	1926年	
以上中州古籍出版社					
中国医学大成	136种	1990年	大东书局	1935年	上海科学技术出版社同年出版
以上岳麓书社					
中国医学大成	136种	1997年	大东书局	1935年	
以上中医古籍出版社					

从上表可见当代翻印民国时期古籍丛书之多和翻印的出版社之广，几乎各古籍出版社均有涉及。民国时期出版的单种古籍，尤其是基本古籍如《百衲本二十四史》和普及性读物如《四书五经》、《古文观止》等，各出版机构争相翻印。《百衲本二十四史》有商务印书馆20世纪50年代缩印本、浙江古籍出版社1998年版、北京古籍出版社2002年线装本、吉林人民出版社《二十六史》1995年版等。普及性古籍如1936年世界书局出版的《四书五经》，有中国书店1985年、上海古籍出版社1987年、北京古籍出版社1995年、天津古籍书店1988年版数家翻印。普及性古籍印量极为可观。1981年，天津古籍书店印行的《古文观止》，据世界书局1932年许啸天译注本重新排印，"印数达三十五万册"。[1] 翻印民

---

[1] 国务院古籍整理出版规划小组编：《古籍点校疑误汇录》（一），中华书局，1990年，第110页。

国出版古籍为各出版机构带来的社会效益和经济效益，实未易估量。

限于篇幅，在此无法一一列举被翻印的单种古籍，读者随意翻检《中华书局图书目录（1949—1991）》、《中华书局图书目录（1992—2001）》等书目，即可找到例证。

不仅大陆，台湾地区也翻印了大量的民国出版古籍。台湾商务印书馆在20世纪80年代就重印有《宛委别藏》、《四部丛刊》、《国学基本丛书》、《涵芬楼秘笈》、《百衲本二十四史》等大部古籍，对于台湾商务印书馆的复兴，功不可没。[1]

2.底本和校本

古籍在流传过程中，同一部书由于屡被刊刻，因而版本众多。各个版本的学术价值有高下之别，底本的版本学价值决定了影印本的学术价值，因此古籍出版选择的底本极为重要。早在1958年，国务院古籍整理出版规划小组制订《整理和出版古籍草案》时，就在前言中明确指出："整理时将以最完备的最好的一种版本作为底本，并参考其他各种本子，比勘对校，作出校勘记。"[2] 中华书局总编室草拟的《古籍校点释例》（初稿）"校勘释例"第一条即为底本的选择："校勘之前，应收集所能见到的各种版本进行比较研究，尽可能选定内容最完整、错误最少、校刻最精的版本作为底本。"[3]

当代古籍出版，由于底本选择不当，或非旧本，或非足本，或非精校本，降低了古籍的学术使用价值，如学者夏晓虹对2005年中华书局出版的《黄遵宪全集》以及2003年天津人民出版社出版的《黄遵宪集》所选用底本的批评。[4] 类似的例子不在少数，这方面的论述详见程毅

---

[1] 载《台湾商务印书馆图书目录》，台湾商务印书馆，1984年。
[2] 许逸民：《古籍影印出版的规范问题》，载《古籍整理出版十讲》，岳麓书社，2002年，第262页。
[3] 程毅中：《古籍的标点与校勘》，载《古籍整理出版十讲》，岳麓书社，2002年，第196页。
[4] 夏晓虹：《底本选择焉能如此马虎？——两种新刊黄遵宪集版本小议》，《中华读书报》，2006年3月1日。

中先生的《古籍的标点与校勘》一文。[1]

民国时期出版的部分古籍，底本选择精益求精，并用其他版本校勘配补，实际已经成为新的善本，其中典范如商务印书馆民国时期出版的《四部丛刊》正续三编、《百衲本二十四史》等。许逸民则认为，1935年商务影印的宋本《太平御览》，底本为南宋蜀刻残本，蜀本欠缺的则取日本静嘉堂文库所藏别种宋刻残本和日本活字本予以配补，也已成为现存诸版本中最好的一个版本。[2] 因此，当代古籍出版有不少采用民国出版古籍作为底本。

民国出版古籍作为底本对当代古籍出版的作用，可以从出版的古籍和出版社两个角度来说明。例如被誉为"当代之伟业、旷世之盛举"的《续修四库全书》，1994年初开始策划，至2002年3月完成全部编纂出版工作，历时8年，共收书5213种，为《四库全书》的一倍半，编成精装1800册，分经部260册、史部670册、子部370册、集部500册，为当代古籍出版的代表性成就。其中民国古籍有368种，约占全部品种的7%。[3] 比例不太大，但种数可观。其他大型古籍整理出版项目如号称"继《四库全书》二百年来最大的古籍整理工程"——《传世藏书》等也多有用到民国古籍。由于各出版社书目不详，无法一一统计。

下面我们再以当代古籍出版的巨擘——中华书局出版古籍中所用的以民国出版古籍作为底本的书目，来说明民国出版古籍在当代古籍出版中作为底本的贡献。[4]

---

[1] 程毅中：《古籍的标点与校勘》，载《古籍整理出版十讲》，岳麓书社，2002年，第190页。

[2] 许逸民：《古籍影印出版的规范问题》，载《古籍整理出版十讲》，岳麓书社，2002年，第266页。

[3] 据 http://lib.verycd.com/2005/11/27/0000076859.html 和 http://www.wangf.net/vbb/showthread.php?threadid=20140 整理统计。

[4] 注：本表序号1—10根据《中华书局图书目录（1949—1991）》统计，其中未计入点校本《二十四史》底本中使用百衲本17种；序号11—14根据《中华书局图书目录（1992—2001）》统计。这两本书目中未标明点校底本的，未统计在内。

表十六　中华书局出版古籍使用民国古籍底本表

序号	书名	页码	出版时间	所据民国版本
1	曹操集	13页	1959年	以丁福保的《汉魏六朝名家集》本《魏武帝集》为底本，稍加整理、补充而成
2	朝野新声太平乐府	32页	1958、1987年	校订者以《四部丛刊》影印元刊本为底本，参以元刊八卷本等多种版本进行校勘
3	世说新语校笺	40页	1984—1991年四印	其校勘用涵芬楼影印明代袁氏嘉趣堂本作底本
4	夷坚志	41页	1981年	洪迈撰，今传本以涵芬楼206卷本搜集较备，现以此为底本
5	龙龛手鉴新编	107页	1988年	《新编》以《四部丛刊》续编影宋刊本《新修龙龛手鉴》为底本
6	纲鉴易知录	151页	1988年	书的整理者以脱误较少的扫叶山房石印本（1927年）为底本
7	明会典	165页	1989年	据《万有文库》排印本缩印，并据明万历刻本核对一过
8	陆九渊集	379页	1980年	以上海涵芬楼影印嘉靖本为底本
9	无何集	393页	1979年	本书据沔阳卢氏影印本整理
10	太平御览	439页	1960年	缩印出版，以商务印书馆1935年影宋本为底本
11	宋文鉴	10页	1992年	全三册。此次整理，以《四部丛刊》影宋本为底本，校以宋、明两代的刻本、抄本多种

(续表)

序号	书名	页码	出版时间	所据民国版本
12	寒山诗注	16 页	2000 年	以《四部丛刊》影印本为底本,以日本官内省本、日本正中本、《四部丛刊》影元本及《全唐诗》本为校本
13	卢照邻集校注	18 页	1998 年	本书用《四部丛刊》本《幽忧子集》为底本,参校《全唐文》等总集与类书
14	榕村语录 榕村续语录	142 页	1995 年	此点校本后一种以傅增湘藏园刊本为底本

其他例如上海古籍出版社出版的徐鹏导读《书目答问补正》,以1935年国学图书馆重印本为底本,以贵阳本对校,并参校了中华书局1963年重印的本子。徐规点校的《建炎以来朝野杂记》,以《适园丛书》本为底本,参校资料83种。

在选择一种善本作为底本之后,有时还需要其他版本来进行必要的校勘,增加整理本的学术价值。民国出版古籍亦经常作为校勘本,在点校中被使用。下表为中华书局出版古籍中使用民国出版古籍为校本的,现根据《中华书局图书目录(1949—1991)》简略统计如下。

表十七　中华书局校勘所据民国古籍版本表

书名	页码	出版时间	所据民国版本
王船山诗文集	24—25 页	1962、1983 年	本书据清同治四年(1865年)金陵刻本、清光绪十三年(1877年)衡阳补刻本和1933年上海太平洋书店印本整理排印
周易外传	388 页	1962 年	1933年上海太平洋书店印本校勘

（续表）

书名	页码	出版时间	所据民国版本
尚书引义	389页	1962年	1933年上海太平洋书店印本校勘

以民国出版古籍作为底本或作为校本的例子随手可得，为民国古籍出版对当代古籍出版贡献之一大方面。如果没有民国版本作为底本或者校本，当代古籍整理出版无疑会困难得多。

3.选题思路

民国时期出版业以民营机构为主体，民营出版家在出版古籍时，多需兼顾图书的文化价值和市场销路，选题各有特色。大致有两种选题思路：一是影印善本，以稀见为长处，如商务印书馆的《四部丛刊》、《丛书集成初编》；一是注重实用，选择大众必备书目，如中华书局的《四部备要》。民国时期出版家的选题思路，为当代出版在古籍整理出版选题思路方面提供了借鉴。

当代古籍出版借鉴民国出版古籍的选题思路，可分为两方面：一是接续民国时期的选题，出版续篇。如《新编诸子集成》、《古逸丛书三编》、《丛书集成续编》、《二十五史三编》、《中国医学大成续编》及《三编》等。试以《丛书集成续编》为例。《丛书集成续编》为《丛书集成初编》后续之作。《初编》原由商务印书馆于1935年开始编纂出版，中华书局1985年重印。《续编》根据"实用"和"稀见"的原则，在《初编》之外，收录明、清及民国时期的丛书一百部，包含各类图书4500种，删去重复，约在3200种。《续编》所收之书，全部按经、史、子、集四部分类法重新编排，采用影印方法，以保留原书面貌，1995年1月由上海书店出版社出版。《丛书集成初编》和《丛书集成续编》的出版时间，前后相距一个甲子。两部巨编风格一致，堪称中国历代丛书之精华集粹。

一是模仿民国古籍选题。如浙江古籍出版社1997年出版的《新编小四库》，出版者在"编辑缘起"里说："中国的典籍浩如烟海，常人难以卒读，也无须卒读。故而撷其菁华、荟其精要，一直是阅读者的要求、出版者的使命。……八十年前，近代出版家海盐张元济先生主持出版《四部丛刊》，所收五百余种万余卷，'皆四部之中家弦户诵之书，如布帛菽粟，四民不可一日缺者'（《印行四部丛刊启》）……对于今天的一般读者来说，哪些典籍是需要'如布帛菽粟'一样常备的呢？我们认为应该是四部之中具有代表性、概括性的最基本典籍。循着这样的思路，我们选择了经部的《十三经注疏》、史部的《二十五史》、子部的《百子全书》（即《子书百家》）。"祖述《四部丛刊》、《四部备要》之意溢于文字。

商务印书馆1999年10月出版的《国学基本经典》丛书，出版说明里说：

> 出版《国学基本经典》旨在向读者提供一套能体现中国传统文化精华的经典作品。一个历史悠久的民族，其独特的人文心理、品格灵魂，大多由这个民族的传统经典酿成。所以，作为一个中国人、一个有文化的中国人，在一定程度上了解中国的传统经典便显得特别重要。
>
> 《国学基本经典》的选目和出版规模本着两个原则：国学的，基本的。换言之：这套书是最应该让今天的读者了解，而今天的读者也最希望了解的中国传统经典作品。全书将分集分册陆续与读者见面。

所本原则实际即20世纪30年代商务的《国学基本丛书》的出版缘起。岳麓书社2002年9月新出的《国学基本丛书·标准读本》，达32种，丛书名用的就是老商务的《国学基本丛书》，模仿老商务的选题。[1]

民国古籍出版的选题思路，显然可供当代古籍出版在多方面借鉴。

---

[1] 岳麓书社编：《岳麓书社第十五届全国书市征订目录（2005）》，2005年。

4.古籍数字化

全球数字图书馆是全球信息社会化的两个重要组成部分之一。在中国，数字图书馆建设已纳入国家的发展战略，中国数字图书馆建设的一项基本内容就是古籍的数字化。古籍数字化的重要性：一、便于在互联网上传播中国传统文化，二、解决古籍保存与使用之间的矛盾，三、利于文献资源共享。

中国古籍数字化港台地区起步较早。大陆地区中文古籍数字化始于20世纪80年代，江苏科学院的王昆仑先生首次研制出了《红楼梦》检索系统。1992年，国家古籍整理出版规划领导小组制定了《中国古籍整理出版十年规划和"八五"计划》，其中确定的任务之一就是扩大整理基本典籍输入微机工作的试点，最好搞出能够发行的古籍电子版。1996年3月颁布了中日韩三国ISO10646大字符集，收录汉字20902个，基本上解决了古籍数据库字库的问题。从此，极大地推进了我国古籍的数字化进程，至今，涌现出多种关于中国古籍的书目数据库、全文数据库和网络资源。

古籍全文数据库是古籍数字化的主要形式，几乎涉及了中国古籍的各种类型，包括综合类丛书、史书系列、编年体史书系列、文学古籍系列、经学、宗教等各个方面。就载体形式而言，古籍全文数据库主要包括光盘版和网络版两种。按照数据库包含的内容，古籍全文数据库可以分为综合性古籍全文数据库和单部古籍全文数据库两种。

经过数十年的探索与开发，中文古籍的数字化建设取得了令人瞩目的成就，已经开发出《四库全书》、《四部丛刊》、《国学宝典》、《中国基本古籍库》等光盘版古籍；陕西师范大学的汉籍全文检索系统、CADAL（中美百万册书数字图书馆合作计划，由浙江大学和中国科学院研究生院等单位共同承担）、古典文献全文检索资料库、元智大学多媒体网络教学系统、汉达文库等网络全文数据库或全部为古籍，或包容的古籍数据量相当可观。如CADAL项目包括的古籍有146669条记录，还不包括181977条民国图书记录中的民国古籍。

古籍数字化最核心的问题仍然是版本问题,因此,今后的古籍数字化应该引入专家对古籍的版本进行筛选,尽量提供好的版本进行数字化。

当前古籍数字化中,民国时期出版的古籍资源得到较为广泛的应用。由于民国时期出版古籍已经过了版权保护期,而且文献价值高,印数多,各大图书馆有藏,容易获得,因此,在现有的电子版古籍中多能见到民国版本古籍的身影。

但是,古籍数字化中存在的一个缺点在于,即使是一些大型古籍全文数据库,也不标明所据古籍版本。如北京大学中国基本古籍库工作委员会、北京爱如生数字化技术研究中心合作的中国基本古籍库全文电子信息版光盘,收录典籍1万余种,多提供的仅是一个通行版本的全文,而不注明所据版本,令人颇感遗憾。

目前,国内的主要古籍数据库有38种,古籍相关资源网站22个。[1] 表十八为部分或全部使用民国版本的古籍全文数据库10种。

表十八 古籍全文数据库及网站古籍所据版本一览表

序号	名称	研发者	备注	所据版本
1	《四部丛刊》电子版	北京书同文数字化技术有限公司	依据北京大学图书善本部馆藏上海涵芬楼影印《四部丛刊》	民国《四部丛刊》本

---

[1] 吴家驹:《中文古籍数字化的进展与主要成果述评》,《南京师范大学文学院学报》,2004年第3期。

（续表）

序号	名称	研发者	备注	所据版本
2	国学宝典	北京国学时代文化传播有限公司	收录范围为上起先秦、下至清末两千多年的所有用汉字作为载体的历代典籍。迄今为止，该系统已收入古籍文献3800多部，总字数逾8亿字	标注有版本，利用大量民国《四部丛刊》本，其中正史部分《二十六史》标注为通行本
3	汉籍全文检索系统	陕西师范大学历史文化学院等	《二十五史》、《十三经》、《全唐诗》、《全宋词》等全文	内有民国版本
4	《二十五史》多媒体全文检索阅读系统	人民邮电出版社		民国商务印书馆百衲本
5	《百衲本二十四史》光盘版	中国广澳开发集团		民国商务印书馆百衲本
6	《中华历史文库》光盘版	北京卓群数码科技有限公司	包括《二十六史》、《资治通鉴》、《续资治通鉴》等	其中的《二十六史》据"百衲本"整理辑录
7	《古今图书集成》电子版	北京超星电子技术公司		1934年中华书局缩印本

(续表)

序号	名称	研发者	备注	所据版本
8	中美百万册书数字图书馆合作计划（CADAL）	中美合作，由浙江大学和中国科学院研究生院等单位共同承担	古籍、民国图书、民国期刊、现代图书等，数字化100万册中英文图书	内有《四部丛刊》、《嘉业堂丛书》等民国出版古籍
9	先秦两汉一切传世文献电脑化资料库	香港中文大学中国文化研究所	汉达文库	所据版本多为《四部丛刊》本
10	魏晋南北朝一切传世文献电脑化资料库	香港中文大学中国文化研究所		所据版本多为《四部丛刊》本或《玉函山房辑佚书》本

除了上述的全文数据库外，网站如超星图书馆、数字典籍网的八十万卷楼也有部分古籍采用的是民国版本。如数字典籍网的八十万卷楼书目中的《杜诗笺注》20卷为《续古逸丛书》本、《国初群雄事略》12卷为《适园丛书》本等。可见，民国古籍在无论是光盘版、网络版全文数据库或是网站古籍资源中都得到广泛运用，为推动古籍数字化的顺利进展贡献极大。

民国古籍出版对当代古籍出版的文化贡献，从上面的论述可知，最直接体现在四方面：一是作为出版资源，重新排印或影印；一是为当代古籍点校提供底本和校本；一是供当代古籍出版选题策划时借鉴选题思路；一是为古籍数字化提供底本。民国出版古籍给予当代古籍出版多方面的惠泽，成为当代古籍出版取之不竭的文化宝库。

结　语

民国时期古籍出版的核心驱动力是近代民族主义思潮。一般认为，民族主义潮流最初发轫于17世纪的西欧，有的学者认为起源于18世纪的英国和法国，以后扩展到欧洲、美洲，到了20世纪则遍及全世界每一个国家。作为近代世界的根基，民族主义现象"是指以'民族'为符号、动力和目标的社会、政治、文化运动，或以民族国家为诉求的意识形态，或以文化传统为依托的情结和情绪"。[1]

随着西方民族主义思潮的输入，近代中国民族主义思潮逐步形成。19世纪末20世纪初的中国人已经认识到民族主义是中国救亡图存的锐利武器。以民族主义为动力，建设现代民族国家，清末民初在相当广泛的社会层面上成为共识。而民族国家的建立，"必其思想同，风俗同，语言文字同，患难同。其同也，根之于历史，胎之于风俗，因之于地理，必有一特别的团结不可解之精神，盖必其族同也，然后其国可以立，可以固，不然则否"。[2] 即近代中国民族国家需要建立在以共同思想、风俗、语言文字、历史为特征的中国文化认同基础之上。有学者认为，近代民族主义可以划分为政治民族主义、经济民族主义、文化民族

---

[1] 徐迅：《民族主义》（修订版），中国社会科学出版社，2005年，第11页。
[2] 余一：《民族主义论》，浙江同乡会干事编：《浙江潮》第一期"论说"，1903年。

主义三种次元类型。[1] 无论是以梁启超和孙中山等为代表的政治民族主义，还是以晚清国粹派及民国时期的东方文化派、学衡派等为代表的文化民族主义，都特别重视中国文化在建构近代民族国家中的作用。

近代中国最重要的文化事件之一，是传统的中华文明帝国瓦解，中国面临着共同体认同的危机。[2] 以资本主义出版机构为主体的大众媒体凭借强大的现代印刷技术，大量刷印稀见善本和通行版本古籍，通过古籍这一传播媒介的仪式功能和传递功能，在重塑文化认同、召唤民族这一"想象的共同体"及建构近代民族国家中发挥了重要作用。

古籍凝聚了历史和现实的文化权力，其构建近代民族国家的作用，在国家、社会和个人三个层面均有所显现。国家层面，传统文化一直是民国时期国民政府建构民族国家的思想资源，古籍成为政府获得统治合法性的重要来源；同时古籍如《四库全书》作为传统中国的文化符号，影印选本赠送成为国际交流的手段之一，扩张了现代中国的国际文化影响力。社会层面，古籍提供了整合社会的凝聚力量，成为塑造近代中国民族历史和记忆的重要媒介。个人层面，古籍为社会大众提供了文化归属感，成为实现民族认同的有力工具。更为重要的是，作为图书媒介的古籍，尤其是民国时期以民营企业为主体的古籍出版，通过工业化生产，大量传播至国内各地域和社会各层面，不仅构成民族国家无形的文化象征符号，更以物质事物的形态出现在社会大众的生活领域，提供了一种日常生活的可见性，成为联结国家、社会、个人的纽带。而民国时期民族主义思潮的扩张，则为出版业提供了社会大众的文化需求，从而开辟了规模可观的与学校教材、现代知识并列的古籍图书市场。

民国时期的古籍出版是在一个动荡的环境中进行的，这期间既有国人建设富强、统一的国家，寻找中国文化出路的不懈努力，又存在内忧外患等许多破坏性因素。回顾民国时期古籍出版的成就，让人不得不景

---

[1] 杨思信：《文化民族主义与近代中国》，人民出版社，2003年，第9页。
[2] 许纪霖：《现代中国的民族国家认同》，《世界经济与政治论坛》，2005年第6期。

仰民国出版家和知识分子群体如张元济、夏瑞芳、陆费逵、王云五、孙毓修、沈知方、章锡琛、刘承幹、叶德辉、罗振玉、董康等人的努力。张元济晚年谈起影印古籍丛书时说:"影印之事,如果早十年,各种条件没有具备,不可以做,迟二十年,物力维艰,就不能够做。能于文化销沉之际,得网罗仅存之本,为古人续命,这是多么幸运啊。"[1]当事者的感受,读来令人为之太息。

近代西潮涌入后,关于中西文化优劣、中国传统文化在现代所处的地位和作用问题,论说者众,而主流思潮日益倾向于西化。传统文化处境局促,甚至面临断裂的危险。民国时期的出版家和知识分子群体在传统文化绝续存亡之际,不以一时文化之强弱为取舍之依据,而是怀有为古人续命,为后人开文化继承之源泉的情怀,利用新式印刷技术刊刻古籍,为古籍续命,传承文化,保存民族珍贵文化遗产,嘉惠学术,为传统文化在现代的延续,为中国现代文化建设作出了卓越的贡献。从一个更长远的时间段来观照,这种注重文化发展连续性和整体性的观念显示出超越短暂历史的眼光,具有独特的价值。

当今世界国家之间的竞争和文化之间的竞争仍是一个永恒的主题。文化为立国的根基。而当代中国处在一个极为宝贵的稳定时期,中国的发展有了一个百年来不曾获得的历史机遇。如果不抓住这个机遇,为中国的发展奠定文化的根基,则后果无法预料。维护中国文化在世界文化中的地位,阐扬传统文化仍有待中国知识分子的自觉。1947年,顾颉刚于时局艰难中写道:

> 战事不知何时终了,我们不知再可活几天,如果我们不把这一星星的火焰传衍下去,说不定我们的后人竟会因此而度着一个长期的黑暗生涯。历史的传统是不能一天中断的,如果中断了就会前后衔接不起来。我们都是服务于文化界的人,自己的生命总有终止的

---

[1] 顾廷龙:《回忆张菊生先生二三事》,载《商务印书馆九十年》,商务印书馆,1987年,第14页。

一天，不值得太留恋，但这文化的蜡炬在无论怎样艰苦的环境中总得点着，好让孑遗的人们或其子孙来接受这传统。这传统是什么，便是我们的民族精神，立国根本。[1]

顾氏把感性的热情融入理性的学术活动，在中国古史、历史地理、民俗学等领域取得了丰硕成果。它表明，传统思想文化的命运不仅取决于自身，更取决于当代学人的努力。这一点，对我们今天的学术文化界来说，尤其富有启发的意义。

---

[1] 顾潮：《历劫终教志不灰：我的父亲顾颉刚》，华东师范大学出版社，1997年，第223页。

主要参考文献

一、期刊论文（按年代排序，学位论文、著作和出版史料同）

1. 蒋元卿：《中国书籍装订术的发展》，《图书馆学通讯》，1957年第6期。

2. 平襟亚：《上海滩上的"一折八扣书"》，《出版史料》，1982年第1辑。

3. 刘尚恒：《建国以来我国古籍丛书的出版》，《图书馆工作与研究》，1983年第1期。

4. 罗荣渠：《现代化理论与历史研究》，《历史研究》，1986年第3期。

5. 王笛：《清末新政与近代学堂的兴起》，《近代史研究》，1987年第3期。

6. 原放：《记上海市书业公会》，《出版史料》1987年第4期。

7. 胡道静：《出版家陈乃乾传略》，《出版史料》，1988年第2期。

8. 梅宪华：《晚清的官书局》，《出版史料》，1989年第3、4期合刊。

9. 曹之：《民国时期的古籍出版业》，《图书馆工作》，1991年第1期。

10. 徐学林：《精于理财，拼命存古：近代大出版家刘世珩传略》，

《出版史料》，1991年第3期。

11. 张人凤：《张元济和〈四部丛刊〉》，《出版史料》，1992年第2期。

12. 林夕：《十年和廿年：影印〈四库全书珍本初集〉始末》，《读书》，1993年第6期。

13. 陈刚：《中国近代图书市场研究》，《编辑学刊》，1995年第2期。

14. 桑兵：《晚清民国时期的国学研究与西学》，《历史研究》，1996年第5期。

15. 张志强：《中国书刊文字排式的演变》，《编辑学刊》，1997年第2期。

16. 韩文宁：《张元济与〈百衲本二十四史〉》，《江苏图书馆学报》，1998年第1期。

17. 孟宪钧：《近代以来藏书家刻书举隅·周叔弢》，《收藏家》，1998年第2期。

18. 刘惠玲、童光东：《近代石印医籍刊印史略》，《中华医史杂志》，1998年第3期。

19. 徐昕：《柳诒徵与国学图书馆》，《中国典籍与文化》，1998年第4期。

20. 王建辉：《出版与中国近代文明》，《华中理工大学学报》（社会科学版），1999年第3期。

21. 李白坚：《上海，中国出版文化的中心》（上）、（下），《新闻出版交流》，1999年第3、4期。

22. 吴永贵、陈幼华：《新图书馆运动对近代出版业的影响》，《出版发行研究》，2000年第7期。

23. 潘建国：《档案所见1906年上海地区的书局与书庄》，《档案与史学》，2001年第6期。

24. 沈俊平：《叶德辉与〈四部丛刊〉》，《古籍整理研究学刊》，2002年第2期。

25. 周武:《从全国性到地方化：1945 至 1956 年上海出版业的变迁》,《史林》,2006 年第 6 期。

26. 朱红红、陆蕾:《民国书籍装帧设计的发展与演变》,《艺术探索》,2008 年第 2 期。

27. 王晶:《近代读者与大众媒介关系的历史解读：以民国二十年代京沪读者与报纸的关系为视角》,《新闻与传播研究》,2008 年第 5 期。

28. 吴永贵、孙博祥:《民国时期书业广告的类型》,《出版科学》,2009 年第 5 期。

29. 于文:《"书籍史"的孕育与诞生》,《图书情报知识》,2009 年第 6 期总 302 期。

30. 王四朋:《近代书籍从传统装潢到现代装帧的转型》,《史学月刊》,2010 年第 8 期。

31. 许静波:《制版效率与近代上海印刷业铅石之争》,《社会科学》,2010 年第 12 期。

32. 张宗友:《晚清官书局与近代文献传承》,《古典文献研究》(第十五辑),2012 年 7 月。

33. 卞冬磊:《"现实主义的匮乏"：甲午前夕中国读书人的阅读生活》,《河南大学学报》(社会科学版),2013 年第 6 期。

34. 吴永贵、朱琳:《2010 年以来中国出版史料编纂述评》,《中国出版史研究》,2016 年第 4 期。

35. 郭平兴:《技术的社会文化史：论印刷与近代中国社会变迁——兼及对近代印刷史研究的若干思考》,《中国出版史研究》,2017 年第 2 期。

36. 何朝晖:《对象、问题与方法：中国古代出版史研究的范式转换》,《中国出版史研究》,2017 年第 2 期。

37. 杨丽莹:《浅析石印术与传统文化出版事业的发展：以上海地区为例》,《中国出版史研究》,2018 年第 1 期。

38. 郭平兴:《民国时期中华书局古籍整理出版及其原因述论》,《编辑之友》，2018年第8期。

二、学位论文

1. 陈昌文：《都市化进程中的上海出版业（1843—1949）》，苏州大学博士学位论文，2002年。

2. 刘超：《民族主义与中国历史书写：清末民国时期中学中国历史教科书研究》，复旦大学博士学位论文，2005年。

3. 彭丽熔：《世界书局文学出版情况研究（1917—1949）》，华东师范大学硕士学位论文，2009年。

4. 李洪波：《中国雕版古籍版式研究》，中央美术学院硕士学位论文，2010年。

5. 杨娟：《上海书局古籍出版目录》，复旦大学硕士学位论文，2012年。

6. 徐燕：《冲突与融合：民国时期书籍装帧设计》，浙江工商大学硕士学位论文，2013年。

7. 卞冬磊：《古典心灵的现实转向：读报纸与现代性（1894—1911）》，复旦大学博士学位论文，2013年。

8. 盛亚军：《民国时期历史普及读物研究》，天津师范大学硕士学位论文，2014年。

9. 张昊：《20世纪二三十年代上海图书读者分析》，东华大学硕士学位论文，2016年。

三、著作与出版史料

1. 扫叶山房主人编刊：《扫叶山房图书汇报》，1915年。

2. 《国学论文索引》，中华图书馆协会，1929年7月发行。

3. 《国学论文索引续编》，中华图书馆协会，1931年7月出版。

4. 郑鹤声、郑鹤春：《中国文献学概要》，商务印书馆，1933年。

5. 镐乐书店编刊：《渭南严氏精刻善本书籍目录》，1934年1月。

6. 浙江省立图书馆编刊：《浙江省立图书馆出版木印书目》，1934年10月。

7. 江苏省立国学图书馆编印：《江苏省立国学图书馆概况》，江苏省立国学图书馆，1935年1月。

8. 许晚成：《全国图书馆调查录》，上海龙文书局，1935年。

9.《国学论文索引三编》，中华图书馆协会，1934年10月。

10.《国学论文索引四编》，中华图书馆协会，1936年6月。

11. 张静庐辑注：《中国现代出版史料》甲、乙、丙、丁编，中华书局，1954—1959年。

12. 北京图书馆编：《国学论文索引五编》，1955年油印本。

13. 张静庐辑注：《中国近代出版史料》初编、二编，中华书局，1957年。

14. 张静庐辑注：《中国近代出版史料补编》，中华书局，1957年。

15. 王云五：《岫庐八十自述》，台湾商务印书馆股份有限公司，1967年。

16. 上海图书馆编：《中国近现代丛书目录》，1979年。

17. 商务印书馆编：《商务印书馆图书目录：1897—1949》，商务印书馆，1981年。

18. 孙殿起辑：《琉璃厂小志》，北京古籍出版社，1982年。

19. 李希泌、张椒华编：《中国古代藏书与近代图书馆史料（春秋至五四前后）》，中华书局，1982年。

20. 上海图书馆编：《中国丛书综录》，上海古籍出版社，1982年。

21. 严文郁：《中国图书馆发展史：自清末至抗战胜利》，台湾枫城出版社，1983年。

22. 陈登原：《古今典籍聚散考》，上海书店，1983年。

23. 苏精：《近代藏书三十家》，台湾传记文学出版社，1983年。

24.《张元济傅增湘论书尺牍》，商务印书馆，1983年。

25. 朱有瓛、高时良主编：《中国近代学制史料》（4辑），华东师范大学出版社，1983—1993年。

26. 张静庐：《在出版界二十年》，上海书店，1984年。

27. 阳海清编撰，蒋孝达校订：《中国丛书综录补正》，江苏广陵古籍刻印社，1984年。

28. 汪家熔：《大变动时代的建设者》，四川人民出版社，1985年。

29. 北京图书馆编：《民国时期总书目》，书目文献出版社，1986—1995年。

30. 商务印书馆编：《商务印书馆九十年》，商务印书馆，1987年。

31. 谢灼华：《中国图书和图书馆史》，武汉大学出版社，1987年。

32. 王寿南：《王云五先生年谱初稿》，台湾商务印书馆股份有限公司，1987年。

33. 中华书局编辑部编：《中华书局图书总目：1912—1949》，中华书局，1987年。

34. 徐雁、谭华军：《清代藏书楼发展史·续补藏书纪事诗》，辽宁人民出版社，1988年。

35. 傅增湘：《藏园群书题记》，上海古籍出版社，1989年。

36. 刘尚恒：《古籍丛书概说》，上海古籍出版社，1989年。

37. 张元济：《校史随笔》，商务印书馆，1990年。

38. 马继兴：《中医文献学》，上海科学技术出版社，1990年。

39. 熊明安：《中华民国教育史》，重庆出版社，1990年。

40. 史全生主编：《中华民国文化史》，吉林文史出版社，1990年。

41. 张树年主编：《张元济年谱》，商务印书馆，1991年。

42. 商务印书馆编：《商务印书馆九十五年》，商务印书馆，1992年。

43. 曹之：《中国古籍版本学》，武汉大学出版社，1992年。

44. 北京图书馆善本组编：《（1911—1984）善本古籍影印目录》，中华书局，1992年。

45. 唐德刚译注：《胡适口述自传》，华东师范大学出版社，1993年。

46. 王余光：《中国文献史》第一卷，武汉大学出版社，1993年。

47. 朱联保：《近现代上海出版业印象记》，学林出版社，1993年。

48.〔美〕费正清主编：《剑桥中华民国史》，杨品泉等译，中国社会科学出版社，1994年。

49. 吴方：《仁智的山水：张元济传》，上海文艺出版社，1994年。

50. 李性忠：《刘承干与嘉业堂》，文物出版社，1994年。

51. 熊月之：《西学东渐与晚清社会》，上海人民出版社，1994年。

52. 周肇祥撰，赵珩、海波点校：《琉璃厂杂记》，北京燕山出版社，1995年。

53. 王绍曾：《近代出版家张元济》（增订本），商务印书馆，1995年。

54. 北京图书馆善本组编：《（1911—1984）影印善本书序跋集录》，中华书局，1995年。

55.〔法〕戴仁：《上海商务印书馆：1897—1949》，李桐实译，商务印书馆，1996年。

56. 商务印书馆编：《商务印书馆一百年》，商务印书馆，1997年。

57. 章太炎讲演，曹聚仁整理：《国学概论》，上海古籍出版社，1997年。

58.〔美〕艾尔曼：《从理学到朴学》，赵刚译，江苏人民出版社，1997年。

59. 缪荃孙、吴昌绶、董康撰，吴格整理点校：《嘉业堂藏书志》，复旦大学出版社，1997年。

60. 郑师渠：《晚清国粹派：文化思想研究》，北京师范大学出版社，1997年。

61. 欧阳哲生编：《胡适文集》（1—12），北京大学出版社，1998年。

62. 周越然等：《蠹鱼篇》，辽宁教育出版社，1998年。

63. 汪家熔：《商务印书馆史及其他》，中国书籍出版社，1998年。

64. 王余光、吴永贵、阮阳：《中国新图书出版业的文化贡献》，武汉大学出版社，1998年。

65. 余英时：《中国思想传统的现代诠释》，江苏人民出版社，1998年。

66.〔美〕吉尔伯特·罗兹曼主编：《中国的现代化》，国家社会科学基金"比较现代化"课题组译，江苏人民出版社，1998年。

67. 梁启超：《清代学术概论》，上海古籍出版社，1998年。

68. 王余光：《中国新图书出版业初探》，武汉大学出版社，1998年。

69. 叶德辉：《书林清话·书林余话》，岳麓书社，1999年。

70. 吴相：《从印刷作坊到出版重镇》，广西教育出版社，1999年。

71. 李雪梅：《中国近代藏书文化》，现代出版社，1999年。

72. 曹之：《中国古籍编纂史》，武汉大学出版社，1999年。

73. 阳海清编撰：《中国丛书广录》，湖北人民出版社，1999年。

74. 关志钢：《新生活运动研究》，海天出版社，1999年。

75. 吉文辉、王大妹：《中医古籍版本学》，上海科学技术出版社，2000年。

76. 王建辉：《文化的商务：王云五专题研究》，商务印书馆，2000年。

77. 杨扬：《商务印书馆：民间出版业的兴衰》，上海教育出版社，2000年。

78. 张隆华、曾仲珊：《中国古代语文教育史》，四川教育出版社，2000年。

79. 胡逢祥：《社会变革与文化传统：中国近代文化保守主义思潮研究》，上海人民出版社，2000年。

80.〔美〕何炳棣：《明初以降人口及其相关问题：1368—1953》，葛剑雄译，生活·读书·新知三联书店，2000年。

81.〔美〕施坚雅主编：《中华帝国晚期的城市》，叶光庭等译，中华书局，2000年。

82. 来新夏等：《中国近代图书事业史》，上海人民出版社，2000年。

83. 王先明：《近代新学：中国传统学术文化的嬗变与重构》，商务印书馆，2000年。

84. 曹伯言整理：《胡适日记全编》，安徽教育出版社，2001年。

85. 傅璇琮、谢灼华主编：《中国藏书通史》，宁波出版社，2001年。

86. 范凤书：《中国私家藏书史》，大象出版社，2001年。

87. 张之洞撰，范希曾补正：《书目答问补正》，上海古籍出版社，2001年。

88. 裴芹：《〈古今图书集成〉研究》，北京图书馆出版社，2001年。

89. 俞筱尧、刘彦捷编：《陆费逵与中华书局》，中华书局，2002年。

90. 钱炳寰编：《中华书局大事纪要》，中华书局，2002年。

91. 袁晖、管锡华、岳方遂：《汉语标点符号流变史》，湖北教育出版社，2002年。

92. 陈以爱：《中国现代学术研究机构的兴起：以北大研究所国学门为中心的探讨》，江西教育出版社，2002年。

93. 罗志田：《国家与学术：清末民初关于"国学"的思想论争》，生活·读书·新知三联书店，2003年。

94. 上海鲁迅纪念馆编：《应修人日记》，上海书画出版社，2003年。

95. 山西省图书馆编：《山西省图书馆史料汇编》，山西人民出版社，2003年。

96. 左玉河：《从四部之学到七科之学》，上海书店出版社，2004年。

97. 许纪霖：《中国知识分子十论》，复旦大学出版社，2004年。

98. 宋原放主编：《中国出版史料（近代部分）》，湖北教育出版社，2004年。

99. 陈明远：《文化人的经济生活》，文汇出版社，2005年。

100. 李家驹：《商务印书馆与近代知识文化的传播》，商务印书馆，2005年。

101. 周振鹤编：《晚清营业书目》，上海书店出版社，2005年。

102. 张卫波：《民国初期尊孔思潮研究》，人民出版社，2006年。

103. 张秀民著，韩琦增订：《中国印刷史》，浙江古籍出版社，

2006年。

104. 浙江图书馆编：《陈训慈百年诞辰纪念文集》，北京图书馆出版社，2006年。

105. 周其厚：《中华书局与近代文化》，中华书局，2007年。

106. 伍启元：《中国新文化运动概观》，黄山书社，2008年。

107. 张元济：《张元济全集》，商务印书馆，2008年。

108. 肖东发等：《中国出版通史》，中国书籍出版社，2008年。

109. 张仲礼：《中国绅士研究》，上海人民出版社，2008年。

110. 刘洪权编：《民国时期出版书目汇编》，国家图书馆出版社，2010年。

111. 汪耀华编著：《上海书业同业公会史料与研究》，上海交通大学出版社，2010年。

112. 吴永贵：《民国出版史》，福建人民出版社，2011年。

113. 邓文锋：《晚清官书局述论稿》，中国书籍出版社，2011年。

114. 黄林：《近代湖南出版史料》，湖南教育出版社，2012年。

115. 杨丽莹：《扫叶山房史研究》，复旦大学出版社，2013年。

116. 翁连溪：《清代内府刻书研究》，故宫出版社，2013年。

117. 许静波：《石头记：上海近代石印书业研究（1843—1956）》，苏州大学出版社，2014年。

118. 〔美〕芮哲非：《谷腾堡在上海：中国印刷资本业的发展（1876—1937）》，张志强等译，商务印书馆，2014年。

119. 〔美〕包筠雅：《文化贸易：清代至民国时期四堡的书籍交易》，刘永华、饶佳荣等译，北京大学出版社，2015年。

120. 沈珉：《现代性的另一副面孔：晚清至民国的书刊形态研究》，中国书籍出版社，2015年。

121. 潘建国：《物质技术视阈中的文学景观：近代出版与小说研究》，北京大学出版社，2016年。

122. 王余光主编：《中国阅读通史》，安徽教育出版社，2017年。

123.汪耀华编：《商务印书馆史料选编（1897—1950）》，上海书店出版社，2017年。

124.新闻出版博物馆（筹）编：《世界书局文献史料汇编》，2017年。

125.苏精：《铸以代刻：十九世纪中文印刷变局》，中华书局，2018年。

126.程焕文：《中国图书馆史·近代图书馆卷》，国家图书馆出版社，2018年。

127.杨丽莹：《清末民初的石印术与石印本研究：以上海地区为中心》，上海古籍出版社，2018年。

128.吴永贵：《民国图书出版史编年（1912—1949）》，社会科学文献出版社，2018年。

129.吴永贵：《中国期刊史　第2卷（1911—1949）》，人民出版社，2018年。

后　记

五十而知天命，没有预想过五十岁给我的第一本专著写后记。此时情绪复杂，不知道是该为它的出版而开心，还是为它的出版之迟缓而沮丧。拙著源于我的博士论文，它有多种问世的可能性，在我进入出版界后，出书并不太难；在我调动到大学后，也有资助出版的机会。然而不知何因，一直缺少付梓的动力。2013年用博士论文申报成功国家社科基金项目，等到完成项目已经是2019年末。结项后书稿没有理由再拖延，只能抱着"丑媳妇难免见公婆"的心态，将它抛向世间，让它去接受命运的安排。

我想先贴上我的2003年博士论文后记，这是它出生的最初记录。

> 拙文是我多年求学的一份阶段性总结，它在构思和行文上远远不是成熟之作，而仅仅是我踏入学问殿堂的开始。
> 我能够有求学的机会，初窥学问的门径，首先要感谢余光师。6年前，他从湖北省博物馆的一间斗室把我领出来，带进中国新图书出版业研究的天地。多年来，余光师不言而行，以自己的学问和为人启发我，并以宽厚的性情容忍我的种种顽劣行为。这是我回首自己几年来走过的道路所感到极为惭愧和抱歉的，也是我亟需反省的地方。在北大学习三年，屡聆吴慰慈师、肖东发师、王锦贵师等的教诲，获益匪浅，亦是我深深感激的。

我的父母生养我，尽最大的力量让我感受到他们的爱。在我中学的时候，家境贫寒，但是他们几乎没有阻止过我现在想来极不应该的费钱买书的举动。他们的爱，是我生活的信心，使我有勇气在生活中前行。

　　论文的写作，离不开资料的保证。在我写作拙文的时候，得到多方面师长、朋友的帮助，解决了资料搜集的困难。这种温暖的关心，为我在艰苦的写作过程中，时时不能忘怀者。南京大学信息管理系的徐雁教授，北大图书馆的姚伯岳老师，国家图书馆的陈力馆长，北大图书馆四楼过刊阅览室的张老师、吉老师等，商务印书馆资料室的宋老师等，武汉大学图书馆的黄鹏馆长，系里的赵丽莘老师、赵林丽老师、王春芳老师、石小华老师，都给予我莫大的帮助。

　　同门的吴永贵师兄从武汉、陈幼华师妹从上海不避烦琐，给我邮寄了急需的资料。邓咏秋、汪涛、李天英、钟智锦、王媛等诸位同门也屡屡关心我的写作。邓咏秋师妹帮我排版了论文。商务印书馆的陈应年老师赠送我多册商务印书馆资料。中国书店出版社的赵安民先生、商务印书馆的李霞博士屡次为我的论文写作提供帮助。李霞博士并拨冗校对了拙文。汪涛的夫人杨春丽女士校对了本文的英文摘要。这是我在此皆要深表感激的。

　　在写作的过程中，屡屡想到中国文化建设问题，深感这一问题至今仍迫切如近代。回顾近百年中国文化建设走过的道路，展望前途，忧世伤生，不能自已，亦莫可如何。徘徊悱恻，痛苦不已。别无选择，唯以自己的努力，求学问的进步，力图贡献一二。或于世无补，唯求不做一冗人耳。

　　感慨良多，是为后记。

　　今天重读后记，对恩师和家人、朋友的感激仍然充溢心中。2003年博士毕业后，怀有以晚清民国书业前辈张元济先生为楷模，在出版界施展抱负的理想。但环境的束缚之下，我只能另谋出路，重新回到了高校，开启了作为教师的平凡学术生涯。

　　民国时期古籍出版现象的研究，需要中国古代文献史、出版史、文化史等领域的知识积累，还需要中国现代思想、政治、学术、文化、教育、交通等领域的理论素养，才能对民国时期古籍出版现象及其社会影响和作用做出整体性的观照。对这一课题的梳理，促使我考察其在现代中国社会转型过程中与中国文化传承、现代民族国家建构的关系。它像一副宏大而沉重的学术枷锁，使得我在写作中，时时感受到研究的艰辛，陷入无尽的煎熬与挣扎之中。但这也让我进而思考现代中国国家与民族的命运，以及现代化进程中个体的命运。学术的探究与我对个人价值的思索融合为一，我的生命意义因此逐渐充实。对这一课题二十年的摸索，我深切体会了学术研究的不易与严肃，或许这稍稍减轻一点在成书之后仍然存在于心的惶恐与困惑。

我能够从事一点学术的研究，是众多师长、家人、朋友呵护的结果。在进入高校后，愈发体会到导师王余光教授学问的渊博和人格的伟大，让我的举止有潜移默化的轨范可循。我的外公在我幼小的时候即最疼我，读大学的费用是他老人家承担的。我的父母像普天下的父母一样，给了我最深厚的爱。我的妻子和孩子，默默支持我的学术研究。我的本科同学张俊强先生，在我读博士期间，慷慨帮助了我。本书的面世，得到了安徽教育出版社何客副总编辑和黄晓宇编辑的大力支持；何客先生是我曾经的孤独的出版生涯的极少数知音，他对此书稿的接纳、挑剔和完善是我的幸运。本书的写作，吸收了国内出版史研究领域众多学者的学术成果。国家社科基金匿名评审专家以严谨的态度，对书稿进行了认真的审读。在此，向他们致以真挚的感谢！

今夏与孩子徽杭古道徒步，蓝天白云，青山溪流，景色美不胜收。我俩平时皆缺乏锻炼，途中疲惫不堪。到下雪棠后，我看他体力不支，瘫坐在地，数次劝他坐车返回。他却不肯，说既然来了就要坚持下去，最后在闷热的下午走到了皖浙交界的蓝天凹。我暗暗佩服他的毅力。期望在我学术跋涉的路上，保有同样不懈的勇气，并抵达下一个目标。

刘洪权
辛丑秋于鸿影馆